古典文獻研究輯刊

三二編

潘美月・杜潔祥 主編

第36冊

正史法律資料類編
（先秦秦漢卷）（下）

閻強樂 著

國家圖書館出版品預行編目資料

正史法律資料類編（先秦秦漢卷）（下）／閆強樂 著 -- 初版
-- 新北市：花木蘭文化事業有限公司，2021〔民110〕
目 2+280 面；19×26 公分
（古典文獻研究輯刊 三二編；第 36 冊）
ISBN 978-986-518-417-9（精裝）
1. 法律 2. 中國史
011.08   110000618

ISBN-978-986-518-417-9

古典文獻研究輯刊
三二編　第三六冊　　　　　　　　ISBN：978-986-518-417-9

正史法律資料類編
（先秦秦漢卷）（下）

作　　　者　閆強樂
主　　　編　潘美月、杜潔祥
總 編 輯　杜潔祥
副總編輯　楊嘉樂
編　　　輯　許郁翎、張雅淋　美術編輯　陳逸婷
出　　　版　花木蘭文化事業有限公司
發 行 人　高小娟
聯絡地址　235 新北市中和區中安街七二號十三樓
　　　　　　電話：02-2923-1455／傳真：02-2923-1452
網　　　址　http://www.huamulan.tw 信箱 service@huamulans.com
印　　　刷　普羅文化出版廣告事業
初　　　版　2021 年 3 月
全書字數　487865 字
定　　　價　三二編 47 冊（精裝）台幣 120,000 元　　　版權所有·請勿翻印

正史法律資料類編
（先秦秦漢卷）（下）

閻強樂　著

目

次

正史法律資料類編（《後漢書》卷）

一、立法概況

27 年（漢光武帝建武三年）庚辰，詔曰：「吏不滿六百石，下至墨綬長、相，有罪先請。（《續漢志曰：「縣大者置令一人，千石；其次置長，四百石；小者三百石。侯國之相亦如之。皆掌理人，並秦制。」）男子八十以上，十歲以下，及婦人從坐者，自非不道，詔所名捕，皆不得繫。（詔書有名而待捕者。）當驗問者即就驗。女徒雇山歸家。」（《前書音義》曰：「《令甲》：女子犯徒遣歸家，每月出錢雇人於山伐木，名曰雇山。」）（《後漢書·光武帝紀》，35 頁。）

35 年（漢光武帝建武十一年）十一年春二月己卯，詔曰：「天地之性人為貴。其殺奴婢，不得減罪。」（《後漢書·光武帝紀》，57 頁。）

35 年（漢光武帝建武十一年）冬十月壬午，詔除奴婢射傷人棄市律。（《後漢書·光武帝紀》，58 頁。）

42 年（漢光武帝建武十八年）甲戌，詔曰：「今邊郡盜穀五十斛，罪至於死，開殘吏妄殺之路，其蠲除此法，同之內郡。」（《後漢書·光武帝紀》，69 頁。）

85 年（漢章帝元和二年）秋七月庚子，詔曰：「春秋於春每月書『王』者，重三正，慎三微也。（三正謂天、地、人之正。所以有三者，由有三微之月，王者所當奉而成之。《禮（記）緯》曰：「正朔三而改，文質再而復。三微者，三正之始，萬物皆微，物色不同，故王者取法焉。十一月，時陽氣始施於黃泉之下，色皆赤。赤者陽氣，故周為天正，色尚赤。十二月，萬物始牙而色白。

白者陰氣，故殷為地正，色尚白。十三月，萬物莩甲而出，其色皆黑，人得加功展業，故夏為人正，色尚黑。」《尚書大傳》曰：「夏十三月為正，平旦為朔。殷以十二月為正，雞鳴為朔。周以十一月為正，夜半為朔。」必以三微之月為正者，當爾之時，物皆尚微，王者受命，當扶微理弱，奉成之義也。）律十二月立春，不以報囚。（報猶論也。立春陽氣至，可以施生，故不論囚。）月令冬至之後，有順陽助生之文，（《月令》仲冬：「是月也，日短至，陰陽爭，諸生蕩，君子身欲寧，事欲靜，以待陰陽之所定也。」）而無鞫獄斷刑之政。朕諮訪儒雅，稽之典籍，以為王者生殺，宜順時氣。其定律，無以十一月、十二月報囚。」（《後漢書・肅宗孝章帝紀》，152～153頁。）

129年（漢順帝永建四年）……四年，詔宦官養子悉聽得為後，襲封爵，定著乎令。（《後漢書》卷79《宦者列傳》，2518頁。）

二、法律理論

秦

前221～前206年（秦）……秦法，十里一亭。南北為阡，東西為陌……（《後漢書・光武帝紀》，22頁。）

西漢

前179～前156年（漢文帝）漢興，太宗使晁錯導太子以法術，（文帝時晁錯為博士，上言曰：「人主所以顯功揚名者，以知術數也。今皇太子所讀書多矣，而未知術數。願陛下擇聖人之術以賜太子。」上善之，拜錯為太子家令。）賈誼教梁王以《詩・書》……（《後漢書》卷40《班彪列傳》，1328頁。）

前48～5年（漢元帝～漢平帝）……（卓茂）後以儒術舉為侍郎，給事黃門，遷密令。勞心諄諄，視人如子，舉善而教，口無惡言，吏人親愛而不忍欺之。人嘗有言部亭長受其米肉遺者，茂辟左右問之曰：「亭長為從汝求乎？為汝有事囑之而受乎？將平居自以恩意遺之乎？」人曰：「往遺之耳。」茂曰：「遺之而受，何故言邪？」人曰：「竊聞賢明之君，使人不畏吏，吏不取人。今我畏吏，是以遺之，吏既卒受，故來言耳。」茂曰：「汝為敝人矣。凡人所以貴於禽獸者，以有仁愛，知相敬事也。今鄰里長老尚致饋遺，此乃人道所以相親，況吏與民乎？吏顧不當乘威力強請求耳。凡人之生，群居雜處，故有經紀禮義以相交接。汝獨不欲修之，寧能高飛遠走，不在人閒邪？亭長素

善吏，歲時遺之，禮也。」人曰：「苟如此，律何故禁之？」茂笑曰：「律設大法，禮順人情。今我以禮教汝，汝必無怨惡；以律治汝，何所措其手足乎？一門之內，小者可論，大者可殺也。且歸念之！」於是人納其訓，吏懷其恩。初，茂到縣，有所廢置，吏人笑之，鄰城聞者皆蚩其不能。河南郡為置守令，茂不為嫌，理事自若。數年，教化大行，道不拾遺。平帝時，天下大蝗，河南二十餘縣皆被其災，獨不入密縣界。督郵言之，太守不信，自出案行，見乃服焉。（《後漢書》卷25《卓茂傳》，869～870頁。）

前48～前33年（漢元帝）……元帝時，（莎車王延）嘗為侍子，長於京師，慕樂中國，亦復參其典法。常來諸子，當世奉漢家，不可負也……（《後漢書》卷88《西域傳》，2923頁。）

1～5年（漢平帝）平帝時，王莽專政，朝多猜忌，遂隔絕帝外家馮衛二族，不得交宦，剛常疾之。及舉賢良方正，因對策曰：臣聞王事失則神祇怨怒，姦邪亂正，故陰陽謬錯。此天所以譴告王者，欲令失道之君，曠然覺悟，懷邪之臣，懼然自刻者也。今朝廷不考功校德，而虛納毀譽，數下詔書，張設重法，抑斷誹謗，禁割論議，罪之重者，乃至腰斬。傷忠臣之情，挫直士之銳，殆乖建進善之旌，懸敢諫之鼓，辟四門之路，明四目之義也……（《後漢書》卷29《申屠剛傳》，1011～1012頁。）

2年（漢平帝元始二年）逮王莽輔政，元始二年，日南之南黃支國來獻犀牛。凡交址所統，雖置郡縣，而言語各異，重譯乃通。人如禽獸，長幼無別。項髻徒跣，以布貫頭而著之。後頗徙中國罪人，使雜居其閒，乃稍知言語，漸見禮化。（《後漢書》卷86《南蠻西南夷列傳》，2836頁。）

4年（漢平帝元始四年）……四年，選明達政事能班化風俗者八人。時並舉（譙）玄，為繡衣使者，（《前書》御史大夫領繡衣直指，出討姦猾，理大獄。武帝所制，不常置。）持節，與太僕王惲等分行天下，觀覽風俗，所至專行誅賞。事未及終，而王莽居攝，玄於是縱使者車，變易姓名，閒竄歸家，因以隱遁。（《後漢書》卷81《獨行列傳》，2667頁。）

新莽

6～23年（王莽時）……後為郡督郵，送囚至司命府，（王莽置司命官，上公已下皆糾察。）囚有重罪，援哀而縱之，遂亡命北地。遇赦，因留牧畜，賓客多歸附者，遂役屬數百家……（《後漢書》卷24《馬援傳》，828頁。）

6～23年（王莽時）……成帝時，以父任為博士弟子。五遷，至王莽時為

繡衣執法，（武帝置繡衣御史，王莽改御史曰執法，故曰「繡衣執法」也。）使督大奸，遷後隊屬正。……（《後漢書》卷 26《伏湛傳》，893 頁。）

6～23 年（王莽時）……成帝時，任霸為太子舍人。（侯）霸矜嚴有威容，家累千金，不事產業。篤志好學，師事九江太守房元，治《穀梁春秋》，為元都講。（《東觀記》曰「從鍾寧君受《律》」也。）王莽初，五威司命陳崇舉霸德行，遷隨宰。縣界曠遠，濱帶江湖，而亡命者多為寇盜。霸到，即案誅豪猾，分捕山賊，縣中清靜。再遷為執法刺姦，（《王莽傳》曰：「置執法左右刺姦，選能吏侯霸等分督六尉、六隊，如漢刺史。」）糾案執位者，無所疑憚。後為淮平大尹，政理有能名。王莽改臨淮郡為淮平。及王莽之敗，霸保固自守，卒全一郡。（《後漢書》卷 26《侯霸傳》，901 頁。）

6～23 年（王莽時）……後以（崔）篆為建新大尹，篆不得已，乃歎曰：「吾生無妄之世，值澆、羿之君，上有老母，下有兄弟，安得獨潔己而危所生哉？」乃遂單車到官，稱疾不視事，三年不行縣。門下掾倪敞諫，篆乃強起班春。所至之縣，獄犴填滿。（犴音岸。《前書音義》曰：「鄉亭之獄曰犴。」）篆垂涕曰：「嗟乎！刑罰不中，乃陷人於阱。此皆何罪，而至於是！」遂平理，所出二千餘人。掾吏叩頭諫曰：「朝廷初政，州牧峻刻。宥過申枉，誠仁者之心；然獨為君子，將有悔乎！」篆曰：「邾文公不以一人易其身，君子謂之知命。如殺一大尹贖二千人，蓋所願也。」遂稱疾去。（《後漢書》卷 52《崔駰傳》，1704 頁。）

9～22 年（王莽）（彭修）後仕郡為功曹。時西部都尉宰暠行太守事，以微過收吳縣獄吏，將殺之，主簿鍾離意爭諫甚切，暠怒，使收縛意，欲案之，掾史莫敢諫。修排合直入，拜於庭，曰：「明府發雷霆於主簿，請聞其過。」暠曰：「受教三日，初不奉行，廢命不忠，豈非過邪？」修因拜曰：「昔任座面折文侯，朱雲攀毀欄檻，自非賢君，焉得忠臣？今慶明府為賢君，主簿為忠臣。」暠遂原意罰，貰獄吏罪。（《後漢書》卷 81《獨行列傳》，2674 頁。）

17 年（王莽天鳳四年）劉玄字聖公，光武族兄也，弟為人所殺，聖公結客欲報之。客犯法，（《續漢書》曰：「時聖公聚客，家有酒，請游徼飲，賓客醉歌，言『朝亨兩都尉，游徼後來，用調羹味』。游徼大怒，縛捶數百。」）聖公避吏於平林。吏繫聖公父子張。聖公詐死，使人持喪歸舂陵，吏乃出子張，聖公因自逃匿。王莽末，南方飢饉，人庶群入野澤，掘鳧茈而食之，更相侵

奪。新市人王匡、王鳳為平理諍訟，遂推為渠帥，眾數百人……（《後漢書·劉玄傳》，467 頁。）

20 年（王莽地皇元年）……（鄧）晨因謂光武曰：「王莽悖暴，盛夏斬人，此天亡之時也。（王莽地皇元年，下書曰：「方出軍行師，有趨讙犯法者，斬無須時。」於是春夏斬人都市，百姓震懼也。）往時會宛，獨當應邪……」（《後漢書》卷 15《鄧晨傳》，582 頁。）

23 年（漢淮陽王更始元年）……更始乃先封……廷尉大將軍王常為鄧王……（《後漢書·劉玄傳》，471 頁。）

23 年（漢淮陽王更始元年）……及更始立，以（王）常為廷尉、大將軍，封知命侯……（《後漢書》卷 15《王常傳》，579 頁。）

23 年（劉玄更始元年）……時城中唯有八九千人，光武乃使成國上公王鳳、廷尉大將軍王常留守……（《後漢書·光武帝紀》，6 頁。）

23 年（劉玄更始元年）十月，持節北度河，鎮慰州郡。所到部縣，輒見二千石、長吏、三老、官屬，下至佐史，考察黜陟，如州牧行部事。（漢初遣丞相史分刺州，武帝改置刺史，察州，秩六百石。成帝更名牧，秩二千石。《漢官典儀》曰「刺史行郡國，省察政教，黜陟能不，斷理冤獄」也。）輒平遣囚徒，除王莽苛政，復漢官名。（《後漢書·光武帝紀》，10～11 頁。）

23 年（漢淮陽王更始元年）……移檄告郡國曰：「……尊任殘賊，信用姦佞，誅戮忠正，覆按口語，赤車奔馳，法冠晨夜，冤繫無辜，（《續漢志》曰：「法冠一曰柱後，高五寸，侍御史服之。」）妄族眾庶。行炮格之刑，除順時之法，（莽作焚如之刑，燒殺陳良、終帶等二十七人。莽又作不順時之令，春夏斬人，此為不順時之法。）灌以醇醯，裂以五毒。政令日變，官名月易，貨幣歲改，（時百姓便安漢五銖錢，以莽錢大小兩行難知，皆私以五銖錢市買。莽患之，下書諸挾五銖錢者，比非井田制，投四裔。）吏民昏亂，不知所從，商旅窮窘，號泣市道。設為六管，（管，主也。莽設六管之令，謂酤酒、賣鹽、鐵器、鑄錢、名山、大澤，此為六也。皆令縣官主稅收其利。）增重賦斂，刻剝百姓，厚自奉養，苞苴流行，財入公輔，上下貪賄，莫相檢考。民坐挾銅炭，沒入鍾官，（莽時關東大饑蝗，人犯鑄錢，伍人相坐，沒入為官奴婢。其男子檻車，兒女子步，以鐵鎖其頸，傳詣鍾官，以十萬數。到者易其夫婦，愁苦死者什六七。鍾官，主鑄錢之官也。）徒隸殷積，數十萬入，工匠饑死，長安皆臭……」（《後漢書》卷 13《隗囂傳》，517～518 頁。）

23 年（漢淮陽王更始元年）王霸字元伯，潁川潁陽人也。世好文法，（《東觀記》曰：「祖父為詔獄丞。」）父為郡決曹掾，（《漢舊儀》：「決曹，主罪法事。」）霸亦少為獄吏。常慷慨不樂吏職，其父奇之。遣西學長安……（《後漢書》卷 20《王霸傳》，734 頁。）

23～51 年（王莽末～漢光武帝）……後褒坐事左轉高唐令，臨去，握（第五）倫臂訣曰：「恨相知晚。」……倫後為鄉嗇夫，平徭賦，理怨結，得人歡心……數年，鮮于褒薦之於京兆尹閻興，興即召倫為主簿。時長安鑄錢多奸巧，乃署倫為督鑄錢掾，領長安市。（《東觀記》曰：「時長安市未有秩，又鑄錢官姦軌所集，無能整齊理之者。興署倫督鑄錢掾，領長安市，其後小人爭訟，皆云『第五掾所平，市無奸枉』。」）倫平銓衡，正斗斛，市無阿枉，百姓悅服。每讀詔書，常歎息曰：「此聖主也，一見決矣。」等輩笑之曰：「爾說將尚不下，安能動萬乘乎？」倫曰：「未遇知己，道不同故耳。」（《後漢書》卷 41《第五倫傳》，1395～1396 頁。）

24 年（漢淮陽王更始二年）……至邯鄲，遣（馮）異與銚期乘傳撫循屬縣，錄囚徒，存鰥寡，亡命自詣者除其罪，陰條二千石長吏同心及不附者上之。（《後漢書》卷 17《馮異傳》，640 頁。）

24 年（漢淮陽王更始二年）及光武破王尋等，還過潁陽，（祭）遵以縣吏數進見，光武愛其容儀，署為門下史。從征河北，為軍市令。舍中兒犯法，遵格殺之。光武怒，命收遵。時主簿陳副諫曰：「明公常欲眾軍整齊，今遵奉法不避，是教令所行也。」光武乃貰之，以為刺姦將軍。謂諸將曰：「當備祭遵！吾舍中兒犯法尚殺之，必不私諸卿也。」尋拜為偏將軍，從平河北，以功封列侯……（《後漢書》卷 20《祭遵傳》，737 頁。）

25 年（漢淮陽王更始三年）……徐宣故縣獄吏，能通《易經》。遂共推宣為丞相，崇御史大夫，逄安左大司馬，謝祿右大司馬，自楊音以下皆為列卿。（《後漢書‧劉盆子傳》，481 頁。）

東漢

25 年（漢光武帝建武元年）己亥，幸懷。遣耿弇率強弩將軍陳俊軍五社津，備滎陽以東。使吳漢率朱祐及廷尉岑彭（《前書》「廷尉，秦官」也。聽獄必質於朝廷，與眾共之。尉，平也，故稱廷尉。）、執金吾賈復、圍朱鮪於洛陽。（《後漢書‧光武帝紀》，23～24 頁。）

25 年（漢光武帝建武元年）……光武即位，拜（岑）彭廷尉，歸德侯如

故，行大將軍事……（《後漢書》卷 17《岑彭傳》，654 頁。）

閏按：廷尉岑彭，後封為征南大將軍，從事軍事，當此專業法律官員的選任，於帝國初期，為軍功受益。

25 年（漢光武帝建武元年）賀字喬卿，雒人。祖父堅伯，父游君，並修清節，不仕王莽。賀能明法，累官，建武中為尚書令，在職六年，曉習故事，多所匡益……（《後漢書》卷 26《蔡茂傳》，908 頁。）

25 年（漢光武帝建武元年）……後（董）賢果風太醫令真欽，使求傅氏罪過，遂逮後弟侍中喜，詔獄無所得，乃解……世祖即位，徵待詔，上書言事失旨，不用。後大司空宋弘薦（桓）譚，拜議郎給事中，因上疏陳時政所宜，曰：「……且設法禁者，非能盡塞天下之姦，皆合眾人之所欲也，大抵取便國利事多者，則可矣。夫張官置吏，以理萬人，懸賞設罰，以別善惡，惡人誅傷，則善人蒙福矣。今人相殺傷，雖已伏法，而私結怨仇，子孫相報，後忿深前，至於滅戶殄業，而俗稱豪健，故雖有怯弱，猶勉而行之，此為聽人自理而無復法禁者也。今宜申明舊令，若已伏官誅而私相傷殺者，雖一身逃亡，皆徙家屬於邊，其相傷者，加常二等，不得雇山贖罪。如此，則仇怨自解，盜賊息矣……又見法令決事，輕重不齊，或一事殊法，同罪異論，奸吏得因緣為市，所欲活則出生議，所欲陷則與死比，是為刑開二門也。今可令通義理明習法律者，校定科比，（科謂事條，比謂類例。）一其法度，班下郡國，蠲除故條。如此，天下知方，而獄無怨濫矣。方猶法也……」（《後漢書》卷 28《桓譚傳》，956、958～959 頁。）

25～57 年（漢光武帝）……初舉孝廉，再遷圉令，以禮理人，以德化俗。時它郡盜徒五人來入圉界，吏捕得之，陳留太守馬嚴聞而疾惡，風縣殺之。褒來吏曰：「夫絕人命者，天亦絕之。皋陶不為盜制死刑，管仲遇盜而升諸公。（《禮·雜記》云孔子曰：「管仲遇盜，取二人焉，上以為公臣。」注云：「此人但居惡人之中，使犯法耳。」）今承旨而殺之，是逆天心，順府意也，其罰重矣。如得全此人命而身坐之，吾所願也。」遂不為殺。嚴奏褒奭弱，免官歸郡，為功曹。（《後漢書》卷 35《曹褒傳》，1202 頁。）

25～57 年（漢光武帝）……後舉孝廉，拜濟陰郡丞，太守劉育甚重之，任以郡職，上書薦（劉）平。會平遭父喪去官。服闋，拜全椒長，政有恩惠，百姓懷感，人或增貲就賦，或減年從役。刺史、太守行部，獄無繫囚，人自以得所，不知所問，唯班詔書而去……（《後漢書》卷 39《劉平傳》，

1296 頁。）

25～57 年（漢光武帝）……隗囂滅後，隴右不安，乃拜（樊）曄為天水太守。政嚴猛，好申韓法，（申不害、韓非之法也。）善惡立斷。人有犯其禁者，率不生出獄，吏人及羌胡畏之。道不拾遺。行旅至夜，聚衣裝道傍，曰「以付樊公」。涼州為之歌曰：「遊子常苦貧，力子天所富。寧見乳虎穴，不入冀府寺。大笑期必死，忿怒或見置。嗟我樊府君，安可再遭值！」……（《後漢書》卷 77《酷吏列傳》，2491 頁。）

25～219 年（東漢）後盜欲有犯妻者，乃先劫其姑。妻聞，操刀而出。盜人曰：「釋汝刀從我者可全，不從我者，則殺汝姑。」妻仰天而歎，舉刀刎頸而死。盜亦不殺其姑。太守聞之，即捕殺賊盜，而賜妻縑帛，以禮葬之，號曰「貞義」。（《後漢書》卷 84《列女傳》，2793 頁。）

25～219 年（東漢）酒泉龐清母者，趙氏之女也，字娥。父為同縣人所殺，而娥兄弟三人，時俱病物故，仇乃喜而自賀，以為莫己報也。娥陰懷感憤，乃潛備刀兵，常帷車以候仇家。十餘年不能得。後遇於都亭，刺殺之。因詣縣自首。曰：「父仇已報，請就刑戮。」祿福長尹嘉義之，解印綬欲與俱亡。娥不肯去。曰：「怨塞身死，妾之明分；結罪理獄，君之常理。何敢苟生，以枉公法！」後遇赦得免。州郡表其閭。太常張奐嘉歎，以束帛禮之。（《後漢書》卷 84《列女傳》，2796～2797 頁。）

25～219 年（東漢）……（夫餘國）於東夷之域，最為平敞，土宜五穀。出名馬、赤玉、貂豽，大珠如酸棗。以員柵為城，有宮室、倉庫、牢獄……是時斷刑獄，解囚徒。有軍事亦祭天，殺牛，以蹄占其吉凶。行人無晝夜，好歌吟，音聲不絕。其俗用刑嚴急，被誅者皆沒其家人為奴婢。盜一責十二。男女淫皆殺之，尤治惡妒婦，既殺，復尸於山上。兄死妻嫂……（《後漢書》卷 85《東夷列傳》，2811 頁。）

25～219 年（東漢）……（高句驪）無牢獄，有罪，諸加評議便殺之，沒入妻子為奴婢。其昏姻皆就婦家，生子長大，然後將還，便稍營送終之具……（《後漢書》卷 85《東夷列傳》，2813 頁。）

25～219 年（東漢）……（濊）殺人者償死。少寇盜……（《後漢書》卷 85《東夷列傳》，2818 頁。）

25～219 年（東漢）弁辰與辰韓雜居，城郭衣服皆同，言語風俗有異。其人形皆長大，美髮，衣服潔清。而刑法嚴峻……（《後漢書》卷 85《東夷列

傳》，2820 頁。）

25～219 年（東漢）……（倭）又俗不盜竊，少爭訟。犯法者沒其妻子，重者滅其門族……（《後漢書》卷 85《東夷列傳》，2821 頁。）

25～219 年（東漢）（冉駹夷）其王侯頗知文書，而法嚴重……（《後漢書》卷 86《南蠻西南夷列傳》，2858 頁。）

25～219 年（東漢）……（烏桓）有勇健能理決鬥訟者，推為大人，無世業相繼……其約法：違大人言者，罪至死；若相賊殺者，令部落自相報，不止，詣大人告之，聽出馬牛羊以贖死；其自殺父兄則無罪；若亡畔為大人所捕者，邑落不得受之，皆徙逐於雍狂之地，沙漠之中……（《後漢書》卷 90《烏桓鮮卑列傳》，2979～2980 頁。）

25～219 年（東漢）……先立春一日，則《四分》數之立春日也。以折獄斷大刑，於氣已迕；用望平和隨時之義，蓋亦遠矣。今改行《四分》，以遵於堯，以順孔聖奉天之文……（《後漢書·律曆志》，3026 頁。）

25～219 年（東漢）……（丁孚《漢儀》曰：「《酎金律》，文帝所加，以正月旦作酒，八月成，名酎酒。因令諸侯助祭貢金。」《漢律》《金布令》曰：「皇帝齋宿，親帥群臣承祠宗廟，群臣宜分奉請。諸侯、列侯各以民口數，率千口奉金四兩，奇不滿千口至五百口亦四兩，皆會酎，少府受。又大鴻臚食邑九真、交址、日南者，用犀角長九寸以上若玳瑁甲一，鬱林用象牙長三尺以上若翡翠各二十，准以當金。」……）（《後漢書·禮儀志》，3104 頁。）

25～219 年（東漢）拜皇太子之儀：百官會，位定，謁者引皇太子當御坐殿下，北面；司空當太子西北，東面立。讀策書畢，中常侍持皇太子璽綬東向授太子。太子再拜，三稽首。謁者贊皇太子臣某，中謁者稱制曰「可」。三公升階上殿，賀壽萬歲。因大赦天下。供賜禮畢，罷……（臣昭曰：漢立皇后，國禮之大，而志無其儀，良未可了……後即位，大赦天下……）（《後漢書·禮儀志》，3120～3121 頁。）

25～219 年（東漢）三公奏《尚書顧命》，太子即日即天子位於柩前，請太子即皇帝位，皇后為皇太后。奏可。群臣皆出，吉服入會如儀。太尉升自阼階，當柩御坐北面稽首，讀策畢，以傳國玉璽綬東面跪授皇太子，即皇帝位。中黃門掌兵以玉具、隨侯珠、斬蛇寶劍授太尉，告令群臣，群臣皆伏稱萬歲。或大赦天下。遣使者詔開城門、宮門，罷屯衛兵。群臣百官罷，入成喪服如禮。兵官戎。三公，太常如禮。（《後漢書·禮儀志》，3143 頁。）

25～219年（東漢）（《漢祀令》曰：「天子行有所之，出河，沈用白馬圭璧各一，衣以繒緹五尺，祠用脯二束，酒六升，鹽一升。涉渭、灞、涇、雒佗名水如此者，沈圭璧各一。律，在所給祠具；及行，沉祠佗川水，先驅投石，少府給圭璧。不滿百里者不沈。」）（《後漢書·祭祀志》，3162頁。）

25～219年（東漢）《五行傳》曰：「棄法律，（鄭玄注《尚書大傳》曰：「東井主法令也。」）逐功臣，（鄭玄曰：「功臣制法律者也。或曰，喙主尚食、七星主衣裳，張為食廚，翼主天倡。）殺太子，以妾為妻，則火不炎上。」……（《後漢書·五行志》，3291頁。）

25～219年（東漢）……故新汲令王隆作《小學漢官篇》，諸文偶說，較略不究。（案：胡廣注隆此篇，其論之注曰：「前安帝時，越騎校尉劉千秋校書東觀，好事者樊長孫與書曰：『漢家禮儀，叔孫通等所草創，皆隨律令在理官，藏於幾閣，無記錄者，久令二代之業，闇而不彰。誠宜撰次，依擬《周禮》，定位分職，各有條序，令人無愚智，入朝不惑。君以公族元老，正丁其任，焉可以已！』劉君甚然其言，與邑子通人郎中張平子參議未定，而劉君遷為宗正、衛尉，平子為尚書郎、太史令，各務其職，未暇恤也。至順帝時，平子為侍中典校書，方作《周官解說》，乃欲以漸次述漢事，會復遷河間相，遂莫能立也。述作之功，獨不易矣。既感斯言，顧見故新汲令王文山《小學》為《漢官篇》，略道公卿外內之職，旁及四夷，博物條暢，多所發明，足以知舊制儀品。蓋法有成易，而道有因革，是以聊集所宜，為作詁解，各隨其下，綴續後事，令世施行，庶明厥旨，廣前後憤盈之念，增助來哲多聞之覽焉。」）……（《後漢書·百官志》，3555頁。）

25～219年（東漢）近小使車，蘭輿赤轂，白蓋赤帷。從騶騎四十人。此謂追捕考案，有所來取者之所乘也。（《後漢書·輿服志》，3651頁。）

25～219年（東漢）法冠，一曰柱後。（《獨斷》曰：「柱後惠文。」）高五寸，以纚為展筒，（《前書》注曰：「纚，今之縰。」《通俗文》：「幘裏曰纚。」）鐵柱卷，（荀綽《晉百官表注》曰：「鐵柱，言其厲直不曲橈。」）執法者服之，侍御史、廷尉正監平也。或謂之獬豸冠。獬豸神羊，能別曲直，楚王嘗獲之，故以為冠。（《異物志》曰：「東北荒中有獸名獬豸，一角，性忠，見人鬥，則觸不直者；聞人論，則咋不正者。楚執法者所服也。今冠兩角，非象也。」臣昭曰：或謂獬豸乃非定名，在兩角未足斷正，安不存其豎飾，令兩為冠乎？）胡廣說曰：「《春秋左氏傳》有南冠而縶者，則楚冠也。秦滅楚，以其君服賜執

法近臣御史服之。」（《後漢書‧輿服志》，3667 頁。）

26 年（漢光武帝建武二年）三月乙未，大赦天下，詔曰：「頃獄多冤人，用刑深刻，朕甚愍之。孔子云：『刑罰不中，則民無所措手足。』其與中二千石、諸大夫、博士、議郎議省刑法。」（《後漢書‧光武帝紀》，29 頁。）

26 年（漢光武帝建武二年）……時陰氏賓客在郡界多犯吏禁，（蔡）茂輒糾案，無所迴避。會洛陽令董宣舉糾湖陽公主，帝始怒收宣，即而赦之。茂喜宣剛正，欲令朝廷禁制貴戚，乃上書曰：「臣聞興化致教，必由進善；康國寧人，莫大理惡。陛下聖德係興，再隆大命，即位以來，四海晏然。誠宜夙興夜寐，雖休勿休。然頃者貴戚椒房之家，數因恩埶，干犯吏禁，殺人不死，傷人不論。臣恐繩墨棄而不用，（繩墨諭章程也。）斧斤廢而不舉。（斧斤謂刑戮也。賈誼曰「釋斤斧之用」也。）近湖陽公主奴殺人西市，而與主共輿，出入宮省，逋罪積日，冤魂不報。洛陽令董宣，直道不顧，干主討姦。陛下不先澄審，召欲加棰。當宣受怒之初，京師側耳；及其蒙宥，天下拭目。今者，外戚憍逸，賓客放濫，宜勑有司案理姦罪，使執平之吏永申其用，以厭遠近不緝之情。」光武納之。（《後漢書》卷 26《蔡茂傳》，907 頁。）

26 年（漢光武帝建武二年）建武二年，（衛颯）辟大司徒鄧禹府。舉能案劇，除侍御史，襄城令。政有名跡，遷桂陽太守……（《後漢書》卷 76《循吏列傳》，2459 頁。）

26～57 年（漢光武帝）……（任延）既之武威，時將兵長史田紺，郡之大姓，其子弟賓客為人暴害。延收紺繫之，父子賓客伏法者五六人……（《後漢書》卷 76《循吏列傳》，2463 頁。）

27 年（漢光武帝建武三年）……南至良鄉，其兵長反遮之，浮恐不得脫，乃下馬刺殺其妻，僅以身免，城降於寵。尚書令侯霸奏浮敗亂幽州，構成寵罪，徒勞軍師，不能死節，罪當伏誅。帝不忍，以浮代賈復為執金吾，徙封父城侯。後豐、寵並自敗。……舊制，州牧奏二千石長吏不任位者，事皆先下三公，三公遣掾史案驗，然後黜退。帝時用明察，不復委任三府，而權歸刺舉之吏。浮復上疏曰：「陛下清明履約，率禮無違，自宗室諸王、外家后親，皆奉遵繩墨，無黨埶之名。至或乘牛車，齊於編人。斯固法令整齊，下無作威者也。求之於事，宜以和平，而災異猶見者，而豈徒然？天道信誠，不可不察。竊見陛下疾往者上威不行，下專國命，即位以來，不用舊典，信刺舉之官，黜鼎輔之任，至於有所劾奏，便加免退，覆案不關三府，罪譴不蒙澄察。……」

（《後漢書》卷33《朱浮傳》，1141、1143頁。）

28年（漢光武帝建武四年）建武四年，光武徵霸與車駕會壽春，拜尚書令。時無故典，朝廷又少舊臣，霸明習故事，收錄遺文，條奏前世善政法度有益於時者，皆施行之。每春下寬大之詔，奉四時之令，皆霸所建也。（《月令》春布德行慶，施惠下人，故曰寬大。奉四時謂依《月令》也。）（《後漢書》卷26《侯霸傳》，902頁。）

29年（漢光武帝建武五年）五月丙子，詔曰：「久旱傷麥，秋種未下，朕甚憂之。將殘吏未勝，獄多冤結，元元愁恨，感動天氣乎？其令中都官、三輔、郡、國出繫囚，罪非犯殊死一切勿案（殊死謂斬刑。殊，絕也。《左傳》曰：「斬其木而弗殊。」一切謂權時，非久制也。並見《前書音義》。）見徒免為庶人。務進柔良，退貪酷，各正厥事焉。」（《後漢書·光武帝紀》，39頁。）

29～37年（漢光武帝建武年間）董宣字少平，陳留圉人也。初為司徒侯霸所辟，舉高第，累遷北海相。到官，以大姓公孫丹為五官掾。丹新造居宅，而卜工以為當有死者，丹乃令其子殺道行人，置尸舍內，以塞其咎。宣知，即收丹父子殺之。丹宗族親黨三十餘人，操兵詣府，稱冤叫號。宣以丹前附王莽，慮交通海賊，乃悉收繫劇獄，（劇縣之獄。）使門下書佐水丘岑盡殺之。青州以其多濫，奏宣考岑，宣坐徵詣廷尉。在獄，晨夜諷誦，無憂色。及當出刑，官屬具饌送之，宣乃厲色曰：「董宣生平未曾食人之食，況死乎！」升車而去。時同刑九人，次應及宣，光武馳使騎騎特原宣刑，且令還獄。遣使者詰宣多殺無辜，宣具以狀對，言水丘岑受臣旨意，罪不由之，願殺臣活岑。使者以聞，有詔左轉宣懷令，令青州勿案岑罪。岑官至司隸校尉……後特徵為洛陽令。時湖陽公主蒼頭白日殺人，因匿主家，吏不能得。及主出行，而以奴驂乘，宣於夏門亭候之，乃駐車叩馬，以刀畫地，大言數主之失，叱奴下車，因格殺之。主即還宮訴帝，帝大怒，召宣，欲箠殺之。宣叩頭曰：「願乞一言而死。」帝曰：「欲何言？」宣曰：「陛下聖德中興，而縱奴殺良人，將何以理天下乎？臣不須箠，請得自殺。」即以頭擊楹，流血被面。帝令小黃門持之，使宣叩頭謝主，宣不從，強使頓之，宣兩手據地，終不肯俯。主曰：「文叔為白衣時，臧亡匿死，吏不敢至門。今為天子，威不能行一令乎？」帝笑曰：「天子不與白衣同。」因敕強項令出。賜錢三十萬，宣悉以班諸吏。由是搏擊豪強，莫不震栗。京師號為「臥虎」。歌之曰：「枹鼓不鳴董少平。」（《後漢書》

卷 77《酷吏列傳》，2489～2490 頁。）

31 年（漢光武帝建武六年）建武六年日食，衍上書陳八事：其一曰顯文德，二曰褒武烈，三曰修舊功，四曰招俊傑，五曰明好惡，六曰簡法令，七曰差秩祿，八曰撫邊境。書奏，帝將召見……帝懲西京外戚賓客，故皆以法繩之，大者抵死徙，其餘至貶黜。衍由此得罪，嘗自詣獄，有詔赦不問。（時衍又與就書曰：「奏曹掾馮衍叩頭死罪：衍材素愚駑，行義污穢，外無鄉里之譽，內無汗馬之勞，猥蒙明府天覆之德，華寵重疊。閒者，掾史疑衍之罪，眾煦飄山，當為灰土。賴蒙明察，揆其素行，復保首領。倍知厚德篤於慈父，浸淫肌膚，滲漉骨髓，德重山嶽，澤深河海。前送妻子還淄縣，遭雨逢暑，以七月還。至陽武，聞詔捕諸王賓客，惶怖詣闕，冀先事自歸。）（《後漢書》卷 28《馮衍傳》，977～978 頁。）

31 年（漢光武帝建武七年）……（郅）惲友人董子張者，父先為鄉人所害。（《東觀記》曰「子張父及叔父為鄉里盛氏一時所害」也。）及子張病，將終，惲往候之。子張垂歿，視惲，歔欷不能言。惲曰：「吾知子不悲天命，而痛仇不復也。子在，吾憂而不手；子亡，吾手而不憂也。」子張但目擊而已。惲即起，將客遮仇人，取其頭以示子張。子張見而氣絕。惲因而詣縣，以狀自首。令應之遲，（縣令不欲其自首詣獄，故應對之緩也。）惲曰：「為友報仇，吏之私也。奉法不阿，君之義也。虧君以生，非臣節也。」趨出就獄。令跣而追惲，不及，遂自至獄，令拔刃自向以要惲曰：「子不從我出，敢以死明心。」惲得此乃出，因病去。（《後漢書》卷 29《郅惲傳》，1025 頁。）

32～58 年（漢光武帝）（班）固字孟堅。年九歲，能屬文誦詩賦，及長，遂博貫載籍，九流百家之言，無不窮究。（九流謂道、儒、墨、名、法、陰陽、農、雜、縱橫。）所學無常師，不為章句，舉大義而已……（《後漢書》卷 40《班固傳》，1330 頁。）

35 年（漢光武帝建武十一年）十一年春，率征南大將軍岑彭等伐公孫述。及彭破荊門，長驅入江關，漢留夷陵，裝露橈船，將南陽兵及馳刑募士三萬人溯江而上……（《後漢書》卷 18《吳漢傳》，681 頁。）

36 年（漢光武帝建武十二年）……十二年，遣謁者段忠將眾郡馳刑配茂，鎮守北邊，因發邊卒築亭候，修烽火，又發委輸金帛繒絮供給軍士，並賜邊民，冠蓋相望……（《後漢書》卷 22《杜茂傳》，776 頁。）

36 年（漢光武帝建武十二年）梁統字仲寧，安定烏氏人……統性剛毅而

好法律。初仕州郡……統在朝廷，數陳便宜。以為法令既輕，下姦不勝，宜重刑罰，以遵舊典，乃上疏曰：臣竊見元哀二帝輕殊死之刑以一百二十三事，手殺人者減死一等，（《東觀記》曰：「元帝初元五年，輕殊死刑三十四事，哀帝建平元年，輕殊死刑八十一事，其四十二事手殺人者減死一等。」）自是以後，著為常準，故人輕犯法，吏易殺人。臣聞立君之道，仁義為主，仁者愛人，義者政理，愛人以除殘為務，政理以去亂為心。刑罰在衷，無取於輕，是以五帝有流、殛、放、殺之誅，（唐堯時流共工，放驩兜，殺三苗，殛鯀。堯為五帝之一，故舉言焉。）三王有大辟、刻肌之法。（大辟，罪之大者，謂死刑也。刻肌謂墨、劓、臏、刖。）故孔子稱「仁者必有勇」，（《論語》載孔子之言也。五帝、三王皆以仁義而化，而能用肉刑以正俗，是為勇也。）又曰「理財正辭，禁民為非曰義」。（《易・繫詞》曰：「何以守位？曰仁。何以聚人？曰財。理財正辭，禁人為非曰義。」繫詞亦孔子作，故稱「又曰」。）高帝受命誅暴，平蕩天下，約令定律，誠得其宜。（高祖定天下，使蕭何次律令。）文帝寬惠柔克，遭世康平，（克，能也。言以和柔能理俗也。《尚書》曰「高明柔克」也。）唯除省肉刑、相坐之法，它皆率由，無革舊章。（秦法，一人有罪，坐其家室。文帝除肉刑並相坐律令，餘則仍舊不改。）武帝值中國隆盛，財力有餘，征伐遠方，軍役數興，豪桀犯禁，奸吏弄法，故重首匿之科，著知從之律，（凡首匿者，為謀首，藏匿罪人。至宣帝時，除子匿父母，妻匿夫，孫匿大父母罪，余至殊死上請。知縱謂見知故縱，武帝時立見知故縱之罪，使張湯等著律，並見《前書》也。）以破朋黨，以懲隱匿。宣帝聰明正直，總御海內，臣下奉憲，無所失墜，因循先典，天下稱理。至哀、平繼體，而即位日淺，聽斷尚寡，丞相王嘉輕為穿鑿，虧除先帝舊約成律，（王嘉字公仲，平陵人。案《嘉傳》及《刑法志》並無其事，統與嘉時代相接，所引故不妄矣，但班固略而不載也。）數年之間，百有餘事，或不便於理，或不厭民心。謹表其尤害於體者傅奏於左。伏惟陛下包元履德，權時撥亂，功逾文武，德侔高皇，誠不宜因循季末衰微之軌。回神明察，考量得失，宣詔有司，詳擇其善，定不易之典，施無窮之法，天下幸甚。事下三公、廷尉，議者以為隆刑峻法，非明王急務，施行日久，豈一朝所釐。統今所定，不宜開可。統復上言曰：「有司以臣今所言，不可施行。尋臣之所奏，非曰嚴刑。竊謂高帝以後，至乎孝宣，其所施行，多合經傳，宜比方今事，驗之往古，聿遵前典，事無難改，不勝至願。願得召見，若對尚書近臣，口陳其要。」帝令尚書問狀，統對曰：

聞聖帝明王，制立刑罰，故雖堯舜之盛，猶誅四凶。經曰：「天討有罪，五刑五庸哉。」（《尚書·咎繇謨》之詞也。庸，用也。言天以五刑討有罪，用五刑必當也。）又曰：「爰制百姓於刑之衷。」（《尚書·呂刑》云：「士制百姓於刑之中。」孔安國注云：「咎繇作士，制百官於刑之中。」此作「爰」，爰，於也，義亦通。衷音丁仲反，下同也。）孔子曰：「刑罰不衷，則人無所厝手足。」厝，置也。）衷之為言，不輕不重之謂也。《春秋》之誅，不避親戚，（《左傳》曰：「大義滅親。」又曰：「周公殺管叔，夫豈不愛，王室故也。」）所以防患救亂，全安眾庶，豈無仁愛之恩，貴絕殘賊之路也？自高祖之興，至於孝宣，君明臣忠，謨謀深博，猶因循舊章，不輕改革，海內稱理，斷獄益少。至初元、建平，所減刑罰百有餘條，而盜賊浸多，歲以萬數。間者三輔從橫，群輩並起，至燔燒茂陵，火見未央。其後隴西、北地、西河之賊，越州度郡，萬里交結，攻取庫兵，劫略吏人，詔書討捕，連年不獲。（《東觀記》統對尚書狀曰「元壽二年，三輔盜賊群輩並起，至燔燒茂陵都邑，煙火見未央宮，前代所未嘗有。其後隴西新興，北地任橫、任崖，西河漕況，越州度郡，萬里交結，或從遠方，四面會合，遂攻取庫兵，劫略吏人，國家開封侯之科，以軍法追捕，僅能破散」也。）是時以天下無難，百姓安平，而狂狡之執，猶至於此，皆刑罰不衷，愚人易犯之所致也。由此觀之，則刑輕之作，反生大患；惠加姦軌，而害及良善也。故臣統願陛下採擇賢臣孔光、師丹等議。（孔光字子夏，師丹字公仲，並哀帝時丞相。光明習漢制及法令，丹初以論議深博，徵入為光祿大夫，皆有議，見《前書》。）議上，遂寢不報。（《後漢書》卷34《梁統傳》，1165～1170頁。）

37年（漢光武帝建武十三年）十三年，增邑戶，更封向侯。是時，盧芳與匈奴、烏桓連兵，寇盜尤數，緣邊愁苦。詔霸將馳刑徒六千餘人，與杜茂治飛狐道……（《後漢書》卷20《王霸傳》，737頁。）

38年（漢光武帝建武十四年）十四年，群臣上言：「古者肉刑嚴重，則人畏法令；今憲律輕薄，故姦軌不勝。宜增科禁，以防其源。」詔下公卿。林奏曰：「夫人情挫辱，則義節之風損；法防繁多，則苟免之行興。孔子曰：『導之以政，齊之以刑，民免而無恥。導之以德，齊之以禮，有恥且格。』（皆《論語》之言也。政謂禁令，刑謂刑罰。格，來也。言為政之法，初訓導之以禁令，若有違則整齊之以刑罰，則人但免罪而已，而無恥慚之心。若教導之以道德，整齊之以禮義，則人皆有恥慚之心，且皆來服。）古之明王，深識遠

慮，動居其厚，不務多辟，周之五刑，不過三千。（五刑謂墨、劓、荆、宮、大辟也。《尚書・呂・刑篇》曰：「五刑之屬三千。」）大漢初興，詳覽失得，故破矩為圓，斲雕為樸，蠲除苛政，更立疏網，海內歡欣，人懷寬德。及至其後，漸以滋章，吹毛索疵，詆欺無限。（《老子》曰：「法令滋章，盜賊多有。」《前書》曰：「有司吹毛求疵。」索，求也。詆欺謂飾非成釁，非其本罪。）果桃菜茹之饋，集以成臧，小事無妨於義，以為大戮，故國無廉士，家無完行。至於法不能禁，令不能止，上下相遁，為敝彌深。（遁猶迴避也。《前書》曰：「上下相匿，以文避法焉。」）臣愚以為宜如舊制，不合翻移。」帝從之。（《後漢書》卷 27《杜林傳》，937～938 頁。）

39 年（漢光武帝建武十五年）（劉）興其歲試守緱氏令。為人有明略，善聽訟，甚得名稱。遷弘農太守，亦有善政。（《續漢書》曰：「弘農縣吏張申有伏罪，興收申案論，郡中震栗。時年旱，分遣文學循行屬縣，理冤獄，宥小過，應時甘雨降澍。」）視事四年，上疏乞骸骨，徵還京師，奉朝請。（《後漢書》卷 14《宗室四王三侯傳》，556 頁。）

39～41 年（漢光武帝）（劉）荆性刻急隱害，有才能而喜文法……（《後漢書》卷 42《光武十王列傳》，1446 頁。）

42 年（漢光武帝建武十八年）……十八年，行幸章陵，徵晨行廷尉事……（《後漢書》卷 15《鄧晨傳》，584 頁。）

48 年（漢光武帝建武二十四年）……遂遣（馬）援率中郎將馬武、耿舒、劉匡、孫永等，將十二郡募士及弛刑四萬餘人征五溪……（《後漢書》卷 24《馬援傳》，843 頁。）

48 年（漢光武帝建武二十四年）……明年，遷洛陽令。是時陰氏有客馬成者，常為奸盜，延收考之。陰氏屢請，獲一書輒加箠二百。信陽侯陰就就，乃訴帝，譖延多所冤枉。帝乃臨御道之館，親錄囚徒。延陳其獄狀可論者在東，無理者居西。成乃回欲趨東，延前執之，謂曰：「爾人之巨蠹，久依城社，不畏薰燒。今考實未竟，宜當盡法！」成大呼稱枉，陛戟郎以戟刺延，叱使置之。帝知延不私，謂成曰：「汝犯王法，身自取之！」呵使速去。後數日伏誅。於是外戚斂手，莫敢干法。在縣三年，遷南陽太守。（《後漢書》卷 33《虞延傳》，1152～1153 頁。）

49 年（漢光武帝建武二十五年）……後除瑕丘令。吏有檀建者，盜竊縣內，意屏人問狀，建叩頭服罪，不忍加刑，遣令長休。建父聞之，為建設酒，

謂曰：「吾聞無道之君以刃殘人，有道之君以義行誅。子罪，命也。」遂令建進藥而死……（《後漢書》卷41《鍾離傳》，1407頁。）

50年（漢光武帝建武二十六年）……令中郎將置安集掾史將馳刑五十人，持兵弩隨單于所處，參辭訟，察動靜……匈奴俗……呼衍氏為左，蘭氏、須卜氏為右，主斷獄聽訟，當決輕重，口白單于，無文書簿領焉……令西河長史歲將騎二千，馳刑五百人，助中郎將衛護單于，冬屯夏罷……（《後漢書》卷89《南匈奴列傳》，2944～2945頁。）

53年（漢光武帝建武二十九年）二十九年二月丁巳朔，日有蝕之，在東壁五度。東壁為文章，一名娵訾之口。先是皇子諸王各招來文章談說之士，去年中，有人上奏：「諸王所招待者，或真偽雜，受刑罰者子孫，宜可分別。」於是上怒，詔捕諸王客，皆被以苛法，死者甚多。世祖不早為明設刑禁，一時治之過差，故天示象。世祖於是改悔，遣使悉理侵枉也。（《後漢書·五行志》，3360頁。）

56年（漢光武帝建武中元元年）……種人頗有犯法者，臨羌長收繫比銅鉗，而誅殺其種六七百人。顯宗憐之，乃下詔曰：「昔桓公伐戎而無仁惠，故《春秋》貶曰『齊人』。今國家無德，恩不及遠，羸弱何辜，而當並命！夫長平之暴，非帝者之功，咎由太守長吏妄加殘戮。比銅鉗尚生者，所在致醫藥養視，令招其種人，若欲歸故地者，厚遣送之。其小種若束手自詣，欲效功者，皆除其罪。若有逆謀為吏所捕，而獄狀未斷，悉以賜有功者。」（《後漢書》卷87《西羌傳》，2880頁。）

57年（漢光武帝建武中元二年）十二月甲寅，詔曰：「方春戒節，人以耕桑。其來有司務順時氣，使無煩擾。天下亡命殊死以下，聽得贖論：死罪入縑二十匹，右趾至髡鉗城旦舂十匹，（《前書音義》曰：「右趾謂刖其右足，次刖左足，次劓，次黥，次髡鉗為城旦舂。城旦者，晝日伺寇虜，夜暮築長城。舂者，婦人犯罪，不任軍役之事，但令舂以食徒者。」）完城旦舂至司寇作三匹。（完者，謂不加髡鉗而築城也。次鬼薪、白粲，次隸臣妾，次司寇作。）其未發覺，詔書到先自告者，半入贖。今選舉不實，邪佞未去，權門請託，殘吏放手，放手謂貪縱為非也。百姓愁怨，情無告訴。有司明奏罪名，並正舉者。（舉非其人，並正舉主之罪。）又郡縣每因徵發，輕為奸利，詭責羸弱，先急下貧。其務在均平，無令枉刻。」（《後漢書·顯宗孝明帝紀》，98頁。）

57～75年（漢光武帝建武中元二年～漢明帝永平十八年）論曰：明帝善

刑理，法令分明。日晏坐朝，幽枉必達。內外無幸曲之私，在上無矜大之色。斷獄得情，號居前代十二。（十斷其二，言少刑也。）故後之言事者，莫不先建武、永平之政。而鍾離意、宋均之徒，常以察慧為言，夫豈弘人之度未憂乎？（《後漢書·顯宗孝明帝紀》，124～125頁。）

58年（漢明帝永平元年）……顯宗初，西羌寇隴右，覆軍殺將，朝廷患之，復拜（馬）武捕虜將軍，以中郎將王豐副，與監軍使者竇固、右輔都尉陳欣，將烏桓、黎陽營、三輔募士、涼州諸郡羌胡兵及弛刑，合四萬人擊之……（《後漢書》卷22《馬武傳》，786頁。）

58年（漢明帝永平元年）肅宗即位，徵拜侍御史中丞，除子鱄為郎，令勸學省中。其冬，有日食之災，（馬）嚴上封事曰：「臣聞日者眾陽之長，食者陰侵之徵。《書》曰：『無曠庶官，天工人其代之。』言王者代天官人也。故考績黜陟，以明褒貶。無功不黜，則陰盛陵陽。臣伏見方今刺史太守專州典郡，不務奉事盡心為國，而司察偏阿，取與自己，同則舉為尤異，異則中以刑法，不即垂頭塞耳，採求財賂。今益州刺史朱酺、揚州刺史倪說、涼州刺史尹業等，每行考事，輒有物故，又選舉不實，曾無貶坐，是使臣下得作威福也。故事，州郡所舉上奏，司直察能否以懲虛實。（《前書》武帝元狩五年，初置司直，比二千石，掌佐丞相舉不法。《續漢書》曰：「光武以武帝故事置司直，居丞相府，助督錄諸州。建武十八年省之。」）今宜加防檢，式遵前制。舊丞相、御史親治職事，唯丙吉以年老優游，不案吏罪，（丙吉字少卿，魯人也。宣帝時，為丞相。掾史有罪，終無所驗。公府不按吏，自吉始也。見《前書》。）於是宰府習為常俗，更共岡養，以崇虛名，或未曉其職，便復遷徙，誠非建官賦祿之意。宜來正百司，各責以事，州郡所舉，必得其人。若不如言，裁以法令。傳曰：『上德以寬服民，其次莫如猛。故火烈則人望而畏之，水懦則人狎而玩之。為政者寬以濟猛，猛以濟寬。』如此，綏御有體，災眚消矣。」眚亦災也。書奏，帝納其言而免酺等官。（《後漢書》卷24《馬援傳》，860頁。）

58年（漢明帝永平元年）牟融字子優，北海安丘人也。少博學，以《大夏侯尚書》教授，門徒數百人，名稱州里。以司徒茂才為豐令，視事三年，縣無獄訟，為州郡最……是時顯宗方勤萬機，公卿數朝會，每輒延謀政事，判折獄訟。融經明才高，善論議，朝廷皆服其能；帝數嗟歎，以為才堪宰相。（《後漢書》卷26《牟融傳》，915～916頁。）

58年（漢明帝永平元年）平元年，拜長水校尉，與公卿雜定郊祠禮儀，以讖記正《五經》異說……又議刑辟宜須秋月，以順時氣。顯宗並從之。二年，以壽張國益東平王，徙封（樊）樊鯈燕侯。其後廣陵王荊有罪，帝以至親悼傷之，詔鯈與羽林監南陽任隗雜理其獄。事竟，奏請誅荊。引見宣明殿，帝怒曰：「諸卿以我弟故，欲誅之，即我子，卿等敢爾邪！」鯈仰而對曰：「天下高帝天下，非陛下之天下也。《春秋》之義，『君親無將，將而誅焉』。是以周公誅弟，季友鴆兄，經傳大之。臣等以荊屬託母弟，陛下留聖心，加惻隱，故敢請耳。如令陛下子，臣等專誅而已。」帝歎息良久。鯈益以此知名……（《後漢書》卷32《樊宏傳》，1123頁。）

58～75年（漢明帝永平年間）永平中，車駕近出，而信陽侯陰就幹突禁衛，車府令徐匡鉤就車，收御者送獄。詔書譴匡，匡乃自繫。（吳）良上言曰：「信陽侯就倚恃外戚，干犯乘輿，無人臣禮，為大不敬。匡執法守正，反下於理，臣恐聖化由是而弛。」帝雖赦匡，猶左轉良為即丘長。後遷司徒長史。輒據經典，不希旨偶俗，以徵時譽。後坐事免。復拜議郎，卒於官。（《後漢書》卷27《吳良傳》，943～944頁。）

58～75年（漢明帝）……是時州郡災旱，百姓窮荒，（王）望行部，道見饑者，裸行草食，五百餘人，愍然哀之，因以便宜出所在布粟，給其稟糧，為作褐衣。事畢上言，帝以望不先表請，章示百官，詳議其罪。時公卿皆以為望之專命，法有常條。鍾離意獨曰：「昔華元、子反，楚、宋之良臣，不稟君命，擅平二國，《春秋》之義，以為美談。今望懷義忘罪，當仁不讓，若繩之以法，忽其本情，將乖聖朝愛育之旨。」帝嘉意議，赦而不罪。（《後漢書》卷39《劉平傳》，1297頁。）

58～75年（漢明帝永平年間）（朱）暉好節概，有所拔用，皆屬行士。其諸報怨，以義犯率，皆為求其理，多得生濟。其不義之囚，即時僵仆。吏人畏愛，為之歌曰：「強直自遂，南陽朱季。吏畏其威，人懷其惠。」數年，坐法免。（《東觀記》曰：「坐考長吏囚死獄中，州奏免官。」）（《後漢書》卷43《朱暉傳》，1458～1459頁。）

58～75年（漢明帝永平年間）周紆字文通，下邳徐人也。為人刻削少恩，好韓非之術。少為廷尉史。永平中，補南行唐長。到官，曉吏人曰：「朝廷不以長不肖，使牧黎民，而性仇猾吏，志除豪賊，且勿相試！」遂殺縣中尤無狀者數十人，吏人大震。遷博平令。收考姦臧，無出獄者。以威名遷齊相，亦頗

嚴酷，專任刑法，而善為辭案條教，（辭案猶今案牘也。）為州內所則。後坐殺無辜，復左轉博平令。建初中，為勃海太守。每赦令到郡，輒隱閉不出，先遣使屬縣盡決刑罪，乃出詔書。坐徵詣廷尉，免歸。紛廉潔無資，常築墼以自給。肅宗聞而憐之，復以為郎，再遷召陵侯相。廷掾憚紛嚴明，欲損其威，（《續漢志》每郡有五官掾，縣為廷掾也。）乃晨取死人斷手足，立寺門。紛聞，便往至死人邊，若與死人共語狀。陰察視口眼有稻芒，乃密問守門人曰：「悉誰載稿入城者？」門者對：「唯有廷掾耳。」又問鈴下：「外頗有疑令與死人語者不？」對曰：「廷掾疑君。」乃收廷掾考問，具服「不殺人，取道邊死人」。後人莫敢欺者。徵拜洛陽令，下車，先問大姓主名，吏數閭里豪強以對。紛厲聲怒曰：「本問貴戚若馬、竇等輩，豈能知此賣菜傭乎？」於是部吏望風旨，爭以激切為事。貴戚局蹐，京師肅清。皇后弟黃門郎竇篤從宮中歸，夜至止奸亭，亭長霍延遮止篤，篤蒼頭與爭，延遂拔劍擬篤，而肆詈恣口。篤以表聞。詔召司隸校尉、河南尹詣尚書譴問，遣劍戟士收紛送廷尉詔獄。數日貰出。（貰，赦也，音市夜反。）帝知紛奉法疾奸，不事貴戚，然苛慘失中，數為有司所奏，八年，遂免官……（《後漢書》卷77《酷吏列傳》，2493～2495頁。）

58～110年（漢明帝～漢安帝）虞詡字升卿，陳國武平人也。武平故城在今亳州鹿邑縣東北。祖父經，為郡縣獄吏，案法平允，務存寬恕，每冬月上其狀，恒流涕隨之。嘗稱曰：「東海於公高為里門，而其子定國卒至丞相。（《前書》，于定國字曼倩，東海人。其父於公為縣獄吏、郡決曹，所決皆不恨，為之生立祠。其門閭壞，父老方共修之，於公曰：「少高大閭門，令容駟馬高蓋車。我決獄多陰德，未嘗有所冤，子孫必有興者。」至定國為丞相，孫永為御史大夫也。）吾決獄六十年矣，雖不及於公，其庶幾乎！子孫何必不為九卿邪？」故字詡曰升卿。（《後漢書》卷58《虞詡傳》，1865頁。）

60年（漢明帝永平三年）三年春正月癸巳，詔曰：「朕奉郊祀，登靈臺，見史官，正儀度。夫春者，歲之始也。始得其正，則三時有成。比者水旱不節，邊人食寡，政失於上，人受其咎。有司其勉順時氣，勸督農桑，去其螟蟘，以及蝥賊；詳刑慎罰，明察單辭，夙夜匪懈，以稱朕意。」（《後漢書·顯宗孝明帝紀》，105頁。）

61年（漢明帝永平四年）四年春二月辛亥，詔曰：「朕親耕籍田，以祈農事。京師冬無宿雪，春不燠沐，煩勞群司，積精禱求。而比再得時雨，宿麥潤

澤。其賜公卿半奉。有司勉遵時政，務平刑罰。」（《後漢書·顯宗孝明帝紀》，107頁。）

62年（漢明帝永平五年）……後為泚陽長，政化仁愛，境內清淨。（《東觀記》曰：「泚陽人趙堅殺人繫獄，其父母詣（鮑）昱，自言年七十餘唯有一子，適新娶，今繫獄當死，長無種類，涕泣求哀。昱憐其言，令將妻入獄，解械止宿，遂任身有子。」……昱在職，奉法守正，有父風，永平五年，坐救火遲，免。（《後漢書》卷29《鮑永傳》，1021～1022頁。）

65年（漢明帝永平八年）……八年，詔令天下死罪皆入縑贖。英遣郎中令奉黃縑白紈三十匹詣國相曰：「託在蕃輔，過惡累積，歡喜大恩，奉送縑帛，以贖愆罪。」國相以聞。詔報曰：「楚王誦黃老之微言，尚浮屠之仁祠，潔齋三月，與神為誓，何嫌何疑，當有悔吝？其還贖，以助伊蒲塞桑門之盛饌。」因以班示諸國中傅……（《後漢書》卷42《光武十王列傳》，1428頁。）

66年（漢明帝永平九年）……二十二年，坐賣弄國恩免。二十五年，徙封新息侯。帝以浮陵轢同列，每銜之，惜其功能，不忍加罪。永平中，有人單辭告浮事者，（單辭謂無證據也。《書》曰：「明清於單辭。」）顯宗大怒，賜浮死。長水校尉樊鯈言於帝曰：「唐堯大聖，兆人獲所，尚優游四凶之獄，厭服海內之心，使天下咸知，然後殛罰。浮事雖昭明，而未達人聽，宜下廷尉，章著其事。」帝亦悔之。（《後漢書》卷33《朱浮傳》，1145頁。）

68年（漢靈帝永平十一年）……此二家常挾其術，庶幾施行，每有訟者，百僚會議，群儒騁思，論之有方，益於多聞識之，故詳錄焉。（《後漢書·律曆志》，3033頁。）

70年（漢明帝永平十三年）冬十月壬辰晦，日有食之。三公免冠自劾。制曰：「冠履勿劾。災異屢見，咎在朕躬，憂懼遑遑，未知其方。將有司陳事，多所隱諱，使君上壅蔽，下有不暢乎？昔衛有忠臣，靈公得守其位。今何以和穆陰陽，消伏災譴？刺史、太守詳刑理冤，存恤鰥孤，勉思職焉。」（《後漢書·顯宗孝明帝紀》，117頁。）

71年（漢明帝永平十四年）……袁公寶氏之閒，乃情帝室，引義雅正，可謂王臣之烈。及其理楚獄，未嘗鞫人於臧罪，其仁心足以覃乎後昆。子孫之盛，不亦宜乎？（《後漢書》卷45《袁安傳》，1527頁。）

72年（漢明帝永平十五年）……時楚獄連年不斷，因相證引，坐繫者甚眾。後慮其多濫，乘閒言及，惻然。帝感悟之，夜起仿偟，為思所納，卒多有

所降宥。（《後漢書・皇后紀》，410 頁。）

76～88 年（漢章帝）論曰：魏文帝稱「明帝察察，章帝長者」。章帝素知人厭明帝苛切，事從寬厚。感陳寵之義，除慘獄之科。（寵時為尚書，以吏政嚴切，乃上書除慘酷之科五十餘條，具本傳也。）深元元之愛，著胎養之令。（元和二年令，諸懷妊者賜穀，人三斛。）……（《後漢書・肅宗孝章帝紀》，159 頁。）

76 年（漢章帝建初元年）丙寅，詔曰：「比年牛多疾疫，墾田減少，穀價頗貴，人以流亡。方春東作，宜及時務。二千石勉勸農桑，弘致勞來。群公庶尹，各推精誠，專急人事。罪非殊死，須立秋案驗。有司明慎選舉，進柔良，退貪猾，順時令，理冤獄。『五教在寬』，帝《典》所美；『愷悌君子』，《大雅》所歎。愷布告天下，使明知朕意。」（《後漢書・肅宗孝章帝紀》，132～133 頁。）

76 年（漢章帝建初元年）……建初元年，大旱，穀貴。肅宗召（鮑）昱問曰：「旱既大甚，將何以消復災眚？」對曰：「臣聞聖人理國，三年有成。今陛下始踐天位，刑政未著，如有失得，何能致異？但臣前在汝南，典理楚事，（永平十三年，楚王英謀反，連坐者在汝南，昱時主劾之也。）繫者千餘人，恐未能盡當其罪。先帝詔言，大獄一起，冤者過半。又諸徙者骨肉離分，孤魂不祀。一人呼嗟，王政為虧。宜一切還諸徙家屬，蠲除禁錮，興滅繼絕，死生獲所。如此，和氣可致。」帝納其言。（《東觀記》曰：「時司徒辭訟久者至十數年，比例輕重，非其事類，錯雜難知。昱奏定《辭訟》七卷，《決事都目》八卷，以齊同法令，息遏人訟也。」）（《後漢書》卷 29《鮑永傳》，1022～1023 頁。）

76 年（漢章帝建初元年）……及馬防為車騎將軍，當出征西羌，倫又上疏曰：「臣愚以為貴戚可封侯以富之，不當職事以任之。何者？繩以法則傷恩，私以親則違憲。伏聞馬防今當西征，臣以太后恩仁，陛下至孝，恐卒有纖介，難為意愛。聞防請杜篤為從事中郎，多賜財帛。篤為鄉里所廢，客居美陽，女弟為馬氏妻，恃此交通，在所縣令苦其不法，收繫論之。今來防所，議者咸致疑怪，況乃以為從事，將恐議及朝廷。今宜為選賢能以輔助之，不可復令防自請人，有損事望。望，物望也。苟有所懷，敢不自聞。」並不見省用。（《後漢書》卷 41《第五倫傳》，1399 頁。）

76～84 年（漢章帝建初年間）……父（張）歆，初以報仇逃亡，（《東觀

記》曰：「歆守皋長，有報父仇賊自出，歆召囚詣合，曰：『欲自受其辭。』既入，解械飲食，便發遣，遂棄官亡命，逢赦出，由是鄉里服其高義。」與此不同。後仕為淮陽相，終於汲令。（《東觀記》曰：「歆為相時，王新歸國，賓客放縱，干亂法禁，歆將令尉入宮搜捕，王白上，歆坐左遷為汲令，卒官。」）……建初中，拜揚州刺史。當過江行部，中土人皆以江有子胥之神，難於濟涉。禹將度，吏固請不聽。禹厲言曰：「子胥如有靈，知吾志在理察枉訟，豈危我哉？」遂鼓楫而過。歷行郡邑，深幽之處莫不畢到，親錄囚徒，多所明舉。吏民希見使者，人懷喜悅，怨德美惡，莫不自歸焉。（《後漢書》卷 44《張禹傳》，1496～1497 頁。）

76～84 年（漢章帝建初年間）……建初中，有人侮辱人父者，而其子殺之，肅宗貰其死刑而降宥之，（貰，寬也，音示夜反。）自後因以為比。是時遂定其議，以為輕侮法。敏駁議曰：「夫輕侮之法，先帝一切之恩，不有成科班之律令也。夫死生之決，宜從上下，猶天之四時，有生有殺。若開相容恕，著為定法者，則是故設奸萌，生長罪隙。孔子曰：『民可使由之，不可使知之。』《春秋》之義，子不報仇，非子也。（《公羊傳》曰：「父不受誅，子復仇可也。」注云：「不受誅，罪不當誅也。」）而法令不為之減者，以相殺之路不可開故也。今託義者得減，妄殺者有差，使執憲之吏得設巧詐，非所以導『在醜不爭』之義。又輕侮之比，寖以繁滋，至有四五百科，轉相顧望，彌復增甚，難以垂之萬載。臣聞師言：『救文莫如質。』故高帝去煩苛之法，為三章之約。建初詔書，有改於古者，可下三公、廷尉蠲除其敝。」議寢不省。敏復上疏曰：「臣敏蒙恩，特見拔擢，愚心所不曉，迷意所不解，誠不敢苟隨眾議。臣伏見孔子垂經典，皋陶造法律，（史游《急就篇》曰「皋陶造獄法律存」也。）原其本意，皆欲禁民為非也。未曉《輕侮》之法將以何禁？必不能使不相輕侮，而更開相殺之路，執憲之吏復容其姦枉。議者或曰：『平法當先論生。』臣愚以為天地之性，唯人為貴，殺人者死，三代通制。今欲趣生，反開殺路，一人不死，天下受敝。記曰：『利一害百，人去城郭。』夫春生秋殺，天道之常。春一物枯即為災，秋一物華即為異。王者承天地，順四時，法聖人，從經律。願陛下留意下民，考尋利害，廣令平議，天下幸甚。」和帝從之……視事二歲，遷汝南太守。清約不煩，用刑平正，有理能名……（《後漢書》卷 44《張敏傳》，1502～1504 頁。）

76 年（漢章帝建初元年）……（張）酺雖儒者，而性剛斷。下車擢用義

勇，搏擊豪強。長安有殺盜徒者，酺輒案之，以為令長受臧，猶不至死，盜徒皆飢寒傭保，何足窮其法乎！（《後漢書》卷45《張酺傳》，1529頁。）

76年（漢章帝建初元年）建初元年，大旱穀貴，（楊）終以為廣陵、楚、淮陽、濟南之獄，徙者萬數，又遠屯絕域，吏民怨曠，乃上疏曰：「臣聞『善善及子孫，惡惡止其身』，百王常典，不易之道也。秦政酷烈，違牾天心，一人有罪，延及三族。（《前書音義》曰：「父族、母族、妻族也。」）高祖平亂，約法三章。太宗至仁，除去收孥。（太宗，文帝也。《史記》曰：「文帝德至盛也，豈不仁哉。」除去收孥相坐之律也。）萬姓廓然，蒙被更生，澤及昆蟲，功垂萬世。陛下聖祖，德被四表。今以比年久旱，災疫未息，躬自菲薄，廣訪失得，三代之隆，無以加焉。臣竊桉《春秋》水旱之變，皆應暴急，惠不下流。自永平以來，仍連大獄，有司窮考，轉相牽引，掠考冤濫，家屬徙邊。加以北征匈奴，西開三十六國，頻年服役，轉輸煩費。又遠屯伊吾、樓蘭、車師、戊巳，民懷土思，怨結邊域。傳曰：『安土重居，謂之眾庶。』昔殷民近遷洛邑，且猶怨望，何況去中土之肥饒，寄不毛之荒極乎？且南方暑濕，障毒互生。愁困之民，足以感動天地，移變陰陽矣。陛下留念省察，以濟元元。」書奏，肅宗下其章。司空第五倫亦同終議……（《後漢書》卷48《楊終傳》，1597～1598頁。）

76年（漢明帝建初元年）建初元年，（秦彭）遷山陽太守。以禮訓人，不任刑罰。崇好儒雅，敦明庠序……（《後漢書》卷76《循吏列傳》，2467頁。）

77年（漢章帝建初二年）二年春三月辛丑，詔曰：「比年陰陽不調，飢饉屢臻。深惟先帝優人之本，詔書曰『不傷財，不害人』，誠欲元元去末歸本。而今貴戚近親，奢縱無度，嫁聚送終，尤為僭侈。有司廢典，莫肯舉察。春秋之義，以貴理賤。今自三公，並宜明糾非法，宣振威風。朕在弱冠，未知稼穡之艱難，區區管窺，豈能照一隅哉！其科條制度所宜施行，在事者備為之禁，先京師而後諸夏。」（《後漢書·肅宗孝章帝紀》，134～135頁。）

80年（漢章帝建初五年）甲申，詔曰：「《春秋》書『無麥苗』，重之也。去秋雨澤不適，今時復旱，如炎如焚。凶年無時，而為備未至。朕之不德，上累三光，震栗忉忉，痛心疾首。前代聖君，博思諮諏，雖降災咎，輒有開匱反風之應。今予小子，徒慘慘而已。其令二千石理冤獄，錄輕繫；禱五嶽四瀆，及名山能興雲致雨者，冀蒙不崇朝遍雨天下之報。務加肅敬焉。」（《後漢書·

蕭宗孝章帝紀》，139頁。）

80年（漢章帝建初五年）三月甲寅，詔曰：「孔子曰：『刑罰不中，則人無所措手足。』今吏多不良，擅行喜怒，或案不以罪，迫脅無辜，致令自殺者，一歲且多於斷獄，甚非為人父母之意也。有司其議糾舉之。」（《後漢書‧蕭宗孝章帝紀》，140頁。）

80年（漢章帝建初五年）……五年，遂以幹為假司馬，將弛刑及義從千人就超。（《後漢書》卷47《班超傳》，1576頁。）

82年（漢章帝建初七年）（韋）彪以世承二帝吏化之後，多以苛刻為能，又置官選職，不必以才，因盛夏多寒，上疏諫曰：「臣聞政化之本，必順陰陽。伏見立夏以來，當暑而寒，殆以刑罰刻急，郡國不奉時令之所致也。農人急於務而苛吏奪其時，賦發充常調而貪吏割其財，此其巨患也。夫欲急人所務，當先除其所患。天下樞要，在於尚書，尚書之選，豈可不重？而間者多從郎官超昇此位，雖曉習文法，長於應對，然察察小慧，類無大能。宜簡嘗歷州宰素有名者，雖進退舒遲，時有不逮，然端心向公，奉職周密。宜鑒嗇夫捷急之對，深思絳侯木訥之功也。往時楚獄大起，故置令史以助郎職，而類多小人，好為奸利。今者務簡，可皆停省。又諫議之職，應用公直之士，通才謇正，有補益於朝者。今或從征試輩為大夫。又御史外遷，動據州郡。並宜清選其任，責以言績。其二千石視事雖久，而為吏民所便安者，宜增秩重賞，勿妄遷徙。惟留聖心。」書奏，帝納之。（《後漢書》卷26《韋彪傳》，918～919頁。）

83年（漢明帝建初八年）……（王景）遂銘石刻誓，令民知常禁。又訓令蠶織，為做法制，皆著於鄉亭，盧江傳其文辭……（《後漢書》卷76《循吏列傳》，2466頁。）

85年（漢章帝元和二年）又詔三公曰：「方春生養，萬物孳甲，宜助萌陽，以育時物。其令有司，罪非殊死且勿案驗，及吏人條書相告不得聽受，冀以息事寧人，敬奉天氣。立秋如故。夫俗吏矯飾外貌，似是而非，揆之人事則悅耳，論之陰陽則傷化，朕甚屡之，甚苦之。安靜之吏，悃愊無華，日計不足，月計有餘。如襄城令劉方，吏人同聲謂之不煩，雖未有它異，斯亦殆近之矣。間勑二千石各尚寬明，而今富奸行賂於下，貪吏枉法於上，使有罪不論而無過被刑，甚大逆也。夫以苛為察，以刻為明，以輕為德，以重為威，四者或興，則下有怨心。吾詔書數下，冠蓋接道，而吏不加理，人或失職，其咎安

在？勉思舊令，稱朕意焉。」（《後漢書‧肅宗孝章帝紀》，148 頁。）

86～167 年（漢章帝～漢桓帝）郭躬字仲孫，潁川陽翟人也。家世衣冠。父弘，習小杜律。（《前書》，杜周武帝時為廷尉、御史大夫，斷獄深刻。少子延年亦明法律，宣帝時又為御史大夫。對父故言小。）太守寇恂以弘為決曹掾，斷獄至三十年，用法平。諸為弘所決者，退無怨情，郡內比之東海於公。年九十五卒。（於公，東海人，丞相于定國父也。為郡決曹，決獄平，羅文法者，於公所決皆不恨。見《前書》也。）躬少傳父業，講授徒眾常數百人。後為郡吏，辟公府。永平中，奉車都尉竇固出擊匈奴，騎都尉秦彭為副。彭在別屯而輒以法斬人，固奏彭專擅，請誅之。顯宗乃引公卿朝臣平其罪科。躬以明法律，召入議。議者皆然固奏，躬獨曰：「於法，彭得斬之。」帝曰：「軍征，校尉一統於督。彭既無斧鉞，可得專殺人乎？」躬對曰：「一統於督者，謂在部曲也。（《前書音義》曰「大將軍行有五部，部有曲」也。）今彭專軍別將，有異於此。兵事呼吸，不容先關督帥。且漢制棨戟即為斧鉞，於法不合罪。」帝從躬議。又有兄弟共殺人者，而罪未有所歸。帝以兄不訓弟，故報兄重而減弟死。中常侍孫章宣詔，誤言兩報重，《尚書》奏章矯制，罪當腰斬。帝復召躬問之，躬對「章應罰金」。帝曰：「章矯詔殺人，何謂罰金？」躬曰：「法令有故、誤，章傳命之謬，於事為誤，誤者其文則輕。」帝曰：「章與囚同縣，疑其故也。」躬曰：「『周道如砥，其直如矢。』（《詩‧小雅》也。如砥，貢賦平。如矢，賞罰中。）『君子不逆詐。』君王法天，刑不可以委曲生意。」帝曰：「善。」遷躬廷尉正，坐法免。後三遷，元和三年，拜為廷尉。躬家世掌法，務在寬平，及典理官，決獄斷刑，多依矜恕，乃條諸重文可從輕者四十一事奏之，事皆施行，著於令。章和元年，赦天下繫囚在四月丙子以前減死罪一等，勿笞，詣金城，而文不及亡命未發覺者。躬上封事曰：「聖恩所以減死罪使戍邊者，重人命也。今死罪亡命無慮萬人，又自赦以來，捕得甚眾，而詔令不及，皆當重論。伏惟天恩莫不蕩宥，死罪已下並蒙更生，而亡命捕得獨不沾澤。臣以為赦前犯死罪而繫在赦後者，可皆勿笞詣金城，以全人命，有益於邊。」肅宗善之，即下詔赦焉。躬奏讞法科，多所生全。永元六年，卒官。中子晊，亦明法律。至南陽太守，政有名跡。弟子鎮。鎮字桓鍾，少修家業。辟太尉府，再遷，延光中為尚書。及中黃門孫程誅中常侍江京等而立濟陰王，鎮率羽林士擊殺衛尉閻景，以成大功，事在宦者傳。再遷尚書令。太傅、三公奏鎮冒犯白刃，手劍賊臣，姦黨殄滅，宗廟以寧，功比劉章，宜顯爵

土，以勵忠貞。乃封鎮為定潁侯，食邑二千戶。拜河南尹，轉廷尉，免。永建四年，卒於家。詔賜冢塋地。長子賀當嗣爵，讓與小弟時而逃去。積數年，詔大鴻臚下州郡追之，賀不得已，乃出受封。累遷，復至廷尉。及賀卒，順帝追思鎮功，下詔賜鎮謚曰昭武侯，賀曰成侯。賀弟禎，亦以能法律至廷尉。鎮弟子禧，少明習家業，兼好儒學，有名譽，延熹中亦為廷尉。建寧二年，代劉寵為太尉。禧子鴻，至司隸校尉，封城安鄉侯。郭氏自弘後，數世皆傳法律，子孫至公者一人，廷尉七人，侯者三人，刺史、二千石、侍中、中郎將者二十餘人，侍御史、正、監、平者甚眾。順帝時，廷尉河南吳雄季高，以明法律，斷獄平，起自孤宦，致位司徒。雄少時家貧，喪母，營人所不封土者，擇葬其中。喪事趣辨，不問時日，巫皆言當族滅，而雄不顧。及子訢孫恭，三世廷尉，為法名家。（名為明法之家。）……桓帝時，汝南有陳伯敬者，行必矩步，坐必端膝，呵叱狗馬，終不言死，目有所見，不食其肉，行路聞凶，便解駕留止，還觸歸忌，則寄宿鄉亭。年老寖滯，不過舉孝廉。後坐女婿亡吏，太守邵夔怒而殺之。時人罔忌禁者，多談為證焉。

論曰：曾子云：「上失其道，民散久矣。如得其情，則哀矜而勿喜。」（言人離散犯法，乃自上之所為，非下之過，當哀矜之，勿以得情為喜也。見《論語》也。）夫不喜於得情則恕心用，恕心用則可寄枉直矣。夫賢人君子斷獄，其必主於此乎？郭躬起自佐史，小大之獄必察焉。（《左傳》曰：「小大之獄，雖不能察，必以情。」）原其平刑審斷，庶於勿喜者乎？若乃推己以議物，捨狀以貪情，法家之能慶延於世，蓋由此也！（《後漢書》卷46《郭躬傳》，1543～1547頁。）

85～162年（漢章帝～漢桓帝）……《述赦篇》曰：凡療病者，必知脈之虛實，氣之所結，然後為之方，故疾可愈而壽可長也。為國者，必先知民之所苦，禍之所起，然後為之禁，故奸可塞而國可安也。今日賊良民之甚者，莫大於數赦贖。赦贖數，則惡人昌而善人傷矣。何以明之哉？夫謹敕之人，身不蹈非，又有為吏正直，不避強禦，而姦猾之黨橫加誣言者，皆知赦之不久故也。善人君子，被侵怨而能至闕庭自明者，萬無數人；數人之中得省問者，百不過一；既對《尚書》而空遣去者，復什六七矣。其輕薄姦軌，既陷罪法，怨毒之家冀其辜戮，以解畜憤，而反一概悉蒙赦釋，令惡人高會而誇吒，老盜服臧而過門，孝子見仇而不得討，遭盜者睹物而不敢取，痛莫甚焉！夫養稂莠者傷禾稼，惠姦軌者賊良民。《書》曰：「文王作罰，刑茲無赦。」（康誥之

言也。）先王之制刑法也，非好傷人肌膚，斷人壽命也；貴威奸懲惡，除人害也。故經稱「天命有德，五服五章哉，天討有罪，五刑五用哉」；《詩》刺「彼宜有罪，汝反脫之」。（《詩‧大雅》也。「此宜無罪，汝反收之；彼宜有罪，汝反脫之」。毛萇注云：「脫，赦也。」）古者唯始受命之君，承大亂之極，寇賊姦軌，難為法禁，故不得不有一赦，與之更新，頤育萬民，以成大化。非以養奸活罪，放縱天賊也。夫性惡之民，民之豺狼，雖得放宥之澤，終無改悔之心。且脫重梏，夕還囹圄，嚴明令尹，不能使其斷絕。何也？凡敢為大奸者，才必有過於眾，而能自媚於上者也。多散誕得之財，奉以諂諛之辭，以轉相驅，非有第五公之廉直，孰不為顧哉？論者多曰：「久不赦則姦軌熾而吏不制，宜數肆眚以解散之。」此未昭政亂之本源，不察禍福之所生也。（《後漢書》卷49《王符傳》，1641～1643頁。）

85～162年（漢章帝～漢桓帝）……《損益篇》曰：……肉刑之廢，輕重無品，下死則得髡鉗，下髡鉗則得鞭笞。死者不可復生，而髡者無傷於人。髡笞不足以懲中罪，安得不至於死哉！（言髡笞太輕，不足畏懼，而奸人冒罪，以陷於死。明復古肉刑，則人不陷於死也。）夫雞狗之攘竊，男女之淫奔，酒醴之賂遺，謬誤之傷害，皆非值於死者也。殺之則甚重，髡之則甚輕。不制中刑以稱其罪，則法令安得不參差，殺生安得不過謬乎？今患刑輕之不足以懲惡，則假臧貨以成罪，託疾病以諱殺。（假增臧貨，以益其罪。託稱疾病，令死於獄也。）科條無所準，名實不相應，恐非帝王之通法，聖人之良制也。或曰：過刑惡人，可也；過刑善人，豈可復哉？曰：若前政以來，未曾枉害善人者，則有罪不死也，（言善人有罪，亦當殺之也。）是為忍於殺人也，而不忍於刑人也。今令五刑有品，輕重有數，科條有序，名實有正，非殺人逆亂鳥獸之行甚重者，皆勿殺。（鳥獸之行謂蒸報也。）嗣周氏之秘典，續呂侯之祥刑，此又宜復之善者也。（《周禮‧大司寇》職：「掌邦之三典，以佐王刑邦國，詰四方，一曰刑新國用輕典，二曰刑平國用中典，三曰刑亂國用重典。」祥，善也。《尚書》曰：「教爾祥刑。」（《後漢書》卷49《仲長統傳》，1652頁。）

87年（漢和帝章和元年）（劉）晃及弟利侯剛與母太姬宗更相誣告。章和元年，有司奏請免晃、剛爵為庶人，徙丹陽。帝不忍，下詔曰：「朕聞人君正屏，有所不聽。宗尊為小君，宮衛周備，出有輜軿之飾，入有牖戶之固，殆不至如譖者之言。晃、剛愸乎至行，濁乎大倫，《甫刑》三千，莫大不孝。朕不

忍置之於理，其貶晃爵為蕪湖侯，削剛戶三千。於戲！小子不勖大道，控於法理，以墮宗緒。其遣謁者收晃及太姬璽綬。」晃立十七年而降爵。晃卒，子無忌嗣。（《後漢書》卷 14《宗室四王三侯傳》，553〜554 頁。）

87〜155 年（漢章帝〜漢桓帝）鍾皓字季明，潁川長社人也。為郡著姓，世善刑律。皓少以篤行稱，公府連辟，為二兄未仕，避隱密山，以詩律教授門徒千餘人。同郡陳寔，年不及皓，皓引與為友。皓為郡功曹，會辟司徒府，臨辭，太守問：「誰可代卿者？」皓曰：「明府欲必得其人，西門亭長陳寔可。」寔聞之，曰：「鍾君似不察人，不知何獨識我？」皓頃之自劾去。前後九辟公府，徵為廷尉正、博士、林慮長，皆不就⋯⋯（《後漢書》卷 62《鍾皓傳》，2064 頁。）

闇按：鍾皓善刑律，故徵召以廷尉正為職。

88 年（漢章帝章和二年）⋯⋯遂罷屯兵，各令歸郡。唯置弛刑徒二千餘人，分以屯田，為貧人耕種，修理城郭塢壁而已。（《後漢書》卷 16《鄧禹傳》，611 頁。）

88 年（漢章帝章和二年）章帝章和二年夏，旱。時章帝崩後，竇太后兄弟用事奢僭。（《古今注》曰：「建初二年夏，洛陽旱。四年夏，元和元年春，並旱。」案：《楊終傳》，建初元年大旱，穀貴，終以為廣陵、楚、淮陽、濟南之獄徙者數萬人，吏民怨曠，上疏云久旱。《孔叢》曰：「建初元年大旱，天子憂之，侍御史孔子豐乃上疏曰：『臣聞為不善而災報，得其應也；為善而災至，遭時運也。陛下即位日淺，視民如傷，而不幸耗旱，時運之會耳，非政教所致也。昔成湯遭旱，因自責，省畋散積，減御損食，而大有年。意者陛下未為成湯之事焉。』天子納其言而從之，三日雨即降。轉拜黃門郎，典東觀事。」）（《後漢書·五行志》，3278 頁。）

89 年（漢和帝永元元年）⋯⋯是時大將軍竇憲以外戚之寵，威傾天下。憲嘗使門生齎書詣壽，有所請託，壽即送詔獄。前後上書陳憲驕恣，引王莽以誡國家。是時憲征匈奴，海內供其役費，而憲及其弟篤、景並起第宅，驕奢非法，百姓苦之。壽以府臧空虛，軍旅未休，遂因朝會譏刺憲等，屬音正色，辭旨甚切。憲怒，陷壽以買公田誹謗，下吏當誅。侍御史何敞上疏理之曰：「臣聞聖王闢四門，開四聰，延直言之路，下不諱之詔，立敢諫之旗，聽歌謠於路，爭臣七人，以自鑒照，考知政理，違失人心，輒改更之，故天人並應，傳福無窮。臣伏見尚書僕射郅壽坐於臺上，與諸尚書論擊匈奴，言議過差，

及上書請買公田，遂繫獄考劾大不敬。臣愚以為壽機密近臣，匡救為職。若懷默不言，其罪當誅。今壽違眾正議，以安宗廟，豈其私邪？又臺閣平事，分爭可否，雖唐虞之隆，三代之盛，猶謂謁謁以昌，不以誹謗為罪。請買公田，人情細過，可裁隱忍。壽若被誅，臣恐天下以為國家橫罪忠直，賊傷和氣，忤逆陰陽。臣所以敢犯嚴威，不避夷滅，觸死瞽言，非為壽也。忠臣盡節，以死為歸。臣雖不知壽，度其甘心安之。誠不欲聖朝行誹謗之誅，以傷晏晏之化，杜塞忠直，垂譏無窮。臣敞謬豫機密，言所不宜，罪名明白，當填牢獄，先壽僵仆，萬死有餘。」書奏，壽得減死，論徙合浦。未行，自殺，家屬得歸鄉里。（《後漢書》卷 29《郅惲傳》，1033～1034 頁。）

89 年（漢和帝永元元年）時齊殤王子都鄉侯暢奔弔國憂，上書未報，侍中竇憲遂令人刺殺暢於城門屯衛之中，而主名不立。敞又說由曰：「劉暢宗室肺府，茅土藩臣，來弔大憂，上書須報，親在武衛，致此殘酷。奉憲之吏，莫適討捕，（謂無指的討捕也。）蹤跡不顯，主名不立。敞備數股肱，職典賊曹，（股肱謂手臂也。公府有賊曹，主知盜賊也。）故欲親至發所，以糾其變，而二府以為故事三公不與賊盜。（敞在太尉府，二府謂司徒、司空。丙吉為丞相不案事，遂為故事，見馬防傳也。）昔陳平生於征戰之世，猶知宰相之分，云『外鎮四夷，內撫諸侯，使卿大夫各得其宜』。（陳平為左丞相，對文帝曰：「宰相者，佐天子理陰陽，順四時，下育萬物之宜，外鎮撫四夷、諸侯，內親附百姓，使卿大夫各得任其職焉。」）今二府執事不深惟大義，惑於所聞，公縱奸慝，莫以為咎。惟明公運獨見之明，昭然勿疑，敞不勝所見，請獨奏案。」由乃許焉。二府聞敞行，皆遣主者隨之，主者謂主知之盜賊之曹也。於是推舉具得事實，京師稱其正……敞數切諫，言諸竇罪過，憲等深怨之。時濟南王康尊貴驕甚，憲乃白出敞為濟南太傅。敞至國，輔康以道義，數引法度諫正之，康敬禮焉。歲餘，遷汝南太守。敞疾文俗吏以苛刻求當時名譽，故在職以寬和為政。立春日，常召督郵還府，（督郵主司察愆過，立春陽氣發生，故召歸。）分遣儒術大吏案行屬縣，顯孝悌有義行者。及舉冤獄，以春秋義斷之。是以郡中無怨聲，百姓化其恩禮。其出居者，皆歸養其父母，追行喪服，（出居謂與父母別居者。其親先亡者自恨喪禮不足，追行喪制也。）推財相讓者二百許人。（《東觀記》曰：「高譚等百八十五人推財相讓。」）置立禮官，不任文吏。又修理鮦陽舊渠，百姓賴其利，墾田增三萬餘頃。吏人共刻石，頌敞功德。及竇氏敗，有司奏敞子與夏陽侯纓厚善，坐免官。永元十二年復徵，

三遷五官中郎將。常忿疾中常侍蔡倫，倫深憾之。元興元年，敞以祠廟嚴肅，微疾不齋，後鄧皇后上太傅禹冢，敞起隨百官會，倫因奏敞詐病，坐抵罪。卒於家。

論曰：永元之際，天子幼弱，太后臨朝，竇氏憑盛戚之權，將有呂、霍之變。幸漢德未衰，大臣方忠，袁、任二公正色立朝，（袁安、任隗也。樂、何之徒抗議柱下，《漢官儀》曰：「侍御史，周官也，為柱下史，冠法冠。」案《禮圖注》云：「法冠，執法者服之。」樂恢為司隸，何敞為御史，並彈射糾察之官也。）故能挾幼主之斷，剷奸回之逼。不然，國家危矣。夫竇氏之間，唯何敞可以免，而特以子失交之故廢黜，不顯大位。惜乎，過矣哉！（《後漢書》卷 43《何敞傳》，1483、1486～1488 頁。）

89 年（漢和帝永元元年）……（竇）景又擅使乘驛施檄緣邊諸郡，發突騎及善騎射有才力者，漁陽、雁門、上谷三郡各遣吏將送詣景第。有司畏憚，莫敢言者。安乃劾景擅發邊兵，驚惑吏人，二千石不待符信而輒承景檄，當伏顯誅。又奏司隸校尉、河南尹阿附貴戚，無盡節之義，（《續漢書》曰，安奏司隸鄭據、河南尹蔡嵩。）請免官案罪。並寢不報……（《後漢書》卷 45《袁安傳》，1519 頁。）

89～103 年（漢和帝）王渙字稚子，廣漢郪人也。父順，安定太守。渙少好俠，尚氣力，數通剽輕少年。晚而改節，敦儒學，習《尚書》，讀律令，略舉大義。為太守陳寵功曹，當職割斷，不避豪右……在溫三年，遷兗州刺史，繩正部郡，風威大行。後坐考妖言不實論。歲餘，徵拜侍御史……永元十五年，從駕南巡，還為洛陽令。以平正居身，得寬猛之宜。其冤嫌久訟，歷政所不斷，法理所難平者，莫不曲盡情詐，壓塞群疑……（《後漢書》卷 76《循吏列傳》，2468～2469 頁。）

89～105 年（漢和帝）和帝時，（許荊）稍遷桂陽太守。郡濱南州，風俗脆薄，不識學義。荊為設喪紀婚姻制度，使知禮禁。嘗行春到耒陽縣，人有蔣均者，兄弟爭財，互相言訟。荊對之歎曰：「吾荷國重任，而教化不行，咎在太守。」乃顧使吏上書陳狀，乞詣廷尉。均兄弟感悔，各求受罪。（《謝承書》曰「郴人謝弘等不養父母，兄弟分析，因此皆還供養者千有餘人」也。）（《後漢書》卷 76《循吏列傳》，2472 頁。）

89～105 年（漢和帝永元年間）（戴封）遷中山相。時諸縣囚四百餘人，辭狀已定，當行刑。封哀之，皆遣歸家，與克期日，皆無違者。詔書策美焉。

（《後漢書》卷81《獨行列傳》，2684頁。）

89年（漢和帝永元元年）和帝永元元年七月，郡國九大水，傷稼。京房《易傳》曰：「顓事有知，誅罰絕理，厥災水。其水也，雨殺人，隕霜，大風，天黃。饑而不損，茲謂泰，厥水水殺人。辟遏有德，茲謂狂，厥水水流殺人，已水則地生蟲。歸獄不解，茲謂追非，厥水寒殺人。追誅不解，茲謂不理，厥水五穀不收。大敗不解，茲謂皆陰，厥水流入國邑，隕霜殺穀。」是時和帝幼，竇太后攝政，其兄竇憲幹事，及憲諸弟皆貴顯，並作威虓虐，嘗所怨恨，輒任客殺之。其後竇氏誅滅。（《後漢書·五行志》，3308頁。）

92年（漢和帝永元四年）……明日，和帝召太尉、司徒幸洛陽獄，錄囚徒，收洛陽令陳歆，即大雨三日。（《後漢書》卷35《張純傳》，1199頁。）

92年（漢和帝永元四年）……和帝初，遷魏郡太守。郡人鄭據時為司隸校尉，奏免執金吾竇景。景後復位，遣掾夏猛私謝酺曰：「鄭據小人，為所侵冤。聞其兒為吏，放縱狼藉。取是曹子一人，足以驚百。」酺大怒，即收猛繫獄，檄言執金吾府，疑猛與據子不平，矯稱卿意，以報私仇。會有贖罪令，猛乃得出。頃之，徵入為河南尹。竇景家人復擊傷市卒，吏捕得之，景怒，遣緹騎侯海等五百人歐傷市丞。酺部吏楊章等窮究，正海罪，徙朔方。景忿怨，乃移書辟章等六人為執金吾吏，欲因報之。章等惶恐，入白酺，願自引臧罪，以辭景命。酺即上言其狀。竇太后詔報：「自今執金吾辟吏，皆勿遣。」及竇氏敗，酺乃上疏曰：「臣實愚蠢，不及大體，以為竇氏雖伏厥辜，而罪刑未著，後世不見其事，但聞其誅，非所以垂示國典，貽之將來。宜下理官，與天下平之。（平之謂平論其罪也。）方憲等寵貴，群臣阿附唯恐不及，皆言憲受顧命之託，懷伊、呂之忠，至乃復比鄧夫人於文母。今嚴威既行，皆言當死，不顧其前後，考折厥衷。臣伏見夏陽侯環每存忠善，前與臣言，常有盡節之心，檢救賓客，未嘗犯法。臣聞王政骨肉之刑，有三宥之義，過厚不過薄。（《禮記》曰「公族有罪，獄成，有司讞於公曰：『某之罪在大辟。』公曰：『宥之。』有司又曰：『在大辟。』公又曰：『宥之。』有司又曰：『在大辟。』公又曰：『宥之。』及三宥不對，走出，致刑於甸人。公又使人追之，曰：『雖然，必宥之。』有司曰：『無及也。』反命於公，公素服如其倫之喪」也。）今議者郤為環選嚴能相，恐其迫切，必不完免，宜裁加貸宥，以崇厚德。」和帝感其言，徙鑲封，就國而已。（《後漢書》卷45《張酺傳》，1531頁。）

93年（漢和帝永元五年）和帝永元五年六月，郡國三雨雹，大如雞子。

是時和帝用酷吏周紆為司隸校尉，刑誅深刻。（《古今注》曰：「光武建武十年十月戊辰，樂浪、上穀雨雹，傷稼。十二年，河南平陽雨雹，大如杯，壞敗吏民廬舍。十五年十二月乙卯，鉅鹿雨雹，傷稼。永平三年八月，郡國十二雨雹，傷稼。十年，郡國十八或雨雹，蝗。」《易緯》曰：「夏雹者，治道煩苛，繇役急促，教令數變，無有常法。不救為兵，強臣逆謀，蝗蟲傷穀。救之，舉賢良，爵有功，務寬大，無誅罰，則災除。」）（《後漢書·五行志》，3313頁。）

94～125年（漢和帝～漢安帝）陳寵字昭公，沛國洨人也。曾祖父咸，成哀閒以律令為尚書。平帝時，王莽輔政，多改漢制，咸心非之。及莽因呂寬事誅不附己者何武、鮑宣等，（平帝時，王莽輔政，隔絕平帝外家，不得至京師。莽子宇，恐帝長大後見怨，教帝舅衛寶令帝母上書求入，莽不許。宇與婦兄呂寬謀，以為莽不可說而好鬼神，乃夜以血灑莽第門，以驚懼之，事覺，並誅死。何武為前將軍，王莽先從武求舉，武不敢。鮑宣為司隸，免，徙之上黨。呂寬事起，莽案鞫，並誅不附己者，武與宣在見誣中，皆被誅。並見《前書》。）咸乃歎曰：「《易》稱『君子見幾而作，不俟終日』，吾可以逝矣！」即乞骸骨去職。及莽篡位，召咸以為掌寇大夫，謝病不肯應。時三子參、豐、欽皆在位，乃悉令解官，父子相與歸鄉里，閉門不出入，猶用漢家祖臘。人問其故，咸曰：「我先人豈知王氏臘乎？」其後莽復徵咸，遂稱病篤。於是乃收斂其家律令書文，皆壁藏之。咸性仁恕，常戒子孫曰：「為人議法，當依於輕，雖有百金之利，慎無與人重比。」

建武初，欽子躬為廷尉左監，早卒。躬生寵，明習家業，少為州郡吏，辟司徒鮑昱府。是時三府掾屬專尚交遊，以不肯視事為高。寵常非之，獨勤心物務，數為昱陳當世便宜。昱高其能，轉為辭曹，掌天下獄訟。（《續漢志》曰「三公掾屬二十四人，有辭曹，主訟事」也。）其所平決，無不厭服眾心。時司徒辭訟，久者數十年，事類溷錯，易為輕重，不良吏得生因緣。因緣謂依附以生輕重也。寵為昱撰《辭訟比》七卷，決事科條，皆以事類相從。昱奏上之，其後公府奉以為法。

三遷，肅宗初，為尚書。是時承永平故事，吏政尚嚴切，尚書決事率近於重。寵以帝新即位，宜改前世苛俗。乃上疏曰：「臣聞先王之政，賞不僭，刑不濫，與其不得已，寧僭不濫。（事見《左傳》蔡大夫聲子辭。）故唐堯著典，『眚災肆赦』；（《尚書·舜典》之辭也。眚，過也。災，害也。肆，緩也。

言過誤有害，當緩赦也。）周公作戒，『勿誤庶獄』；（《尚書·立政》之辭也。言文子文孫，從今以往，惟以正道理眾獄勿誤也。）伯夷之典，『惟敬五刑，以成三德』。（三德，剛、柔、正直。《尚書·呂刑》曰：「伯夷降典，折民惟刑，惟敬五刑，以成三德。」）由此言之，聖賢之政，以刑罰為首。往者斷獄嚴明，所以威懲奸慝，奸慝既平，必宜濟之以寬。陛下即位，率由此義，數詔群僚，弘崇晏晏。而有司執事，未悉奉承，典刑用法，猶尚深刻。斷獄者急於筹格酷烈之痛，（筹即榜也，古字通用。《聲類》曰：「筹也。」《說文》曰：「格，擊也。」）執憲者煩於詆欺放濫之文，或因公行私，逞縱威福。夫為政猶張琴瑟，大絃急者小絃絕。故子貢非臧孫之猛法，而美鄭喬之仁政。（臧孫，魯大夫，行猛政。子貢非之曰：「夫政猶張琴瑟也，大絃急則小絃絕矣。故曰：『罰得則姦邪止，賞得則下歡悅。』子之賊心見矣。獨不聞子產之相鄭乎？推賢舉能，抑惡揚善，有大略者不問其短，有厚德者不非小疵，家給人足，囹圄空虛。子產卒，國人皆叩心流涕，三月不聞竽琴之音。其生也見愛，死也可悲。故曰：『德莫大於仁，禍莫大於刻。』今子病而人賀，子愈而人相懼，曰：『嗟乎！何命之不善，臧孫子又不死？』」臧孫慚而避位，終身不出。見《新序》。）《詩》云：『不剛不柔，布政優優。』方今聖德充塞，假於上下，宜隆先王之道，蕩滌煩苛之法。輕薄棰楚，以濟群生；全廣至德，以奉天心。」帝敬納寵言，每事務於寬厚。其後遂詔有司，絕鑽鑽諸慘酷之科，《蒼頡篇》曰：「鑽，持也。」《說文》曰：「鑽，鐵鉥也。」其炎反。鉥音陟葉反。鑽，臏刑，謂鑽去其髕骨也。鑽音作喚反。）解妖惡之禁，除文致之請讞五十餘事，定著於令。（文致謂前人無罪，文飾致於法中也。）是後人俗和平，屢有嘉瑞。

　　漢舊事斷獄報重，常盡三冬之月，（報，論也。重，死刑也。）是時帝始改用冬初十月而已。元和二年，旱，長水校尉賈宗等上言，以為斷獄不盡三冬，故陰氣微弱，陽氣發洩，招致災旱，事在於此。帝以其言下公卿議，寵奏曰：「夫冬至之節，陽氣始萌，故十一月有蘭、射干、芸、荔之應。《時令》曰：『諸生蕩，安形體。』天以為正，周以為春。十二月陽氣上通，雉雊雞乳，地以為正，殷以為春。十三月陽氣已至，天地已交，萬物皆出，蟄蟲始振，人以為正，夏以為春。三微成著，以通三統。周以天元，殷以地元，夏以人元。若以此時行刑，則殷、周歲首皆當流血，不合人心，不稽天意。《月令》曰：『孟冬之月，趣獄刑，無留罪。』（臣賢案：《月令》及《淮南子》皆言季秋趣獄刑，無留罪，今言孟冬，未詳其故。）明大刑畢在立冬也。又：『仲冬之月，

身欲寧，事欲靜。』（《月令》「仲冬，君子齋戒，身欲寧，事欲靜，以待陰陽之所定」也。）若以降威怒，不可謂寧；若以行大刑，不可謂靜。議者咸曰：『旱之所由，咎在改律。』臣以為殷、周斷獄不以三微，而化致康平，無有災害。自元和以前，皆用三冬，而水旱之異，往往為患。由此言之，災害自為它應，不以改律。秦為虐政，四時行刑，聖漢初興，改從簡易。蕭何草律，季秋論囚，俱避立春之月，（草謂創造之也。論，決也。）而不計天地之正，二王之春，實頗有違。（言蕭何不論天地之正及殷、周之春，實乖正道。）陛下探幽析微，允執其中，（允，信也。中，正也。言信執中正之道。語見《尚書》。）革百載之失，建永年之功，（《尚書》曰：「立功立事，可以永年。」）上有迎承之敬，下有奉微之惠，（三正之月，不用斷獄，敬承天意，奉順三微也。）稽《春秋》之文，當《月令》之意，（《春秋》於春每月書王，所以通三統也。何休注云：「二月三月皆有王者，二月殷正月，三月夏正月也。」）聖功美業，不宜中疑。」書奏，帝納之。遂不復改。

寵性周密，常稱人臣之義，苦不畏慎。自在樞機，謝遣門人，拒絕知友，唯在公家而已。朝廷器之。

皇后弟侍中竇憲，薦真定令張林為《尚書》，帝以問寵，寵對「林雖有才能，而素行貪濁」，憲以此深恨寵。林卒被用，而以臧污抵罪。及帝崩，憲等秉權，常銜寵，乃白太后，令典喪事，欲因過中之。黃門侍郎鮑德素敬寵，說憲弟夏陽侯瑰曰：「陳寵奉事先帝，深見納任，故久留臺閣，賞賜有殊。今不蒙忠能之賞，而計幾微之故，誠傷輔政容貸之德。」瑰亦好士，深然之。故得出為太山太守。

後轉廣漢太守。西州豪右并兼，吏多姦貪，訴訟日百數。寵到，顯用良吏王渙、鐔顯等，以為腹心，訟者日減，郡中清肅。先是洛縣城南，每陰雨，常有哭聲聞於府中，積數十年。寵聞而疑其故，使吏案行。還言：「世衰亂時，此下多死亡者，而骸骨不得葬，倘在於是？」寵愴然矜歎，即來縣盡收殮葬之。自是哭聲遂絕。

及竇憲為大將軍征匈奴，公卿以下及郡國無不遣吏子弟奉獻遺者，而寵與中山相汝南張郴、東平相應順守正不阿。後和帝聞之，擢寵為大司農，郴太僕，順左馮翊。

永元六年，寵代郭躬為廷尉。性仁矜。及為理官，數議疑獄，常親自為奏，每附經典，務從寬恕，帝輒從之，濟活者甚眾。其深文刻敝，於此少衰。

寵又鉤校律令條法，溢於《甫刑》者除之。（鉤猶動也。《前書》曰：「鉤校得其奸賊。」鉤音工候反。溢，出也。孔安國注《尚書》曰：「呂侯後為甫侯，故或稱《甫刑》也。」）曰：「臣聞禮經三百，威儀三千，（《禮記》曰：「禮經三百，曲禮三千。」鄭玄注云：「《禮》篇多亡，本數未聞，其中事儀有三千也。」）故《甫刑》大辟二百，五刑之屬三千。禮之所去，刑之所取，（去禮之人，刑以加之，故曰取也。）失禮則入刑，相為表裏者也。今律令死刑六百一十，耐罪千六百九十八，（耐者，輕刑之名也。）贖罪以下二千六百八十一，溢於《甫刑》者千九百八十九，其四百一十大辟，千五百耐罪，七十九贖罪。《春秋保乾圖》曰：『王者三百年一蠲法。』漢興以來，三百二年，憲令稍增，科條無限。又律有三家，其說各異。宜令三公、廷尉平定律令，應經合義者，可使大辟二百，而耐罪、贖罪二千八百，並為三千，悉刪除其餘令，與禮相應，以易萬人視聽，以致刑措之美，傳之無窮。」未及施行，會坐詔獄吏與囚交通抵罪。詔特免刑，拜為尚書。遷大鴻臚。

寵歷二郡三卿，所在有跡，見稱當時。十六年，代徐防為司空。寵雖傳法律，而兼通經書，奏議溫粹，號為任職相。在位三年薨。以太常南陽尹勤代為司空。

勤字叔梁，篤性好學，屏居人外，荊棘生門，時人重其節。後以定策立安帝，封福亭侯，五百戶。永初元年，以雨水傷稼，策免就國。病卒，無子，國除。寵子忠。

忠字伯始，永始中辟司徒府，三遷廷尉正，（正，廷尉屬官也，秩千石也。）以才能有聲稱。司徒劉愷舉忠明習法律，宜備機密，於是擢拜尚書，使居三公曹。（成帝置五尚書，三公曹尚書主知斷獄也。）忠自以世典刑法，用心務在寬詳。初，父寵在廷尉，上除漢法溢於《甫刑》者，未施行，及寵免後遂寢。而苛法稍繁，人不堪之。忠略依寵意，奏上二十三條，為《決事比》，（比，例也，必寐反。）以省請讞之敝。又上除蠶室刑；（蠶室，宮刑名也，或云犗刑也。音奇敗反。作窨室畜火如蠶室。《說文》曰：「犗，騬牛也。」騬音繒。《漢舊儀》注曰「少府若盧獄有蠶室」也。）解臧吏三世禁錮；狂易殺人，得減重論；（狂易謂狂而易性也。）母子兄弟相代死，聽，赦所代者。事皆施行。

及鄧太后崩，安帝始親朝事。忠以為臨政之初，宜微聘賢才，以宣助風化，數上薦隱逸及直道之士馮良、周燮、杜根、成翊世之徒。於是公車禮聘

良、燮等。後連有災異，詔舉有道，公卿百僚各上封事。忠以詔書既開諫爭，慮言事者必多激切，或致不能容，乃上疏豫通廣帝意。曰：「臣聞仁君廣山藪之大，納切直之謀；忠臣盡謇諤之節，不畏逆耳之害。是以高祖舍周昌桀紂之譬，孝文嘉爰盎人豕之譏，武帝納東方朔宣室之正，元帝容薛廣德自刎之切。（元帝酎祭宗廟，出便門，欲御樓船。御史大夫薛廣德當車免冠諫曰：「宜從橋。」詔曰：「大夫冠。」廣德曰：「陛下不聽臣，臣自刎，以血污車輪。」帝乃從橋。）昔晉平公問於叔向曰：『國家之患孰為大？』對曰：『大臣重祿不極諫，小臣畏罪不敢言，下情不上通，此患之大者。』公曰：『善。』於是下令曰：『吾欲進善，有謁而不通者，罪至死。』今明詔崇高宗之德，推宋景之誠，引咎克躬，諮訪群吏。言事者見杜根、成翊世等新蒙表錄，顯列二臺，必承風響應，爭為切直。若嘉謀異策，宜輒納用。如其管穴，妄有譏刺，雖苦口逆耳，不得事實，且優游寬容，以示聖朝無諱之美。若有道之士，對問高者，宜垂省覽，特遷一等，以廣直言之路。」書御，有詔拜有道高第士沛國施延為侍中，延後位至太尉。常侍江京、李閏等皆為列侯，共秉權任。帝又愛信阿母王聖，封為野王君。忠內懷懼懣而未敢陳諫，乃作搢紳先生論以諷，文多故不載。自帝即位以後，頻遭元二之厄，百姓流亡，盜賊並起，郡縣更相飾匿，莫肯糾發。（更相文飾，隱匿盜賊也。）忠獨以為憂，上疏曰：「臣聞輕者重之端，小者大之源，故堤潰蟻孔，氣泄針芒。是以明者慎微，智者識幾。《書》曰：『小不可不殺。』（《尚書·康誥》曰：「有厥罪，小乃不可不殺。」）《詩》云：『無縱詭隨，以謹無良。』蓋所以崇本絕末，鉤深之慮也。臣竊見元年以來，盜賊連發，攻亭劫掠，多所傷殺。夫穿窬不禁，則致強盜；強盜不斷，則為攻盜；攻盜成群，必生大奸。故亡逃之科，憲令所急，至於通行飲食，罪致大辟。（通行飲食，猶今律云過致資給，與同罪也。飲音蔭。食音寺。）而頃者以來，莫以為憂。州郡督錄怠慢，長吏防禦不肅，皆欲採獲虛名，諱以盜賊為負。雖有發覺，不務清澄。至有逞威濫怒，無辜僵仆。或有局蹐比伍，轉相賦斂。或隨吏追赴，周章道路。是以盜發之家，不敢申告，鄰舍比里，共相壓迮，或出私財，以償所亡。其大章著不可掩者，乃肯發露。陵遲之漸，遂且成俗。寇攘誅咎，皆由於此。前年勃海張伯路，可為至戒。覆車之軌，其跡不遠。蓋失之末流，求之本源。宜糾增舊科，以防來事。自今強盜為上官若它郡縣所糾覺，一發，部吏皆正法，（上官謂郡府也。若，及也。部吏謂督郵、游徼也。正法，依法也。）尉貶秩一等，令長三月奉贖罪；二發，尉免官，令長

貶秩一等；三發以上，令長免官。便可撰立科條，處為詔文，切敕刺史，嚴加糾罰。冀以猛濟寬，驚懼奸慝。頃季夏大暑，而消息不協，寒氣錯時，水湧為變。天之降異，必有其故。所舉有道之士，可策問國典所務，王事過差，令處燮氣不效之意。庶有讜言，以承天誡。」元初三年有詔，大臣得行三年喪，服闋還職。忠因此上言：「孝宣皇帝舊令，人從軍屯及給事縣官者，大父母死未滿三月，皆勿繇，令得葬送。請依此制。」太后從之。至建光中，尚書令祝諷、尚書孟布等奏，以為「孝文皇帝定約禮之制，（約，儉也。孝文帝崩，遺詔薄葬，以日易月，凡三十六日釋服，後以為故事。）光武皇帝絕告寧之典，（《前書音義》曰：「告寧，休謁之名。吉曰告，凶曰寧。古者名吏休假曰告，吏二千石有予告、賜告。予告，在官有功，法所當得也。賜告，病三月當免，天子優賜其告，使帶印綬，將官屬歸家養疾也。」）貽則萬世，誠不可改。宜復建武故事」。忠上疏曰：「臣聞之《孝經》，始於愛親，終於哀戚。上自天子，下至庶人，尊卑貴賤，其義一也。夫父母於子，同氣異息，一體而分，三年乃免於懷抱。先聖緣人情而著其節，制服二十五月，是以《春秋》臣有大喪，君三年不呼其門，閔子雖要絰服事，以赴公難，退而致位，以究私恩，故稱『君使之非也，臣行之禮也』。（自此已上至「臣有大喪」，並《公羊傳》之文也。閔子騫，孔子弟子也，遭喪，君使之從軍，騫乃要絰而服，以從軍役，事了退家，致位喪次，極盡私恩。故君使之雖非，臣從君命有禮也。）周室陵遲，禮制不序，《蓼莪》之人作詩自傷曰：『瓶之罄矣，惟罍之恥。』言己不得終竟子道者，亦上之恥也。高祖受命，蕭何創制，大臣有寧告之科，合於致憂之義。建武之初，新承大亂，凡諸國政，多趣簡易，大臣既不得告寧，而群司營祿念私，鮮循三年之喪，以報顧復之恩者。禮義之方，實為雕損。大漢之興，雖承衰敝，而先王之制，稍以施行。故籍田之耕，起於孝文；孝廉之貢，發於孝武；郊祀之禮，定於元、成；三雍之序，備於顯宗；大臣終喪，成乎陛下。聖功美業，靡以尚茲。孟子有言：『老吾老以及人之老，幼吾幼以及人之幼，天下可運於掌。』臣願陛下登高北望，以甘陵之思，揆度臣子之心，則海內咸得其所。」宦豎不便之，竟寢忠奏而從諷、布議，遂著於令……論曰：陳公居理官則議獄緩死，相幼主則正不憚寵，可謂有宰相之器矣。忠能承風，亦庶乎明慎用刑而不留獄。然其聽狂易殺人，開父子兄弟得相代死，斯大謬矣。是則不善人多幸，而善人常代其禍，進退無所措也。贊曰：陳、郭主刑，人賴其平。寵矜枯齒，躬斷以情。忠用詳密，損益有程。（程，品式也。謂強盜發，

貶黜令長，各有科條，故曰程也。）施于孫子，且公且卿。（《後漢書》卷46《郭躬傳》，1547～1567頁）

94年（漢和帝永元六年）六年夏旱，車駕自幸洛陽錄囚徒，二人被掠生蟲，（周紆）坐左轉騎都尉。（《後漢書》卷77《酷吏列傳》，2496頁。）

94年（漢和帝永元六年）和帝永元六年秋，京都旱。時洛陽有冤囚，和帝幸洛陽寺，錄囚徒，理冤囚，收令下獄抵罪。行未還宮，澍雨降。（《古今注》曰：「永元二年，郡國十四旱。十五年，洛陽郡國二十二並旱，或傷稼。」）（《後漢書·五行志》，3278頁。）

96年（漢和帝永元八年）九月，京師蝗。吏民言事者，多歸責有司。詔曰：「蝗蟲之異，殆不虛生，萬方有罪，在予一人，而言事者專咎自下，非助我者也。朕寤寐恫矜，思弭憂釁。昔楚嚴無災而懼，成王出郊而反風。將何以匡朕不逮，以塞災變？百僚師尹勉修厥職，刺史、二千石詳刑辟，理冤虐，恤鰥寡，矜孤弱，思惟致災興蝗之咎。」（《後漢書·孝和帝紀》，182頁。）

98年（漢和帝永元十年）……至永元十年，有司覆奏之，侍中賈逵因上書曰：「孔子稱『能以禮讓為國，於從政乎何有』。竊見居巢侯劉般嗣子愷，素行孝友，謙遜潔清，讓封弟憲，潛身遠跡。有司不原樂善之心，而繩以循常之法，懼非長克讓之風，成含弘之化。前世扶陽侯韋玄成，近有陵陽侯丁鴻、郿侯鄧彪，並以高行潔身辭爵，未聞貶削，而皆登三事。今愷景仰前修，有伯夷之節，宜蒙矜宥，全其先功，以增聖朝尚德之美。」和帝納之，下詔曰：「故居巢侯劉般嗣子愷，當襲般爵，而稱父遺意，致國弟憲，遁亡七年，所守彌篤。蓋王法崇善，成人之美。其聽憲嗣爵。遭事之宜，後不得以為比。」乃徵愷，拜為郎，稍遷侍中。（《後漢書》卷39《劉般傳》，1306頁。）

99年（漢和帝永元十一年）秋七月辛卯，詔曰：「吏民踰僭，厚死傷生，是以舊令節之制度。頃者貴戚近親，百僚師尹，莫肯率從，有司不舉，怠放日甚。又商賈小民，或忘法禁，奇巧靡貨，流積公行。其在位犯者，當先舉正。市道小民，但且申明憲綱，勿因科令，加虐羸弱。」（《後漢書·孝和帝紀》，186頁。）

99年（漢和帝永元十一年）三月丙申，詔曰：「比年不登，百姓虛匱。京師去冬無宿雪，，今春無澍雨，黎民流離，困於道路。朕痛心疾首，靡知所濟。『瞻仰昊天，何辜今人？』三公朕之腹心，而未獲承天安民之策。數詔有

司，務擇良吏。今猶不改，競為苛暴，侵愁小民，以求虛名，委任下吏，假執行邪。是以令下而奸生，禁至而詐起。（董仲舒曰：「法出而奸生，令下而詐起。」）巧法析律，飾文增辭，（《禮記·王制》曰「析言破律」也。）貨行於言，罪成乎手，朕甚病焉，公卿不思助明好惡，將何以救其咎罰？咎罰即至，復令災及小民。若上下同心，庶或有瘳。其賜天下男子爵，人二級，三老、孝悌、力田三級，民無名數及流民欲占者人一級；鰥、寡、孤、獨、篤、貧不能自存者粟，人三斛。」（《後漢書·孝和帝紀》，186～187頁。）

102年（漢和帝永元十四年）永元十四年，待詔太史霍融上言：「官漏刻率九日增減一刻，不與天相應，或時差至二刻半，不如夏曆密。」詔書下太常，令史官與融以儀校天，課度遠近。太史令舒、承、梵等對：「案官所施漏法《令甲》第六《常符漏品》，孝宣皇帝三年十二月乙酉下，建武十年二月壬午詔書施行……（《後漢書·律曆志》，3032頁。）

103年（漢和帝永元十五年）是歲，初令郡國以日北至案薄刑。（《後漢書·孝和帝紀》，192頁。）

103年（漢和帝永元十五年）……永元十五年，和帝幸南陽，準為郡功曹，召見，帝器之，拜郎中，從車駕還宮，特補尚書郎。鄧太后臨朝，儒學陵替，準乃上疏曰：……今學者蓋少，遠方尤甚。博士倚席不講，儒者競論浮麗，忘寣寣之忠，習譏譏之辭。文史則去法律而學訑欺，銳錐刀之鋒，斷刑辟之重，德陋俗薄，以致苛刻。（《左傳》曰，鄭人鑄刑書，叔向使貽子產書曰：「今子相鄭，立謗政，鑄刑書，人知爭端矣。將棄禮而徵於書，錐刀之末，將盡爭之，鄭其敗乎！」杜預注云：「錐刀喻小事也。」）昔孝文竇后性好黃老，而清靜之化流景武之閒。臣愚以為宜下明詔，博求幽隱，發揚岩穴，寵進儒雅，有如孝、宮者，徵詣公車，以俟聖上講習之期。公卿各舉明經及舊儒子孫，進其爵位，使續其業。復召郡國書佐，使讀律令。如此，則延頸者日有所見，傾耳者月有所聞。伏願陛下推述先帝進業之道……（《後漢書》卷32《樊宏傳》，1126～1127頁。）

104年（漢和帝永元十六年）秋七月，旱。戊午，詔曰：「今秋稼方穗而旱，雲雨不霈，疑吏行慘刻，不宣恩澤，妄拘無罪，幽閉良善所致。其一切囚徒於法疑者勿決，以奉秋令。（《禮記·月令》曰：「孟秋之月，命有司修法制，繕囹圄，具桎梏，斷薄刑，決小罪。」）方察煩苛之吏，顯明其罰。」（《後漢書·孝和帝紀》，192頁。）

104～187 年（漢和帝～漢靈帝）……後令復召為吏，乃避隱陽城山中。時有殺人者，同縣楊吏以疑寔，縣遂逮繫，考掠無實，而後得出。及為督郵，乃密託許令，禮召楊吏。遠近聞者，咸歎服之……鄰縣人戶歸附者，寔輒訓導譬解，發遣各令還本司官行部。（司官謂主司之官也。）吏慮有訟者，白欲禁之。寔曰：「訟以求直，禁之理將何申？其勿有所拘。」司官聞而歎息曰：「陳君所言若是，豈有怨於人乎？」亦竟無訟者。以沛相賦斂違法，及解印綬去，吏人追思之。及後逮捕黨人，事亦連寔。餘人多逃避求免，寔曰：「吾不就獄，眾無所恃。」乃請囚焉。遇赦得出。靈帝初，大將軍竇武辟以為掾屬。時中常侍張讓權傾天下。讓父死，歸葬潁川，雖一郡畢至，而名士無往者，讓甚恥之，寔乃獨弔焉。乃後復誅黨人，讓感寔，故多所全宥。寔在鄉閭，平心率物。其有爭訟，輒求判正，曉譬曲直，退無怨者。至乃歎曰：「寧為刑罰所加，不為陳君所短。」時歲荒民儉，有盜夜入其室，止於梁上。寔陰見，乃起自整拂，呼命子孫，正色訓之曰：「夫人不可不自勉。不善之人未必本惡，習以性成，遂至於此。樑上君子者是矣！」盜大驚，自投於地，稽顙歸罪。寔徐譬之曰：「視君狀貌，不似惡人，宜深克己反善。然此當由貧困。」令遺絹二匹。自是一縣無復盜竊。（《後漢書》卷 62《陳寔傳》，2065～2067頁。）

105 年（漢和帝元興元年）是時新遭大憂，法禁未設，宮中亡大珠一篋；太后念，欲考問，必有不辜，乃親閱宮人，觀察顏色，寔時首服。又和帝幸人吉成，御者共枉吉成以巫蠱事，遂下掖庭考訊，辭證明白。太后以先帝左右，待之有恩，平日尚無惡言，今反若此，不合人情，更自呼見實核，果御者所為。莫不歎服，以為聖明。常以鬼神難徵，淫祀無福，乃詔有司罷諸祠官不合典禮者。又詔赦除建武以來諸犯妖惡，及馬、竇家屬所被禁錮者，皆復之為平人……（《後漢書·皇后紀》，422 頁。）

106～125 年（漢安帝）鐔顯後亦知名，安帝時豫州刺史。時天下饑荒，競為盜賊，州界收捕且萬餘人。顯愍其困窮，自陷刑辟，輒擅赦之，因自劾奏。有詔勿理。後位至長樂衛尉。（《後漢書》卷 76《循吏列傳》，2470 頁。）

107 年（漢安帝永初元年）詔告司隸校尉、河南尹、南陽太守曰：「每覽前代外戚賓客，假借威權，輕薄謥詷，言匄邊也。至有濁亂奉公，為人患苦。咎在執法怠懈，不輒行其罰故也。今車騎將軍騭等雖懷敬順之志，而宗門廣大，姻戚不少，賓客姦猾，多干禁憲。其明加檢來，勿相容護。」自是親屬犯

罪，無所假貸。太后愍陰氏之罪廢，赦其徙者歸鄉，來還資財五百餘萬。永初元年，爵號太夫人為新野君，萬戶供湯沐邑。（湯沐者，取其賦稅以供湯沐之具也。）（《後漢書·皇后紀》，423 頁。）

107 年（漢安帝永初年）初，和帝末，下令麥秋得案驗薄刑，而州郡好以苛察為政，因此遂盛夏斷獄。恭上疏諫曰：臣伏見詔書，憂念萬民，為崇和氣，罪非殊死，且勿案驗。進柔良，退貪殘，奉時令。所以助仁德，順昊天，致和氣，利黎民者也。舊制至立秋乃行薄刑，自永元十五年以來，改用孟夏，而刺史、太守不深惟憂民息事之原，進良退殘之化，因以盛夏徵召農人，拘對考驗，連滯無已，司隸典司京師，四方是則，而近於春月分行諸部，託言勞來貧人，而無隱惻之實，煩擾郡縣，廉考非急，逮捕一人，罪延十數，上逆時氣，下傷農業。案《易》五月《姤》用事。經曰『後以施令誥四方』言君以夏至之日，施命令止四方行者，所以助微陰也。行者尚止之，況於逮召考掠，奪其時哉！比年水旱傷稼，人饑流冗。今始夏，百穀權輿，陽氣胎養之時。自三月以來，陰寒不暖，物當化變而不被和氣。《月令》：「孟夏斷薄刑，出輕繫。行秋令則苦雨數來，五穀不熟。」又曰：「仲夏挺重囚，益其食。行秋令則草木零落，（西之氣乘之也。八月宿直昂，為獄主殺。）人傷於疫。」（大陵之氣為害也。大陵，星名。《春秋合誠圖》曰「大陵主死喪」也。）夫斷薄刑者，謂其輕罪已正，不欲令久繫，故時斷之也。臣愚以為今孟夏之制，可從此令，其決獄案考，皆以立秋為斷，以順時節，育成萬物，則天地以和，刑罰以清矣。

初，肅宗時，斷獄皆以冬至之前，自後論者互多駁異。鄧太后詔公卿以下會議，恭議奏曰：夫陰陽之氣，相扶而行，發動用事，各有時節。若不當其時，則物隨而傷。王者雖質文不同，而茲道無變，四時之政，行之若一。《月令》，周世所造，而所據皆夏之時也，其變者唯正朔、服色、犧牲、徽號、器械而已。故曰：「殷因於夏禮，周因於殷禮，所損益可知也。」《易》曰：「潛龍勿用。」言十一月、十二月陽氣潛臧，未得用事。雖煦嘘萬物，養其根荄，而猶盛陰在上，地凍水冰，陽氣否隔，閉而成冬。故曰：「履霜堅冰，陰始凝也。馴致其道，至堅冰也。」言五月微陰始起，至十一月堅冰至也。夫王者之作，因時為法。孝章皇帝深惟古人之道，助三正之微，定律著令，（三正，三微也。《前書音義》曰：「言陽氣始施，萬物微而未著，故曰微。」一曰天統，謂周十一月建子為正，天始施之端也。二曰地統，謂殷十二月建丑為正，地

始化之端也。三曰人統，謂夏十三月建寅為正，人始成之端也。）冀承天心，順物性命，以致時雍。然從變改以來，年歲不熟，穀價常貴，人不寧安。小吏不與國同心者，率入十一月得死罪賊，不問曲直，便即格殺。雖有疑罪，不復讞正。一夫吁嗟，王道為虧，況於眾乎？《易》十一月「君子以議獄緩死」可令疑罪使詳其法，大辟之科，盡冬月乃斷。其立春在十二月中者，勿以報囚如故事。（報囚，謂奏請報決也。）後卒施行。（《後漢書》卷25《魯恭傳》，879～882頁。）

107～125年（漢安帝）……書奏，帝復使對尚書。顗對曰：……七事：臣伏惟漢興以來三百三十九歲。於《詩三基》，高祖起亥仲二年，今在戌仲十年。《詩氾歷樞》曰：「卯酉為革政，午亥為革命，神在天門，出入候聽。」言神在戌亥，司候帝王興衰得失，厥善則昌，厥惡則亡。於《易雄雌秘歷》，今值困乏。凡九二困者，眾小人慾共困害君子也。經曰：「困而不失其所，其唯君子乎！」唯獨賢聖之君，遭困遇險，能致命遂志，不去其道。陛下乃者潛龍養德，幽隱屈厄，即位之元，紫宮驚動，歷運之會，時氣已應。然猶恐妖祥未盡，君子思患而豫防之。臣以為戌仲已竟，來年入季，文帝改法，除肉刑之罪，至今適三百載。（漢法肉刑三，謂黥也，劓也，左右趾也。文帝除之，當黥者髡鉗城旦舂，當劓者笞三百，當左右趾者笞五百也。至今適三百載。自文帝十三年除肉刑，至順帝陽嘉二年，合三百年也。）宜因斯際，大蠲法令，官名稱號，輿服器械，事有所更，變大為小，去奢就儉，機衡之政，除煩為簡。改元更始，招求幽隱，舉方正，徵有道，博採異謀，開不諱之路。

臣陳引際會，恐犯忌諱，書不盡言，未敢究暢。

臺詰顗曰：「對云『白虹貫日，政變常也』。朝廷率由舊章，何所變易而言變常？又言『當大蠲法令，革易官號』。或云變常以致災，或改舊以除異，何也？又陽嘉初建，復欲改元，據何經典？其以實對。」顗對曰：……自文帝省刑，適三百年，而輕微之禁，漸已殷積。王者之法，譬猶江河，當使易避而難犯也。故《易》曰：「易則易知，簡則易從，易簡而天下之理得矣……（《後漢書》卷30《郎顗傳》，1065～1067頁。）

107～125年（漢安帝）……書奏，帝復使對尚書。顗對曰：……七事：臣伏惟漢興以來三百三十九歲。於《詩三基》，高祖起亥仲二年，今在戌仲十年。《詩氾歷樞》曰：「卯酉為革政，午亥為革命，神在天門，出入候聽。」言神在戌亥，司候帝王興衰得失，厥善則昌，厥惡則亡。於《易雄雌秘歷》，今

值困乏。凡九二困者，眾小人慾共困害君子也。經曰：「困而不失其所，其唯君子乎！」唯獨賢聖之君，遭困遇險，能致命遂志，不去其道。陛下乃者潛龍養德，幽隱屈厄，即位之元，紫宮驚動，曆運之會，時氣已應。然猶恐妖祥未盡，君子思患而豫防之。臣以為戌仲已竟，來年入季，文帝改法，除肉刑之罪，至今適三百載。（漢法肉刑三，謂黥也，劓也，左右趾也。文帝除之，當黥者髡鉗城旦舂，當劓者笞三百，當左右趾者笞五百也。至今適三百載。自文帝十三年除肉刑，至順帝陽嘉二年，合三百年也。）宜因斯際，大蠲法令，官名稱號，輿服器械，事有所更，變大為小，去奢就儉，機衡之政，除煩為簡。改元更始，招求幽隱，舉方正，徵有道，博採異謀，開不諱之路。

臣陳引際會，恐犯忌諱，書不盡言，未敢究暢。

臺詰顗曰：「對云『白虹貫日，政變常也』。朝廷率由舊章，何所變易而言變常？又言『當大蠲法令，革易官號』。或云變常以致災，或改舊以除異，何也？又陽嘉初建，復欲改元，據何經典？其以實對。」顗對曰：……自文帝省刑，適三百年，而輕微之禁，漸已殷積。王者之法，譬猶江河，當使易避而難犯也。故《易》曰：「易則易知，簡則易從，易簡而天下之理得矣……（《後漢書》卷30《郎顗傳》，1065～1067頁。）

108年（漢安帝永初二年）二年夏，京師旱，親幸洛陽寺錄冤獄。有囚實不殺人而被考自誣，羸困輿見，畏吏不敢言，將去，舉頭若欲自訴。太后察視覺之。即呼還問狀，具得枉實，即時收洛陽令下獄抵罪。行未還宮，澍雨大降。（《後漢書‧皇后紀》，424頁。）

109年（漢安帝永初三年）……太后諒闇既終，久旱，太后比三日幸洛陽，錄囚徒，理出死罪三十六人，耐罪八十人，其餘減罪死右趾已下至司寇。（《後漢書‧皇后紀》，424頁。）

110年（漢安帝永初四年）……明年，伯路復與平原劉文河等三百餘人稱「使者」。攻厭次城，殺長吏，轉入高唐，燒官寺，出繫囚，渠帥皆稱「將軍」，共朝謁伯路……雄每行部，錄囚徒，察顏色，多得情偽，長吏不奉法者皆解印綬去。在州四年，遷南郡太守，斷獄省少，戶口益增……（《後漢書》卷38《法雄傳》，1277～1278頁。）

111年（漢安帝永初五年）秋七月己巳，詔三公、特進、九卿、校尉，（九卿，奉常、光祿、衛尉、太僕、鴻臚、廷尉、少府、宗正、司農。校尉謂城門、屯騎、越騎、步兵、長水、射聲等。）舉列將子孫明曉戰陳任將帥者。（《後漢

書・孝安帝紀》，217頁。）

112年（漢安帝永初六年）安帝（《古今注》曰：「永初元年，郡國八旱，分遣議郎請雨。」案本紀二年五月，旱，皇太后幸洛陽寺，錄囚徒，即日降雨。六月，京都及郡國四十大水。雖去旱得水，無救為災。）永初六年夏，旱。（《後漢書・五行志》，3278頁。）

118年（漢安帝元初五年）丙子，詔曰：「舊令制度，各有科品，（《漢令》今亡。）欲令百姓務崇節約。遭永初之際，人離荒厄，朝廷躬自菲薄，去絕奢飾，食不兼味，衣無二綵。比年雖獲豐穰，尚乏儲積，而小人無慮，不圖久長，嫁娶送終，紛華靡麗，至有走卒奴婢被綺縠，著珠璣。京師尚若斯，何以示四遠？設張法禁，懇惻分明，而有司惰任，訖不奉行。秋節既立，鷙鳥將用，（鷙鳥謂鷹鸇之類也。《廣雅》曰：「鷙，執也。以其能服執眾鳥。」《月令》：「孟秋，鷹乃祭鳥，始用行戮。」言有司怠惰，不遵法令，將欲糾其罪，順秋行誅，同鷹鸇之鷙擊也。）且復重申，以觀後效。」（《後漢書・孝安帝紀》，228～229頁。）

118～143年（漢安帝～漢順帝）……初，（崔）瑗兄章為州人所殺，瑗手刃報仇，因亡命。會赦，歸家。家貧，兄弟同居數十年，鄉邑化之。年四十餘，始為郡吏。以事繫東郡發干獄。（發干縣之獄也。）獄掾善為《禮》，瑗閒考訊時，輒問以《禮》說。其專心好學，雖顛沛必於是……（《後漢書》卷52《崔駰傳》，1722頁。）

119年（漢安帝元初六年）……長樂衛尉鐔顯、廷尉綦母參、司隸校尉崔據難曰……（《後漢書》卷47《班勇傳》，1588頁。）

119年（漢安帝元初六年）明年，復立濟北惠王子（劉）萇為樂成王後。萇到國數月，驕淫不法，愆過累積，冀州刺史與國相舉奏萇罪至不道。安帝詔曰：「萇有靦其面，而放逸其心。知陵廟至重，承繼有禮，不惟致敬之節，肅穆之慎，乃敢擅損犧牲，不備苾芬。慢易大姬，不震厥教。出入顛覆，風淫於家，娉取人妻，饋遺婢妾。毆擊吏人，專己兇暴。愆罪莫大，甚可恥也。朕覽八辟之議，不忍致之於理。（《周禮・司寇》：「以八辟麗邦法：一曰議親之辟，二曰議故之辟，三曰議賢之辟，四曰議能之辟，五曰議功之辟，六曰議貴之辟，七曰議勤之辟，八曰議賓之辟。」）其貶萇爵為臨湖侯。朕無『則哲』之明，致簡統失序，罔以尉承大姬，增懷永歎。」（《後漢書》卷50《孝明八王列傳》，1673頁。）

120 年（漢安帝永寧元年）……時廢皇太子為濟陰王，（桓）焉與太僕來歷、廷尉張皓諫，不能得，事已具《來歷傳》。（《後漢書》卷 37《桓焉傳》，1257 頁。）

120 年（漢安帝永寧元年）永寧元年，徵拜廷尉。皓雖非法家，而留心刑斷，數與尚書辯正疑獄，多以詳當見從。（詳審而平當也。）（《後漢書》卷 56《張皓傳》，1815 頁。）

124 年（漢安帝延光三年）明年，中常侍樊豐與大將軍耿寶、侍中周廣、謝惲等共譖陷太尉楊震，震遂自殺。歷謂侍御史虞詡曰：「耿寶託元舅之親，榮寵過厚，不念報國恩，而傾側姦臣，誣奏楊公，傷害忠良，其天禍亦將至矣。」遂絕周廣、謝惲，不與交通。時皇太子驚病不安，避幸安帝乳母野王君王聖舍。太子乳母王男、廚監邴吉等以為聖舍新繕修，犯土禁，不可久御。聖及其女永與大長秋江京及中常侍樊豐、王男、邴吉等互相是非，聖、永遂誣譖男、吉，皆幽囚死，家屬徙比景。太子思男等，數為歎息。京、豐懼有後害，妄造虛無，構譖太子及東宮官屬。帝怒，召公卿以下會議廢立。耿寶等承旨，皆以為太子當廢。歷與太常桓焉、廷尉張皓議曰：「經說，年未滿十五，過惡不在其身。且男、吉之謀，皇太子容有不知，宜選忠良保傅，輔以禮義。廢置事重，此誠聖恩所宜宿留。」帝不從，是日遂廢太子為濟陰王。時監太子家小黃門籍建、中傅高梵等皆以無罪徙朔方。歷乃要結光祿勳祋諷，宗正劉瑋，將作大匠薛皓，侍中閭丘弘、陳光、趙代、施延，太中大夫朱倀、第五頡，中散大夫曹成，諫議大夫李尤，符節令張敬，持書侍御史龔調，城門司馬徐崇，衛尉守丞樂闈，長樂、未央廄令鄭安世等十餘人，俱詣鴻都門證太子無過。龔調據法律明之，以為男、吉犯罪，皇太子不當坐。帝與左右患之，乃使中常侍奉詔脅群臣曰：「父子一體，天性自然。以義割恩，為天下也。歷、諷等不識大典，而與群小共為歡嘩，外見忠直而內希後福，飾邪違義，豈事君之禮？朝廷廣開言事之路，故且一切假貸；若懷迷不反，當顯明刑書。」諫者莫不失色。薛皓先頓首曰：「固宜如明詔。」歷怫然，《字林》曰：「怫，鬱也。」怫音扶勿反。廷詰皓曰：「屬通諫何言，而今復背之？屬，近也。通猶共也。近言共諫，何乃相背也。大臣乘朝車，處國事，固得輾轉若此乎！」《周禮》曰：「卿乘夏縵，大夫乘墨車。」輾轉，不定也。《詩》曰：「展轉反側。」乃各稍自引起，歷獨守闕，連日不肯去。帝大怒，乃免歷兄弟官，削國租，黜公主不得會見。歷遂杜門不與親戚通，時人為之震栗。（《後漢書》卷

15《來歷傳》，590～592頁。）

124年（漢安帝延光三年）……帝納之，乃以班勇班勇，為西域長史，將馳刑士五百人，西屯柳中……（《後漢書》卷88《西域傳》，2912頁。）

125年（漢安帝延光四年）令郡國守相視事未滿歲者，一切得舉孝廉吏。（漢法，視事滿歲乃得舉。今帝新即位，施恩惠，雖未滿歲，得令舉人。）（《後漢書·順帝紀》，251頁。）

125～144年（漢順帝）……順帝以（宋）登明識禮樂，使持節臨太學，奏定典律，轉拜侍中。數上封事，抑退權臣，由是出為穎川太守。市無二價，道不拾遺……（《後漢書》卷79《儒林列傳》，2557頁。）

126年（漢順帝永建元年）壬寅，廷尉張皓為司空。（《後漢書·順帝紀》，253頁。）

126～135年（漢順帝）黃昌字聖真，會稽餘姚人也。本出孤微。居近學官，數見諸生修庠序之禮，因好之，遂就經學。又曉習文法，仕郡為決曹。（《續漢志》曰：「決曹主罪法事。」）刺史行部，見昌，甚奇之，辟從事……後拜宛令，政尚嚴猛，好發姦伏。人有盜其車蓋者，昌初無所言，後乃密遣親客至門下賊曹家掩取得之，（《續漢志》曰：「賊曹主盜賊事。」）悉收其家，一時殺戮。大姓戰懼，皆稱神明。朝廷舉能，遷蜀郡太守。先太守李根年老多悖政，百姓侵冤。及昌到，吏人訟者七百餘人，悉為斷理，莫不得所。密捕盜帥一人，脅使條諸縣強暴之人姓名居處，乃分遣掩討，無有遺脫。宿惡大奸，皆奔走它境。初，昌為州書佐，其婦歸寧於家，遇賊被獲，遂流轉入蜀為人妻。其子犯事，乃詣昌自訟。昌疑母不類蜀人，因問所由。對曰：「妾本會稽餘姚戴次公女，州書佐黃昌妻也。妾嘗歸家，為賊所略，遂至於此。」昌驚，呼前謂曰：「何以識黃昌邪？」對曰：「昌左足心有黑子，常自言當為二千石。」昌乃出足示之。因相持悲泣，還為夫婦。視事四年，徵，再遷陳相。縣人彭氏舊豪縱，造起大舍，高樓臨道。昌每出行縣，彭氏婦人輒升樓而觀。昌不喜，遂敕收付獄，案殺之……（《後漢書》卷77《酷吏列傳》，2496～2497頁。）

126～144年（漢順帝）（韋）義少與二兄齊名，初仕州郡。太傅桓焉辟舉理劇，為廣都長，甘陵、陳二縣令，政甚有績，官曹無事，牢獄空虛……（《後漢書》卷26《韋彪傳》，921頁。）

126～144年（漢順帝）……為郡決曹史，行部四十二縣，錄囚徒數百千

人。及還，太守備問之，奉口說罪繫姓名，坐狀輕重，無所遺脫，時人奇之。（《謝承書》曰：「奉少為上計吏，許訓為計掾，俱到京師。訓自發鄉里，在路晝頓暮宿，所見長吏、賓客、亭長、吏卒、奴僕，訓皆密疏姓名，欲試奉。還郡，出疏示奉。奉云：『前食潁川綸氏都亭，亭長胡奴名祿，以飲漿來，何不在疏？』坐中皆驚。」又云：「奉年二十時，嘗詣彭城相袁賀，賀時出行閉門，造車匠於內開扇出半面視奉，奉即委去。後數十年於路見車匠，識而呼之。」）著《漢書後序》，多所述載。（《後漢書》卷48《應奉傳》，1607頁。）

126～163 年（漢順帝～漢桓帝）霍諝字叔智，魏郡鄴人也。少為諸生，明經。有人誣諝舅宋光於大將軍梁商者，以為妄刊章文，坐繫洛陽詔獄，掠考困極。諝時年十五，奏記於商曰：將軍天覆厚恩，愍舅光冤結，前者溫教許為平議，雖未下吏斷決其事，已蒙神明顧省之聽。皇天后土，寔聞德音。竊獨踊躍，私自慶幸。諝聞《春秋》之義，原情定過，赦事誅意，故許止雖弒君而不罪，趙盾以縱賊而見書。許止，許悼公之子名止也。《公羊傳》曰：「冬，葬許悼公。賊未討何以書葬？不成乎弒也。許悼公是止進藥而殺，是以君子加弒焉。葬許悼公是君子之赦止。赦止者，免止罪之辭也。」何休注云：「原止欲愈父之病，無害父之意，故赦之。」是原情定過也。又曰：「晉史書趙盾弒其君。趙盾曰：『天乎無辜，吾不弒君。』太史曰：『爾為仁為義，人殺爾君而不討賊，此非弒君如何？』」此赦事誅意也。）此仲尼所以垂王法，漢世所宜遵前修也。傳曰：「人心不同，譬若其面。」（《左傳》鄭子產謂子皮曰：「人心不同，譬如面焉。吾豈敢謂子面如吾面乎？」）斯蓋謂大小窊隆醜美之形，至於鼻目眾竅毛髮之狀，未有不然者也。情之異者，剛柔舒急倨敬之閒。至於趨利避害，畏死樂生，亦復均也。諝與光骨肉，義有相隱，言其冤濫，未必可諒，且以人情平論其理。光衣冠子孫，徑路平易，位極州郡，日望徵辟，亦無瑕穢纖介之累，無故刊定詔書，欲以何名？就有所疑，當求其便安，豈有觸冒死禍，以解細微？譬猶療飢於附子，止渴於酖毒，未入腸胃，已絕咽喉，豈可為哉！昔東海孝婦見枉不辜，幽靈感革，天應枯旱。（《前書》曰，東海有孝婦，少寡無子，養姑甚謹，姑欲嫁之，終不肯。姑告鄰人曰：「孝婦養我勤苦，我老，久累丁壯。」乃自經死。姑女告吏曰：「婦殺我母。」吏驗之急，孝婦自誣服，具獄上府，太守竟論殺婦。郡中枯旱三年。後太守至，自祭孝婦墓，天立大雨，歲熟。）光之所坐，情既可原，守闕連年，而終不見理。呼嗟紫宮

之門，泣血兩觀之下，傷和致災，為害滋甚。凡事更赦令，不應復案。夫以罪刑明白，尚蒙天恩，豈有冤謗無徵，反不得理？是為刑宥正罪，戮加誣侵也。不偏不黨，其若是乎？明將軍德盛位尊，人臣無二，言行動天地，舉厝移陰陽，誠能留神，沛然曉察，必有於公高門之福，（於公，東海人，為郡決曹，決獄平。其閭門壞，父老共修之。於公曰：「少高大閭門，令容駟馬蓋車。我決獄多有陰德，子孫必有興者。」至子定國為丞相，孫永御史大夫。）和氣立應，天下幸甚。商高謂才志，即為奏原光罪，由是顯名。仕郡，舉孝廉，稍遷金城太守。性明達篤厚，能以恩信化誘殊俗，甚為羌胡所敬服。遭母憂，自上歸行喪。服闋，公車徵，再遷北海相，入為尚書僕射。是時大將軍梁冀貴戚秉權，自公卿以下莫敢違忤。諝與《尚書》令尹勳數奏其事，又因陛見陳聞罪失。及冀誅後，桓帝嘉其忠節，封鄴都亭侯。前後固讓，不許。出為河南尹，遷司隸校尉，轉少府、廷尉，卒官。（《後漢書》卷48《霍諝傳》，1615～1617頁。）

126年（漢順帝永建元年）及順帝即位，拜皓司空，在事多所薦達，天下稱其推士。時清河趙騰上言災變，譏刺朝政，章下有司，收騰繫考，所引黨輩八十餘人，皆以誹謗當伏重法。皓上疏諫曰：「臣聞堯舜立敢諫之鼓，三王樹誹謗之木，《春秋》採善書惡，聖主不罪芻蕘。騰等雖干上犯法，所言本欲盡忠正諫。如當誅戮，天下杜口，塞諫爭之源，非所以昭德示後也。」帝乃悟，減騰死罪一等，餘皆司寇。（《前書音義》曰：「司寇，二歲刑也。」輸作司寇，因以名焉。）四年，以陰陽不和策免。陽嘉元年，復為廷尉。其年卒官，時年八十三……（《後漢書》卷56《張皓傳》，1816頁。）

126年（漢順帝永建元年）永建元年，代陳禪為司隸校尉。數月間，奏太傅馮石、太尉劉熹、中常侍程璜、陳秉、孟生、李閏等，百官側目，號為苛刻。三公劾奏詡盛夏多拘繫無辜，為吏人患。詡上書自訟曰：「法禁者俗之堤防，刑罰者人之銜轡。（《禮記》曰：「夫禮，禁亂之所由生，猶坊止水之所自來也。故以舊防為無用壞之者，必有水敗。」《尸子》曰：「刑罰者，人之鞭策也。」）今州曰任郡，郡曰任縣，更相委遠，百姓怨窮，以苟容為賢，盡節為愚。臣所發舉，臧罪非一，二府恐為臣所奏，遂加誣罪。臣將從史魚死，即以屍諫耳。」順帝省其章，乃為免司空陶敦。（《後漢書》卷58《虞詡傳》，1870頁。）

126年（漢順帝永建元年）……由是拜雄尚書，再遷尚書令。上疏陳事

曰：「……漢初至今，三百餘載，俗浸雕敝，巧偽滋萌，下飾其詐，上肆其殘。典城百里，轉動無常，各懷一切，莫慮長久。謂殺害不辜為威風，聚斂整辦為賢能，以理己安民為劣弱，以奉法循理為不化。髡鉗之戮，生於睚眥；覆尸之禍，成於喜怒。視民如寇讎，稅之如豺虎。監司項背相望，與同疾痰，見非不舉，聞惡不察，觀政於亭傳，責成於期月，言善不稱德，論功不據實，虛誕者獲譽，拘檢者離毀。或因罪而引高，或色斯以求名。州宰不覆，競共辟召，踊躍升騰，超等逾匹。或考奏捕案，而亡不受罪，會赦行賂，復見洗滌。朱紫同色，清濁不分。故使姦猾枉濫，輕忽去就，拜除如流，缺動百數。鄉官部吏，職斯祿薄，車馬衣服，一出於民，廉者取足，貪者充家，特選橫調，紛紛不絕，送迎煩費，損政傷民。和氣未洽，災眚不消，咎皆在此。今之墨綬，猶古之諸侯，拜爵王庭，輿服有庸，而齊於匹豎，叛命避負，非所以崇憲明理，惠育元元也。臣愚以為守相長吏，惠和有顯效者，可就增秩，勿使移徙，非父母喪不得去官。其不從法禁，不式王命，錮之終身，雖會赦令，不得齒列。若被劾奏，亡不就法者，徙家邊郡，以懲其後。鄉部親民之吏，皆用儒生清白任從政者，寬其負算，增其秩祿，吏職滿歲，宰府州郡乃得辟舉。如此，威福之路塞，虛偽之端絕，送迎之役損，賦斂之源息。循理之吏，得成其化；率土之民，各寧其所。追配文、宣中興之軌，流光垂祚，永世不刊。」（《後漢書》卷61《左雄傳》，2017～2018頁。）

126～144年（漢順帝）……上虞有寡婦至孝養姑。姑年老壽終，夫女弟先懷嫌忌，乃誣婦厭苦供養，加鴆其母，列訟縣庭。郡不加尋察，遂結竟其罪。（孟）嘗先知枉狀，備言之於太守，太守不為理。嘗哀泣外門，因謝病去，婦竟冤死。自是郡中連旱二年，禱請無所獲。後太守殷丹到官，訪問其故，嘗詣府具陳寡婦冤誣之事。因曰：「昔東海孝婦，感天致旱，於公一言，甘澤時降。宜戮訟者，以謝冤魂，庶幽枉獲申，時雨可期。」丹從之，即刑訟女而祭婦墓，天應澍雨，穀稼以登。（《後漢書》卷76《循吏列傳》，2472～2473頁。）

127年（漢順帝永建二年）三月，旱，遣使者錄囚徒。（《後漢書·順帝紀》，254頁。）

127～144年（漢順帝）鄭玄字康成，北海高密人也。八世祖崇，哀帝時尚書僕射。玄少為鄉嗇夫，（《前書》曰「鄉有嗇夫，掌聽訟收賦稅」也。）得休歸，常詣學官，不樂為吏，父數怒之，不能禁。遂造太學受業……（《後漢

書》卷 35《鄭玄傳》，1207 頁。）

128 年（漢順帝永建三年）六月，旱。遣使者錄囚徒，理輕繫。（《後漢書·順帝紀》，255 頁。）

128 年（漢順帝永建三年）三年，大旱，瓊復上疏曰：「昔魯僖遇旱，以六事自讓，躬節儉，閉女謁，於讒佞者十三人，誅稅民受貨者九人，退舍南郊，天立大雨。今亦宜顧省政事，有所損闕，務存質儉，以易民聽。尚方御府，息除煩費。明來近臣，使遵法度，如有不移，示以好惡。數見公卿，引納儒士，訪以政化，使陳得失。又囚徒尚積，多致死亡，亦足以感傷和氣，招降災旱。若改瞰從善，擇用嘉謀，則災消福至矣。」書奏，引見德陽殿，使中常侍以瓊奏書屬主者施行。（《後漢書》卷 61《黃瓊傳》，2034 頁。）

129 年（漢順帝永建四年）四年春正月丙寅，詔曰：「朕託王公之上，涉道日寡，政失厥中，陰陽氣隔，寇盜肆暴，庶獄彌繁，憂悴永歎，疢如疾首。《詩》云：『君子如祉，亂庶遄已。』三朝之會，朔旦立春，嘉與海內洗心自新。其赦天下。從甲寅赦令已來復秩屬籍，三年正月已來還贖。其閻顯、江京等知識婚姻禁錮，一原除之。務崇寬和，敬順時令，遵典去苛，以稱朕意。」（《後漢書·順帝紀》，255～256 頁。）

129 年（漢順帝永建四年）……四年，坐公事左轉議郎。復拜魯相，政存簡一，至數年無辭訟。……（《後漢書》卷 31《王堂傳》，1105 頁。）

129 年（漢順帝永建四年）……其後天下大赦，賊雖頗解，而官猶無備，流叛之餘，數月復起。雄與僕射郭虔共上疏，以為「寇賊連年，死亡太半，一人犯法，舉宗群亡。宜及其尚微，開令改悔。若告黨與者，聽除其罪；能誅斬者，明加其賞」。書奏，並不省……於是濟陰太守胡廣等十餘人皆坐謬舉免黜，唯汝南陳蕃、潁川李膺、下邳陳球等三十餘人得拜郎中……雄復諫曰：「臣聞人君莫不好忠正而惡讒諛，然而歷世之患，莫不以忠正得罪，讒諛蒙幸者，蓋聽忠難，從諛易也。夫刑罪，人情之所甚惡；貴寵，人情之所甚欲……」初，雄薦周舉為尚書，舉既稱職，議者咸稱焉。及在司隸，又舉故冀州刺史馮直以為將帥，而直嘗坐臧受罪，舉以此劾奏雄。雄悅曰：「吾嘗事馮直之父而又與直善，今宣光以此奏吾，乃是韓厥之舉也。」由是天下服焉。明年坐法免。後復為尚書。……（《後漢書》卷 61《左雄傳》，2019～2022 頁。）

132 年（漢順帝陽嘉元年）……竊見《尚書》令左雄議郡舉孝廉，皆限年四十以上，諸生試章句，文吏試箋奏。（周成雜字曰：「箋，表也。」《漢雜事》

曰：「凡群臣之書，通於天子者四品：一曰章，二曰奏，三曰表，四曰駁議。章者需頭，稱『稽首上以聞』。謝恩陳事，詣闕通者也。奏者亦需頭，其京師官但言『稽首言』，下『稽首以聞』，其中有所請，若罪法劾案，公府送御史臺，卿校送謁者臺也。表者不需頭，上言『臣某言』，下言『誠惶誠恐，頓首頓首，死罪死罪』，左方下附曰『某官臣甲乙上』。」）明詔既許，復令臣等得與相參……（《後漢書》卷44《胡廣傳》，1506頁。）

134年（漢順帝元嘉三年）三年春二月己丑，詔以久旱，京師諸獄無輕重皆且勿考竟，須得澍雨。（《後漢書·順帝紀》，263頁。）

136年（漢順帝永和元年）永和元年，拜河南尹。（梁）冀居職暴恣，多非法，父商所親客洛陽令呂放，頗與商言及冀之短，商以讓冀，冀即遣人於道刺殺放。而恐商知之，乃推疑於放之怨仇，請以放弟禹為洛陽令，安慰放家，欲以滅口。使捕之，盡滅其宗親、賓客百餘人。（《後漢書》卷34《梁統傳》，1178～1179頁。）

136年（漢順帝永和元年）……前掾李固時為大將軍梁商從事中郎，乃奏記於商曰：「……夫三公尊重，承天象極，未有詣理訴冤之義。（三公承助天子，位象三臺，故曰承天象極。哀帝時，丞相王嘉有罪，召詣廷尉詔獄。主簿曰「將相不對理陳冤，相踵以為故事，君侯宜引決」也。）纖微感概，輒引分決，是以舊典不有大罪，不至重問。（大臣獄重，故曰重問。成帝時，丞相薛宣、御史大夫翟方進有罪，上使五二千石雜問。《音義》云：「大獄重，故以二千石五人同問之。」）王公沉靜內明，不可加以非理。卒有它變，則朝廷獲害賢之名，群臣無救護之節矣。昔絳侯得罪，袁盎解其過，魏尚獲戾，馮唐訴其冤，時君善之，列在書傳。今將軍內倚至尊，外典國柄，言重信著，指撝無違，宜加表救，濟王公之艱難。語曰：『善人在患，饑不及餐。』斯其時也。」商即言之於帝，事乃得釋。（《後漢書》卷56《王龔傳》，1820～1821頁。）

136～138年（漢順帝永和年間）永和初，出為河間相。時國王驕奢，不遵典憲；又多豪右，共為不軌。衡下車，治威嚴，整法度，陰知奸黨名姓，一時收禽，上下肅然，稱為政理。視事三年，上書乞骸骨，徵拜尚書……（《後漢書》卷59《張衡傳》，1939頁。）

136～141年（漢順帝永和年間）自渙卒後，連詔三公特選洛陽令，皆不稱職。永和中，以劇令勃海任峻補之。峻擢用文武吏，皆盡其能，糾剔奸盜，

不得旋踵，一歲斷獄，不過數十。威風猛於渙，而文理不及之。峻字叔高，終
於太山太守。（《後漢書》卷 76《循吏列傳》，2470 頁。）

139 年（漢順帝永和四年）……永和四年，中常侍張逵、蘧政，內者令石
光，尚方令傅福，冗從僕射杜永連謀，共譖商及中常侍曹騰、孟賁，云欲徵諸
王子，圖議廢立，請收商等案罪。帝曰：「大將軍父子我所親，騰、賁我所愛，
必無是，但汝曹共妒之耳。」逵等知言不用，懼迫，遂出矯詔收縛騰、賁於省
中。帝聞震怒，敕宦者李歙急呼騰、賁釋之，收逵等，悉伏誅。辭所連染及在
位大臣，商懼多侵枉，乃上疏曰：「《春秋》之義，功在元帥，罪止首惡，故賞
不僭溢，刑不淫濫，五帝、三王所以同致康乂也。竊聞考中常侍張逵等，辭語
多所牽及。大獄一起，無辜者眾，死囚久繫，纖微成大，非所以順迎和氣，平
政成化也。宜早訖竟，以止逮捕之煩。」（逮，及也，辭所連及即追捕之也。）
帝乃納之，罪止坐者。（《後漢書》卷 34《梁統傳》，1175～1176 頁。）

140 年（漢順帝永和五年）……永和五年，拜使匈奴中郎將。時南匈奴左
部反亂，龜以單于不能制下，外順內畔，促令自殺，坐徵下獄免。後再遷，拜
京兆尹。時三輔強豪之族，多侵枉小民。龜到，厲威嚴，悉平理其怨屈者，郡
內大悅……會羌胡寇邊，殺長吏，驅略百姓。桓帝以龜世諳邊俗，拜為度遼
將軍。龜臨行，上疏曰：「……前涼州刺史祝良，初除到州，多所糾罰，太守
令長，貶黜將半，政未逾時，功效卓然。實應賞異，以勸功能，改任牧守，去
斥姦殘。又宜更選匈奴烏桓護羌中郎將校尉，簡練文武，授之法令，除並涼
二州今年租更，寬赦罪隸，埽除更始。則善吏知奉公之祐，惡者覺營私之禍，
胡馬可不窺長城，塞下無候望之患矣。」……（《後漢書》卷 51《陳龜傳》，
1692～1693 頁。）

141～159 年（漢順帝～漢桓帝）（吳）祐以光祿四行遷膠東侯相。時濟北
戴宏父為縣丞，宏年十六，從在丞舍。祐每行園，常聞諷誦之音，奇而厚之，
亦與為友，卒成儒宗，知名東夏，官至酒泉太守。祐政唯仁簡，以身率物。民
有爭訴者，輒閉合自責，然後斷其訟，以道譬之。或身到閭里，重相和解。自
是之後，爭隙省息，吏人懷而不欺。嗇夫孫性私賦民錢，市衣以進其父，父得
而怒曰：「有君如是，何忍欺之！」促歸伏罪。性慚懼，詣合持衣自首。祐屏
左右問其故，性具談父言。祐曰：「掾以親故，受污穢之名，所謂『觀過斯知
人矣』。」使歸謝其父，還以衣遺之。又安丘男子毋丘長與母俱行市，道遇醉
客辱其母，長殺之而亡，安丘追蹤於膠東得之。祐呼長謂曰：「子母見辱，人

情所恥。然孝子忿必慮難，動不累親。今若背親逞怒，白日殺人，赦若非義，刑若不忍，將如之何？」長以械自繫，曰：「國家制法，囚身犯之。明府雖加哀矜，恩無所施。」祐問長有妻子乎？對曰：「有妻未有子也。」即移安丘逮長妻，妻到，解其桎梏，使同宿獄中，妻遂懷孕。至冬盡行刑，長泣謂母曰：「負母應死，當何以報吳君乎？」乃齧指而吞之，含血言曰：「妻若生子，名之『吳生』，言我臨死吞指為誓，屬兒以報吳君。」因投繯而死。（《後漢書》卷 64《吳祐傳》，2101 頁。）

142 年（漢順帝漢安元年）先是周舉等八使案察天下，多所劾奏，其中並是宦者親屬，輒為請乞，詔遂令勿考。又舊任三府選令史，光祿試尚書郎，時皆特拜，不復選試。固乃與廷尉吳雄上疏，以為八使所糾，宜急誅罰，選舉署置，可歸有司。帝感其言，乃更下免八使所舉刺史、二千石，自是稀復特拜，切責三公，明加考察，朝廷稱善。乃復與光祿勳劉宣上言：「自頃選舉牧守，多非其人，至行無道，侵害百姓。又宜止槃遊，專心庶政。」帝納其言，於是下詔諸州劾奏守令以下，政有乖枉，遇人無惠者，免所居官；其姦穢重罪，收付詔獄。（《後漢書》卷 63《李固傳》，2082 頁。）

閏按：廷尉吳雄與大司農李固上書言事。

144 年（漢順帝建康元年）……順帝末，以緄持節督揚州諸郡軍事，與中郎將滕撫擊破群賊，遷隴西太守。後鮮卑寇邊，以緄為遼東太守，曉喻降集，虜皆弭散。徵拜京兆尹，轉司隸校尉，所在立威刑。遷廷尉、太常……時天下飢饉，帑藏虛盡，每出征伐，常減公卿奉祿，假王侯租賦，前後所遣將帥，宦官輒陷以折耗軍資，往往抵罪……監軍使者張敞承宦官旨，奏緄將傅婢二人戎服自隨，又輒於江陵刻石紀功，請下吏案理。尚書令黃俊奏議，以為罪無正法，不合致糾。會長沙賊復起，攻桂陽、武陵，緄以軍還盜賊復發，策免……頃之，拜將作大匠，轉河南尹。上言「舊典，中官子弟不得為牧人職」，帝不納。復為廷尉。時山陽太守單遷以罪繫獄，緄考致其死。遷，故車騎將軍單超之弟，中官相黨，遂共誹章誣緄，坐與司隸校尉李膺、大司農劉祐俱輸左校。應奉上疏理緄等，得免。後拜屯騎校尉，復為廷尉，卒於官。（《後漢書》卷 38《馮緄傳》，1281、1283～1284 頁。）

146 年（漢質帝本初元年）本初元年春正月丙申，詔曰：「昔堯命四子，以欽天道，《鴻範》九疇，休咎有象。夫瑞以和降，異因逆感，禁微應大，前聖所重。頃者，州郡輕慢憲防，競逞殘暴，造設科條，陷入無罪。或以喜

怒驅逐長吏，恩阿所私，罰枉仇隙，至令守闕訴訟，前後不絕。送故迎新，人離其害，怨氣傷和，以致災眚。《書》云：『明德慎罰。』方春東作，育微敬始。其來有司，罪非殊死，且勿案驗，以崇在寬。」（《後漢書・質帝紀》，280頁。）

147 年（漢桓帝初）桓帝初，詔公卿郡國舉至孝獨行之士。（崔）寔以郡舉，徵詣公車，病不對策，除為郎。明於政體，吏才有餘，論當世便事數十條，名曰《政論》……其辭曰：「……量力度德，《春秋》之義。今既不能純法八代，故宜參以霸政，則宜重賞深罰以御之，明著法術以檢之。自非上德，嚴之則理，寬之則亂。何以明其然也？近孝宣皇帝明於君人之道，審於為政之理，故嚴刑峻法，破姦軌之膽，海內清肅，天下密如。薦勳祖廟，享號中宗。算計見效，優於孝文。及元帝即位，多行寬政，卒以墮損，威權始奪，遂為漢室基禍之主。政道得失，於斯可監……蓋為國之法，有似理身，平則致養，疾則攻焉。夫刑罰者，治亂之藥石也；德教者，興平之梁肉也。夫以德教除殘，是以梁肉理疾也；以刑罰理平，是以藥石供養也。方今承百王之敝，值厄運之會。自數世以來，政多恩貸，馭委其轡，馬騖其銜，四牡橫奔，皇路險傾。方將枯勒鞭輈以救之，豈暇鳴和鑾，清節奏哉？昔高祖令蕭何作九章之律，有夷三族之令，黥、劓、斬趾、斷舌、梟首，故謂之具五刑。文帝雖除肉刑，當劓者笞三百，當斬左趾者笞五百，當斬右趾者棄市。右趾者既殞其命，笞撻者往往至死，雖有輕刑之名，其實殺也。當此之時，民皆思復肉刑。至景帝元年，乃下詔曰：「加笞與重罪無異，幸而不死，不可為人。」乃定律，減笞輕捶。自是之後，笞者得全。（此以上並見《前書・刑法志》。）以此言之，文帝乃重刑，非輕之也；以嚴致平，非以寬致平也。必欲行若言，當大定其本，使人主師五帝而式三王。蕩亡秦之俗，遵先聖之風，棄苟全之政，蹈稽古之蹤，復五等之爵，立井田之制。然後選稷契為佐，伊呂為輔，樂作而鳳皇儀，擊石而百獸舞。若不然，則多為累而已……」（《後漢書》卷 52《崔駰傳》，1725、1727～1729 頁。）

147～167 年（漢桓帝時）尋拜南陽太守。前後二千石逼懼帝鄉貴戚，多不稱職。暢深疾之，下車奮厲威猛，其豪黨有釁穢者，莫不糾發。會赦，事得散。暢追恨之，更為設法，諸受臟二千萬以上不自首實者，盡入財物；若其隱伏，使吏發屋伐樹，堙井夷灶，豪右大震。功曹張敞奏記諫曰：「五教在寬，著之經典。湯去三面，八方歸仁。武王入殷，先去炮格之刑。（《列女傳》：「紂

為銅柱，以膏塗之，加於炭之上，使有罪緣焉，足滑跌墮，紂與妲己笑以為樂，名曰炮格之刑。」臣賢案：《史記》及《帝王代紀》皆言文王為西伯，獻洛西之地，請除炮格之刑。今云武王，與此不同。）高祖鑒秦，唯定三章之法。孝文皇帝感一緹縈，躅除肉刑。（文帝時，太倉令淳于公有罪當刑。淳于公無男，有五女，罵其女曰：「生女不生男，緩急非有益也。」其少女緹縈自傷悲泣，隨父至長安，上書請沒官為婢以贖父。文帝悲憐其意，為除肉刑。）卓茂、文翁、召父之徒，皆疾惡嚴刻，務崇溫厚。仁賢之政，流聞後世。夫明哲之君，網漏吞舟之魚，然後三光明於上，人物悅於下。言之若迂，其效甚近。發屋伐樹，將為嚴烈，雖欲懲惡，難以聞遠。以明府上智之才，日月之曜，敷仁惠之政，則海內改觀，實有折枝之易，而無挾山之難。郡為舊都侯甸之國，園廟出於章陵，三後生自新野，士女沾教化，黔首仰風流，自中興以來，功臣將相，繼世而隆。愚以為懇懇用刑，不如行恩；孳孳求姦，未若禮賢。舜舉皋陶，不仁者遠。隨會為政，晉盜奔秦。虞、芮入境，讓心自生。化人在德，不在用刑。」暢深納敵諫，更崇寬政，慎刑簡罰，教化遂行。（《後漢書》卷 56《王暢傳》，1823～1824 頁。）

147～167 年（漢桓帝）時人或疑仁孝前後之證，篤乃論之曰：「……如必對其優劣，則仁以枝葉扶疏為大，孝以心體本根為先，可無訟也……」（《後漢書》卷 64《延篤傳》，2105 頁。）

147～167 年（漢桓帝）蔡衍字孟喜，汝南項人也。少明經講授，以禮讓化鄉里。鄉里有爭訟者，輒詣衍決之，其所平處，皆曰無怨。（《後漢書》卷 67《黨錮列傳》，2208 頁。）

147～158 年（漢桓帝）（劉矩）稍遷雍丘令，以禮讓化之。其無孝義者，皆感悟自革。民有爭訟，矩常引之於前，提耳訓告，以為忿恚可忍，縣官不可入，使歸更尋思。訟者感之，輒各罷去。其有路得遺者，皆推尋其主。在縣四年，以母憂去官。（《後漢書》卷 76《循吏列傳》，2476 頁。）

147～158 年（漢桓帝）……（劉寵）後四遷為豫章太守，又三遷拜會稽太守。山民願樸，乃有白首不入市井者，頗為官吏所擾。寵簡除煩苛，禁察非法，郡中大化。徵為將作大匠。（《後漢書》卷 76《循吏列傳》，2478 頁。）

147～167 年（漢桓帝）（樂）恢少仕州郡為吏，司徒楊賜聞其執法廉平，乃辟之。及賜被劾當免，掾屬悉投刺去，恢獨詣闕爭之。及得理，掾屬悉歸府，恢杖策而逝。由是論者歸美。復辟公府，除不其令。吏人有犯違禁法，輒

隨方曉示。若吏稱其職，人行善事者，皆賜以酒肴之禮，以勸勵之。耕織種收，皆有條章。一境清靜，牢獄連年無囚。比縣流人歸化，徙居二萬餘戶……（《後漢書》卷76《循吏列傳》，2482頁。）

149年（漢桓帝建和三年）夏四月丁卯晦，日有食之。（《續漢志》曰：「在東井二十三度。東井主法，梁太后枉殺公卿，犯天法也。」）五月乙亥，詔曰：「蓋聞天生蒸民，不能相理，為之立君，使司牧之。君道得於下，則休祥著乎上；庶事失其序，則咎徵見乎象。間者，日食毀缺，陽光晦暗，朕祗懼潛思，匪遑啟處。傳不云乎：『日食修德，月食修刑。』昔孝章帝愍前世禁徙，故建初之元，並蒙恩澤，流徙者使還故郡，沒入者免為庶民。先皇德政，可不務乎！其自永建元年迄乎今歲，凡諸妖惡，支親從坐，及吏民減死徙邊者，悉歸本郡；唯沒入者不從此令。」（《後漢書·桓帝紀》，293頁。）

149年（漢桓帝建和三年）乙卯，震憲陵寢屋。秋七月庚申，廉縣雨肉。（《續漢志》曰：「肉似羊肺，或大如手。」《五行傳》云：「棄法律，逐功臣，時則有羊禍，時則有赤眚赤祥。」是時梁太后攝政，兄冀專權，枉誅李固、杜喬、天下冤之。廉縣屬北地郡也。）八月乙丑，有星孛於天市。京師大水。九月己卯，地震。庚寅，地又震。詔死罪以下及亡命者贖，各有差。郡國五山崩。（《後漢書·桓帝紀》，294頁。）

149年（漢桓帝建和三年）三年四月丁卯晦，日有蝕之，在東井二十三度。例在永元十五年。東井主法，梁太后又聽兄冀枉殺公卿，犯天法也。明年，太后崩。（《後漢書·五行志》，3368頁。）

153年（漢桓帝永興元年）……及桓帝即位，順烈太后臨朝，穆以冀埶地親重，望有以扶持王室，因推災異，奏記以勸誡冀曰：「穆伏念明年丁亥之歲，刑德合於乾位，（曆法，太歲在丁、壬，歲德在北宮，太歲在亥、卯、未，歲刑亦在北宮，故合於乾位也。）……（《續漢書》曰：「穆舉高第，拜侍御史。桓帝臨辟雍，行禮畢，公卿出，虎賁置弓階上，公卿下階皆避弓。穆過，呵虎賁曰：『執天子器，何故投於地！』虎賁怖，即攝弓。穆劾奏虎賁抵罪，公卿皆慚，曰『朱御史可謂臨事不惑者也』。」）（《後漢書》卷43《朱暉傳》，1462～1463頁。）

153年（漢桓帝永興元年）永興元年秋，河水溢，漂害人物。（臣昭案：《朱穆傳》云「漂害數十萬戶」。《京房占》曰：「江河溢者，天有制度，地有里數，懷容水澤，浸溉萬物。」今溢者，明在位者不勝任也，三公之禍不能容

也，率執法者利刑罰，不用常法。）（《後漢書‧五行志》，3311頁。）

154年（漢桓帝永興二年）癸卯，京師地震，詔公、卿、校尉舉賢良方正、能直言極諫者各一人。詔曰：「比者星辰謬越，坤靈震動，災異之降，必不空發。來己修政，庶望有補。其輿服制度有逾侈長飾者，皆宜損省。郡縣務存儉約，申明舊令，如永平故事。」（《後漢書‧桓帝紀》，299頁。）

155～158年（漢桓帝永壽年間）……永壽中，以司徒掾清詔使冀州，廉察災害，舉奏刺史、二千石以下，所刑免甚眾，棄官奔走者數十人……（《後漢書》卷41《第五種傳》，1403頁。）

159年（漢桓帝延熹二年）復徵拜議郎，數日遷光祿勳。時封賞逾制，內寵猥盛，蕃乃上疏諫曰：「……夫獄以禁止姦違，官以稱才理物。若法虧於平，官失其人，則王道有缺。而今天下之論，皆謂獄由怨起，爵以賄成……」（《後漢書》卷66《陳蕃傳》，2162頁。）

164年（漢桓帝延熹七年）仇覽字季智，一名香，陳留考城人也。少為書生淳默，鄉里無知者。年四十，縣召補吏，選為蒲亭長。勸人生業，為制科令，至于果菜為限，雞豕有數，農事既畢，乃令子弟群居，還就黌學。其剽輕遊恣者，皆役以田桑，嚴設科罰。躬助喪事，賑恤窮寡。期年稱大化。覽初到亭，人有陳元者，獨與母居，而母詣覽告元不孝。覽驚曰：「吾近日過舍，廬落整頓，《廣雅》曰：「落，居也。」案今人謂院為落也。耕耘以時。此非惡人，當是教化未及至耳。母守寡養孤，苦身投老，奈何肆忿於一朝，欲致子以不義乎？」母聞感悔，涕泣而去。覽乃親到元家，與其母子飲，因為陳人倫孝行，譬以禍福之言。元卒成孝子。（《謝承書》曰「覽為縣陽遂亭長，好行教化。人羊元兇惡不孝，其母詣覽言元。覽呼元，誚責元以子道，與一卷《孝經》，使誦讀之。元深改悔，到母默下，謝罪曰：『元少孤，為母所驕。諺曰：「孤犢觸乳，驕子床母。」乞今自改。』母子更相向泣，於是元遂修孝道，後成佳士」也。）鄉邑為之諺曰：「父母何在在我庭，化我鳴梟哺所生。」（《後漢書》卷76《循吏列傳》，2479～2480頁。）

165年（漢桓帝延熹八年）……延熹八年，太尉楊秉舉賢良方正，及到京師，上書陳事曰：「……昔秦作阿房，國多刑人。今第舍增多，窮極奇巧，掘山攻石，不避時令。促以嚴刑，威以正法。民無罪而覆入之，民有田而覆奪之。州郡官府，各自考事，姦情賕略，皆為吏餌。民愁鬱結，起入賊黨，官輒興兵，誅討其罪。貧困之民，或有賣其首級以要酬賞，父兄相代殘身，妻孥相

視分裂。窮之如彼，伐之如此，豈不痛哉……」（《後漢書》卷 57《劉瑜傳》，1856 頁。）

165 年（漢桓帝延熹八年）是時桓帝弟渤海王悝素行險辟，僭傲多不法。弼懼其驕悖為亂，乃上封事曰：「臣聞帝王之於親戚，愛雖隆，必示之以威；體雖貴，必禁之以度。如是，和睦之道興，骨肉之恩遂。昔周襄王忿甘昭公，孝景皇帝驕梁孝王，而二弟階寵，終用教慢，卒周有播蕩之禍，漢有爰盎之變。竊聞渤海王悝，憑至親之屬，恃偏私之愛，失奉上之節，有僭慢之心，外聚剽輕不逞之徒，內荒酒樂，出入無常，所與群居，皆有口無行，或家之棄子，或朝之斥臣，必有羊勝、伍被之變。州司不敢彈糾，傅相不能匡輔。陛下隆於友于，不忍遏絕。恐遂滋蔓，為害彌大。乞露臣奏，宣示百僚，使臣得於清朝明言其失，然後詔公卿平處其法。法決罪定，乃下不忍之詔。臣下固執，然後少有所許。如是，則聖朝無傷親之譏，渤海有享國之慶。不然，懼大獄將興，使者相望於路矣。臣職典禁兵，備禦非常，而妄知藩國，干犯至戚，罪不容誅。不勝憤懣，謹冒死以聞。」帝以至親，不忍下其事。後悝竟坐逆謀，貶為廮陶王。（《後漢書》卷 64《史弼傳》，2109 頁。）

166 年（漢桓帝延熹九年）……桓帝時，宦官專朝，政刑暴濫，又比失皇子，災異尤數。延熹九年，楷自家詣闕上疏曰：臣聞皇天不言，以文象設教。堯舜雖聖，必曆象日月星辰，察五緯所在，故能享百年之壽，為萬世之法。臣竊見去歲五月，熒惑入太微，犯帝坐，出端門，不軌常道。其閏月庚辰，太白入房，犯心小星，震動中耀。中耀，天王也；傍小星者，天王子也。夫太微天廷，五帝之坐，而金火罰星揚光其中，於占，天子凶；又俱入房、心，法無繼嗣。今年歲星久守太微，逆行西至掖門，還切執法。歲為木精，好生惡殺，而淹留不去者，咎在仁德不修，誅罰太酷。前七年十二月，熒惑與歲星俱入軒轅，逆行四十餘日，而鄧皇后誅。其冬大寒，殺鳥獸，害魚鱉，城傍竹柏之葉有傷枯者。臣聞於師曰：「柏傷竹枯，不出三年，天子當之。」今洛陽城中人夜無故叫呼，云有火光，人聲正諠，於占亦與竹柏枯同。自春夏以來，連有霜雹及大雨雷，而臣作威作福，刑罰急刻之所感也。太原太守劉瓆、南陽太守成瑨，志除姦邪，其所誅翦，皆合人望，（《謝承書》曰：「劉瓆字文理，平原人。遷太原太守。郡有豪強，中官親戚，為百姓所患。瓆深疾之，到官收其魁帥殺之，所臧匿主人悉坐伏誅。桓帝徵詣廷尉，以瓆宗室，不忍致之於刑，使自殺。」「成瑨字幼平，弘農人。遷南陽太守。時桓帝美人外親張子禁怙恃

榮貴，不畏法網，瑨與功曹岑晊捕子禁付宛獄，笞殺之。桓帝徵瑨詣廷尉，下獄死。」瓚音質。瑨音晉。）而陛下受閹豎之譖，乃遠加考逮。三公上書乞哀瓚等，不見採察，而嚴被譴讓。憂國之臣，將遂杜口矣。

臣聞殺無罪，誅賢者，禍及三世。自陛下即位以來，頻行誅伐，梁、寇、孫、鄧，並見族滅，其從坐者，又非其數。李雲上書，明主所不當諱，杜眾乞死，諒以感悟聖朝，曾無赦宥，而並被殘戮，天下之人，咸知其冤。漢興以來，未有拒諫誅賢，用刑太深如今者也。永平舊典，諸當重論皆須冬獄，先請後刑，所以重人命也。頃數十歲以來，州郡玩習，又欲避請讞之煩，（《廣雅》曰：「讞，疑也。」謂罪有疑者讞於廷尉也。）輒託疾病，多死牢獄。長吏殺生自己，死者多非其罪，魂神冤結，無所歸訴，淫厲疾疫，自此而起。昔文王一妻，誕致十子，今宮女數千，未聞慶育。宜修德省刑，以廣《螽斯》之祚。……十餘日，復上書曰：臣伏見太白北入數日，復出東方，其占當有大兵，中國弱，四夷強。臣又推步，熒惑今當出而潛，必有陰謀。皆由獄多冤結，忠臣被戮。德星所以久守執法，亦為此也。陛下宜承天意，理察冤獄，為劉瓚、成瑨虧除罪辟，追錄李雲、杜眾等子孫……書上，即召詣尚書問狀。楷曰：「臣聞古者本無宦臣，武帝末，春秋高，數遊後宮，始置之耳。後稍見任，至於順帝，遂益繁熾。今陛下爵之，十倍於前，至今無繼嗣者，豈獨好之而使之然乎？」尚書上其對，詔下有司處正，尚書承旨奏曰：「其宦者之官，非近世所置。漢初張澤為大謁者，佐絳侯誅諸呂，孝文使趙談參乘，而子孫昌盛。楷不正辭理，指陳要務，而析言破律，違背經藝，假借星宿，偽託神靈，造合私意，誣上罔事。請下司隸，正楷罪法，收送洛陽獄。」帝以楷言雖激切，然皆天文恒象之數，故不誅，猶司寇論刑。（《前書》曰司寇，二歲刑。）（《後漢書》卷30《襄楷傳》，1076～1083頁。）

167年（漢桓帝永康元年）弼遷尚書，出為平原相。時詔書下舉鉤黨，郡國所奏相連及者多至數百，唯弼獨無所上。詔書前後切卻州郡，髡笞掾史。從事坐傳責曰：「詔書疾惡黨人，旨意懇惻。青州六郡，其五有黨，近國甘陵，亦考南北部，平原何理而得獨無？」弼曰：「先王疆理天下，畫界分境，水土異齊，風俗不同，它郡自有，平原自無，胡可相比？若承望上司，誣陷良善，淫刑濫罰，以逞非理，則平原之人，戶可為黨。相有死而已，所不能也。」從事大怒，即收郡僚職送獄，遂舉奏弼。會黨禁中解，弼以俸贖罪得免，濟活者千餘人。弼為政特挫抑強豪，其小民有罪，多所容貸。遷河東太守，被一切詔

書當舉孝廉。弼知多權貴請託，乃豫來斷絕書屬。中常侍侯覽果遣諸生齎書請之，並求假鹽稅，積日不得通。生乃說以它事謁弼，而因達覽書。弼大怒曰：「太守忝荷重任，當選士報國，爾何人而偽詐無狀！」命左右引出，楚捶數百，府丞、掾史十餘人皆諫於廷，弼不對。遂付安邑獄，即日考殺之。侯覽大怒，遂詐作飛章下司隸，誣弼誹謗，檻車徵。吏人莫敢近者，唯前孝廉裴瑜送到崤澠之間，大言於道傍曰：「明府摧折虐臣，選德報國，如其獲罪，足以垂名竹帛，願不憂不懼。」弼曰：「『誰謂荼苦，其甘如薺。』昔人刎頸，九死不恨。」及下廷尉詔獄，平原吏人奔走詣闕訟之。又前孝廉魏劭毀變形服，詐為家僮，瞻護於弼。弼遂受誣，事當棄市。劭與郡人賣郡邸，行賂於侯覽，得減死罪一等，論輸左校。（《後漢書》卷 64《史弼傳》，2110～2111 頁。）

167 年（漢桓帝永康元年）……永康元年，徵為尚書。其夏日食，詔公卿舉賢良方正，下問得失。規對曰：「天之於王者，如君之於臣，父之於子也。誠以災妖，使從福祥。陛下八年之中，三斷大獄，一除內嬖，再誅外臣。而災異猶見，人情未安者，殆賢愚進退，威刑所加，有非其理也……」（《後漢書》卷 65《皇甫規傳》，2136 頁。）

168～208 年（漢靈帝～漢獻帝）徐璆字孟玉，廣陵海西人也。父淑，度遼將軍，有名於邊。（《謝承書》曰：「淑字伯進，寬裕博學，習《孟氏易》、《春秋公羊傳》、《禮記》、《周官》。善誦《太公六韜》，交接英雄，常有壯志。」）璆少博學，辟公府，舉高第。（《袁山松書》曰：「璆少履清高，立朝正色。稱揚後進，惟恐不及。」）稍遷荊州刺史。時董太后姊子張忠為南陽太守，因執放濫，臧罪數億。璆臨當之部，太后遣中常侍以忠屬璆。璆對曰：「臣身為國，不敢聞命。」太后怒，遽徵忠為司隸校尉，以相威臨。璆到州，舉奏忠臧餘一億，使冠軍縣上簿詣大司農，以彰暴其事。又奏五郡太守及屬縣有臧污者，悉徵案罪，威風大行。中平元年，與中郎將朱雋擊黃巾賊於宛，破之。張忠怨璆，與諸閹官構造無端，璆遂以罪徵。有破賊功，得免官歸家。後再徵，遷汝南太守，轉東海相，所在化行。獻帝遷許，以廷尉徵，當詣京師，道為袁術所劫，授璆以上公之位……（《後漢書》卷 48《徐璆傳》，1620～1621 頁。）

168～179 年（漢靈帝）陽球字方正，漁陽泉州人也。家世大姓冠蓋。球能擊劍，習弓馬。性嚴厲，好申韓之學。郡吏有辱其母者，球結少年數十人，殺吏，滅其家，由是知名。初舉孝廉，補尚書侍郎，閑達故事，其章奏處議，

常為臺閣所崇信。出為高唐令，以嚴苛過理，郡守收舉，收繫舉劾之也。會赦見原……時天下大旱，司空張顥條奏長吏苛酷貪污者，皆罷免之。球坐嚴苦，徵詣廷尉，當免官。靈帝以球九江時有功，拜議郎。遷將作大匠，坐事論。頃之，拜尚書令……光和二年，遷為司隸校尉。王甫休沐里舍，球詣闕謝恩，奏收甫及中常侍淳于登、袁赦、封昜、中黃門劉毅、小黃門龐訓、朱禹、齊盛等，及子弟為守令者，姦猾縱恣，罪合滅族。太尉段熲諂附佞倖，宜並誅戮。於是悉收甫、熲等送洛陽獄，及甫子永樂少府萌、沛相吉。球自臨考甫等，五毒備極。萌謂球曰：「父子既當伏誅，少以楚毒假借老父。」球曰：「若罪惡無狀，死不滅責，乃欲求假借邪？」萌乃罵曰：「爾前奉事吾父子如奴，奴敢反汝主乎！今日困吾，行自及也！」球使以土窒萌口，箠朴交至，父子悉死杖下。熲亦自殺。乃僵磔甫尸於夏城門，大署榜曰「賊臣王甫」。盡沒入財產，妻子皆徙比景……其冬，司徒劉郃與球議收案張讓、曹節，節等知之，共誣白郃等。語已見《陳球傳》。遂收球送洛陽獄，誅死，妻子徙邊。（《後漢書》卷 77《酷吏列傳》，2498～2501 頁。）

168～179 年（漢靈帝）王吉者，陳留濬儀人，中常侍甫之養子也。甫在《宦者傳》。吉少好誦讀書傳，喜名聲，而性殘忍。以父秉權寵，年二十餘，為沛相。曉達政事，能斷察疑獄，發起姦伏，多出眾議。課使郡內各舉奸吏豪人諸常有微過酒肉為臧者，雖數十年猶加貶棄，注其名籍。專選剽悍吏，擊斷非法。若有生子不養，即斬其父母，合土棘埋之。凡殺人皆磔尸車上，隨其罪目，宣示屬縣。（目，罪名也。）夏月腐爛，則以繩連其骨，周遍一郡乃止，見者駭懼。視事五年，凡殺萬餘人。其餘慘毒刺刻，不可勝數。郡中惴恐，莫敢自保。及陽球奏甫，乃就收執，死於洛陽獄。

論曰：古者敦厖，善惡易分。（《左傳》申叔時曰：「人生敦厖，和同以聽。」杜預注云：「敦厖，厚大也。」）至於畫衣冠，異服色，而莫之犯。（《白虎通》曰：「畫像者，其衣服象五刑也。犯墨者蒙巾，犯劓者以赭著其衣，犯臏者以墨蒙其臏處而畫之，犯宮者雜扉，犯大辟者布衣無領。」墨，黥面也。）叔世偷薄，（《左傳》曰：「叔向曰：『三辟之興，皆叔代也。』」叔代猶末代也。偷，苟且也。本或作「渝」。渝，變也。）上下相蒙，（《左傳》介之推曰：「下義其罪，上賞其姦，上下相蒙，難與處矣。」蒙，欺也。）德義不足以相洽，化導不能以懲違，遂乃嚴刑痛殺，隨而繩之，致刻深之吏，以暴理姦，倚疾邪之公直，濟忍苛之虐情。漢世所謂酷能者，蓋有聞也。皆以敢捍精

敏，巧附文理，風行霜烈，威譽諠赫。與夫斷斷守道之吏，何工否之殊乎！（《尚書》曰：「如有一介臣，斷斷猗。」孔安國注云：「斷斷猗然專一之臣也。」）故嚴君蚩黃霸之術，（《前書》嚴延年為河南太守，嚴刑峻罰。時黃霸為潁川太守，以寬恕為化，郡中亦平，屢蒙豐年，鳳皇屢集。上下詔稱揚其行，加金爵之賞。延年素輕霸為人，及比郡為守，褒賞反在己前，心內不服。河南界中又有蝗，府丞狐義出行蝗，還見延年。延年曰：「此蝗豈鳳皇食邪？」）密人笑卓茂之政，（《茂傳》曰：「初茂到縣，有所廢置，吏人笑之。」）猛既窮矣，而猶或未勝。然朱邑不以笞辱加物，（《前書》曰：「朱邑以愛利為行，未嘗笞辱人。」）袁安未嘗鞫人臧罪，（《安傳》曰「安為河南尹，政號嚴明，然未曾以臧罪鞫人」也。）而猾惡自禁，人不欺犯。何者？以為威辟既用，而苟免之行興；（辟，法也，音頻亦反。）仁通道孚，故感被之情著。（《左傳》曰：「小信未孚。」杜預注云：「孚，大信也。」此言仁信之道，大信於人。）苟免者威隙則姦起，感被者人亡而思存。（若子產卒，仲尼聞之，曰「古之遺愛也」。）由一邦以言天下，則刑訟繁措，可得而求乎！贊曰：大道既往，刑禮為薄。（《老子》曰：「大道廢，有仁義。」又曰：「禮者，忠信之薄而亂之始。」）斯人散矣，機詐萌作。（《論語》曾子曰「上失其道，人散久矣，如得其情，則哀矜而勿喜」也。）去殺由仁，濟寬非虐。（《論語》曰：「善人為邦百年，亦可以勝殘去殺。」此言用仁德化人，人知禮節，可以無殺戮也。《左傳》曰：「寬以濟猛，猛以濟寬。」言政寬則人慢，故須以猛濟之，非故為暴虐也。）末暴雖勝，崇本或略。（《春秋繁露》曰：「君者，國之本也。夫為國，其化莫大於崇本。崇本則君化若神，不崇本則無以兼人。」此言酷暴為政化之末，雖得勝殘，而崇本之道尚為略也。）（《後漢書》卷77《酷吏列傳》，2501～2503頁。）

168～189年（漢靈帝）呂強字漢盛，河南成皋人也。少以宦者為小黃門，再遷中常侍。為人清忠奉公。靈帝時，例封宦者，以強為都鄉侯。強辭讓懇惻，固不敢當，帝乃聽之。因上疏陳事曰：……舊典選舉委任三府，三府有選，參議掾屬，諮其行狀，度其器能，受試任用，責以成功。若無可察，然後付之尚書。尚書舉劾，請下廷尉，覆案虛實，行其誅罰。今但任尚書，或復來用。如是，三公得免選舉之負，尚書亦復不坐，責賞無歸，豈肯空自苦勞乎……（《後漢書》卷79《宦者列傳》，2532頁。）

168～184年（漢靈帝）王烈字彥方，太原人也。少師事陳寔，以義行稱。

鄉里有盜牛者，主得之，盜請罪曰：「刑戮是甘，乞不使王彥方知也。」烈聞而使人謝之，遺布一端。或問其故，烈曰：「盜懼吾聞其過，是有恥惡之心。既懷恥惡，必能改善，故以此激之。」後有老父遺劍於路，行道一人見而守之，至暮，老父還，尋得劍，怪而問其姓名，以事告烈。烈使推求，乃先盜牛者也。諸有爭訟曲直，將質之於烈，或至塗而反，或望廬而還。其以德感人若此。（《後漢書》卷81《獨行列傳》，2696頁。）

171年（漢靈帝建寧四年）……建寧三年，遷司空，轉司徒。素與南陽太守陳球有隙，及在公位，而薦球為廷尉……（《後漢書》卷51《橋玄傳》，1696頁。）

172年（漢靈帝熹平元年）陳球字伯真，下邳淮浦人也。歷世著名。《父璧，廣漢太守。璧音尾。球少涉儒學，善律令……遷南陽太守，以糾舉豪右，為執家所謗，徵詣廷尉抵罪。會赦，歸家。徵拜廷尉。熹平元年，竇太后崩。太后本遷南宮雲臺，太后父竇武與陳蕃謀誅宦官，反為中常侍曹節矯詔殺武、蕃，遷太后焉。宦者積怨竇氏，遂以衣車載後尸，置城南市舍數日。中常侍曹節、王甫欲用貴人體殯，帝曰：「太后親立朕躬，統承大業。《詩》云：『無德不報，無言不酬。』」於是發喪成禮。及將葬，節等復欲別葬太后，而以馮貴人配祔。詔公卿大會朝堂，令中常侍趙忠監議……忠笑而言曰：「陳廷尉宜便操筆。」球即下議曰：「皇太后自在椒房，有聰明母儀之德。遭時不造，援立聖明，承繼宗廟，功烈至重。先帝晏駕，因遇大獄，遷居空宮，不幸早世，家雖獲罪，事非太后。今若別葬，誠失天下之望。且馮貴人冢墓被發，骸骨暴露，與賊並尸，魂靈污染，且無功於國，何宜上配至尊？」忠省球議，作色俯仰，蚩球曰：「陳廷尉建此議甚健！」球曰：「陳、竇既冤，皇太后無故幽閉，臣常痛心，天下憤歎。今日言之，退而受罪，宿昔之願。」公卿以下，皆從球議……六年，遷球司空，以地震免。拜光祿大夫，復為廷尉、太常。光和元年，遷太尉，數月，以日食免。復拜光祿大夫。明年，為永樂少府，桓帝母孝崇皇后宮曰永樂，置太僕、太府。乃潛與司徒河閒劉郃謀誅宦官……球小妻，程璜之女，璜用事宮中，所謂程大人也。節等頗得聞知，乃重賂於璜，且脅之。璜懼迫，以球謀告節，節因共白帝曰：「郃等常與藩國交通，有惡意。數稱永樂聲勢，受取狼籍。步兵校尉劉納及永樂少府陳球、衛尉陽球交通書疏，謀議不軌。」帝大怒，策免郃，郃與球及劉納、陽球皆下獄死。球時年六十二。（《後漢書》卷56《陳球傳》，1831～1834頁。）

閆按：陳球任職廷尉期間，議「竇太后喪事」。

176 年（漢靈帝熹平五年）大雩。使侍御史行詔獄亭部，理冤枉，原輕繫，休囚徒。（《後漢書・靈帝紀》，338 頁。）

179 年（漢靈帝光和二年）光和二年，上祿長和海上言：「禮，從祖兄弟別居異財，恩義已輕，服屬疏末。而今黨人錮及五族，既乖典訓之文，有謬經常之法。」（《左氏傳》曰：「父子兄弟，罪不相及。」）帝覽而悟之，黨錮自從祖以下，皆得解釋。（《後漢書》卷 67《黨錮列傳》，2189 頁。）

183 年（漢靈帝光和六年）……帝殊不悟，方詔陶次第《春秋》條例……（《後漢書》卷 57《劉陶傳》，1849 頁。）

184 年（漢靈帝中平元年）靈帝末，黨禁解，大將軍何進聞而辟之。州郡以進權戚，不敢違意，遂迫脅玄，不得已而詣之。進為設几杖，禮待甚優。玄不受朝服，而以幅巾見。一宿逃去。時年六十，弟子河內趙商等自遠方至者數千。後將軍袁隗表為侍中，以父喪不行。國相孔融深敬於玄，屣履造門。告高密縣為玄特立一鄉，曰：「昔齊置『士鄉』，越有『君子軍』，皆異賢之意也。鄭君好學，實懷明德。昔太史公、廷尉吳公、謁者僕射鄧公，皆漢之名臣。又南山四皓有園公、夏黃公，潛光隱耀，世嘉其高，皆悉稱公。然則公者仁德之正號，不必三事大夫也。今鄭君鄉宜曰『鄭公鄉』。昔東海於公僅有一節，猶或戒鄉人侈其門閭，（一節謂決獄也。昭帝時，東海於公為縣獄吏，決獄平，郡為生立祠，號曰於公祠。先是於公閭門壞，父老方共修之。於公曰「少高大其門，令容駟馬車。我決獄多陰德，子孫必有興者」也。）矧乃鄭公之德，而無駟牡之路！可廣開門衢，令容高車，號為『通德門』。」（《後漢書》卷 35《鄭玄傳》，1208 頁。）

184 年（漢靈帝中平元年）……初，（楊）賜與太尉劉寬、司空張濟并入侍講，自以不宜獨受封賞，上書願分戶邑於寬、濟。帝嘉歎，復封寬及濟子，拜賜尚書令。數日出為廷尉，賜自以代非法家，言曰：「三后成功，惟殷於民，皋陶不與焉，蓋吝之也。」（吝，恥也。殷，盛也。《尚書》曰：「伯夷降典，折人惟刑，禹平水土，主名山川，稷降播種，農殖嘉穀，三后成功，惟殷於人。」言皋陶不預其數者，蓋恥之。）遂固辭，以特進就第。（《後漢書》卷 54《楊賜傳》，1784 頁。）

閆按：漢代之廷尉選任，是需要有專業法律素養的。

185 年（漢靈帝中平二年）三月，廷尉崔烈為司徒。（《後漢書・靈帝紀》，

351 頁。）

193 年（漢獻帝初平四年）雨水。遣侍御史裴茂訊詔獄，原輕繫。（《後漢書‧獻帝紀》，374 頁。）

193 年（漢獻帝初平四年）明年夏，大雨晝夜二十餘日，漂沒人庶，又風如冬時。帝使御史裴茂訊詔獄，原係者二百餘人。其中有為催所枉繫者，催恐茂赦之，乃表奏茂擅出囚徒，疑有姦故，請收之。詔曰：「災異屢降，陰雨為害，使者銜命宣布恩澤，原解輕微，庶合天心。欲釋冤結而復罪之乎！一切勿問。」（《後漢書》卷 72《董卓傳》，2334～2335 頁。）

194 年（漢獻帝興平元年）三輔大旱，自四月至於是月。帝避正殿請雨，遣使者洗囚徒，原輕繫。是時穀一斛五十萬，豆麥一斛二十萬，人相食噉，白骨委積。帝使侍御史侯汶出太倉米豆，為饑人作麋粥，經日而死者無降。帝疑賦恤有虛，乃親於御坐前量試作麋，乃知非實，使侍中劉艾出讓有司。於是尚書令以下皆詣省閣謝，奏收侯汶考實。詔曰：「未忍致汶於理，可杖五十。」自是之後，多得全濟。（《後漢書‧獻帝紀》，376 頁。）

196 年（漢獻帝建安元年）初，安帝時河閒人尹次、潁川人史玉皆坐殺人當死，次兄初及玉母軍並詣官曹求代其命，因縊而物故。《尚書》陳忠以罪疑從輕，議活次、玉。劭後追駁之，據正典刑，有可存者。其議曰：《尚書》稱「天秩有禮，五服五章哉。天討有罪，五刑五用哉。」而孫卿亦云「凡制刑之本，將以禁暴惡，且懲其末也。凡爵列、官秩、賞慶、刑威，皆以類相從，使當其實也」。若德不副位，能不稱官，賞不酬功，刑不應罪，不祥莫大焉。殺人者死，傷人者刑，此百王之定制，有法之成科。高祖入關，雖尚約法，然殺人者死，亦無寬降。夫時化則刑重，時亂則刑輕。（犯化之罪固重，犯亂之罪為輕。）《書》曰「刑罰時輕時重」，此之謂也。今次、玉公以清時釋其私憾，阻兵安忍，僵屍道路。朝恩在寬，幸至冬獄，而初、軍愚狷，妄自投斃。昔召忽親死子糾之難，而孔子曰「經於溝瀆，人莫之知」。（召忽，齊大夫。子糾，齊襄公之庶子也。子糾與小白爭國，子糾被殺，召忽其傅也，遂死之。《論語》孔子論召忽曰：「豈若匹夫匹婦之為諒也，自經於溝瀆而莫之知也。」）朝氏之父非錯刻峻，遂能自隕其命，班固亦云「不如趙母指括以全其宗」。（《前書》，晁錯為御史大夫，改更律令，諸侯諠嘩。錯父聞而非之，曰：「劉氏安而晁氏危矣。」遂飲藥而死。《史記》曰，趙母，趙將馬服君趙奢之妻，趙括之母也。奢死，趙欲以括為將，母謂趙王曰：「王以為括如其父，父子異心，願

王勿遣。」王曰：「吾計決矣。」括母曰：「王終將之，即有不稱，妾得無隨乎？」王許諾。及括敗，王以母先言，竟不誅也。而班固引之以為晁錯贊詞。）《傳》曰「僕妾感慨而致死者，非能義勇，顧無慮耳」。（言僕妾之致死者，顧由無計慮耳。語見《史記》欒布傳贊也。）夫刑罰威獄，以類天之震耀殺戮也；溫慈和惠，以放天之生殖長育也。（《左傳》鄭大夫游吉之詞。）是故春一草枯則為災，秋一木華亦為異。今殺無罪之初、軍，而活當死之次、玉，其為枯華，不亦然乎？陳忠不詳制刑之本，而信一時之仁，遂廣引八議求生之端。夫親故賢能功貴勤賓，豈有次、玉當罪之科哉？（《周禮》小司寇職鄭司農曰：「親，宗室有罪先請也。故謂舊知也。賢謂有德行者。能謂有道藝者。功謂有大勳也。貴謂若今墨綬，有罪先請也。勤謂憔悴國事。賓謂二王后。」）若乃小大以情，原心定罪，（《左傳》曰：「小大之獄，雖不能察，必以情。」原心定罪，解見《霍諝傳》也。）此為求生，非謂代死可以生也。敗法亂政，悔其可追。劭凡為駁議三十篇，皆此類也。又刪定律令為《漢儀》，建安元年乃奏之。曰：「夫國之大事，莫尚載籍。載籍也者，決嫌疑，明是非，（《禮記》曰：「夫禮者，決嫌疑，明是非。」）賞刑之宜，允獲厥中，俾後之人永為監焉。故膠西相董仲舒老病致仕，朝廷每有政議，數遣廷尉張湯親至陋巷，問其得失。（事見《前書》。）於是作《春秋決獄》二百三十二事，動以經對，言之詳矣。逆臣董卓，蕩覆王室，典憲焚燎，靡有孑遺，開闢以來，莫或茲酷。今大駕東邁，巡省許都，拔出險難，其命惟新。臣累世受恩，榮祚豐衍，竊不自揆，貪少雲補，輒撰具《律本章句》、《尚書舊事》、《廷尉板令》、《決事比例》、《司徒都目》、《五曹詔書》（司徒即丞相也。總領綱紀，佐理萬機，故有都目。成帝初置《尚書》員五人，《漢舊儀》有常侍曹、二千石曹、戶曹、主客曹、三公曹也。）及《春秋斷獄》凡二百五十篇。蠲去複重，為之節文。又集駁議三十篇，以類相從，凡八十二事。其見《漢書》二十五，《漢記》四，（即《東觀記》。）皆刪敘潤色，以全本體。其二十六，博採古今瑰瑋之士，文章煥炳，德義可觀。其二十七，臣所創造。豈緊自謂必合道衷，心焉憤邑，聊以借手。昔鄭人以乾鼠為璞，鬻之於周；宋愚夫亦寶燕石，緹十重。夫睹之者掩口盧胡而笑，斯文之族，無乃類旃。《左氏》實云雖有姬姜絲麻，不棄憔悴菅蒯，蓋所以代匱也。是用敢露頑才，廁於明哲之末。雖未足綱紀國體，宣洽時雍，庶幾觀察，增闡聖聽。惟因萬機之餘暇，遊意省覽焉。」獻帝善之。二年，詔拜劭為袁紹軍謀校尉。時始遷都於許，舊章堙沒，書記罕存。劭慨然

歎息，乃綴集所聞，著《漢官禮儀故事》，凡朝廷制度，百官典式，多劭所立。（《後漢書》卷48《應劭傳》，1610～1614頁。）

196～219年（漢獻帝建安年間）時政移曹氏，天子恭己而已。（荀）悅志在獻替，而謀無所用，乃作《申鑒》五篇。其所論辯，通見政體，既成而奏之。其大略曰：……君子以情用，小人以刑用。榮辱者，賞罰之精華也。故禮教榮辱，以加君子，化其情也；桎梏鞭撲，以加小人，化其刑也。君子不犯辱，況於刑乎！小人不忌刑，況於辱乎！若教化之廢，推中人而墜於小人之域；教化之行，引中人而納於君子之塗。是謂章化。小人之情，緩則驕，驕則恣，恣則怨，怨則叛，危則謀亂，安則思欲，非威強無以懲之。故在上者，必有武備，以戒不虞，以遏寇虐。安居則寄之內政，有事則用之軍旅。（《國語》齊桓公問管仲曰：「國安可乎？」管仲曰：「未可。君若正卒伍，修甲兵，則大國亦將修之，小國設備，可作內政而寄軍令焉。」注云：「政，國政也。言修國政而寄軍令，鄰國不知。」）是謂秉威。賞罰，政之柄也。（《韓子》曰：「二柄者，刑、德也。殺戮之謂刑，慶賞之謂德。」）明賞必罰，審信慎令，賞以勸善，罰以懲惡。人主不妄賞，非徒愛其財也，賞妄行則善不勸矣。不妄罰，非矜其人也，罰妄行則惡不懲矣。賞不勸謂之止善，罰不懲謂之縱惡。在上者能不止下為善，不縱下為惡，則國法立矣。是謂統法……（《後漢書》卷62《荀悅傳》，2060～2061頁。）

196年（漢獻帝建安元年）「……又袁術僭逆，非一朝一夕，日磾隨從，周旋歷歲。《漢律》與罪人交關三日已上，皆應知情。《春秋》魯叔孫得臣卒，以不發揚襄仲之罪，貶不書日。鄭人討幽公之亂，斫子家之棺。斫子家之棺而逐其族。聖上哀矜舊臣，未忍追案，不宜加禮。」朝廷從之……時論者多欲復肉刑。融乃建議曰：「古者敦厖，善否不別，（《左傳》楚申叔時曰：「人生敦厖。」杜預注：「厖，厚大也。」）吏端刑清，政無過失。百姓有罪，皆自取之。末世陵遲，風化壞亂，政撓其俗，法害其人。故曰上失其道，民散久矣。而欲繩之以古刑，投之以殘棄，（殘其支體而棄廢之。）非所謂與時消息者也。（《易》曰：「天地盈虛，與時消息。」）紂斫朝涉之脛，天下謂為無道。夫九牧之地，千八百君，若各刖一人，是下常有千八百紂也。求俗休和，弗可得已。且被刑之人，慮不念生，志在思死，類多趨惡，莫復歸正。夙沙亂齊，伊戾禍宋，趙高、英布，為世大患。不能止人遂為非也，適足絕人還為善耳。雖忠如鬻拳，（《左傳》：「初，鬻拳強諫，楚子弗從。臨之以兵，懼而從之。拳曰：『吾懼君

以兵，罪莫大焉。」遂自刖。楚人以為大闇。君子曰：『鬻拳可謂愛君矣。諫以自納於刑，刑猶不忘納君於善。』）信如卞和，智如孫臏，冤如巷伯，才如史遷，達如子政，一離刀鋸，沒世不齒。是太甲之思庸，穆公之霸秦，南睢之骨立，衛武之《初筵》，陳湯之都賴，魏尚之守邊，無所復施也。漢開改惡之路，凡為此也。故明德之君，遠度深惟，棄短就長，不苟革其政者也。」朝廷善之，卒不改焉。（《後漢書》卷70《孔融傳》，2265頁。）

196～219年（漢獻帝）（董）祀為屯田都尉，犯法當死，文姬詣曹操請之。時公卿名士及遠方使驛坐者滿堂，操謂賓客曰：「蔡伯喈女在外，今為諸君見之。」及文姬進，蓬首徒行，叩頭請罪，音辭清辯，旨甚酸哀，眾皆為改容。操曰：「誠實相矜，然文狀已去，奈何？」文姬曰：「明公廄馬萬匹，虎士成林，何惜疾足一騎，而不濟垂死之命乎！」操感其言，乃追原祀罪……（《後漢書》卷84《列女傳》，2800～2801頁。）

215年（漢獻帝建安二十年）……犯法者先加三原，然後行刑。不置長吏，以祭酒為理，民夷信向。（《典略》曰：「初，熹平中，妖賊大起，三輔有駱曜。光和中，東方有張角，漢中有張修。駱曜教民緬匿法，角為太平道，修為五斗米道。太平道師持九節杖，為符祝，教病人叩頭思過，因以符水飲之。病或自愈者，則云此人通道，其或不愈，則云不通道。修法略與角同，加施淨室，使病人處其中思過。又使人為姦令祭酒，主以《老子》五千文，使都習，號『姦令』。為鬼吏，主為病者請禱。請禱之法，書病人姓字，說服罪之意。作三通，其一上之天，著山上，其一埋之地，其一沉之水，謂之『三官手書』。使病者家出米五斗以為常，故號『五斗米師』也。實無益於療病，但為淫妄，小人昏愚，競共事之。後角被誅，修亦亡。及魯自在漢中，因其人信行修業，遂增飾之。教使起義舍，以米肉置其中，以止行人。又教使自隱，有小過者，當循道百步，則罪除。又依《月令》，春夏禁殺。又禁酒。流移寄在其地者，不敢不奉也。」）朝廷不能討，遂就拜魯鎮夷中郎將，領漢寧太守，通其貢獻。（《後漢書》卷75《劉焉傳》，2436頁。）

217年（漢獻帝建安二十二年）……立春之日，下寬大書曰：「制詔三公：方春東作，敬始慎微，動作從之。罪非殊死，且勿案驗，皆須麥秋。退貪殘，進柔良，下當用者，如故事。」《月令》曰：「命相布德和令。」蔡邕曰：「即此詔之謂也。」《獻帝起居注》曰：「建安二十二年二月壬申，詔書絕，立春寬緩詔書不復行。」）（《後漢書·禮儀志》，3102頁。）

三、行政法律

西漢

前 156～前 141 年（漢景帝）……至景帝時，吳、楚七國恃其國大，遂以作亂，幾危漢室。及其誅滅，景帝懲之，遂令諸王不得治民，令內史主治民，改丞相曰相，省御史大夫、廷尉、少府、宗正、博士官。武帝改漢內史、中尉、郎中令之名，而王國如故，員職皆朝廷為署，不得自置……（《後漢書·百官志》，3627 頁。）

闓按：漢景帝之後，王國不有廷尉，王國之獄事當有廷尉正處理，王國有中央派遣的廷尉屬官廷尉正。

新莽

23 年（劉玄更始元年）……於是置僚屬，作文移（《東觀記》曰「文書移與屬縣」也。）從事司察，一如舊章。（《續漢書》曰：「司隸置從事史十二人，秩皆百石，主督促文書，察舉非法。」）（《後漢書·光武帝紀》，9～10 頁。）

23 年（漢淮陽王更始元年）……光武略地潁川，聞（銚）期志義，召署賊曹掾，（《漢官儀》曰：「東西曹掾比四百石，餘掾比三百石。賊曹，主盜賊之事。」）從徇薊。時王郎檄書到薊，薊中起兵應郎……（《後漢書》卷 20《銚期傳》，731 頁。）

東漢

25 年（漢光武帝建武元年）臧宮字君翁，潁川郟人也。少為縣亭長、游徼，（《續漢書》曰「每十里一亭，亭有長，以禁盜賊。每鄉有游徼，掌循禁奸盜」也。）後率賓客入下江兵中為校尉……（《後漢書》卷 18《臧宮傳》，681 頁。）

25～219 年（東漢光武帝～漢獻帝）及光武中興，斵雕為樸，六宮稱號，唯皇后、貴人。貴人金印紫綬，奉不過粟數十斛。又置美人、宮人、采女三等，並無爵秩，歲時賞賜充給而已。漢法常因八月算人，（《漢儀注》曰：「八月初為算賦，故曰算人。」）遣中大夫與掖庭丞及相工，於洛陽鄉中閱視良家童女，年十三以上，二十已下，姿色端麗，合法相者，載還後宮，擇視可否，乃用登御。所以明慎聘納，詳求淑哲。明帝聿遵先旨，宮教頗修，登建嬪后，必先令德，內無出閫之言，權無私溺之授，可謂矯其敝矣。向使因設外戚之禁，編著《甲令》，（《前書音義》曰：「《甲令》者，前帝第一令也，有《甲令》、

《乙令》、《丙令》。」）改正后妃之制，貽厥方來，豈不休哉！雖御己有度，而防閑未篤，故孝章以下，漸用色授，恩隆好合，遂忘淄蠹。（《後漢書・皇后紀》，400頁。）

25～219年（東漢）……而篤進位特進，得舉吏，（漢法三公得舉吏。）見禮依三公……（《後漢書》卷23《竇融傳》，819頁。）

25～219年（東漢）太尉，公一人……凡國有大造大疑，則與司徒、司空通而論之。國有過事，則與二公通諫爭之……掾史屬二十四人……辭曹主辭訟事。法曹主郵驛科程事。尉曹主卒徒轉運事。賊曹主盜賊事。決曹主罪法事。兵曹主兵事。金曹主貨幣、鹽、鐵事。倉曹主倉穀事。黃合主簿錄省眾事。（應劭《漢官儀》曰：「世祖詔：『方今選舉，賢佞朱紫錯用。丞相故事，四科取士。一曰德行高妙，志節清白；二曰學通行修，經中博士；三曰明達法令，足以決疑，能案章覆問，文中御史；四曰剛毅多略，遭事不惑，明足以決，才任三輔令：皆有孝悌廉公之行。自今以後，審四科辟召，及刺史、二千石察茂才尤異孝廉之吏，務盡實覈，選擇英俊、賢行、廉潔、平端於縣邑，務授試以職。有非其人，臨計過署，不便習官事，書疏不端正，不如詔書，有司奏罪名，并正舉者。』又舊河隄謁者，世祖改以三府掾屬為謁者領之，遷超御史中丞、刺史，或為小郡。監察黎陽謁者，世祖以幽、并州兵騎定天下，故於黎陽立營，以謁者監之，兵騎千人，復除甚重。謁者任輕，多放情態，順帝改用公解府掾有清名威重者，遷超牧守焉。」《漢官目錄》曰：「建武十二年八月乙未詔書，三公舉茂才各一人，廉吏各二人；光祿歲舉茂才四行各一人，察廉吏三人；中二千石歲察廉吏各一人，廷尉、大司農各二人；將兵將軍歲察廉吏各二人；監察御史、司隸、州牧歲舉茂才各一人。」（《後漢書・百官志》，3557、3559頁。）

25～219年（東漢）司徒，公一人……凡四方民事功課，歲盡則奏其殿最而行賞罰。凡郊祀之事，掌省牲視濯，大喪則掌奉安梓宮。凡國有大疑大事，與太尉同。世祖即位，為大司徒，」建武二十七年，去「大」。（《漢舊儀》曰：「哀帝元壽二年，以丞相為大司徒。郡國守長史上計事竟，遣公出庭，上親問百姓所疾苦。記室掾史一人大音讀敕畢，遣敕曰：『詔書殿下禁吏無苛暴。丞史歸告二千石，順民所疾苦。急去殘賊，審擇良吏，無任苛刻。治獄決訟，務得其中。明詔憂百姓困於衣食，二千石帥勸農桑，思稱厚恩，有以賑贍之，無煩撓奪民時。今日公卿以下，務飭儉恪，奢侈過制度以益甚，二千石身帥

有以化之。民冗食者請謹以法，養視疾病，致醫藥務治之。詔書無飾廚養，至今未變，又更過度，甚不稱。歸告二千石，務省約如法。且案不改者，長吏以聞。官寺鄉亭漏敗，牆垣阤壞不治，無辦護者，不勝任，先自劾不應法。歸告二千石聽。』十年，更名相國。」案獻帝初，董卓自太尉進為相國，而司徒不省。及建安末，曹公為丞相，郗慮為御史大夫，則罷三公官。荀綽《晉百官表注》曰：「漢丞相府門無蘭，不設鈴，不警鼓，言其深大闊遠，無節限也。」）（《後漢書·百官志》，3560～3561頁。）

25～219年（東漢）司空，公一人……凡四方水土功課，歲盡則奏其殿最而行賞罰。凡郊祀之事，掌掃除樂器，大喪則掌將校覆土。凡國有大造大疑，諫爭，與太尉同……（《後漢書·百官志》，3562頁。）

25～219年（東漢）長史、司馬皆一人……又置外刺、刺姦，主罪法。（《後漢書·百官志》，3564頁。）

25～219年（東漢）（太常）先帝陵，每陵園令各一人，六百石。本注曰：掌守陵園，案行掃除。丞及校長各一人。本注曰：校長，主兵戎盜賊事。（應劭曰《漢官名秩》曰：「丞皆選孝廉郎年少薄伐者，遷補府長史、都官令、候、司馬。」（《後漢書·百官志》，3574頁。）

25～219年（東漢）（衛尉）公車司馬令一人，六百石。本注曰：掌宮南闕門，凡吏民上章，四方貢獻，及徵詣公車者。丞、尉各一人。本注曰：丞選曉諱，掌知非法。尉主闕門兵禁，戒非常……左右都候各一人，六百石。（《周禮》司寤氏有夜士，干寶注曰：「今都候之屬。」）本注曰：主劍戟士，徼循宮，及天子有所收考。（《漢官》：「右都候員吏二十二人，衛士四百一十六人。左都候員吏二十八人，衛士三百八十三人。」蔡質《漢儀》曰：「宮中諸有劾奏罪，左都候執戟戲車縛送付詔獄，在官大小各付所屬。以馬皮覆。見尚書令、尚書僕射、尚書皆執板拜，見丞、郎皆揖。」）丞各一人。（《後漢書·百官志》，3579頁。）

25～219年（東漢）（廷尉）廷尉，卿一人，中二千石。（應劭曰：「兵獄同制，故稱廷尉。」）本注曰：掌平獄，奏當所應。凡郡國讞疑罪，皆處當以報。（胡廣曰：「讞，質也。」《漢官》曰：「員吏百四十人，其十一人四科，十六人二百石廷吏，文學十六人百石，十三人獄史，二十七人佐，二十六人騎吏，三十人假佐，一人官醫。」）正、左監各一人。（前漢有左右監平，世祖省右而猶曰左。）左平一人，六百石。本注曰：掌平決詔獄。右屬廷尉。本注

曰：孝武帝以下，置中都官獄二十六所，各令長名世祖中興皆省，唯廷尉及洛陽有詔獄。（蔡質《漢儀》曰：「正月旦，石官朝賀，光祿勳劉嘉、廷尉趙世各辭不能朝，高賜舉奏：『皆以被病篤困，空文武之位，闕上卿之贊，既無忠信斷金之用，而有敗禮傷化之尤，不謹不敬！請廷尉治嘉罪，河南尹治世罪。』議以世掌廷尉，故轉屬他官。」）（《後漢書·百官志》，3582頁。）

閆按：廷尉治公卿貴族之罪，廷尉犯罪，轉屬他官，及當時之河南尹。

25～219年（東漢）（大鴻臚）……右屬大鴻臚。本注曰：承秦有典屬國，別主四方夷狄朝貢侍子，成帝時省并大鴻臚。中興省驛官、別火二令、丞，（如淳曰：「《漢儀注》：『別火，獄令官，主治改火事。』」）及郡邸長、丞，但令郎治郡邸。（《後漢書·百官志》，3584頁。）

25～219年（東漢）（宗正）宗正，卿一人，中二千石。本注曰：掌序錄王國嫡庶之次，及諸宗室親屬遠近，郡國歲因計上宗室名籍。若有犯法當髠以上，先上諸宗正，宗正以聞，乃報決。丞一人，比千石……右屬宗正。本注曰：中興省都司空令、丞。（如淳曰：「主罪人。」）（《後漢書·百官志》，3589頁。）

25～219年（東漢）（大司農）……及洛陽市長、（漢官曰：「市長一人，秩四百石。丞一人，二百石，明法補。員吏三十六人，十三人百石嗇夫，十一人斗食，十二人佐。又有楫桌丞，三百石，別治中水官，主水渠，在馬市東，有員吏六人。」）滎陽敖倉官，中興皆屬河南尹。餘均輸等皆省。（《後漢書·百官志》，3590～3591頁。）

25～219年（東漢）（少府）掖庭令一人，六百石。本注曰：宦者。掌後宮貴人采女事。左右丞、暴室丞各一人。本注曰：宦者。暴室丞主中婦人疾病者，就此室治；其皇后、貴人有罪，亦就此室。（《後漢書·百官志》，3595頁。）

25～219年（東漢）（少府）尚書六人，六百石。本注曰：成帝初置尚書四人，分為四曹：（《漢舊儀》曰：「初置五曹，有三公曹，主斷獄。」蔡質《漢儀》曰：「典天下歲盡集課事。三公尚書二人，典三公文書。吏曹尚書典選舉齋祀，屬三公曹。靈帝末，梁鵠為選部尚書。」）常侍曹尚書主公卿事；二千石曹尚書主郡國二千石事；（《漢舊儀》曰：「亦云主刺史。」蔡質《漢儀》曰：「掌中都官水火、盜賊、辭訟、罪眚。」）民曹尚書主凡吏上書事；（蔡質《漢舊儀》曰：「典繕治功作，監池、苑、囿、盜賊事。」）……（《後漢書·百官

志》，3597頁。）

　　25～219年（東漢）（少府）符節令一人，六百石。本注曰：為符節臺率，主符節事。凡遣使掌授節。尚符璽郎中四人。本注曰：舊二人在中，主璽及虎符、竹符之半者。（《漢官》曰：「當得明法律郎。」《周禮》掌節有虎節、龍節，皆金也。干寶注曰：「漢之銅虎符，則其制也。」《周禮》又曰：「以英蕩輔之。」干寶曰：「英，刻書也。蕩，竹箭也。刻而書其所使之事，以助三節之信，則漢之竹使符者，亦取則於故事也。」）符節令史，二百石。本注曰：掌書。（《後漢書・百官志》，3599頁。）

　　25～219年（東漢）（少府）御史中丞一人，千石。本注曰：御史大夫之丞也。舊別監御史在殿中，密舉非法。（《周禮》：「小宰掌建邦之宮刑，以主治王宮之政令。」干寶注曰：「若御史中丞。」）及御史大夫轉為司空，因別留中，為御史臺率，（《風俗通》曰：「尚書、御史臺，皆以官蒼頭為吏，主賦舍，凡守其門戶。」蔡質《漢儀》曰：「丞，故二千石為之，或選侍御史高第，執憲中司，朝會獨坐，內掌蘭臺，督諸州刺史，糾察百僚，出為二千石。」《魏志》曰：「建安置御史大夫，不領中丞，置長史一人。」）後又屬少府。治書侍御史二人，六百石。本注曰：掌選明法律者為之。凡天下諸讞疑事，掌以法律當其是非。（蔡質《漢儀》曰：「選御史高第補之。」胡廣曰：「孝宣感路溫舒言，秋季後請讞。時帝幸宣室，齋居而決事，令侍御史二人治書，御史起此。後因別置，冠法冠，秩百石，有印綬，與符節郎共平廷尉奏事，罪當輕重。」荀綽《晉百官表注》曰：「惠帝以後，無所平治，備位而已。」）侍御史十五人，六百石。本注曰：掌察舉非法，受公卿群吏奏事，有違失舉劾之。凡郊廟之祠及大朝會、大封拜，則二人監威儀，有違失則劾奏。（蔡質《漢儀》曰：「其二人者更直。執法省中者，皆糾察百官，督州郡。公法府掾屬高第補之。初稱守，滿歲拜真，出治劇為刺史、二千石，平遷補令。見中丞，執板揖。」）（《後漢書・百官志》，3599頁。）

　　25～219年（東漢）（司隸校尉）司隸校尉一人，比二千石。（蔡質《漢儀》曰：「職在典京師，外部諸郡，無所不糾。封侯、外戚、三公以下，無尊卑。入宮，開中道稱使者。每會，後到先去。」）本注曰：孝武帝初置，（荀綽《晉百官表注》曰：「司隸校尉，周官也。徵和中，陽石公主巫蠱之獄起，乃依周置司隸。」臣昭曰：周無司隸，豈即司寇乎？）持節，掌察舉百官以下，及京師近郡犯法者。（《前書》曰：「置從中都官徒千二百人，捕巫蠱，督大姦猾，

後罷其兵。」）元帝去節，成帝省，建武中復置，並領一州。（蔡質《漢儀》曰：「司隸詣臺廷議，處九卿上，朝賀處公卿下陪卿上。初除，謁大將軍、三公，通謁持板揖。公儀、朝賀無敬。臺召入宮對。見尚書持板，朝賀揖。」）從事史十二人。本注曰：都官從事，主察舉百官犯法者。（蔡質《漢儀》曰：「都官主洛陽百官朝會，與三府掾同。」《博物記》曰：「中興以來，都官從事多出之河內，捋擊貴戚。」）功曹從事，主州選署及眾事。別駕從事，校尉行部則奉引，錄眾事。簿曹從事，主財穀簿書。其有軍事，則置兵曹從事，主兵事。其餘部郡國從事，每郡國各一人，主督促文書，察舉非法，皆州自辟除，故通為百石云。假佐二十五人。本注曰：主簿錄部下事，省文書。門亭長主州正。門功曹書佐主選用。《孝經》師主監試經。《月令》師主時節祠祀。律令師主平法律。簿曹書佐主簿書。其餘都官書佐及每郡國，各有典郡書佐一人，各主一郡文書，以郡吏補，歲滿一更。司隸所部郡七。（《後漢書·百官志》，3613～3614頁。）

25～219年（東漢）（州郡）外十二州，每州刺史一人，六百石。本注曰：秦有監御史，監諸郡，漢興省之，但遣丞相史分刺諸州，無常官。孝武帝初置刺史十三人，秩六百石。成帝更為牧，秩二千石。建武十八年，復為刺史，十二人各主一州，其一州屬司隸校尉。（蔡質《漢儀》曰：「詔書舊典，刺史班宣，周行郡國，省察治政，黜陟能否，斷理冤獄，以六條問事，非條所問，即不省。一條，強宗豪右，田宅逾制，以強陵弱，以眾暴寡。二條，二千石不奉詔書，遵承典制，倍公向私，旁詔守利，侵漁百姓，聚斂為姦。三條，二千石不恤疑獄，風厲殺人，怒則任刑，喜則任賞，煩擾苛暴，剝戮黎元，為百姓所疾，山崩石裂，妖祥訛言。四條，二千石選署不平，苟阿所愛，蔽賢寵頑。五條，二千石子弟怙恃榮勢，請託所監。六條，二千石違公下比，阿附豪強，通行貨賂，割損政令。諸州刺史初除，比諸持板揖不拜。」《獻帝起居注》曰：「建安十八年三月庚寅，省州並郡，復《禹貢》之九州。冀州得魏郡、安平、鉅鹿、河間、清河、博陵、常山、趙國、勃海、甘陵、平原、太原、上黨、西河、定襄、雁門、雲中、五原、朔方、河東、河內、涿郡、漁陽、廣陽、右北平、上谷、代郡、遼東、遼東屬國、遼西、玄菟、樂浪，凡三十二郡。省司隸校尉，以司隸部分屬豫州、冀州、雍州。省涼州刺史，以並雍州部，郡得弘農、京兆、左馮翊、右扶風、上郡、安定、隴西、漢陽、北地、武都、武威、金城、西平、西郡、張掖、張掖屬國、酒泉、敦煌、西海、漢興、永陽、東安

南，凡二十二郡。省交州，以其郡屬荊州。荊州得交州之蒼梧、南海、九真、交趾、日南，與其舊所部南陽、章陵、南郡、江夏、武陵、長沙、零陵、桂陽，凡十三郡。益州本部郡有廣漢、漢中、巴郡、犍為、蜀郡、牂牁、越巂、益州、永昌、犍為屬國、蜀郡屬國、廣漢屬國，今並得交州之鬱林、合浦，凡十四郡。豫州部郡本有潁川、陳國、汝南、沛國、梁國、魯國，今並得河南、滎陽都尉，凡八郡。徐州部郡得下邳、廣陵、彭城、東海、琅邪、利城、城陽、東莞，凡八郡。青州得齊國、北海、東萊、濟南、樂安，凡五郡。」《獻帝春秋》曰：「孫權以步騭行交州刺史。」《東觀書》曰：「交趾刺史，持節。」）諸州常以八月巡行所部郡國，（胡廣注曰：「巡謂驛馬也。縣次傳駕之，以走疾，猶古言附遂。」）錄囚徒，（胡廣曰：「縣邑囚徒，皆閱錄視，參考辭狀，實其真偽。有侵冤者，即時平理也。」）考殿最……凡州所監都為京都，置尹一人，二千石，丞一人。每郡置太守一人，二千石，丞一人。郡當邊戍者，丞為長史。王國之相亦如之。每屬國置都尉一人，比二千石，丞一人。本注曰：凡郡國皆掌治民，進賢勸功，決訟檢奸。常以春行所主縣，勸民農桑，振救乏絕。秋冬遣無害吏案訊諸囚，平其罪法，論課殿最。（案《律》有無害都吏，如今言公平吏。《漢書音義》曰：「文無所枉害。」蕭何以文無害為沛主吏掾。歲盡遣吏上計。）……（蔡質《漢儀》曰：「河南尹掾出考案，與從事同。」）（《漢官》曰：「河南尹員吏九百二十七人，十二人百石。諸縣有秩三十五人，官屬掾史五人，四部督郵吏部掾二十六人，案獄仁恕三人，監津渠漕水掾二十五人，百石卒吏二百五十人，文學守助掾六十人，書佐五十人，修行二百三十人，幹小史二百三十一人。」）……（《後漢書·百官志》，3617～3618、3621～3622頁。）

25～219年（東漢）（縣鄉）屬官，每縣、邑、道，大者置令一人，千石；其次置長，四百石；小者置長，三百石；侯國之相，秩次亦如之。本注曰：皆掌治民，顯善勸義，禁奸罰惡，理訟平賊，恤民時務，秋冬集課，上計於所屬郡國。（胡廣曰：「秋冬歲盡，各計縣戶口墾田，錢穀入出，盜賊多少，上其集簿。丞尉以下，歲詣郡，課校其功。功多尤為最者，於廷尉勞勉之，以勸其後。負多尤為殿者，於後曹別責，以糾怠慢也。諸對辭窮尤困，收主者，掾史關白太守，使取法。丞尉縛責，以明下轉相督來，為民除害也。明帝詔書不得僇辱黃綬，以別小人吏也。」）……凡縣主蠻夷曰道。公主所食湯沐曰邑。縣萬戶以上為令，不滿為長。侯國為相。皆秦制也。丞各一人。尉大縣二人，小

縣一人。本注曰：丞署文書，典知倉獄。尉主盜賊。凡有賊發，主名不立，則推索行尋，案察奸宄，以起端緒。各署諸曹掾史。本注曰：諸曹略如郡員，五官為廷掾，監鄉五部，春夏為勸農掾，秋冬為制度掾。（《漢官》曰：「洛陽令秩千石，丞三人四百石，孝廉左尉四百石，孝廉右尉四百石。員吏七百九十六人，十三人四百石。鄉有秩、獄史五十六人，佐史、鄉佐七十七人，斗食、令史、嗇夫、假五十人，官掾史、幹小史二百五十人，書佐九十人，修行二百六十人。」……鄉置有秩、三老、游徼……游徼掌徼循，禁司奸盜……亭有亭長，以禁盜賊。本注曰：亭長，主求捕盜賊，承望都尉。（《後漢書·百官志》，3622～3624 頁。）

26 年（漢光武帝建武二年）……下詔曰：「人情得足，苦於放縱，快須臾之欲，忘慎罰之義。（《尚書》曰：「罔不明德慎罰，亦克用勸。」孔安國注云「慎刑罰，亦能用勸善」也。）惟諸將業遠功大，誠欲傳於無窮，宜如臨深淵，如履薄冰，戰戰慄栗，日慎一日。其顯效未酬，名籍未立者，大鴻臚趣上，朕將差而錄之。」博士丁恭議曰：「古帝王封諸侯不過百里，故利以建侯，取法於雷，強幹弱枝，所以為治也。今封諸侯四縣，不合法制。」……

閆按：「不合法制」，當西漢有分封諸侯之具體的法律規定。

30 年（漢光武帝建武六年）六年冬，徵彭詣京師，數召宴見，厚加賞賜。復南還津鄉，有詔過家上冢，大長秋以朔望問太夫人起居。（大長秋，皇后屬官。漢法，列侯之母，方稱太夫人也。）（《後漢書》卷 17《蓋延傳》，659 頁。）

40 年（漢光武帝建武十六年）……（祭）肜有權略，視事五歲，縣無盜賊，課為第一，遷襄賁令。時天下郡國尚未悉平，襄賁盜賊白日公行。肜至，誅破奸猾，殄其支黨，數年，襄賁政清。璽書勉勵，增秩一等，賜縑百匹……（《後漢書》卷 20《祭遵傳》，744 頁。）

93 年（漢和帝永元五年）三月戊子，詔曰：「選舉良才，為政之本。科別行能，必由鄉曲。而郡國舉吏，不加簡擇，故先帝明敕在所，令試之以職，乃得充選。（《漢官儀》曰：「建初八年十二月己未，詔書辟士四科：一曰德行高妙，志節清白；二曰經明行修，能任博士；三曰明曉法律，足以決疑，能案章覆問，文任御史；四曰剛毅多略，遭事不惑，明足照奸，勇足決斷，才任三輔令。皆存孝悌清公之行。自今已後，審四科辟召，及刺史、二千石察舉茂才尤異孝廉吏，務實校試以職。有非其人，不習曹事，正舉者故不以實法。」）

又德行尤異，不須經職者，別署狀上。而宣布以來，出入九年，二千石曾不承奉，恣心從好，司隸、刺史訖無糾察。今新蒙赦令，且復申敕，後有犯者，顯明其罰。在位不以選舉為憂，督察不以發覺為負，非獨州郡也。是以庶官多非其人。下民被姦邪之傷，由法不行故也。」（《後漢書·孝和帝紀》，176頁。）

189 年（漢獻帝中平年間）（臧）洪年十五，以父功拜童子郎，（漢法，孝廉試經者拜為郎。洪以年幼才俊，故拜童子郎也。《續漢書》曰「左雄奏徵海內名儒為博士，使公卿子弟為諸生，有志操者加其俸祿。及汝南謝廉、河南趙建章年始十二，各能通經，雄並奏拜童子郎。於是負書來學，去集京師」也。）知名太學……（《後漢書》卷 58《臧洪傳》，1885 頁。）

200 年（漢獻帝建安五年）九月庚午朔，日有食之。詔三公舉至孝二人，九卿、校尉、郡國守相各一人。皆上封事，靡有所諱。（《後漢書·獻帝紀》，381 頁。）

203 年（漢獻帝建安八年）初置司直官，督中都官。（司直，秩比二千石，武帝元狩五年置，掌佐丞相，舉不法也。建武十一年省，今復置之。）（《後漢書·獻帝紀》，383 頁。）

208 年（漢獻帝建安十三年）夏六月，罷三公官，置丞相、御史大夫。（《後漢書·獻帝紀》，385 頁。）

213 年（漢獻帝建安十八年）十八年春正月庚寅，復《禹貢》九州。（《獻帝春秋》曰：「時省幽、并州，以其郡國並於冀州；省司隸校尉及涼州，以其郡國並為雍州；省交州，並荊州、益州。於是有兗、豫、青、徐、荊、楊、冀、益、雍也。」九數雖同，而禹貢無益州有梁州，然梁、益亦一地也。）（《後漢書·獻帝紀》，387 頁。）

四、刑事法律

春秋戰國

前 325～前 251 年（秦昭襄王）板楯蠻夷者，秦昭襄王時有一白虎，常從群虎數遊秦、蜀、巴、漢之境，傷害千餘人。昭王乃重募國中有能殺虎者，賞邑萬家，金百鎰。時有巴郡閬中夷人，能作白竹之弩，乃登樓射殺白虎。昭王嘉之，而以其夷人，不欲加封，乃刻石盟要，復夷人頃田不租，十妻不算，傷人者論，殺人者得以倓錢贖死。（何承《天纂文》曰：「倓，蠻夷贖罪貨也。」

音徒濫反。）盟曰：「秦犯夷，輸黃龍一雙；夷犯秦，輸清酒一鍾。」夷人安之。（《後漢書》卷86《南蠻西南夷列傳》，2841頁。）

西漢

前91年（漢武帝徵和二年）……曾祖父通，以功封重合侯，坐兄何羅反，被誅，（馬何羅與江充相善，充既誅，遂懼罪及己，謀反，伏誅。事見《前書》。）……（《後漢書》卷24《馬援傳》，827頁。）

新莽

6～8年（王莽居攝年間）劉隆字元伯，南陽安眾侯宗室也。王莽居攝中，隆父禮與安眾侯崇起兵誅莽，事泄，隆以年未七歲，故得免。及壯，學於長安，更始拜為騎都尉……（《後漢書》卷22《劉隆傳》，780頁。）

14年（王莽天鳳元年）天鳳元年，琅邪海曲有呂母者，子為縣吏，犯小罪，宰論殺之。（《續漢書》曰「呂母子名育，為游徼，犯罪」也。）呂母怨宰，密聚客，規以報仇。母家素豐，貲產數百萬，乃益釀醇酒，買刀劍衣服。少年來酤者，皆賒與之，視其乏者，輒假衣裳，不問多少。數年，財用稍盡，少年欲相與償之。呂母垂泣曰：「所以厚諸君者，非欲求利，徒以縣宰不道，枉殺吾子，欲為報怨耳。諸君寧肯哀之乎！」少年壯其意，又素受恩，皆許諾。其中勇士自號猛虎，遂相聚得數十百人，因與呂母入海中，招合亡命，眾至數千。呂母自稱將軍，引兵還攻破海曲，執縣宰。諸吏叩頭為宰請。母曰：「吾子犯小罪，不當死，而為宰所殺。殺人當死，又何請乎？」遂斬之，以其首祭子冢，復還海中。（《後漢書·劉盆子傳》，477頁。）

22年（王莽地皇三年）安成孝侯賜字子琴，光武族兄也。祖父利，蒼梧太守。、賜少孤。兄顯報怨殺人，吏捕顯殺之。賜與顯子信賣田宅，同拋財產，結客報吏，（《續漢書》曰：「王莽時諸劉抑廢，為郡縣所侵。蔡陽國釜亭候長醉詬更始父子張，子張怒，刺殺亭長。後十餘歲，亭長子報殺更始弟騫。賜兄顯欲為報怨，賓客轉劫人，發覺，州郡殺顯獄中。賜與顯子信結客陳政等九人，燔燒殺亭長妻子四人。」）皆亡命逃伏，遭赦歸。會伯升起兵，乃隨從攻擊諸縣。（《後漢書》卷14《宗室四王三侯傳》，564頁。）

22年（王莽地皇三年）……（漢法以立秋日都試騎士，謂課殿最也。翟義誅王莽，以九月都試日勒車騎材官士是也。）……會事發覺，（李）通得亡走，莽聞之，乃繫守於獄。而黃顯為請曰：「守聞子無狀，不敢逃亡，守義自

信，歸命宮闕。臣顯願質守俱東，曉說其子。如遂悖逆，令守北向刎首，以謝大恩。」莽然其言。會前隊復上通起兵之狀，莽怒，欲殺守，顯爭之，遂並被誅，及守家在長安者盡殺之。南陽亦誅通兄弟、門宗六十四人，皆焚尸宛市。（《後漢書》卷15《李通傳》，574～575頁。）

23年（漢淮陽王更始元年）……二月辛巳，設壇場於淯水上沙中，陳兵大會。更始即帝位，南面立，朝群臣。素懦弱，羞愧流汗，舉手不能言。於是大赦天下，建元曰更始元年……（《後漢書·劉玄傳》，469頁。）

23～25年（漢淮陽王更始）……更始時，使者督行郡國，太守有事，當就斬刑。（索盧）放前言曰：「今天下所以苦毒王氏，歸心皇漢者，實以聖政寬仁故也。而傳車所過，未聞恩澤。太守受誅，誠不敢言，但恐天下惶懼，各生疑變。夫使功者不如使過，若秦穆赦孟明而用之，霸西戎。願以身代太守之命。」遂前就斬。使者義而赦之，由是顯名。（《後漢書》卷81《獨行列傳》，2674～2675頁。）

24年（漢淮陽王更始二年）其冬，崔、義謀欲叛歸，囂懼並禍，即以事告之，崔、義誅死。（《後漢書》卷13《隗囂傳》，520頁。）

東漢

25年（漢光武帝建武元年）於是建元為建武，大赦天下，改鄗為高邑。（《後漢書·光武帝紀》，22頁。）

25年（漢光武帝建武元年）九月，赤眉入長安，更始奔高陵。辛未，詔曰（《漢制度》曰：「帝之下書有四：一曰策書，二曰制書，三曰詔書，四曰誡敕。策書者，編簡也，其制長二尺，短者半之，篆書，起年月日，稱皇帝，以命諸侯王。三公以罪免亦賜策，而以隸書，用尺一木，兩行，唯此為異也。制書者，帝者制度之命，其文曰制詔三公，皆璽封，尚書令印重封，露布州郡也。詔書者，詔，告也，其文曰告某官云云，如故事。誡敕者，謂敕刺史、太守，其文曰有詔敕某官。它皆仿此。」）：「更始破敗，棄城逃走，妻子裸袒，流冗道路。朕甚愍之。今封更始為淮陽王。淮陽，郡，故城在今陳州宛丘縣西南。吏人敢有賊害者，罪同大逆。」（《後漢書·光武帝紀》，24頁。）

25～57年（漢光武帝）……（樊曄）視事十餘年，坐法左轉軹長。（《後漢書》卷77《酷吏列傳》，2491頁。）

25～57年（漢光武帝）（李章）遷千乘太守，坐誅斬盜賊過濫，徵下獄免……後坐度人田不實徵，以章有功，但司寇論。月餘免刑歸……（《後漢書》

卷 77《酷吏列傳》，2493 頁。）

26 年（漢光武帝建武二年）……國師韓利斬午首，詣征虜將軍祭遵降。夷其宗族。（《後漢書》卷 12《彭寵傳》，501 頁。）

26 年（漢光武帝建武二年）……建武二年，（寇）恂坐繫考上書者免……執金吾賈復在汝南，部將殺人於潁川，恂捕得繫獄。時尚草創，軍營犯法，率多相容，恂乃戮之於市……（《後漢書》卷 16《寇恂傳》，623 頁。）

26 年（漢光武帝建武二年）……帝以其不奉詔來，令止在所縣，而梁復以便宜進軍。帝以梁前後違命，大怒，遣尚書宗廣持節軍中斬（王）梁。廣不忍，乃檻車送京師。既至，赦之。月餘，以為中郎將，行執金吾事……（《後漢書》卷 22《王梁傳》，775 頁。）

27 年（漢光武帝建武三年）壬午，大赦天下。（《後漢書·光武帝紀》，32 頁。）

27 年（漢光武帝建武三年）六月壬戌，大赦天下。（《後漢書·光武帝紀》，32 頁。）

27 年（漢光武帝建武三年）其夏，樊崇、逄安謀反，誅死。（《後漢書·劉盆子傳》，486 頁。）

28 年（漢光武帝建武四年）四年春正月甲申，大赦天下。（《後漢書·光武帝紀》，36 頁。）

28 年（漢光武帝建武四年）太中大夫徐惲擅殺臨淮太守劉度，惲坐誅。（《後漢書·光武帝紀》，37 頁。）

28 年（漢光武帝建武四年）……居東郡四歲，時發干長有罪，（耿）純案奏，圍守之，奏未下，長自殺。純坐免，以列侯奉朝請……（《後漢書》卷 21《耿純傳》，764 頁。）

29 年（漢光武帝建武五年）二月丙午，大赦天下。（《後漢書·光武帝紀》，37 頁。）

30 年（漢光武帝建武六年）辛丑，詔曰：「惟天水、隴西、安定、北地吏人為隗囂所誑誤者，又三輔遭難赤眉，有犯法不道者，（《前書音義》曰：「《律》：殺不辜一家三人為不道。」）自殊死以下，皆赦除之。」（《後漢書·光武帝紀》，48 頁。）

30 年（漢光武帝建武六年）秋九月庚子，赦樂浪謀反大逆殊死已下。（《後漢書·光武帝紀》，49 頁。）

30 年（漢光武帝建武六年）……（李）憲亡走，其軍士帛意帛，追斬憲而降，憲妻子皆伏誅……（《後漢書》卷 12《李憲傳》，501 頁。）

30 年（漢光武帝建武六年）六年，（盧）芳將軍賈覽將胡騎擊殺代郡太守劉興。芳後以事誅其五原太守李興兄弟，而其朔方太守田颯、雲中太守橋扈恐懼，叛芳，舉郡降，光武令領職如故。（《後漢書》卷 12《盧芳傳》，507 頁。）

30 年（漢光武帝建武五年）帝怨（馮）衍等不時至，永以立功得贖罪，遂任用之，立功謂說下懷。而衍獨見黜……（《後漢書》卷 28《馮衍傳》，976 頁。）

31 年（漢光武帝建武七年）七年春正月丙申，詔中都官、三輔、郡、國出繫囚，非犯殊死，皆一切勿案其罪。見徒免為庶人。耐罪亡命，吏以文除之。（耐，輕刑之名。《前書音義》曰：「一歲刑為罰作，二歲刑已上為耐。」耐音乃代反。亡命謂犯耐罪而背名逃者。令吏為文簿，記其姓名而除其罪，恐遂逃不歸，因失名籍。）（《後漢書·光武帝紀》，51 頁。）

31 年（漢光武帝建武七年）夏四月壬午，詔曰：「比陰陽錯謬，日月薄食。百姓有過，在予一人，大赦天下。公、卿、司隸、州牧舉賢良、方正各一人，遣詣公車，朕將覽試焉。」（《後漢書·光武帝紀》，52 頁。）

31 年（漢光武帝建武七年）……建武七年，（郭憲）代張堪為光祿勳。從駕南郊。憲在位，忽迴向東北，含酒三潠。執法奏為不敬。（執法，糾劾之官也。）詔問其故。憲對曰：「齊國失火，故以此厭之。」……（《後漢書》卷 82《方術列傳》，2709 頁。）

35 年（漢光武帝建武十一年）……明旦，（延）岑降吳漢。乃夷（公孫）述妻子，盡滅公孫氏，並族延岑。（《後漢書》卷 13《公孫述傳》，543 頁。）

37 年（漢光武帝建武十三年）……十三年，增邑，更封鄃侯。將兵北屯下曲陽，備匈奴。坐殺軍吏，受詔將妻子就國。（馬）武徑詣洛陽，上將軍印綬，削戶五百，定封為楊虛侯，因留奉朝請。（《後漢書》卷 22《馬武傳》，785 頁。）

39 年（漢光武帝建武十五年）十五年，（劉）嘉卒。子（劉）參嗣，有罪，削為南鄉侯。（《後漢書》卷 14《宗室四王三侯傳》，568 頁。）

39 年（漢光武帝建武十五年）……十五年，（杜茂）坐斷兵馬稟縑，斷猶割截也。使軍吏殺人，免官，削戶邑，定封參蘧鄉侯。（《後漢書》卷 22《杜

茂傳》，777 頁。）

40 年（漢光武帝建武十六年）冬十月，遣使者下郡國，聽群盜自相糾擿，五人共斬一人者，除其罪。（《後漢書‧光武帝紀》，67 頁。）

40 年（漢光武帝建武十六年）……至十六年，交址女子徵側及其妹徵貳反，攻郡。徵側者，麊泠縣雒將之女也。嫁為朱戴人詩索妻，甚雄勇。交址太守蘇定以法繩之，側忿，故反……（《後漢書》卷 86《南蠻西南夷列傳》，2836 頁。）

41 年（漢光武帝建武十七年）……（趙憙）後拜懷令。大姓李子春先為琅邪相，豪猾并兼，為人所患，憙下車，聞其二孫殺人事未發覺，即窮詰其姦，收考子春，二孫自殺。京師為請者數十，終不聽。時趙王良疾病將終，車駕親臨王，問所欲言。王曰：「素與李子春厚，今犯罪，懷令趙憙欲殺之，願乞其命。」帝曰：「吏奉法，律不可枉也，更道它所欲。」王無復言。即薨，帝追感趙王，乃貰出子春。其年，遷憙平原太守。時平原多盜賊，憙與諸郡討捕，斬其渠帥，餘黨當坐者數千人……（《後漢書》卷 26《趙憙》，914頁。）

42 年（漢光武帝建武十八年）壬戌，赦益州所部殊死已下。（《後漢書‧光武帝紀》，70 頁。）

42 年（漢光武帝建武十八年）（王）元字惠孟，初拜上蔡令，遷東平相，坐墾田不實，下獄死……十八年，（隗）純與賓客數十騎亡入胡，至武威，捕得，誅之。（《後漢書》卷 13《隗囂傳》，531～532 頁。）

43 年（漢光武帝建武十九年）越巂太守任貴謀叛，十二月，劉尚襲貴，誅之。（《後漢書‧光武帝紀》，71 頁。）

44 年（漢光武帝建武二十年）……（杜篤）居美陽，與美陽令遊，數從請託，不諧，頗相恨。令怒，收篤送京師。會大司馬吳漢薨，光武詔諸儒誄之，篤於獄中為誄，辭最高，帝美之，賜帛免刑。（《後漢書》卷 80《文苑列傳》，2595 頁。）

48 年（漢光武帝建武二十四年）二十四年春正月乙亥，大赦天下。（《後漢書‧光武帝紀》，76 頁。）

52 年（漢光武帝建武二十八年）夏六月丁卯，沛太后郭氏薨，因詔郡縣捕王侯賓客，坐死者數千人。（時更始子鯉因沛獻王輔殺劉盆子兄恭，故王侯賓客多坐死。）……冬十月癸酉，詔死罪繫囚皆一切募下蠶室，（蠶室，宮刑

獄名。宮刑者畏風，須暖，作窨室蓄火如蠶室，因以名焉。窨音一禁反。見
《前書音義》。）其女子宮（謂幽閉也）。（《後漢書·光武帝紀》，80 頁。）

53 年（漢光武帝建武二十九年）二十九年春二月丁巳朔，日有食之。遣
使者舉冤獄，出繫囚……夏四月乙丑，詔令天下繫囚自殊死已下及徒各減本
罪一等，其餘贖罪輸作各有差。（《後漢書·光武帝紀》，80 頁。）

55 年（漢光武帝建武三十一年）秋九月甲辰，詔令死罪繫囚皆一切募下
蠶室，其女子宮。（《後漢書·光武帝紀》，81 頁。）

56 年（漢光武帝建武中元元年）夏四月癸酉，車駕還宮。己卯，大赦天
下。（《後漢書·光武帝紀》，82 頁。）

56 年（漢光武帝建武中元元年）四月己卯，大赦天下，以建武三十二年
為建武中元元年，復博、奉高、嬴勿出元年租、芻槁。（《後漢書·祭祀志》，
3170 頁。）

57 年（漢光武帝建武中元二年）「……其弛刑及郡國徒，在中元元年四
月己卯赦前所犯而後補繫者，悉免其刑。又邊人遭亂為內郡人妻，在己卯赦
前，一切遣還邊，恣其所樂。中二千石下至黃綬，貶秩贖論者，悉皆復秩還
贖……」（《後漢書·顯宗孝明帝紀》，96 頁。）

57 年（漢光武帝建武中元二年）秋九月，燒當羌寇隴西，敗郡兵於允
街。赦隴西囚徒，減罪一等，勿收今年租調。（《後漢書·顯宗孝明帝紀》，97
頁。）

58～75 年（漢明帝）後（范）升為出妻所告，坐繫，得出，還鄉里。（《後
漢書》卷 36《范升傳》，1229 頁。）

58 年（漢明帝永平元年）……（宋）均未至，先自劾矯制之罪……永平
元年，遷東海相，在郡五年，坐法免官，客授潁川……均性寬和，不喜文法，
常以為吏能弘厚，雖貪污放縱，猶無所害；至於苛察之人，身或廉法，而巧黠
刻削，毒加百姓，災害流亡所由而作……（《後漢書》卷 41《宋均傳》，1412
～1414 頁。）

59 年（漢明帝永平二年）……其令天下自殊死已下，謀反大逆，皆赦除
之。（《後漢書·顯宗孝明帝紀》，100 頁。）

59 年（漢明帝永平二年）皇女綬，二十一年封酈邑公主，適新陽侯世子
陰豐。豐害主，誅死。（《後漢書·皇后紀》，458 頁。）

59 年（漢明帝永平二年）永平二年，（竇）林以罪誅，事在《西羌傳》……

（《後漢書》卷 23《竇融傳》，808 頁。）

59 年（漢明帝永平二年）……永平二年，遂殺主，被誅，父母當坐，皆自殺，國除。帝以舅氏故，不極其刑。（《後漢書》卷 32《陰識傳》，1132 頁。）

61 年（漢明帝永平四年）……（郭丹）明年，坐考隴西太守鄧融事無所據，策免。（《後漢書》卷 27《郭丹傳》，941 頁。）

61 年（漢明帝永平四年）……永平四年，坐考隴西太守鄧融，聽任奸吏，策免，削爵土。（《後漢書》卷 33《馮魴傳》，1149 頁。）

62 年（漢明帝永平五年）……（竇固）後坐從兄穆有罪，廢於家十餘年……（《後漢書》卷 23《竇融傳》，809 頁。）

65 年（漢明帝永平八年）丙子，臨辟雍，養三老、五更。禮畢，詔三公募郡國中都官死罪繫囚，減罪一等，勿笞，詣度遼將軍營，屯朔方、五原之邊縣；妻子自隨，便占著邊縣；父母同產欲相代者，恣聽之。其大逆無道殊死者，一切募下蠶室。亡命者令贖罪各有差。凡徙者，賜弓弩衣糧。（《後漢書·顯宗孝明帝紀》，111 頁。）

65 年（漢明帝永平八年）……八年，舞陰公主子梁扈有罪，（鄧）訓坐私與扈通書，徵免歸閭里。（《後漢書》卷 16《鄧禹傳》，608～609 頁。）

66 年（漢明帝永平九年）九年春三月辛丑，詔郡國死罪囚減罪，與妻子詣五原、朔方占著，所在死者皆賜妻父若男同產一人復終身；其妻無父兄獨有母者，賜其母錢六萬，又復其口算。（《後漢書·顯宗孝明帝紀》，112 頁。）

66 年（漢明帝永平九年）子（李）威嗣，威卒，子純嗣，永平九年，坐母殺純叔父，國除。（《東觀記》曰：「永平二年，坐純母禮殺威弟季。」）（《後漢書》卷 21《李忠傳》，756 頁。）

67 年（漢明帝永平十年）十年春二月，廣陵王荆有罪，自殺，國除。夏四月戊子，詔曰：「昔歲五穀登衍，今茲蠶麥善收，其大赦天下。方盛夏長養之時，蕩滌宿惡，以報農功。百姓勉務桑稼，以備災害。吏敬厥職，無令愆慝。」（《後漢書·顯宗孝明帝紀》，113 頁。）

67 年（漢明帝永平十年）……先是河南縣亡失官錢，典負者典謂主典，負謂久負。坐死及罪徙者甚眾，遂委責於人，以償其耗……（《後漢書》卷 32《樊宏傳》，1124 頁。）

70 年（漢明帝永平十三年）十一月，楚王英謀反，廢，國除，遷於涇縣，

所連及死徙者數千人。（《後漢書·顯宗孝明帝紀》，117 頁。）

70 年（漢明帝永平十三年）子（蓋）扶嗣。扶卒，子（蓋）側嗣。永平十三年，坐與舅王平謀反，伏誅，國除。（《後漢書》卷 18《吳漢傳》，675 頁。）

70 年（漢明帝永平十三年）……（王梁）子（王）禹嗣。禹卒，子（王）堅石嗣。堅石追坐父禹及弟平與楚王英謀反，棄市，國除。（《後漢書》卷 22《王梁傳》，776 頁。）

70 年（漢明帝永平十三年）十三年閏月丁亥，火犯輿鬼，為大喪，質星為大臣誅戮。（晉灼曰：「鬼五星，其中白者為質。」）其十二月，楚王英與顏忠等造作妖書謀反，事覺，英自殺，忠等皆伏誅。《古今注》曰：「十一月，客星出軒轅四十八日。十二月戊午，月犯木星。」（《後漢書·天文志》，3230 頁。）

71 年（漢明帝永平十四年）……子（杜）元嗣，永平十四年，坐與東平王等謀反，減死一等，國除。（《後漢書》卷 22《杜茂傳》，778 頁。）

71 年（漢明帝永平十四年）子（馬）檀嗣，坐兄伯濟與楚王英黨顏忠謀反，國除……（《後漢書》卷 22《馬武傳》，786 頁。）

72 年（漢明帝永平十五年）十五年春二月庚子，東巡狩。辛丑，幸偃師。詔亡命自殊死以下贖：死罪縑四十匹，右趾至髡鉗城旦舂十四，完城旦至司寇五匹；犯罪未發覺，詔書到日自告者，半入贖。（《後漢書·顯宗孝明帝紀》，118 頁。）

72 年（漢明帝永平十五年）……令天下大酺五日。（《前書音義》曰：「《漢律》：三人已上無故群飲，罰金四兩。」今恩詔橫賜，得令聚會飲食五日。酺，布也。言天子布恩於天下。史記：「趙惠文王三年，大赦，置酒大酺五日。」）乙巳，大赦天下，其謀反大逆及諸不應宥者，皆赦除之。（《後漢書·顯宗孝明帝紀》，119 頁。）

72 年（漢明帝永平十五年）……（劉植）卒，子（劉）述嗣，永平十五年，坐與楚王英謀反，國除。（《後漢書》卷 21《劉植傳》，760 頁。）

72 年（漢明帝永平十五年）……十五年，焉姬韓序有過，焉縊殺之，國相舉奏，坐削安險縣……（《後漢書》卷 42《光武十王列傳》，1449 頁。）

73 年（漢明帝永平十六年）夏五月，淮陽王延謀反，發覺。癸丑，司徒邢穆、駙馬都尉韓光坐事下獄死，所連及誅死者甚眾。（坐與延同謀。）（《後

漢書‧顯宗孝明帝紀》，120 頁。）

73 年（漢明帝永平十六年）九月丁卯，詔令郡國中都官死罪繫囚減死罪一等，勿笞，詣軍營，屯朔方、敦煌；妻子自隨，父母同產欲求從者，恣聽之；女子嫁為人妻，勿與俱。謀反大逆無道不用此書。（《後漢書‧顯宗孝明帝紀》，121 頁。）

74 年（漢明帝永平十七年）秋八月丙寅，令武威、張掖、酒泉、敦煌及張掖屬國，繫囚右趾已下任兵者，皆一切勿治其罪，詣軍營。（《後漢書‧顯宗孝明帝紀》，122 頁。）

75 年（漢明帝永平十八年）十八年春三月丁亥，詔曰：「其令天下亡命，自殊死已下贖：死罪縑三十匹，右趾至髡鉗城旦舂十匹，完城旦至司寇五匹；吏人犯罪未發覺，詔書到自告者，半入贖。」（《後漢書‧顯宗孝明帝紀》，123 頁。）

75 年（漢明帝永平十八年）……敢有所興作者，以擅議宗廟法從事。（《前書》曰：「擅議宗廟者棄市。」）（《後漢書‧顯宗孝明帝紀》，124 頁。）

75 年（漢明帝永平十八年）冬十月丁未，大赦天下。（《後漢書‧肅宗孝章帝紀》，129 頁。）

75 年（漢明帝永平十八年）……永為河東太守，恢隨之官，閉廬精誦，不交人物。後永以事被考，諸弟子皆以通關被繫，為交通關涉也。恢獨曒然不污於法，遂篤志為名儒……後仕本郡吏，太守坐法誅，（《東觀記》京兆尹張恂召恢，署戶曹史。）故人莫敢往，恢獨奔喪行服，坐以抵罪……（《後漢書》卷 43《樂恢傳》，1477 頁。）

76 年（漢章帝建初元年）子（賈）忠嗣。忠卒，子（賈）敏嗣。建初元年，坐誣告母殺人，國除。（《後漢書》卷 17《岑彭傳》，659 頁。）

76 年（漢章帝建初元年）……子（馬）豫後坐縣書誹謗，廖以就國。終兄鳳為郡吏，太守廉范為州所考，遣鳳候終，終為范游說，坐徙北地。（《益部耆舊傳》曰「終徙於北地望松縣，而母於蜀物故。終自傷被罪充邊，乃作《晨風》之《詩》以舒其憤」也。）……（《後漢書》卷 48《楊終傳》，1600 頁。）

78 年（漢章帝建初三年）三年春正月己酉，宗祀明堂。禮畢，登靈臺，望雲物。大赦天下。（《後漢書‧肅宗孝章帝紀》，136 頁。）

82 年（漢章帝建初七年）辛卯，車駕還宮。詔天下繫囚減死一等，勿笞，

詣邊戍；妻子自隨，占著所在；父母同產欲相從者，恣聽之；有不到者，皆以乏軍興論。（軍興而致闕乏，當死刑也。）及犯殊死，一切募下蠶室；其女子宮。繫囚鬼薪、白粲已上，（《前書》曰：「鬼薪、白粲已上，皆三歲刑也。男子為鬼薪，取薪以給宗廟。女子為白粲，使擇米白粲粲然。」）皆減本罪各一等，輸司寇作。亡命贖：死罪入縑二十匹，右趾至髡鉗城旦舂十匹，完城旦至司寇三匹，吏人有罪未發覺，詔書到自告者，半入贖。（《後漢書·肅宗孝章帝紀》，143～144 頁。）

82 年（漢章帝建初七年）……（章德竇皇后）后既無子，並疾忌之，數閒於帝，漸致疏嫌。因誣宋貴人挾邪媚道，遂自殺，廢（劉）慶為清河王，語在《慶傳》。（《後漢書·皇后紀》，415 頁。）

82 年（漢章帝建初七年）建初元年，肅宗詔舉賢良方正，大司農劉寬舉（魏）丕。時對策者百有餘人，唯丕在高第，除為議郎，遷新野令。視事期年，州課第一，擢拜青州刺史。務在表賢明，慎刑罰。七年，坐事下獄司寇論。（司寇，刑名也。決罪曰論，言奏而論決之。《前書》曰「司寇，二歲刑」也。）（《後漢書》卷 25《魏丕傳》，883 頁。）

82 年（漢章帝建初七年）……遂出貴人姊妹置丙舍，使小黃門蔡倫考實之，皆承諷旨傅致其事，乃載送暴室。二貴人同時飲藥自殺。帝猶傷之，來掖庭令葬於樊濯聚。於是免楊歸本郡。郡縣因事復補繫之，楊友人前懷令山陽張峻、左馮翊沛國劉均等奔走解釋，得以免罪。楊失志憔悴，卒於家……（《後漢書》卷 55《章帝八王傳》，1800 頁。）

83 年（漢章帝建初七年）八年，乃作飛書以陷竦，（飛書，若今匿名書也。）（梁）竦坐誅，貴人姊妹以憂卒。（《後漢書·皇后紀》，416 頁。）

84 年（漢章帝元和元年）秋七月丁未，詔曰：「《律》云『掠者唯得榜、笞、立』。（《蒼頡篇》曰：「掠，問也。」廣雅曰：「榜，擊也，音彭。」《說文》曰：「笞，擊也。」立謂立而考訊之。）又《令丙》，棰長短有數。（《令丙》為篇之次也。《前書音義》曰：「令有先後，有《令甲》，《令乙》，《令丙》。」又景帝（京師）定棰令，棰長五尺，本大一寸，其竹也末薄半寸，其平去節，故曰長短有數也。）自往者大獄已來，掠考多酷，鑽鑽之屬，（大獄謂楚王英等事也。鑽音其廉反。《說文》曰：「鑽，鈚也。」《國語》曰：「中刑用鑽鑿。」皆謂慘酷其肌膚也。）慘苦無極。念其痛毒，怵然動心。《書》曰『鞭作官刑』，豈云若此？（孔安國注《尚書》曰：「以鞭為理官事之刑。」）宜及秋冬理獄，

明為其禁。」（《後漢書‧肅宗孝章帝紀》，146頁。）

84年（漢章帝元和元年）癸酉，詔曰：「朕道化不德，吏政失和，元元未諭，抵罪於下。寇賊爭心不息，邊野邑屋不修。永惟庶事，思稽厥衷，與凡百君子，共弘斯道。中心悠悠，將何以寄？其改建初九年為元和元年。郡國中都官繫囚減死一等，勿笞，詣邊縣；妻子自隨，占著在所。其犯殊死，一切募下蠶室；其女子宮。繫囚鬼薪、白粲以上，皆減本罪一等，輸司寇作。亡命者贖，各有差。」（《後漢書‧肅宗孝章帝紀》，146～147頁。）

84年（漢章帝元和元年）十二月壬子，詔曰：「《書》云：『父不慈，子不祗，兄不友，弟不恭，不相及也。』往者妖言大獄，所及廣遠，一人犯罪，禁至三屬，（即三族也。謂父族、母族及妻族。）莫得垂纓仕宦王朝。如有賢才而沒齒無用，朕甚憐之，非所謂與之更始也。諸以前妖惡禁錮者，一皆蠲除之，以明棄咎之路，但不得在宿衛而已。」（《後漢書‧肅宗孝章帝紀》，147～148頁。）

84～87年（漢章帝元和年間）……嵩子（宋）由，元和閒為太尉，坐阿黨竇憲，策免歸本郡，自殺。（《後漢書》卷26《宋弘傳》，905頁。）

85年（漢章帝元和二年）……其大赦天下。諸犯罪不當得赦者，皆除之。（《後漢書‧肅宗孝章帝紀》，150頁。）

87年（漢章帝章和元年）夏四月丙子，令郡國中都官繫囚減死一等，詣金城戍。（《後漢書‧肅宗孝章帝紀》，156頁。）

87年（漢章帝章和元年）秋七月癸卯，齊王晃有罪，貶為蕪湖侯。（《後漢書‧肅宗孝章帝紀》，157頁。）

87年（漢章帝章和元年）秋，令是月養衰老，授几杖，行糜粥飲食。其賜高年二人共布帛各一匹，以為醴酪。死罪囚犯法在丙子赦前而後補繫者，皆減死，勿笞，詣金城戍。（《後漢書‧肅宗孝章帝紀》，157頁。）

87年（漢章帝章和元年）壬子，詔郡國中都官繫囚減死罪一等，詣金城戍；犯殊死者，一切募下蠶室；其女子宮；繫囚鬼薪、白粲已上，減罪一等，輸司寇作。亡命者贖：死罪縑二十四，右趾至髡鉗城旦舂七匹，完城旦至司寇三匹；吏民犯罪未發覺，詔書到自告者，半入贖。（《後漢書‧肅宗孝章帝紀》，158頁。）

89年（漢和帝永元元年）冬十月，令郡國馳刑輸作軍營。其徙出塞者，刑雖未竟，皆免歸田里。（《後漢書‧孝和帝紀》，169頁。）

89 年（漢和帝永元元年）……《尚書》左丞王龍私奏記上牛酒於憲，棱舉奏龍，論為城旦。（《前書音義》曰：「城旦，輕刑之名也。晝日司寇虜，夜暮築長城，故曰城旦。」）……（《後漢書》卷 45《韓棱傳》，1535 頁。）

90 年（漢和帝永元二年）二年春正月丁丑，大赦天下。（《後漢書·孝和帝紀》，170 頁。）

90 年（漢和帝永元二年）……永元二年，轉漢陽太守，有威嚴稱。大將軍竇憲西屯武威，棱多奉軍費，侵賦百姓，憲誅，坐抵罪。後數年，江湖多劇賊，以（馬）棱為丹陽太守。棱發兵掩擊，皆禽滅之。轉會稽太守，治亦有聲。轉河內太守。永初中，坐事抵罪，卒於家。（《後漢書》卷 24《馬媛傳》，863 頁。）

90 年（漢和帝永元二年）……（劉）政淫慾薄行。後中山簡王薨，政詣中山會葬，私取簡王姬徐妃，又盜迎掖庭出女。豫州刺史、魯相奏請誅政，有詔削薛縣。（《後漢書》卷 42《光武十王列傳》，1425 頁。）

91 年（漢和帝永元三年）……郡國中都官繫囚死罪贖縑，至司寇及亡命，各有差。（《後漢書·孝和帝紀》，171 頁。）

91 年（漢和帝永元三年）庚辰，至自長安，減馳刑徒從駕者刑五月。（《後漢書·孝和帝紀》，173 頁。）

91 年（漢和帝永元三年）明年，（魏丕）拜陳留太守。視事三期，後坐稟貧人不實，徵司寇論。（《後漢書》卷 25《魏丕傳》，884 頁。）

91 年（漢和帝永元三年）三年春，坐考中山相薛修事不實免。（《後漢書》卷 26《趙熹傳》，915 頁。）

92 年（漢和帝永元四年）秋七月己丑，太尉宋由坐黨憲自殺。（《後漢書·孝和帝紀》，174 頁。）

92 年（漢和帝永元四年）及帝崩，和帝即位，尊後為皇太后。皇太后臨朝，尊母沘陽公主為長公主，益湯沐邑三千戶，兄（竇）憲，弟篤、景，並顯貴，擅威權，後遂密謀不軌，永元四年，發覺被誅。（《後漢書·皇后紀》，416 頁。）

93 年（漢和帝永元五年）五年春正月乙亥，宗祀五帝於明堂，遂登靈臺，望雲物。大赦天下。（《後漢書·孝和帝紀》，174 頁。）

94 年（漢和帝永元六年）秋七月，京師旱。詔中都官徒各除半刑，讁其未竟，五月已下皆免遣。丁巳，幸洛陽寺，錄囚徒，舉冤獄。收洛陽令下獄抵

罪，司隸校尉、河南尹皆左降。未及還宮而澍雨。（《後漢書‧孝和帝紀》，179頁。）

96年（漢和帝永元八年）八月辛酉，飲酎。詔郡國中都官繫囚減死一等，詣敦煌戍。其犯大逆，募下蠶室；其女子宮。自死罪已下，至司寇及亡命者入贖，各有差。（《後漢書‧孝和帝紀》，182頁。）

96年（漢和帝永元八年）冬十月乙丑，北海王威有罪自殺。（《後漢書‧孝和帝紀》，182頁。）

97年（漢和帝永元九年）九月庚申，司徒劉方策免，自殺。（《後漢書‧孝和帝紀》，184頁。）

99年（漢和帝永元十一年）丙午，詔郡國中都官徒及篤老小女徒各除半刑，其未竟三月者，皆免歸田里。夏四月丙寅，大赦天下。（《後漢書‧孝和帝紀》，185頁。）

102年（漢和帝永元十四年）三月戊辰，臨辟雍，饗射，大赦天下。（《後漢書‧孝和帝紀》，189頁。）

102年（漢和帝永元十四年）（朱）祐子（朱）商嗣。商卒，子（朱）演嗣，永元十四年，坐從兄伯為外孫陰皇后巫蠱事，免為庶人。和帝陰后，吳房侯陰綱女也，為巫蠱事廢。（《後漢書》卷22《朱祐傳》，771頁。）

105年（漢和帝元興元年）夏四月庚午，大赦天下，改元元興。宗室以罪絕者，悉復屬籍。（《後漢書‧孝和帝紀》，193頁。）

106年（漢殤帝延平元年）五月辛卯，皇太后詔曰：「皇帝幼沖，承統鴻業，朕且權佐助聽政，兢兢寅畏，不知所濟。深惟至治之本，道化在前，刑罰在後。將稽中和，廣施慶惠，與吏民更始。其大赦天下。自建武以來諸犯禁錮，詔書雖解，有司持重，多不奉行，其皆復為平民。」（《後漢書‧孝殤帝紀》，197頁。）

107年（漢安帝永初元年）永初元年春正月癸酉朔，大赦天下。（《後漢書‧孝安帝紀》，206頁。）

107年（漢安帝永初元年）丁卯，赦除諸羌相連結謀叛逆者罪。（《後漢書‧孝安帝紀》，207頁。）

107年（漢安帝永初元年）丙戌，詔死罪以下及亡命贖，各有差。（《後漢書‧孝安帝紀》，208頁。）

107年（漢安帝永初元年）十一月丁亥，司空周章密謀廢立，策免，自殺。

（《後漢書・孝安帝紀》，209 頁。）

　　107～125 年（漢安帝）翟酺字子超，廣漢洛人也。四世傳《詩》。酺好《老子》，尤善圖緯、天文、曆算。以報舅仇，當徙日南，亡於長安，為卜相工，後牧羊涼州。遇赦還……（《後漢書》卷 48《翟酺傳》，1602 頁。）

　　107 年（漢安帝永初元年）龐參字仲達，河南緱氏人也。初仕郡，未知名，河南尹龐奮見而奇之，舉為孝廉，拜左校令。坐法輸作若盧。（若盧，獄名。）永初元年，涼州先零種羌反畔，遣車騎將軍鄧騭討之……會御史中丞樊準上疏薦參曰：「……臣伏見故左校令河南龐參，勇謀不測，卓爾奇偉，高才武略，有魏尚之風。前坐微法，輸作經時。今羌戎為患，大軍西屯，臣以為如參之人，宜在行伍。惟明詔採前世之舉，觀魏尚之功，免赦參刑，以為軍鋒，必有成效，宣助國威。」鄧太后納其言，即擢參於徒中，召拜謁者，使西督三輔諸軍屯，而徵鄧騭還。（《後漢書》卷 51《龐參傳》，1686～1687 頁。）

　　109 年（漢安帝永初三年）三年春正月庚子，皇帝加元服。大赦天下。（《後漢書・孝安帝紀》，212 頁。）

　　109～139 年（漢安帝～漢順帝）……（橋）玄少為縣功曹。時豫州刺史周景行部到梁國，玄謁景，因伏地言陳相羊昌罪惡，乞為部陳從事，窮案其奸。景壯玄意，署而遣之。玄到，悉收昌賓客，具考臧罪。昌素為大將軍梁冀所厚，冀為馳檄救之。景承旨召玄，玄還檄不發，案之益急。昌坐檻車徵，玄由是著名。舉孝廉，補洛陽左尉。時梁不疑為河南尹，玄以公事當詣府受對，恥為所辱，棄官還鄉里。後四遷為齊相，坐事為城旦。刑竟，徵，再遷上谷太守，又為漢陽太守。時上邽令皇甫禎有臧罪，玄收考髡笞，死於冀市，屬漢陽郡。一境皆震……（《後漢書》卷 51《橋玄傳》，1695 頁。）

　　110 年（漢安帝永初四年）夏四月，六州蝗。丁丑，大赦天下。（《後漢書・孝安帝紀》，215 頁。）

　　110 年（漢安帝永初四年）永初四年，鄧太后詔赦陰氏諸徙者悉歸故郡，還其資財五百餘萬。（《後漢書・皇后紀》，417 頁。）

　　110 年（漢安帝永初四年）……太白入輿鬼。指上階，為三公。後太尉張禹、司空張敏皆免官。太白入輿鬼，為將凶。後中郎將任尚坐贓千萬，檻車徵，棄市。（《後漢書・天文志》，3239～3240 頁。）

　　112 年（漢安帝永初六年）辛巳，大赦天下。（《後漢書・孝安帝紀》，219頁。）

114 年（漢安帝元初元年）夏四月丁酉，大赦天下。（《後漢書·孝安帝紀》，221 頁。）

114 年（漢安帝元初元年）元初元年，坐徵下獄，以減死論，笞二百。建光中，復拜度遼將軍。時鮮卑攻殺雲中太守成嚴，圍烏桓校尉徐常於馬城。（耿）夔與幽州刺史龐參救之，追虜出塞而還。後坐法免，卒於家。（《後漢書》卷 19《耿弇傳》，719 頁。）

115 年（漢安帝元初二年）詔郡國中都官繫囚減死一等。勿笞，詣馮翊、扶風屯，妻子自隨，占著所在；女子勿輸。（不輸作也。）亡命死罪以下贖，各有差。其吏人聚為盜賊，有悔過者，除其罪。（《後漢書·孝安帝紀》，224 頁。）

115 年（漢安帝元初二年）時征西校尉任尚以奸利被徵抵罪。（《後漢書》卷 39《劉般傳》，1308 頁。）

115 年（漢安帝元初二年）……（司馬）鈞乃遣還，坐徵自殺。龐參以失期軍敗抵罪，以馬賢代領校尉事……（《後漢書》卷 87《西羌傳》，2889 頁。）

116 年（漢安帝元初三年）……其餘三十六種皆來降附。竦因奏長吏姦猾侵犯蠻夷者九十人，皆減死……（《後漢書》卷 86《南蠻西南夷列傳》，2854 頁。）

117 年（漢安帝元初四年）四年春二月乙巳朔，日有食之。乙卯，大赦天下。（《後漢書·孝安帝紀》，226 頁。）

117 年（漢安帝元初四年）……其夏，尹就以不能定益州，坐徵抵罪，以益州刺史張喬領尹就軍屯……（《後漢書》卷 87《西羌傳》，2891 頁。）

118 年（漢安帝元初五年）十二月丁巳，中郎將任尚有罪，棄市。（《後漢書·孝安帝紀》，229 頁。）

118 年（漢安帝元初五年）……任尚與遵爭功，又詐增首級，受賕枉法，臧千萬已上，檻車徵棄市，沒入田廬奴婢財物……（《後漢書》卷 87《西羌傳》，2891 頁。）

119 年（漢安帝元初六年）……元初六年，國相行弘奏請廢之。安帝不忍，以一歲租五分之一贖罪。（《後漢書》卷 42《光武十王列傳》，1443 頁。）

120 年（漢安帝永寧元年）夏四月丙寅，立皇子保為皇太子，改元永寧，大赦大下。（《後漢書·孝安帝紀》，231 頁。）

121 年（漢安帝建光元年）二月癸亥，大赦天下。（《後漢書·孝安帝紀》，

232頁。）

121年（漢安帝永寧二年）永寧二年二月，寢病漸篤，乃乘輦於前殿，見侍中、尚書，因北至太子新所繕宮。還，大赦天下，賜諸園貴人、王、主、群僚錢布各有差。（《後漢書·皇后紀》，429頁。）

121年（漢安帝建光元年）甲子，樂成王萇有罪，廢為臨湖侯。（《續漢書》曰「坐輕慢不孝」，故貶。臨湖，縣名，屬廬江郡也。）（《後漢書·孝安帝紀》，233頁。）

121年（漢安帝建光元年）秋七月己卯，改元建光，大赦天下。（《後漢書·孝安帝紀》，233頁。）

121年（漢安帝建光元年）安帝初，清河相叔孫光坐臧抵罪，遂增錮二世，釁及其子。是時居延都尉范邠復犯臧罪，詔下三公、廷尉議。司徒楊震、司空陳褒、廷尉張皓議依光比。（比，類也。以邠類叔孫光，亦錮及子也。比音庇。）愷獨以為「《春秋》之義，『善善及子孫，惡惡止其身』，所以進人於善也。（《公羊傳》曰：「曹公孫會自鄸出奔宋，畔也。曷為不言畔？為公子喜時之後諱也，《春秋》為賢者諱也。何賢乎公子喜時？讓國也。君子之善善也長，惡惡也短。惡惡止其身，善善及子孫。賢者子孫，故君子為其諱也。」）《尚書》曰：『上刑挾輕，下刑挾重。』（今《尚書·呂刑篇》曰：「上刑適輕下服，下刑適重上服。」謂二罪俱發，原其本情，須有虧減，故言適輕適重。此言「挾輕挾重」，意亦不殊，但與今《尚書》不同耳。）如今使臧吏禁錮子孫，以輕從重，懼及善人，（《左傳》曰：「刑濫則懼及善人。」）非先王詳刑之意也」。（《尚書》周穆王曰：「有邦有土，告汝詳刑。」鄭玄注云：「詳，審察之也。」）有詔：「太尉議是。」（《後漢書》卷39《劉般傳》，1308～1310頁。）

122年（漢安帝延光元年）三月丙午，改元延光。大赦天下。（《後漢書·孝安帝紀》，235頁。）

122年（漢安帝建光二年）（高句驪）明年，遂成還漢生口，詣玄菟降。詔曰：「遂成等桀逆無狀，當斬斷菹醢，以示百姓，幸會赦令，乞罪請降。鮮卑、濊貊連年寇鈔，驅略小民，動以千數，而裁送數十百人，非向化之心也。自今已後，不與縣官戰鬥而自以親附送生口者，皆與贖直，縑人四十匹，小口半之。」（《後漢書》卷85《東夷列傳》，2815頁。）

124年（漢安帝延光三年）乙巳，詔郡國中都官死罪繫囚減罪一等，詣敦

煌、隴西及度遼營；其右趾以下及亡命者贖，各有差。（《後漢書·孝安帝紀》，240頁。）

125年（漢安帝延光四年）六月乙巳，大赦天下。（《後漢書·孝安帝紀》，242頁。）

125～126年（漢安帝延光四年～漢順帝永建元年）……是歲，安帝崩，（楊）倫輒棄官奔喪，號泣闕下不絕聲。閻太后以其專擅去職，坐抵罪。順帝即位，詔免倫刑，遂留行喪於恭陵。服闋，徵拜侍中。是時，邵陵令任嘉在職貪穢，因遷武威太守，後有司奏嘉臧罪千萬，徵考廷尉，其所牽染將相大臣百有餘人。倫乃上書曰：「臣聞《春秋》誅惡及本，本誅則惡消；振裘持領，領正則毛理。今任嘉所坐狼藉，未受辜戮，猥以垢身，改典大郡，自非案坐舉者，無以禁絕奸萌。往者湖陸令張疊、蕭令駟賢、徐州刺史劉福等，釁穢既章，咸伏其誅，而豺狼之吏至今不絕者，豈非本舉之主不加之罪乎？昔齊威之霸，殺姦臣五人，並及舉者，以弭謗讟。當斷不斷，《黃石》所戒。夫聖王所以聽僮夫匹婦之言者，猶塵加嵩岱，霧集淮海，雖未有益，不為損也。惟陛下留神省察。」奏御，有司以倫言切直，辭不遜順，下之。尚書奏倫探知密事，激以求直。坐不敬，結鬼薪。（結，正其罪也。鬼薪，取薪以給宗廟，三歲刑也。）詔書以倫數進忠言，特原之，免歸田里。（《後漢書》卷79《儒林列傳》，2564～2565頁。）

126年（漢順帝永建元年）永建元年春正月甲寅，詔曰：「……其大赦天下。賜男子爵，人二級，為父後、三老、孝悌、力田人三級，流民欲自占者一級；鰥、寡、孤、獨、篤癃、貧不能自存者粟，人五斛；貞婦帛，人三匹。坐法當徙，勿徙；亡徒當傳，勿傳。（徒囚逃亡當傳捕者，放之勿捕。）宗室以罪絕，皆復屬籍。其與閻顯、江京等交通者，悉勿考。勉修厥職，以康我民。」（《後漢書·順帝紀》，252頁。）

126年（漢順帝永建元年）冬十月辛巳，詔減死罪以下徙邊；其亡命贖，各有差。（《後漢書·順帝紀》，253頁。）

126年（漢順帝永建元年）歲餘，順帝即位，樊豐、周廣等誅死，震門生虞放、陳翼詣闕追訟震事……震之被譖也，高舒亦得罪，以減死論……（《後漢書》卷54《楊震傳》，1767～1768頁。）

126年（漢順帝永建元年）初，帝見廢，監太子家小黃門籍建、傅高梵、長秋長趙熹、丞良賀、藥長夏珍皆以無過獲罪，建等坐徙朔方。及帝即位，並

擢為中常侍。梵坐臧罪，減死一等……（《後漢書》卷 79《宦者列傳》，2518頁。）

126～144 年（漢順帝）（雷義）後舉孝廉，拜尚書侍郎，有同時郎坐事當居刑作，義默自表取其罪，以此論司寇。同臺郎覺之，委位自上，乞贖義罪。順帝詔皆除刑。（《後漢書》卷 81《獨行列傳》，2688 頁。）

127 年（漢順帝永建二年）孝順永建二年二月癸未，太白晝見三十九日。閏月乙酉，太白晝見東南維四十一日。八月乙巳，熒惑入輿鬼。太白晝見，為強臣。熒惑為凶。輿鬼為死喪。質星為誅戮。是時中常侍高梵、張防、將作大匠翟酺、尚書令高堂芝、僕射張敦、尚書尹就、郎姜述、楊鳳等，及兗州刺史鮑就、使匈奴中郎將張國、金城太守張篤、敦煌太守張朗，相與交通，漏泄，就、述棄市，梵、防、酺、芝、敦、鳳、就、國皆抵罪。又定遠侯班始尚陰城公主堅得，鬥爭殺堅得，坐要斬馬市，同產皆棄市。（《古今注》曰：「其年九月戊寅，有白氣，廣三尺，長十餘丈，從北落師門南至斗。三年二月癸未，月犯心後星。六月甲子，太白晝見。四年二月癸丑，月犯心後星。五年閏月庚子，太白晝見。六年，彗星出於斗、牽牛，滅於虛、危。虛、危為齊，牽牛吳、越，故海賊浮於會稽，山賊捷於濟南。五年夏，熒惑守氐，諸侯有斬者，是冬班始腰斬馬市。」）（《後漢書·天文志》，3243 頁。）

130 年（漢順帝永建五年）冬十月丙辰，詔郡國中都官死罪繫囚皆減罪一等，詣北地、上郡、安定戍。乙亥，定遠侯班始坐殺其妻陰城公主，腰斬，同產皆棄市。（《後漢書·順帝紀》，257 頁。）

130 年（漢順帝永建五年）……永建五年，遂拔刃殺主。帝大怒，腰斬始，同產皆棄市。（《後漢書》卷 47《班超傳》，1586 頁。）

132 年（漢順帝元嘉元年）庚寅，帝臨辟雍饗射，大赦天下，改元陽嘉。（《後漢書·順帝紀》，260 頁。）

132 年（漢順帝元嘉元年）九月，詔郡國中都官繫囚皆減死一等，亡命者贖，各有差。（《後漢書·順帝紀》，260 頁。）

134 年（漢順帝元嘉三年）五月戊戌，制詔曰：「……其大赦天下，自殊死以下謀反大逆諸犯不當得赦者，皆赦除之……」（《後漢書·順帝紀》，264頁。）

135 年（漢安帝延光四年）太后欲久專國政，貪立幼年，與（閻）顯等定策禁中，迎濟北惠王子北鄉侯懿，立為皇帝。顯忌大將軍耿寶位尊權重，威

行前朝，乃風有司奏寶及其黨與中常侍樊豐、虎賁中郎將謝惲、惲弟侍中篤、篤弟大將軍長史宓、侍中周廣、阿母野王君王聖、聖女永、永婿黃門侍郎樊嚴等，更相阿黨，互作威福，探刺禁省，更為唱和，皆大不道。豐、惲、廣皆下獄死，家屬徙比景；宓、嚴減死，髡鉗；貶寶為則亭侯，遣就國，自殺；王聖母子徙雁門。於是景為衛尉，耀城門校尉，晏執金吾，兄弟權要，威福自由。（《後漢書‧皇后紀》，436～437 頁。）

136 年（漢順帝永和元年）己巳，宗祀明堂，登靈臺，改元永和，大赦天下。（《後漢書‧順帝紀》，265 頁。）

137 年（漢順帝永和二年）……後二年，中常侍張逵等復坐誣罔大將軍梁商專恣，悉伏誅。（《後漢書》卷 30《楊厚傳》，1049 頁。）

139 年（漢順帝永和四年）戊午，大赦天下。賜民爵及粟帛各有差。（《後漢書‧順帝紀》，269 頁。）

140 年（漢順帝永和五年）丁丑，令死罪以下及亡命贖，各有差。（《後漢書‧順帝紀》，269 頁。）

141 年（漢順帝永和六年）……是時，太尉杜喬及故太尉李固為梁冀所陷入，坐文書死。及至注、張為周，滅於軒轅中為後宮。其後懿獻后以憂死，梁氏被誅，是其應也。（《後漢書‧天文志》，3246 頁。）

142 年（漢順帝漢安元年）漢安元年春正月癸巳，宗祀明堂，大赦天下，改元漢安。（《後漢書‧順帝紀》，272 頁。）

142～144 年（漢順帝）順帝末，為侍御史。時所遣八使光祿大夫杜喬、周舉等，多所糾奏，而大將軍梁冀及諸宦官互為請救，事皆被寢遏。曷自以職主刺舉，志案奸違，乃復劾諸為八使所舉蜀郡太守劉宣等罪惡章露，宜伏歐刀。又奏請敕四府條舉近臣父兄及知親為刺史、二千石尤殘穢不勝任者，免遣案罪。帝乃從之。擢曷監太子於承光宮。中常侍高梵從中單駕出迎太子，時太傅杜喬等疑不欲從，惶惑不知所為。曷乃手劍當車，曰：「太子國之儲副，人命所繫。今常侍來無詔信，何以知非姦邪？今日有死而已。」梵辭屈，不敢對，馳命奏之。詔報，太子乃得去。喬退而歎息，愧曷臨事不惑。帝亦嘉其持重，稱善者良久。出為益州刺史。曷素慷慨，好立功立事。在職三年，宣恩遠夷，開曉殊俗，岷山雜落皆懷服漢德。其白狼、槃木、唐菆、邛、僰諸國，自前刺史朱輔卒後遂絕；曷至，乃復舉種向化。時永昌太守冶鑄黃金為文蛇，以獻梁冀，曷糾發逮捕，馳傳上言，而二府畏懦，不敢案之，冀由是銜怒於

暠。會巴郡人服直聚黨數百人，自稱「天王」，暠與太守應承討捕，不克，吏人多被傷害。冀因此陷之，傳逮暠、承。太尉李固上疏救曰：「臣伏聞討捕所傷，本非暠、承之意，實由縣吏懼法畏罪，迫逐深苦，致此不詳。比盜賊群起，處處未絕。暠、承以首舉大奸，而相隨受罪，臣恐沮傷州縣糾發之意，更共飾匿，莫復盡心。」梁太后省奏，乃赦暠、承罪，免官而已。（《後漢書》卷56《種暠傳》，1827～1828頁。）

142年（漢順帝漢安元年）漢安元年，以喬守光祿大夫，使徇察兗州。表奏太山太守李固政為天下第一；陳留太守梁讓、濟陰太守汜宮、濟北相崔瑗等臧罪千萬以上……（《後漢書》卷63《杜喬傳》，2092頁。）

143年（漢順帝漢安二年）冬十月辛丑，令郡國中都官繫囚殊死以下出縑贖，各有差；其不能入贖者，遣詣臨羌縣居作二歲。（《後漢書·順帝紀》，273頁。）

144年（漢順帝建康元年）辛巳，立皇子炳為皇太子，改年建康，大赦天下。賜人爵各有差。（《後漢書·順帝紀》，274頁。）

144年（漢順帝建康元年）己酉，令郡國中都官繫囚減死一等，徙邊；謀反大逆，不用此令。（《後漢書·順帝紀》，276頁。）

144年（漢順帝建康元年）……趙序坐畏懦不進，詐增首級，徵還棄市……（《後漢書》卷38《滕撫傳》，1279頁。）

145年（漢沖帝永嘉元年）乙酉，大赦天下，賜人爵及粟帛各有差。還王侯所削戶邑。（《後漢書·沖帝紀》，277頁。）

145年（漢沖帝永嘉元年）……其令中都官繫囚罪非殊死考未竟者，一切任出，以須立秋……（《後漢書·沖帝紀》，278頁。）

145年（漢沖帝永嘉元年）丁未，中郎將趙序坐事棄市。（《東觀記》曰：「取錢縑三百七十五萬。」）（《後漢書·沖帝紀》，279頁。）

146年（漢質帝本初元年）六月丁巳，大赦天下，賜民爵及粟帛各有差。（《後漢書·質帝紀》，282頁。）

147年（漢桓帝建和元年）戊午，大赦天下。賜吏更勞一歲；男子爵，人二級，為父後及三老、孝悌、力田人三級；鰥、寡、孤、獨、篤癃、貧不能自存者粟，人五斛；貞婦帛，人三匹。災害所傷什四以上，勿收田租；其不滿者，以實除之。（《後漢書·桓帝紀》，289頁。）

147年（漢桓帝建和元年）壬辰，詔州郡不得迫脅驅逐長吏。長吏臧滿

三十萬而不糾舉者，刺史、二千石以縱避為罪。若有擅相假印綬者，與殺人同棄市論。丙午，詔郡國繫囚減死罪一等，勿笞。唯謀反大逆，不用此書。又詔曰：「比起陵塋，彌歷時歲，力役既廣，徒隸尤勤。頃雨澤不沾，密雲復散，倘或在茲。其令徒作陵者減刑各六月。」（《後漢書·桓帝紀》，289～290頁。）

147年（漢桓帝建和元年）戊午，減天下死罪一等，戍邊。（《後漢書·桓帝紀》，291頁。）

147年（漢桓帝建和元年）陳留盜賊李堅自稱皇帝，伏誅。（《後漢書·桓帝紀》，291頁。）

147年（漢桓帝建和元年）建和元年，甘陵人劉文與南郡妖賊劉鮪交通，訛言清河王當統天子，欲共立蒜。事發覺，文等遂劫清河相謝皓，將至王宮司馬門，曰：「當立王為天子，皓為公。」皓不聽，罵之，文因刺殺皓。於是捕文、鮪誅之。有司因劾奏蒜，坐貶爵為尉氏侯，徙桂陽，自殺。立三年，國絕。（《後漢書》卷55《章帝八王傳》，1805～1806頁。）

147～167年（漢桓帝）三遷，桓帝時為南郡太守。先是融有事忤大將軍梁冀旨，冀諷有司奏融在郡貪濁，免官，髡徙朔方。自刺不殊，得赦還，復拜議郎，重在東觀著述，以病去官。

（《後漢書》卷60《馬融傳》，1972頁。）

147～167年（漢桓帝）……是時會稽太守梁旻，大將軍冀之從弟也。祐舉奏其罪，旻坐徵。復遷祐河東太守。時屬縣令長率多中官子弟，百姓患之。祐到，黜其權強，平理冤結，政為三河表……時中常侍蘇康、管霸用事於內，遂固天下良田美業，山林湖澤，民庶窮困，州郡累氣。祐移書所在，依科品沒入之。桓帝大怒，論祐輸左校。（《後漢書》卷67《黨錮列傳》，2199頁。）

147～167年（漢桓帝）……先是求故汝南太守下邳李暠女不能得，及到縣，遂將吏卒至暠家，載其女歸，戲射殺之，埋著寺內。時下邳縣屬東海，汝南黃浮為東海相，有告言宣者，浮乃收宣家屬，無少長悉考之。掾史以下固諫爭。浮曰：「徐宣國賊，今日殺之，明日坐死，足以瞑目矣。」即案宣罪棄市，暴其尸以示百姓，郡中震栗。璜於是訴怨於帝，帝大怒，浮坐髡鉗，輸作右校。五侯宗族賓客虐遍大下，民不堪命，起為寇賊……（《後漢書》卷79《宦者列傳》，2522頁。）

148 年（漢桓帝建和二年）二年春正月甲子，皇帝加元服。庚午，大赦天下。（《後漢書・桓帝紀》，292 頁。）

148 年（漢桓帝建和二年）冬十月，長平陳景自號「黃帝子」，署置官屬，又南頓管伯亦稱「真人」，並圖舉兵，悉伏誅。（《後漢書・桓帝紀》，293 頁。）

150 年（漢桓帝和平三年）和平元年春正月甲子，大赦天下，改元和平。（《後漢書・桓帝紀》，295 頁。）

150 年（漢桓帝和平三年）二月扶風妖賊裴優自稱皇帝，伏誅。（《後漢書・桓帝紀》，296 頁。）

150 年（漢桓帝和平三年）冬十一月辛巳，減天下死罪一等，徙邊戍。（《後漢書・桓帝紀》，296 頁。）

151 年（漢桓帝元嘉元年）癸酉，大赦天下，改元元嘉。（《後漢書・桓帝紀》，296 頁。）

151 年（漢桓帝元嘉元年）……專擅威柄，凶忿日積，機事大小，莫不諮決之。宮衛近侍，並所親樹，樹，置也。禁省起居，纖微必知。百官遷召，皆先到冀門箋檄謝恩，然後敢詣尚書。下邳人吳樹為宛令，之官辭冀，冀賓客佈在縣界，以情託樹。樹對曰：「小人奸蠹，比屋可誅。明將軍以椒房之重，處上將之位，宜崇賢善，以補朝闕。宛為大都，士之淵藪，自侍坐以來，未聞稱一長者，而多託非人，誠非敢聞！」冀嘿然不悅。樹到縣，遂誅殺冀客為人害者數十人，由是深怨之。樹後為荊州刺史，臨去辭冀，冀為設酒，因鴆之，樹出，死車上。又遼東太守侯猛，初拜不謁，冀託以它事，乃腰斬之……時太原郝絜、胡武，皆危言高論，危亦高，謂峻也。與著友善。先是絜等連名奏記三府，薦海內高士，而不詣冀，冀追怒之，又疑為著黨，來中都官移檄捕前奏記者並殺之，遂誅武家，死者六十餘人……（《後漢書》卷 34《梁統傳》，1183～1184 頁。）

152 年（漢桓帝元嘉二年）……於寶侯將遂焚營舍，燒殺吏士，上樓斬（王）敬，懸首於市……（《後漢書》卷 88《西域傳》，2916 頁。）

153 年（漢桓帝永興元年）夏五月丙申，大赦天下，改元永興。十一月丁丑，詔減天下死罪一等，徙邊戍。（《後漢書・桓帝紀》，298 頁。）

154 年（漢桓帝永興二年）二年春正月甲午，大赦天下。（《後漢書・桓帝紀》，299 頁。）

154 年（漢桓帝永興二年）減天下死罪一等，徙邊戍。蜀郡李伯詐稱宗室，當立為「太初皇帝」，伏誅。（《後漢書‧桓帝紀》，300 頁。）

154 年（漢桓帝永興二年）……時鮮卑犯塞，潁即率所領馳赴之。既而恐賊驚去，乃使驛騎詐齎璽書詔潁，潁於道偽退，潛於還路設伏。虜以為信然，乃入追潁。潁因大縱兵，悉斬獲之。坐詐璽書伏重刑，以有功論司寇。刑竟，徵拜議郎。（《後漢書》卷 65《段潁傳》，2145 頁。）

155 年（漢桓帝永壽元年）永壽元年春正月戊申，大赦天下，改元永壽。（《後漢書‧桓帝紀》，300 頁。）

157 年（漢桓帝永壽三年）三年春正月己未，大赦天下。（《後漢書‧桓帝紀》，302 頁。）

158 年（漢桓帝延熹元年）六月戊寅，大赦天下，改元延熹。（《後漢書‧桓帝紀》，303 頁。）

158～167 年（漢桓帝延熹年間）……延熹中，遂陷以罪辟，與宗族免歸故郡，吏承望風旨，持之浸急，（寇）榮恐不免，奔闕自訟。未至，刺史張敬追劾榮以擅去邊，有詔捕之。榮逃竄數年，會赦令，不得除，積窮困……（《後漢書》卷 16《寇恂傳》，627 頁。）

158 年（漢桓帝延熹元年）……延熹元年，（唐）玹為京兆尹，岐懼禍及，乃與從子戩逃避之。玹果收岐家屬宗親，陷以重法，盡殺之。（《決錄注》曰：「岐長兄槃，州都官從事，早亡。次兄無忌，字世卿，部河東從事，為玹所殺。」戩音翦。岐遂逃難四方）……後諸唐死滅，因赦乃出……（《後漢書》卷 64《趙岐傳》，2122～2123 頁。）

159 年（漢桓帝延熹二年）大將軍梁冀謀為亂。八月丁丑，帝御前殿，詔司隸校尉張彪將兵圍冀第，收大將軍印綬，冀與妻皆自殺。衛尉梁淑、河南尹梁胤、屯騎校尉梁讓、越騎校尉梁忠、長水校尉梁戟等，及中外宗親數十人，皆伏誅。太尉胡廣坐免。司徒韓縯、司空孫朗下獄。（《東觀記》曰：「並坐不衛宮，止長壽亭，減死一等，以爵贖之。」）（《後漢書‧桓帝紀》，304～305 頁。）

159 年（漢桓帝延熹二年）……其歲，誅梁冀，廢懿陵為貴人冢焉。（《後漢書‧皇后紀》，444 頁。）

159 年（漢桓帝延熹二年）……諸梁及孫氏中外宗親送詔獄，無長少皆棄市。不疑、蒙先卒。其他所連及公卿列校刺史二千石死者數十人，故吏賓客

免黜者三百餘人，朝廷為空，唯尹勳、袁盱及廷尉邯鄲義在焉……（《後漢書》卷 34《梁統傳》，1183～1184 頁。）

159 年（漢桓帝延熹二年）遷兗州刺史。中常侍單超兄子匡為濟陰太守，負執貪放，種欲收舉，未知所使。會聞從事衛羽素抗厲，乃召羽具告之。謂曰：「聞公不畏彊禦，今欲相委以重事，若何？」對曰：「願庶幾於一割。」羽出，遂馳至定陶，閉門收匡賓客親吏四十餘人，六七日中，糾發其贓五六千萬。種即奏匡，並以劾超。匡窘迫，遣刺客刺羽，羽覺其奸，乃收繫客，具得情狀。州內震栗，朝廷嗟歎之……單超積懷忿恨，遂以事陷種，竟坐徙朔方……會赦出，卒於家。（《後漢書》卷 41《第五種傳》，1404～1405 頁。）

159 年（漢桓帝延熹二年）延熹二年，大將軍梁冀誅，廣與司徒韓演、司空孫朗坐不衛宮，皆減死一等，奪爵土，免為庶人。（《後漢書》卷 44《胡廣傳》，1509 頁。）

159 年（漢桓帝延熹二年）……棱孫演，順帝時為丹陽太守，政有能名。桓帝時為司徒。大將軍梁冀被誅，演坐阿黨抵罪，以減死論，遣歸本郡。（《華嶠書》曰「梁皇后崩，梁貴人大幸，將立，大將軍冀欲分其寵，謀冒姓為貴人父，演陰許諾，及冀誅事發，演坐抵罪」也。）後復徵拜司隸校尉。（《後漢書》卷 45《韓棱傳》，1536 頁。）

159 年（漢桓帝延熹二年）大將軍梁冀威震天下，時遣書詣蕃，有所請託，不得通，使者詐求謁，蕃怒，笞殺之，坐左轉修武令。稍遷，拜尚書……會白馬令李雲抗疏諫，桓帝怒，當伏重誅。蕃上書救雲，坐免歸田里。（《後漢書》卷 66《陳蕃傳》，2160～2161 頁。）

160 年（漢桓帝延熹三年）三年春正月丙申，大赦天下。（《後漢書·桓帝紀》，306 頁。）

160 年（漢桓帝延熹三年）延熹三年，白馬令李雲以諫受罪，秉爭之不能得，坐免官，歸田里。其年冬，復徵拜河南尹。先是中常侍單超弟匡為濟陰太守，以贓罪為刺史第五種所劾，窘急，乃賂客任方刺兗州從事衛羽。事已見《種傳》。及捕得方，囚繫洛陽，匡慮秉當窮竟其事，密令方等得突獄亡走。尚書召秉詰責，秉對曰：「《春秋》不誅黎比而魯多盜，方等無狀，釁由單匡。刺執法之吏，害奉公之臣，復令逃竄，寬縱罪身，元惡大懟，終為國害。乞檻車徵匡考覈其事，則奸慝蹤緒，必可立得。」而秉竟坐輸作左校，以久旱赦出。（《後漢書》卷 54《楊秉傳》，1771 頁。）

160 年（漢桓帝延熹三年）……明年，史官上言宜有赦令，又當存錄大臣冤死者子孫，於是大赦天下，並求固後嗣……（《後漢書》卷 63《李固傳》，2090 頁。）

160 年（漢桓帝延熹三年）……（胡）爽抱馬固諫，（李）肅遂殺爽而走。帝聞之，徵肅棄市，（劉）度、（馬）睦減死一等，復爽門閭，拜家一人為郎……（《後漢書》卷 86《南蠻西南夷列傳》，2834 頁。）

161 年（漢桓帝延熹四年）己酉，大赦天下。（《後漢書·桓帝紀》，308 頁。）

161 年（漢桓帝延熹四年）南陽黃武與襄城惠得、昆陽樂季訞言相署，皆伏誅。（《後漢書·桓帝紀》，309 頁。）

161 年（漢桓帝延熹四年）……又監黎陽謁者燕喬坐贓，重泉令彭良殺無辜，皆棄市。京兆虎牙都尉宋謙坐贓，下獄死。客星在營室至心作彗，為大喪。後四年，鄧后以憂死。（《後漢書·天文志》，3256 頁。）

163 年（漢桓帝延熹六年）三月戊戌，大赦天下。《後漢書·桓帝紀》，311 頁。）

163 年（漢桓帝延熹六年）……六年，代劉寵為司空。是時宦官任人及子弟充塞列位。（周）景初視事，與太尉楊秉舉奏諸姦猾，自將軍牧守以下，免者五十餘人。遂連及中常侍防東侯覽、東武陽侯具瑗，皆坐黜。朝廷莫不稱之……（《後漢書》卷 45《周榮傳》，1538 頁。）

165 年（漢桓帝延熹八年）勃海王悝謀反，降為廮陶王。（《後漢書·桓帝紀》，313 頁。）

165 年（漢桓帝延熹八年）太僕左稱有罪自殺。（《後漢書·桓帝紀》，314 頁。）

165 年（漢桓帝延熹八年）三月辛巳，大赦天下。（《後漢書·桓帝紀》，314 頁。）

165 年（漢桓帝延熹八年）蒼梧太守張敘為賊所執，又桂陽太守任胤背敵畏懦，皆棄市。（《後漢書·桓帝紀》，315 頁。）

165 年（漢桓帝延熹八年）勃海妖賊蓋登等稱「太上皇帝」，有玉印、圭、璧、鐵券，相署置，皆伏誅。（《後漢書·桓帝紀》，316 頁。）

165 年（漢桓帝延熹八年）……延熹八年，悝謀為不道，有司請廢之。帝不忍，乃貶為廮陶王，食一縣。（《後漢書》卷 55《章帝八王傳》，1798 頁。）

165 年（漢桓帝延熹八年）……大司農劉祐、廷尉馮緄、河南尹李膺，皆以忤旨，為之抵罪。蕃因朝會，固理膺等，請加原宥，升之爵任。言及反覆，誠辭懇切。帝不聽，因流涕而起。時小黃門趙津、南陽大猾張氾等，奉事中官，乘執犯法，二郡太守劉瓆、成瑨考案其罪，雖經赦令，而並竟考殺之。宦官怨恚，有司承旨，遂奏瓆、瑨罪當棄市。又山陽太守翟超，沒入中常侍侯覽財產，東海相黃浮，誅殺下邳令徐宣，超、浮並坐髡鉗，輸作左校……（《後漢書》卷 66《陳蕃傳》，2163～2164 頁。）

165 年（漢桓帝延熹八年）延熹八年，太守翟超請為東部督郵。時中常侍侯覽家在防東，殘暴百姓，所為不軌。儉舉劾覽及其母罪惡，請誅之。覽遏絕章表，並不得通，由是結仇。鄉人朱並，素性佞邪，為儉所棄，並懷怨恚，遂上書告儉與同郡二十四人為黨，於是刊章討捕。儉得亡命，困迫遁走，望門投止，莫不重其名行，破家相容。後流轉東萊，止李篤家。外黃令毛欽操兵到門，篤引欽謂曰：「張儉知名天下，而亡非其罪。縱儉可得，寧忍執之乎？」欽因起撫篤曰：「蘧伯玉恥獨為君子，足下如何自專仁義？」篤曰：「篤雖好義，明廷今日載其半矣。」欽歎息而去。篤因緣送儉出塞，以故得免。其所經歷，伏重誅者以十數，宗親並皆殄滅，郡縣為之殘破。（《後漢書》卷 67《黨錮列傳》，2210 頁。）

166 年（漢桓帝延熹九年）沛國戴異得黃金印，無文字，遂與廣陵人龍尚等共祭井，作符書，稱「太上皇」，伏誅。（《後漢書·桓帝紀》，316 頁。）

166 年（漢桓帝延熹九年）陳留太守韋毅坐臧自殺。（《後漢書·桓帝紀》，317 頁。）

166 年（漢桓帝延熹九年）南陽太守成瑨、太原太守劉瓆，並以譖棄市。（時小黃門趙津犯法，瓆考殺之，宦官怨恚，有司承旨奏瓆等。）（《後漢書·桓帝紀》，318 頁。）

166 年（漢桓帝延熹九年）時河內張成善說風角，推占當赦，遂教子殺人。李膺為河南尹，督促收捕，既而逢宥獲免，膺愈懷憤疾，竟案殺之。初，成以方伎交通宦官，帝亦頗諄其占。成弟子牢修因上書誣告膺等養太學遊士，交結諸郡生徒，更相驅馳，共為部黨，誹訕朝廷，疑亂風俗。於是天子震怒，班下郡國，逮捕黨人，布告天下，使同忿疾，遂收執膺等。其辭所連及陳寔之徒二百餘人，或有逃遁不獲，皆懸金購募。使者四出，相望於道。明年，尚書霍諝、城門校尉竇武並表為請，帝意稍解，乃皆赦歸田里，禁錮終身。而黨人

之名，猶書王府……又張儉鄉人朱並，承望中常侍侯覽意旨，上書告儉與同鄉二十四人別相署號，共為部黨，圖危社稷。以儉及檀彬、褚鳳、張蕭、薛蘭、馮禧、魏玄、徐幹為「八俊」，田林、張隱、劉表、薛郁、王訪、劉祗、宣靖、公緒恭為「八顧」，朱楷、田槃、疏耽、薛敦、宋布、唐龍、嬴諮、宣褒為「八及」，刻石立墠，共為部黨，而儉為之魁。靈帝詔刊章捕儉等。（刊，削。不欲宣露並名，故削除之，而直捕儉等。）大長秋曹節因此諷有司奏捕前黨故司空虞放、太僕杜密、長樂少府李膺、司隸校尉朱寓、潁川太守巴肅、沛相荀翌、河內太守魏朗、山陽太守翟超、任城相劉儒、太尉掾范滂等百餘人，皆死獄中。餘或先歿不及，或亡命獲免。自此諸為怨隙者，因相陷害，睚眥之忿，濫入黨中。又州郡承旨，或有未嘗交關，亦離禍毒。其死徙廢禁者，六七百人。（《後漢書》卷67《黨錮列傳》，2187～2188頁。）

166年（漢桓帝延熹九年）……其九年十一月，太原太守劉瓆、南陽太守成瑨皆坐殺無辜，荊州刺史李隗為賊所拘，尚書郎孟璫坐受金漏言，皆棄市……（《後漢書·天文志》，3257～3258頁。）

167年（漢桓帝永康元年）六月庚申，大赦天下，悉除黨錮，改元永康。（時李膺等頗引宦者子弟，宦官多懼，請帝以天時當赦，帝許之，故除黨錮也。）（《後漢書·桓帝紀》，319頁。）

167年（漢桓帝永康元年）會帝崩，時禁藩國諸侯不得奔弔，（趙）典慨然曰：「身從衣褐之中，致位上列。且烏鳥反哺報德，況於士邪！」遂解印綬符策付縣，而馳到京師。州郡及大鴻臚並執處其罪，而公卿百僚嘉典之義，表請以租自贖，詔書許之。（《後漢書》卷27《趙典傳》，948頁。）

168年（漢靈帝建寧元年）辛未，謁世祖廟。大赦天下。賜民爵及帛各有差。（《後漢書·靈帝紀》，328頁。）

168年（漢靈帝建寧元年）九月辛亥，中常侍曹節矯詔誅太傅陳蕃、大將軍竇武及尚書令尹勳、侍中劉瑜、屯騎校尉馮述，皆夷其族……冬十月甲辰晦，日有食之。令天下繫囚罪未決入縑贖，各有差。（《後漢書·靈帝紀》，329頁。）

168年（漢靈帝建寧元年）靈帝即位，中常侍曹節以陳蕃、竇氏既誅，海內多怨，欲借寵時賢以為名，白帝就家拜著東海相。詔書逼切，不得已，解巾之郡。政任威刑，為受罰者所奏，坐論輸左校。又後妻憍恣亂政，以之失名，竟歸，為奸人所害，隱者恥之。（《後漢書》卷26《韋彪傳》，921頁。）

168 年（漢靈帝建寧元年）及帝崩，大將軍竇武欲大誅宦官，乃引瑜為侍中，又以侍中尹勳為尚書令，共同謀畫。及武敗，瑜、勳並被誅。事在《武傳》。（《後漢書》卷 57《劉瑜傳》，1857 頁。）

168 年（漢靈帝建寧元年）……與竇武、陳蕃等謀誅閹官，武等遇害，肅亦坐黨禁錮。中常侍曹節後聞其謀，收之。肅自載詣縣，縣令見肅，入閤解印綬與俱去。肅曰：「為人臣者，有謀不敢隱，有罪不逃刑。既不隱其謀矣，又敢逃其刑乎？」遂被害。刺史賈琮刊石立銘以記之。（《後漢書》卷 67《黨錮列傳》，2203 頁。）

168～189 年（漢靈帝）……（趙壹）而恃才倨傲，為鄉黨所擯，乃作《解擯》。後屢抵罪，幾至死，友人救得免……（《後漢書》卷 80《文苑列傳》，2628 頁。）

169 年（漢靈帝建寧二年）二年春正月丁丑，大赦天下。（《後漢書·靈帝紀》，330 頁。）

169 年（漢靈帝建寧二年）……（荀）淑兄子昱字伯條，曇字元智。昱為沛相，曇為廣陵太守。兄弟皆正身疾惡，志除閹宦。其支黨賓客有在二郡者，纖罪必誅。昱後共大將軍竇武謀誅中官，與李膺俱死。曇亦禁錮終身。（《後漢書》卷 62《荀淑傳》，2050 頁。）

169 年（漢靈帝建寧二年）建寧二年，喪母還家，大起塋冢。督郵張儉因舉奏覽貪侈奢縱，前後請奪人宅三百八十一所，田百一十八頃。起立第宅十有六區，皆有高樓池苑，堂閣相望，飾以綺畫丹漆之屬，制度重深，僭類宮省。又豫作壽冢，石槨雙闕，高廡百尺，破人居室，發掘墳墓。虜奪良人，妻略婦子，及諸罪釁，請誅之。而覽伺候遮截，章竟不上。儉遂破覽冢宅，藉沒資財，具言罪狀。又奏覽母生時交通賓客，干亂郡國。復不得御。覽遂誣儉為鉤黨，及故長樂少府李膺、太僕杜密等，皆夷滅之。遂代曹節領長樂太僕。（《後漢書》卷 79《宦者列傳》，2523 頁。）

170 年（漢靈帝建寧三年）三年春……轉執金吾河南尹。有盜發馮貴人冢，坐左轉諫議大夫，再遷司隸校尉。（《後漢書》卷 65《段熲傳》，2153 頁。）

171 年（漢靈帝建寧四年）四年春正月甲子，帝加元服，大赦天下。賜公卿以下各有差，唯黨人不赦。（《後漢書·靈帝紀》，332 頁。）

172 年（漢靈帝熹平元年）夏五月己巳，大赦天下，改元熹平。長樂太僕侯覽有罪，自殺……宦官諷司隸校尉段熲補繫太學諸生千餘人。冬十月，渤海

王悝被誣謀反，丁亥，悝及妻子皆自殺。（《後漢書‧靈帝紀》，333 頁。）

172 年（漢靈帝熹平元年）熹平元年，竇太后崩，有何人書朱雀闕，言「天下大亂，曹節、王甫幽殺太后，常侍侯覽多殺黨人，公卿皆尸祿，無有忠言者。」於是詔司隸校尉劉猛逐捕，十日一會。猛以誹書言直，不肯急捕，月餘，主名不立。猛坐左轉諫議大夫，以御史中丞段熲代猛，乃四出逐捕，及太學遊生，繫者千餘人。節等怨猛不已，使熲以它事奏猛，抵罪輸左校。朝臣多以為言，乃免刑，復公車徵之。（曹）節遂與王甫等誣奏桓帝弟勃海王悝謀反，誅之……（《後漢書》卷 79《宦者列傳》，2525 頁。）

172 年（漢靈帝熹平元年）熹平元年夏，霖雨七十餘日。是時中侍曹節等，共誣白勃海王悝謀反，其十月誅悝。（《後漢書‧五行志》，3270 頁。）

173 年（漢靈帝熹平二年）二月壬午，大赦天下。（《後漢書‧靈帝紀》，334 頁。）

173 年（漢靈帝熹平二年）……熹平二年，端坐討賊許昭失利，為州所奏，罪應棄市。儁乃羸服閒行，輕齎數百金到京師，略主章吏，遂得刊定州奏，故端得輸作左校。端喜於降免而不知其由，儁亦終無所言。（《後漢書》卷 71《朱儁傳》，2308 頁。）

174 年（漢靈帝熹平三年）二月己巳，大赦天下。（《後漢書‧靈帝紀》，335 頁。）

174 年（漢靈帝熹平三年）冬十月癸丑，令天下繫囚罪未決，入縑贖。（《後漢書‧靈帝紀》，336 頁。）

175 年（漢靈帝熹平四年）五月丁卯，大赦天下。（《後漢書‧靈帝紀》，336 頁。）

175 年（漢靈帝熹平四年）冬十月丁巳，令天下繫囚罪未決，入縑贖。（《後漢書‧靈帝紀》，337 頁。）

175 年（漢靈帝熹平四年）太尉耽、司徒隗、司空訓以邕議劾光、晃不敬，正鬼薪法。詔書勿治罪。（臣昭曰：不有君子，其能國乎？觀蔡邕之議，可以言天機矣。賢明在朝，弘益遠哉！公卿結正，足懲淺妄之徒，詔書勿治，亦深「盍各」之致。）（《後漢書‧律曆志》，3040 頁。）

176 年（漢靈帝熹平五年）五年夏四月癸亥，大赦天下。（《後漢書‧靈帝紀》，337 頁。）

176 年（漢靈帝熹平五年）閏月，永昌太守曹鸞坐訟黨人，棄市。（訟謂

申理之也。其言切直，帝怒，檻車送槐里獄掠殺之也。）詔黨人門生故吏父兄子弟在位者，皆免官禁錮。（《後漢書・靈帝紀》，338頁。）

177年（漢靈帝熹平六年）六年春正月辛丑，大赦天下。（《後漢書・靈帝紀》，339頁。）

177年（漢靈帝熹平六年）辛亥，令天下繫囚罪未決，入縑贖。（《後漢書・靈帝紀》，340頁。）

177年（漢靈帝熹平六年）……先是護羌校尉田晏坐事論刑被原，欲立功自效，乃請中常侍王甫求得為將，甫因此議遣兵與育並力討賊。帝乃拜晏為破鮮卑中郎將……（《後漢書》卷90《烏桓鮮卑列傳》，2990頁。）

178年（漢靈帝光和元年）三月辛丑，大赦天下，改元光和。（《後漢書・靈帝紀》，341頁。）

178年（漢靈帝光和元年）……蔡邕坐直對抵罪，徙朔方。（楊）賜以師傅之恩，故得免咎。（《後漢書》卷54《楊賜傳》，1780頁。）

178年（漢靈帝光和元年）……於是下邕、質於洛陽獄，劾以仇怨奉公，議害大臣，大不敬，棄市。事奏，中常侍呂強愍邕無罪，請之，帝亦更思其章，有詔減死一等，與家屬髡鉗徙朔方，不得以赦令除……帝嘉其才高，會明年大赦，及宥邕還本郡……（《後漢書》卷60《蔡邕傳》，2002～2003頁。）

179年（漢靈帝光和二年）辛巳，中常侍王甫及太尉段潁並下獄死。丁酉，大赦天下，諸黨人禁錮小功以下皆除之。（時上祿長和海上言：「黨人錮及五族，有乖典訓。」帝從之。）（《後漢書・靈帝紀》，343頁。）

179年（漢靈帝光和二年）……光和中，黃門令王甫使門生於郡界辜榷官財物七千餘萬，彪發其奸，言之司隸。司隸校尉陽球因此奏誅甫，天下莫不愜心……（《後漢書》卷54《楊彪傳》，1786頁。）

179年（漢靈帝光和二年）……劾奏謾欺。詔書報，恂、誠各以二月奉贖罪，整適作左校二月……（《後漢書・律曆志》，3042頁。）

180年（漢靈帝光和三年）三年春正月癸酉，大赦天下。（《後漢書・靈帝紀》，344頁。）

180年（漢靈帝光和三年）八月，令繫囚罪未決，入縑贖，各有差。（《後漢書・靈帝紀》，344頁。）

181年（漢靈帝光和四年）夏四月庚子，大赦天下。（《後漢書・靈帝紀》，

345 頁。）

182 年（漢靈帝光和五年）五年春正月辛未，大赦天下。（《後漢書·靈帝紀》，346 頁。）

182 年（漢靈帝光和五年）癸酉，令繫囚罪未決，入縑贖。（《後漢書·靈帝紀》，347 頁。）

183 年（漢靈帝光和六年）三月辛未，大赦天下。（《後漢書·靈帝紀》，347 頁。）

184 年（漢靈帝中平元年）壬子，大赦天下黨人，還諸徙者，（時中常侍呂強言於帝曰：「黨錮久積，若與黃巾合謀，悔之無救。」帝懼，皆赦之。）唯張角不赦。（《後漢書·靈帝紀》，348 頁。）

184 年（漢靈帝中平元年）皇甫嵩、朱儁大破汝南黃巾於西華。詔嵩討東郡，朱儁討南陽。盧植破黃巾，圍張角於廣宗。宦官誣奏植，抵罪。（植連破張角，垂當拔之，小黃門左豐言於帝曰：「盧中郎固壘息軍，以待天誅。」帝怒，遂檻車徵植，減死一等。）（《後漢書·靈帝紀》，349 頁。）

184 年（漢靈帝中平元年）九月，安平王續有罪誅，國除。（《後漢書·靈帝紀》，350 頁。）

184 年（漢靈帝中平元年）……中平元年，黃巾賊起，（劉續）為所劫質，囚於廣宗。賊平復國。其年秋，坐不道被誅……（《後漢書》卷 50《孝明八王列傳》，1674 頁。）

184 年（漢靈帝中平元年）十二月己巳，大赦天下，改元中平。（《後漢書·靈帝紀》，350 頁。）

184 年（漢靈帝中平元年）中平元年，黃巾賊起，四府舉植，拜北中郎將，持節，以護烏桓中郎將宗員副，將北軍五校士，發天下諸郡兵征之。連戰破賊帥張角，斬獲萬餘人。角等走保廣宗，植築圍鑿塹，造作雲梯，垂當拔之。帝遣小黃門左豐詣軍觀賊形埶，或勸植以賂送豐，植不肯。豐還言於帝曰：「廣宗賊易破耳。盧中郎固壘息軍，以待天誅。」帝怒，遂檻車徵植，減死罪一等。（《後漢書》卷 64《盧植傳》，2118 頁。）

184 年（漢靈帝中平元年）……中平元年，大方馬元義等先收荊、楊數萬人，期會發於鄴。元義數往來京師，以中常侍封諝、徐奉等為內應，約以三月五日內外俱起。未及作亂，而張角弟子濟南唐周上書告之，於是車裂元義於洛陽。靈帝以周章下三公、司隸，使鉤盾令周斌將三府掾屬，案驗宮省直衛

及百姓有事角道者，誅殺千餘人，推考冀州，逐捕角等……（《後漢書》卷 71《皇甫嵩傳》，2299～2300 頁。）

184 年（漢靈帝中平元年）中平元年，拜東中郎將，持節，代盧植擊張角於下曲陽，軍敗抵罪……（《後漢書》卷 72《董卓傳》，2310 頁。）

184 年（漢靈帝中平元年）中平元年，黃巾賊起，帝問強所宜施行。（呂）強欲先誅左右貪濁者，大赦黨人，料簡刺史、二千石能否。帝納之，乃先赦黨人。於是諸常侍人人求退，又各自徵還宗親子弟在州郡者。中常侍趙忠、夏惲等遂共構強，云「與黨人共議朝廷，數讀霍光傳。強兄弟所在並皆貪穢」。帝不悅，使中黃門持兵召強。強聞帝召，怒曰：「吾死，亂起矣。丈夫欲盡忠國家，豈能對獄吏乎！」遂自殺。忠、惲復譖曰：「強見召未知所問，而就外草自屏，有奸明審。」遂收捕宗親，沒入財產焉。（《後漢書》卷 79《宦者列傳》，2533 頁。）

185 年（漢靈帝中平二年）前司徒陳耽、諫議大夫劉陶坐直言，下獄死。（《後漢書·靈帝紀》，352 頁。）

186 年（漢靈帝中平三年）庚戌，大赦天下。（《後漢書·靈帝紀》，352 頁。）

187 年（漢靈帝中平四年）四年春正月己卯，大赦天下。（《後漢書·靈帝紀》，353 頁。）

187 年（漢靈帝中平四年）秋九月丁酉，令天下繫囚罪未決，入縑贖。（《後漢書·靈帝紀》，354 頁。）

188 年（漢靈帝中平五年）丁酉，大赦天下。（《後漢書·靈帝紀》，355 頁。）

189 年（漢靈帝中平六年）戊午，皇子辯即皇帝位，年十七。尊皇后曰皇太后，太后臨朝。大赦天下，改元為光熹。（《後漢書·靈帝紀》，357 頁。）

189 年（漢靈帝中平六年）辛未，還宮。大赦天下，改光熹為昭寧。（《後漢書·靈帝紀》，359 頁。）

189 年（漢獻帝中平元年）九月甲戌，即皇帝位，年九歲。遷皇太后於永安宮。大赦天下。改昭寧為永漢。（《後漢書·獻帝紀》，367 頁。）

189 年（漢獻帝中平年間）蓋勳字元固，敦煌廣至人也。家世二千石。初舉孝廉，為漢陽長史。時武威太守倚恃權執，恣行貪橫，從事武都蘇正和案致其罪……（《後漢書》卷 58《蓋勳傳》，1879 頁。）

190 年（漢獻帝初平元年）辛亥，大赦天下。（《後漢書‧獻帝紀》，369頁。）

190 年（漢獻帝初平元年）戊午，董卓殺太傅袁隗、太僕袁基，夷其族。（隗，紹之叔父。基，袁術之母兄。卓以山東兵起，依紹、術為主，故誅其親屬。《獻帝春秋》曰：「尺口以上男女五十餘人，皆下獄死。」）（《後漢書‧獻帝紀》，370頁。）

190 年（漢獻帝初平元年）董卓聞紹起山東，乃誅紹叔父隗，及宗族在京師者，盡滅之。（《獻帝春秋》曰：「太傅袁隗，太僕袁基，術之母兄，卓使司隸宣璠盡口收之，母及姊妹嬰孩以上五十餘人下獄死。」《卓別傳》曰：「悉埋青城門外東都門內，而加書焉。又恐有盜取者，復以尸送郿藏之。」）⋯⋯（《後漢書》卷 74《袁紹傳》，2376頁。）

191 年（漢獻帝初平二年）二年春正月辛丑，大赦天下。（《後漢書‧獻帝紀》，371頁。）

191 年（漢獻帝初平二年）⋯⋯車師王侍子為董卓所愛，數犯法，（趙）謙收殺之。卓大怒，殺都官從事，而素敬憚謙，故不加罪⋯⋯（《後漢書》卷 27《趙典傳》，949頁。）

192 年（漢獻帝初平三年）三年春正月丁丑，大赦天下。（《後漢書‧獻帝紀》，372頁。）

192 年（漢獻帝初平三年）夏四月辛巳，誅董卓，夷三族⋯⋯五月丁酉，大赦天下。（《後漢書‧獻帝紀》，372頁。）

192 年（漢獻帝初平三年）己未，大赦天下。李傕殺司隸校尉黃琬，甲子，殺司徒王允，皆滅其族。（《後漢書‧獻帝紀》，373頁。）

192 年（漢獻帝初平三年）時太史望氣，言當有大臣戮死者。卓乃使人誣衛尉張溫與袁術交通，遂笞溫於市，殺之，以塞天變⋯⋯（《後漢書》卷 72《董卓傳》，2330頁。）

192 年（漢獻帝初平三年）傕、汜等以王允、呂布殺董卓，故忿怒并州人，并州人其在軍者男女數百人，皆誅殺也。牛輔既敗，眾無所依，欲各散去。傕等恐，乃先遣使詣長安，求乞赦免。王允以為一歲不可再赦，不許之。傕等益懷憂懼，不知所為⋯⋯王允奉天子保宣平城門樓上。於是大赦天下⋯⋯（《後漢書》卷 72《董卓傳》，2333頁。）

192 年（漢獻帝初平三年）獻帝初平二年三月，長安宣平城門外屋無故自

壞。至三年夏，司徒王允使中郎將呂布殺太師董卓，夷三族。（《後漢書・五行志》，3275 頁。）

193 年（漢獻帝初平四年）丁卯，大赦天下。（《後漢書・獻帝紀》，374 頁。）

193 年（漢獻帝初平四年）時長安中盜賊不禁，白日虜掠，傕、汜、稠乃參分城內，各備其界，猶不能制，而其子弟縱橫，侵暴百姓。是時穀一斛五十萬，豆麥二十萬，人相食啖，白骨委積，臭穢滿路。帝使侍御史侯汶。出太倉米豆為饑人作糜，經日而死者無降。帝疑賦恤有虛，乃親於御前自加臨檢。既知不實，使侍中劉艾出讓有司。於是尚書令以下皆詣省閣謝，奏收侯汶考實。詔曰：「未忍致汶於理，可杖五十。」自是後多得全濟。（《後漢書》卷 72《董卓傳》，2336 頁。）

194 年（漢獻帝興平元年）興平元年春正月辛酉，大赦天下，改元興平。（《後漢書・獻帝紀》，375 頁。）

195 年（漢獻帝興平二年）二年春正月癸丑，大赦天下。（《後漢書・獻帝紀》，377 頁。）

195 年（漢獻帝興平二年）……冬，天子東還洛陽，傕、汜追上到曹陽，虜掠乘輿輜重，殺光祿勳鄧淵、廷尉宣播、少府田邠等數十人。（《後漢書・五行志》，3275 頁。）

196 年（漢獻帝建安元年）建安元年春正月癸酉，郊祀上帝於安邑，大赦天下，改元建安……秋七月甲子，車駕至洛陽，幸故中常侍趙忠宅。丁丑，郊祀上帝，大赦天下。（《後漢書・獻帝紀》，379 頁。）

198 年（漢獻帝建安三年）三年夏四月，遣謁者裴茂率中郎將段煨討李傕，夷三族。（《》獻帝起居注》曰「傳傕首到許，有詔高懸之」也。（《後漢書・獻帝紀》，380 頁。）

198 年（漢獻帝建安三年）三年，使謁者僕射裴茂詔關中諸將段煨等討李傕，夷三族……（《後漢書》卷 72《董卓傳》，2342 頁。）

199 年（漢獻帝建安四年）自都許之後，權歸曹氏，天子總己，百官備員而已。帝忌操專逼，乃密詔董承，使結天下義士共誅之。承遂與劉備同謀，未發，會備出征，承更與偏將軍王服、長水校尉種輯、議郎吳碩結謀。事泄，承、服、輯、碩皆為操所誅。（《後漢書》卷 72《董卓傳》，2343 頁。）

199 年（漢獻帝建安四年）建安四年二月，武陵充縣女子李娥，年六十

餘，物故，以其家杉木槥斂，瘞於城外數里上，已十四日，有行聞其冢中有聲，便語其家。家往視聞聲，便發出，遂活。（干寶《搜神記》曰：「武陵充縣女子李娥，年六十餘，病死，埋於城外，已十四日。娥比舍有蔡仲，聞娥富，謂殯當有金寶，盜發冢剖棺。斧數下，娥於棺中言曰：『蔡仲，汝護我頭。』驚遽，便出走。會為吏所見，遂收治，依法當棄市。娥兒聞，來迎出娥將去。武陵太守聞娥死復生，召見問事狀。娥對曰：『聞謬為司命所召，到得遣出，過西門，適見外兄劉伯文，為相勞問，涕泣悲哀。娥語曰：「伯文，一日誤見召，今得遣歸，既不知道，又不能獨行，為我得一伴不？又我見召在此，已十餘日，形體又當見埋藏，歸當那得自出？」伯文曰：「當為問之。」即遣門卒與戶曹相問：「司命一日誤召武陵大女李娥，今得遣還。娥在此積日，尸喪又當殯殮，當作何等得出？又女弱獨行，豈當有伴邪？是吾外妹，幸為便安之。」答曰：「今武陵西男民李黑，亦得遣還，便可為伴。」輒令黑過，來娥比舍蔡仲，令發出娥也。於是娥遂得出，與伯文別。伯文曰：「書一封以與兒佗。」娥遂與黑俱歸，事狀如此。』太守慨然歎曰：『天下事真不可知也！』乃表以為『蔡仲雖發冢，為鬼神所使，雖欲無發，勢不得已。宜加寬宥。』詔書報可。太守欲驗語虛實，即遣馬吏於西界推問李黑得之。黑語協，乃致伯文書與佗。佗識其紙，乃是父亡時送箱中文書也。表文字猶在也，而書不可曉。乃請費長房讀之，曰：『告佗：當從府君出案行，當以八月八日日中時，武陵城南溝水畔頓，汝是時必往。』到期，悉將大小於城南待之。須臾果至，但聞人馬隱隱之聲，詣溝水，便聞有呼聲曰：『佗來！汝得我所寄李娥書不邪？』曰：『即得之，故來至此。』伯文以次呼家中大小問之，悲傷斷絕。曰：『死生異路，不能數得汝消息。吾亡後，兒孫乃爾許人！』良久謂佗曰：『來春大病，與此一丸藥，以塗門戶，則辟來年妖厲矣。』言訖忽去，竟不得見其形。至前春，武陵果大病，白日見鬼，唯伯文之家，鬼不敢向。費長房視藥曰：『此方相臨也。』《博物記》曰：「漢末關中大亂，有發前漢宮人頤者，宮人猶活。既出，平復如舊。魏郭后愛念之，錄置宮內，常在左右。問漢時宮中事，說之了了，皆有次緒。郭后崩，哭泣哀過，遂死。漢末，發范明友奴冢，奴猶活。明友，霍光女婿。說光家事，廢立之際，多與《漢書》相應。此奴常遊走居民間，無止住處，遂不知所在。」）（《後漢書·五行志》，3348 頁。）

　　200 年（漢獻帝建安五年）五年春正月，車騎將軍董承、偏將軍王服、越騎校尉種輯受密詔誅曹操，事泄。壬午，曹操殺董承等，夷三族。（《後漢書·

獻帝紀》，381 頁。）

200 年（漢獻帝建安五年）……遂赦而厚遇焉。授尋謀歸袁氏，乃誅之。（《後漢書》卷 74《袁紹傳》，2402 頁。）

203 年（漢獻帝建安十三年）曹操既積嫌忌，而郗慮復構成其罪，遂令丞相軍謀祭酒路粹枉狀奏融曰：「少府孔融，昔在北海，見王室不靜，而招合徒眾，欲規不軌，云『我大聖之後，而見滅於宋，有天下者，何必卯金刀』。及與孫權使語，謗訕朝廷。又融為九列，不遵朝儀，禿巾微行，唐突宮掖。又前與白衣禰衡跌盪放言，云『父之於子，當有何親？論其本意，實為情慾發耳。子之於母，亦復奚為？譬如寄物缶中，出則離矣』。既而與衡更相讚揚。衡謂融曰：『仲尼不死。』融答曰：『顏回復生。』大逆不道，宜極重誅。」書奏，下獄棄市。時年五十六。妻子皆被誅……初，京兆人脂習元升，與融相善，每戒融剛直。及被害，許下莫敢收者，習往撫尸曰：「文舉舍我死，吾何用生為？」操聞大怒，將收習殺之，後得赦出。（《後漢書》卷 70《孔融傳》，2278～2279 頁。）

208 年（漢獻帝建安十三年）（八月）壬子，曹操殺太中大夫孔融，夷其族。（《後漢書·獻帝紀》，385 頁。）

211 年（漢獻帝建安十六年）……十六年，超與韓遂舉關中背曹操，操擊破之，遂、超敗走，騰坐夷三族……（《後漢書》卷 72《董卓傳》，2343 頁。）

212 年（漢獻帝建安十七年）十七年夏五月癸未，誅衛尉馬騰，夷三族。（《後漢書·獻帝紀》，386 頁。）

214 年（漢獻帝建安十九年）十一月丁卯，曹操殺皇后伏氏，滅其族及二皇子。（《後漢書·獻帝紀》，388 頁。）

216 年（漢獻帝建安二十一年）是歲，曹操殺琅邪王熙，國除。（坐謀欲渡江，被誅。）（《後漢書·獻帝紀》，388 頁。）

216 年（漢獻帝建安二十一年）……建安十一年，復立容子熙為王。在位十一年，坐謀欲過江，被誅，國除。（《後漢書》卷 42《光武十王列傳》，1452 頁。）

218 年（漢獻帝建安二十三年）二十三年春正月甲子，少府耿紀、丞相司直韋晃起兵誅曹操，不克，夷三族。（《三輔決錄（注）》曰：「時有京兆全禕，字德偉，自以代為漢臣，乃發憤，與耿紀、韋晃欲挾天子以攻魏，南援劉備。事敗，夷三族。」（《後漢書·獻帝紀》，389 頁。）

218 年（漢獻帝建安二十三年）曾孫（耿）紀，少有美名，辟公府，曹操甚敬異之，稍遷少府。紀以操將篡漢，建安二十三年，與大醫令吉平、丞相司直韋晃謀起兵誅操，不克，夷三族。於時衣冠盛門坐紀罹禍滅者眾矣。（《後漢書》卷 19《耿弇傳》，718 頁。）

219 年（漢獻帝建安二十四年）……如是者三，操怪其速，使廉之，知狀，廉，察也。於此忌修。且以袁術之甥，慮為後患，遂因事殺之。（《續漢書》曰：「人有白修與臨淄侯曹植飲醉共載，從司馬門出，謗訕鄢陵侯章。太祖聞之大怒，故遂收殺之，時年四十五矣。」）（《後漢書》卷 54《楊脩傳》，1789 頁。）

五、軍事法律

新莽

24 年（漢淮陽王更始二年）始二年徵，再遷尚書僕射，行大將軍事，持節將兵，安集河東、并州、朔部，得自置偏裨，輒行軍法……（《後漢書》卷 29《鮑永傳》，1018 頁。）

東漢

27 年（漢光武帝建武三年）……帝聞郡國反，即馳赴潁川，魴詣行在所。帝案行鬥處，知魴力戰，乃嘉之曰：「此健令也。所當討擊，勿拘州郡。」襃等聞帝至，皆自髠剔，將其眾請罪。帝且赦之，使魴轉降諸聚落，縣中平定，詔乃悉以襃等還魴誅之。魴責讓以行軍法，皆叩頭曰：「今日受誅，死無所恨。」魴曰：「汝知悔過伏罪，今一切相赦，聽各反農桑，為令作耳目。」皆稱萬歲。是時每有盜賊，並為襃等所發，無敢動者，縣界清靜。（《後漢書》卷 33《馮魴傳》，1148 頁。）

36 年（漢光武帝建武十二年）……詔邊吏力不足戰則守，追虜料敵不拘以逗留法。（《說文》曰：「逗，留止也。」《前書音義》曰：「逗是曲行避敵也」。漢法，軍行逗留畏懦者斬。追虜或近或遠，量敵進退，不拘以軍法，直取勝敵為務也。逗，古住字。）……（《後漢書・光武帝紀》，60 頁。）

六、民事、經濟法律

新莽

9～23 年（王莽時期）吳漢字子顏，南陽宛人也。家貧，給事縣為亭長。

王莽末，以賓客犯法，乃亡命至漁陽。（命，名也。謂脫其名籍而逃亡。）資用乏，以販馬自業，往來燕、薊閒，所至皆交結豪傑……（《後漢書》卷18《吳漢傳》，675頁。）

20年（王莽地皇元年）初，光武為舂陵侯家訟逋租於尤，尤見而奇之。（逋，違也。舂陵侯敞即光武季父也。《東觀記》曰：「為季父故舂陵侯詣大司馬府，訟地皇元年十二月壬寅前租二萬六千斛，蒭稾錢若干萬。時宛人朱福亦為舅訟租於尤，尤止車獨與上語，不視福。上歸，戲福曰：『嚴公寧視卿邪？』」）（《後漢書‧光武帝紀》，5頁。）

東漢

25～57年（漢光武帝建武年間）李善字次孫，南陽淯陽人，本同縣李元蒼頭也。建武中疫疾，元家相繼死沒，唯孤兒續始生數旬，而貲財千萬，諸奴婢私共計議，欲謀殺續，分其財產。善深傷李氏而力不能制，乃潛負續逃去，隱山陽瑕丘界中，親自哺養，乳為生湩，推燥居濕，備嘗艱勤。續雖在孩抱，奉之不異長君，有事輒長跪請白，然後行之。閭里感其行，皆相率修義。續年十歲，善與歸本縣，修理舊業。告奴婢於長吏，悉收殺之。時鍾離意為瑕丘令，上書薦善行狀。光武詔拜善及續並為太子舍人。（《後漢書》卷81《獨行列傳》，2679頁。）

29年（漢光武帝建武五年）詔復濟陽二年徭役。（《後漢書‧光武帝紀》，41頁。）

30年（漢光武帝建武六年）辛酉，詔曰：「往歲水旱蝗蟲為災，穀價騰躍，人用困乏。朕惟百姓無以自贍，惻然愍之。其命郡國有穀者，給稟高年、鰥、寡、孤、獨及篤癃、無家屬貧不能自存者，如《律》（《大戴禮》曰：「六十無妻曰鰥，五十無夫曰寡。」《禮記》曰：「幼而無父曰孤，老而無子曰獨。」《爾雅》曰：「篤，困也。」《蒼頡篇》曰：「癃，病也。」《漢律》今亡。）。二千石勉加循撫，無令失職。」（《後漢書‧光武帝紀》，47頁。）

30年（漢光武帝建武六年）十一月丁卯，詔王莽時吏人沒入為奴婢不應舊法者，皆免為庶人。（《後漢書‧光武帝紀》，50頁。）

30年（漢光武帝建武六年）癸巳，詔曰：「頃者師旅未解，用度不足，故行什一之稅。今軍士屯田，糧儲差積。其令郡國收見田租三十稅一，如舊制。」（景帝二年，令人田租三十而稅一，今依景帝，故云「舊制」。）（《後漢書‧光武帝紀》，50頁。）

31 年（漢光武帝建武七年）甲寅，詔吏人遭饑亂及為青、徐賊所略為奴婢下妻，欲去留者，恣聽之。敢拘制不還，以賣人法從事。（言從賣人之事以結其罪。）（《後漢書·光武帝紀》，52 頁。）

35 年（漢光武帝建武十一年）癸亥，詔曰：「敢灸灼奴婢，論如律，免所灸灼者為庶（民）人。」（《後漢書·光武帝紀》，58 頁。）

36 年（漢光武帝建武十二年）三月癸酉，詔隴、蜀民被略為奴婢自訟者，及獄官未報，一切免為庶（民）人。（《後漢書·光武帝紀》，59 頁。）

38 年（漢光武帝建武十四年）十二月癸卯，詔益、涼二州奴婢，自八年以來自訟在所官，一切免為庶（民）人，賣者無還直。（《後漢書·光武帝紀》，64 頁。）

40 年（漢光武帝建武十六年）初，王莽亂後，貨幣雜用布、帛、金、粟。是歲，始行五銖錢。（武帝始為五銖錢，王莽時廢，今始行之。）（《後漢書·光武帝紀》，67 頁。）

46 年（漢光武帝建武二十二年）九月戊辰，地震裂。制詔曰：「日者地震，南陽尤甚。夫地者，任物至重，靜而不動者也。而今震裂，咎在君上。鬼神不順無德，災殃將及吏人，朕甚懼焉。其令南陽勿輸今年田租芻槁。遣謁者案行，其死罪繫囚在戊辰以前，減死罪一等；徒皆馳解鉗，衣絲絮。（馳，解脫也。《倉頡篇》曰：「鉗，釱也。」音奇炎反。《前書》音義曰：「釱，足鉗也。」音徒計反，又大蓋反。舊法，在徒役者不得衣絲絮，今赦許之。）……」（《後漢書·光武帝紀》，74 頁。）

53 年（漢光武帝建武二十九年）……二十九年，從王朝京師，隨官屬得會見，帝問以政事，倫因此酬對政道，帝大悅。明日，復特召入，與語至夕。帝戲謂倫曰：「聞卿為吏篣婦公，不過從兄飯，寧有之邪？」倫對曰：「臣三娶妻皆無父。少遭饑亂，實不敢妄過人食。」帝大笑。倫出，有詔以為扶夷長，未到官，追拜會稽太守。雖為二千石，躬自斬芻養馬，妻執炊爨。受俸裁留一月糧，餘皆賤貿與民之貧羸者。會稽俗多淫祀，好卜筮。民常以牛祭神，百姓財產以之困匱，其自食牛肉而不以薦祠者，發病且死先為牛鳴，前後郡將莫敢禁。倫到官，移書屬縣，曉告百姓。其巫祝有依託鬼神詐怖愚民，皆案論之。有妄屠牛者，吏輒行罰。民初頗恐懼，或祝詛妄言，倫案之愈急，後遂斷絕，百姓以安。（《後漢書》卷 41《第五倫傳》，1396～1397 頁。）

58～75 年（漢明帝）（高）鳳年老，執志不倦，名聲著聞。太守連召請，

恐不得免，自言本巫家，不應為吏，又詐與寡嫂訟田，遂不仕……（《後漢書》卷 83《逸民列傳》，2769 頁。）

　　68 年（漢明帝永平十一年）……是時下令禁民二業，（謂農者不得商賈也。）又以郡國牛疫，通使區種增耕，（《氾勝之書》曰：「上農區田法，區方深各六寸，閒相去七寸，一畝三千七百區，丁男女種十畝，至秋收區三升粟，畝得百斛。中農區田法，方七寸，深六寸，閒相去二尺，一畝千二十七區，丁男女種十畝，秋收粟畝得五十一石。下農區田法，方九寸，深六寸，閒相去三尺，秋收畝得二十八石。旱即以水沃之。」）而吏下檢結，多失其實，百姓患之。般上言：「郡國以官禁二業，至有田者不得漁捕。今濱江湖郡率少蠶桑，民資漁採以助口實，且以冬春閒月，不妨農事。夫漁獵之利，為田除害，有助穀食，無關二業也。又郡國以牛疫、水旱，墾田多減，故詔來區種，增進頃畝，以為民也。而吏舉度田，欲令多前，多於前歲。至於不種之處，亦通為租。可申來刺史、二千石，務令實核，其有增加，皆使與奪田同罪。」帝悉從之。（《後漢書》卷 39《劉般傳》，1305 頁。）

　　76～82 年（漢章帝建初元年～七年）（趙）熹復舉（魯）恭直言，待詔公車，拜中牟令。恭專以德化為理，不任刑罰。訟人許伯等爭田，累守令不能決，恭為平理曲直，皆退而自責，輟耕相讓。亭長從人借牛而不肯還之，牛主訟於恭。恭召亭長，來令歸牛者再三，猶不從。恭歎曰：「是教化不行也。」欲解印綬去。掾史泣涕共留之，亭長乃慚悔，還牛，詣獄受罪，恭貰不問。於是吏人信服。建初七年，郡國螟傷稼，犬牙緣界，不入中牟。河南尹袁安聞之，疑其不實，使仁恕掾肥親往廉之。（仁恕掾，主獄，屬河南尹，見《漢官儀》。廉，察也。）……（《後漢書》卷 25《魯恭傳》，874 頁。）

　　84 年（漢章帝元和元年）二月甲戌，詔曰：「王者八政，以食為本，故古者急耕稼之業，致耒耜之勤節用儲蓄，以備凶災，是以歲雖不登而人無饑色。自牛疫已來，穀食連少，良由吏教未至，刺史、二千石不以為負。其令郡國募人無田欲徙它界就肥饒者，恣聽之。到在所，賜給公田，為雇耕傭，貸與田器，勿收租五歲，除算三年。其後欲還本鄉者，勿禁。」（《後漢書·肅宗孝章帝紀》，145 頁。）

　　85 年（漢章帝元和二年）二年春正月乙酉，詔曰：「《令》云『人有產子者復，勿算三歲』。今諸懷妊者，賜胎養穀人三斛，復其夫，勿算一歲，著以為令。」（《後漢書·肅宗孝章帝紀》，148 頁。）

85 年（漢章帝元和二年）戊寅，詔曰：「昔孝武皇帝致誅胡、越，故權收鹽鐵之利，以奉師旅之費。自中興以來，匈奴未賓，永平末年，復修征伐。先帝即位，務休力役，然猶深思遠慮，安不忘危，探觀舊典，復收鹽鐵，欲以防備不虞，寧安邊境。而吏多不良，動失其便，以違上意。先帝恨之，故遺戒郡國罷鹽鐵之禁，縱民煮鑄，入稅縣官如故事。其申敕刺史、二千石，奉順聖旨，勉弘德化，布告天下，使明知朕意。」（《後漢書·孝和帝紀》，167～168頁。）

86 年（漢章帝元和三年）三年春正月乙酉，詔曰：「蓋君人者，視民如父母，有憯怛之憂，有忠和之教，匍匐之救。（《周禮》：「（鄉）大司徒以鄉三物教萬民，一曰六德，謂智、仁、聖、義、忠、和。」《詩·邶風》曰：「凡民有喪，匍匐救之。」）其嬰兒無父母親屬，及有子不能養食者，稟給如《律》。」（《後漢書·肅宗孝章帝紀》，154頁。）

89～105 年（漢和帝）李充字大遜，陳留人也。家貧，兄弟六人同食遞衣。妻竊謂充曰：「今貧居如此，難以久安，妾有私財，願思分異。」充偽酬之曰：「如欲別居，當醖酒具會，請呼鄉里內外，共議其事。」婦從充置酒宴客。充於坐中前跪白母曰：「此婦無狀，而教充離閒母兄，罪合遣斥。」便呵叱其婦，逐令出門，婦銜涕而去。坐中驚肅，因遂罷散。充後遭母喪，行服墓次，人有盜其墓樹者，充手自殺之。服闋，立精舍講授。（《後漢書》卷81《獨行列傳》，2684頁。）

89～105 年（漢和帝）繆肜字豫公，汝南召陵人也。少孤，兄弟四人，皆同財業。及各娶妻，諸婦遂求分異，又數有鬥爭之言。肜深懷憤歎，乃掩戶自撾曰：「繆肜，汝修身謹行，學聖人之法，將以齊整風俗，奈何不能正其家乎！」弟及諸婦聞之，悉叩頭謝罪，遂更為敦睦之行。（《後漢書》卷81《獨行列傳》，2685～2686頁。）

93 年（漢和帝永元五年）丁未，詔曰：「去年秋麥入少，恐民食不足。其上尤貧不能自給者戶口人數。往者郡國上貧民，以衣履釜為贅，而豪右得其饒利。詔書實覈，欲有以益之，而長吏不能躬親，反更徵召會聚，令失農作，愁擾百姓。若復有犯者，二千石先坐。」（《後漢書·孝和帝紀》，175頁。）

154 年（漢桓帝永興二年）九月丁卯朔，日有食之。詔曰：「朝政失中，雲漢作旱，川靈湧水，蝗螽孳蔓，殘我百穀，太陽虧光，飢饉薦臻。其不被害郡縣，當為饑餒者儲。天下一家，趣不糜爛，則為國寶。其禁郡國不得賣酒，

祠祀裁足。」（《後漢書‧桓帝紀》，299～300 頁。）

185 年（漢靈帝中平二年）稅天下田，畝十錢。（《後漢書‧靈帝紀》，351 頁。）

190 年（漢獻帝初平元年）董卓壞五銖錢，更鑄小錢。（光武中興，除王莽貨泉，更用五銖錢。）（《後漢書‧獻帝紀》，370 頁。）

七、婚姻家庭與繼承法律

25～56 年（漢光武帝建武年間）（韓）棱四歲而孤，養母弟以孝友稱。及壯，推先父餘財數百萬與從昆弟，鄉里益高之……（《後漢書》卷 45《傳》，1534 頁。）

25～219 年（東漢）吳許升妻者，呂氏之女也，字榮。升少為博徒，不理操行，榮嘗躬勤家業，以奉養其姑。數勸升修學，每有不善，輒流涕進規。榮父積怨疾升，乃呼榮欲改嫁之。榮歎曰：「命之所遭，義無離貳！」終不肯歸……（《後漢書》卷 84《列女傳》，2795 頁。）

89～105 年（漢和帝）……應奉字世叔，汝南南頓人也。曾祖父順，字華仲。和帝時為河南尹、將作大匠，公廉約己，明達政事。（《華嶠書》曰：「華仲少給事郡縣，為吏清公，不發私書。舉孝廉，尚書郎轉右丞，遷冀州刺史，廉直無私。遷東平相，賞罰必信，吏不敢犯。有梓樹生於廳事室上，事後母至孝，眾以為孝感之應。時竇憲出屯河西，刺史、二千石皆遣子弟奉賂遺憲，憲敗後咸被繩黜，順獨不在其中，由是顯名。為將作大匠，視事五年，省費億萬。」《汝南記》曰「華仲妻本是汝南鄧元義前妻也。元義父伯考為尚書僕射，元義還鄉里，妻留事姑甚謹，姑憎之，幽閉空室，節其食飲，羸露日困，妻終無怨言。後伯考怪而問之。時義子朗年數歲，言母不病，但苦饑耳。伯考流涕曰：『何意親姑反為此禍！』因遣歸家。更嫁為華仲妻。仲為將作大匠，妻乘朝車出，元義於路傍觀之，謂人曰：『此我故婦，非有它過，家夫人遇之實酷，本自相貴。』其子朗時為郎，母與書皆不答，與衣裳輒燒之。母不以介意，意欲見之，乃至親家李氏堂上，令人以它詞請朗。朗至，見母，再拜涕泣，因起出。母追謂之曰：『我幾死，自為汝家所棄，我何罪過，乃如此邪？』因此遂絕」也）……（《後漢書》卷 48《應奉傳》，1606～1607 頁。）

89 年（漢和帝永元元年）……帝崩，其年就國。（劉）衍後病荒忽，而太子卬有罪廢，諸姬爭欲立子為嗣，連上書相告言。和帝憐之，使彭城靖王恭

至下邳正其嫡庶，立子成為太子。（《後漢書》卷 50《孝明八王列傳》，1674
頁。）

107～125 年（漢安帝）……安帝時，汝南薛包孟嘗，好學篤行，喪母，
以至孝聞。及父娶後妻而憎包，分出之，包日夜號泣，不能去，至被歐杖。不
得已，廬於舍外，旦入而灑掃，父怒，又逐之。乃廬於里門，昏晨不廢。積歲
餘，父母慚而還之。後行六年服，喪過乎哀。既而弟子求分財異居，包不能
止，乃中分其財。奴婢引其老者，曰：「與我共事久，若不能使也。」田廬取
其荒頓者，曰：「吾少時所理，意所戀也。」器物取朽敗者，曰：「我素所服
食，身口所安也。」弟子數破其產，輒復賑給……（《後漢書》卷 39《劉趙淳
于江劉周趙列傳》，1294～1295 頁。）

168～172 年（漢靈帝）初，朝議以州郡相黨，人情比周，乃制婚姻之家
及兩州人士不得對相監臨。至是復有三互法，（三互謂婚姻之家及兩州人不得
交互為官也。《謝承書》曰「史弼遷山陽太守，其妻鉅野薛氏女，以三互自上，
轉拜平原相」是也。）禁忌轉密，選用艱難。幽冀二州，久缺不補。邕上疏
曰……（《後漢書》卷 60《蔡邕傳》，1990 頁。）

八、獄訟法律

西漢

前 91～前 49 年（漢宣帝）周嘉字惠文，汝南安城人也。高祖父燕，宣帝
時為郡決曹掾。太守欲枉殺人，燕諫不聽，遂殺囚而黜燕。囚家守闕稱冤。詔
遣覆考，燕見太守曰：「願謹定文書，皆著燕名，府君但言時病而已。」出謂
掾史曰：「諸君被問，悉當以罪推燕。如有一言及於府君，燕手劍相刃。」使
者乃收燕繫獄。屢被掠楚，辭無屈橈。當下蠶室，乃歎曰：「我平王之後，正
公玄孫，豈可以刀鋸之餘下見先君？」遂不食而死……（《後漢書》卷 81《獨
行列傳》，2675 頁。）

1～5 年（漢平帝）……周黨字伯況，太原廣武人也。家產千金。少孤，
為宗人所養，而遇之不以理，及長，又不還其財。黨詣鄉縣訟，主乃歸之。既
而散與宗族，悉免遣奴婢，遂至長安遊學。（《後漢書》卷 83《逸民列傳》，2761
頁。）

新莽

6～8 年（王莽居攝）……會王莽居攝，（李）業以病去官，杜門不應州郡

之命。太守劉咸強召之，業乃載病詣門。咸怒，出教曰：「賢者不避害，譬猶
彀弩射市，薄命者先死。聞業名稱，故欲與之為治，而反託疾乎？」令詣獄養
病，欲殺之。客有說咸曰：「趙殺鳴犢，孔子臨河而逝。未聞求賢而脅以牢獄者
也。」咸乃出之，因舉方正……（《後漢書》卷81《獨行列傳》，2669頁。）

7年（王莽居攝二年）……及（劉）崇事敗，（劉）敞懼，欲結援樹黨，
乃為（劉）祉娶高陵侯翟宣女為妻。會宣弟義起兵欲攻莽，南陽捕殺宣女，祉
坐繫獄。敞因上書謝罪，願率子弟宗族為士卒先。莽新居攝，欲慰安宗室，故
不被刑誅。（《後漢書》卷14《宗室四王三侯傳》，561頁。）

9～22年（王莽）……王莽以（劉）昆多聚徒眾，私行大禮，有僭上心，
乃係昆及家屬於外黃獄。尋莽敗得免……（《後漢書》卷79《儒林列傳》，2550
頁。）

20年（王莽地黃元年）……莽大怒，即收繫詔獄，劾以大逆。猶以（郅）
惲據經讖，難即害之，使黃門近臣脅惲，令自告狂病恍忽，不覺所言。惲乃瞋
目詈曰：「所陳皆天文聖意，非狂人所能造。」遂繫須冬，會赦得出……（《後
漢書》卷29《郅惲傳》，1025頁。）

22年（王莽地皇三年）（劉）祉以故侯嫡子，行淳厚，宗室皆敬之。及光
武起兵，祉兄弟相率從軍，前隊大夫甄阜盡收其家屬繫宛獄。及漢兵敗小長
安，祉挺身還保棘陽，甄阜盡殺其母弟妻子……（《後漢書》卷14《宗室四王
三侯傳》，561頁。）

24年（漢淮陽王更始二年）軍帥將軍豫章李淑上書諫曰：「……今公卿大
位莫非戎陳，尚書顯官皆出庸伍，資亭長、賊捕之用，（漢法，十里一亭，亭
置一長。捕賊掾，專捕盜賊也。而當輔佐綱維之任。）……」更始怒，繫（李）
淑詔獄。自是關中離心，四方怨叛。諸將出征，各自專置牧守，州郡交錯，不
知所從。（《後漢書·劉玄傳》，472頁。）

24年（漢淮陽王更始二年）初，侍中劉恭以赤眉立其弟盆子，自繫詔獄；
聞更始敗，乃出，步從至高陵，止傳舍。（《後漢書·劉玄傳》，475頁。）

東漢

25年（漢光武帝建武元年）……建武初，仕執金吾府，除細陽令。每至
歲時伏臘，輒休遣徒繫，各使歸家，並感其恩德，應期而還。有因於家被病，
自載詣獄，既至而死，延率掾史，殯於門外，百姓感悅之。（《後漢書》卷33
《虞延傳》，1151頁。）

　　25～57 年（漢光武帝）范升嘗為出婦所告，坐繫獄，（楊）政乃肉袒，以箭貫耳，抱升子潛伏道傍，候車駕，而持章叩頭大言曰：「范升三娶，唯有一子，今適三歲，孤之可哀。」武騎虎賁懼驚乘輿，舉弓射之，猶不肯去；旄頭又以戟叉政，傷胸，政猶不退。哀泣辭請，有感帝心，詔曰：「乞楊生師。」即尺一出升，政由是顯名。（《後漢書》卷 79《儒林列傳》，2552 頁。）

　　25～57 年（漢光武帝）時，詔公卿大會，群臣皆就席，（戴）憑獨立。光武問其意。憑對曰：「博士說經皆不如臣，而坐居臣上，是以不得就席。」帝即召上殿，令與諸儒難說，憑多所解釋。帝善之，拜為侍中，數進見問得失。帝謂憑曰：「侍中當匡補國政，勿有隱情。」憑對曰：「陛下嚴。」帝曰：「朕何用嚴？」憑曰：「伏見前太尉西曹掾蔣遵，清亮忠孝，學通古今，陛下納膚受之訴，遂致禁錮，世以是為嚴。」帝怒曰：「汝南子欲復黨乎？」憑出，自繫廷尉，有詔敕出……（《後漢書》卷 79《儒林列傳》，2553 頁。）

　　25～57 年（漢光武帝建武年間）（王忳）仕郡功曹，州治中從事。舉茂才，除郿令。到官，至斄亭。亭長曰：「亭有鬼，數殺過客，不可宿也。」忳曰：「仁勝凶邪，德除不祥，何鬼之避！」即入亭止宿。夜中聞有女子稱冤之聲。忳咒曰：「有何枉狀，可前求理乎？」女子曰：「無衣，不敢進。」忳便投衣與之。女子乃前訴曰：「妾夫為涪令，之官過宿此亭，亭長無狀，賊殺妾家十餘口，埋在樓下，悉取財貨。」忳問亭長姓名。女子曰：「即今門下游徼者也。」忳曰：「汝何故數殺過客？」對曰：「妾不得白日自訴，每夜陳冤，客輒眠不見應，不勝感患，故殺之。」忳曰：「當為汝理此冤，勿復殺良善也。」因解衣於地，忽然不見。明旦召游徼詰問，具服罪，即收繫，及同謀十餘人悉伏辜，遣吏送其喪歸鄉里，於是亭遂清安。（《後漢書》卷 81《獨行列傳》，2681 頁。）

　　25～57 年（漢光武帝）初，豪右大姓因緣陂役，競欲辜較在所，（許）楊一無聽，遂共譖楊受取賕賂。晨遂收楊下獄，而械輒自解。獄吏恐，遽白晨。晨驚曰：「果濫矣。太守聞忠信可以感靈，今其效乎！」即夜出楊，遣歸……（《後漢書》卷 82《方術列傳》，2710 頁。）

　　25～57 年（漢光武帝）謝夷吾字堯卿，會稽山陰人也。少為郡吏，學風角占候。太守第五倫擢為督郵。時烏程長有臧釁，倫使收案其罪。夷吾到縣，無所驗，但望合伏哭而還。一縣驚怪，不知所為……（《後漢書》卷 82《方術列傳》，2713 頁。）

25～57年（漢光武帝）北海太守素聞其高，遣吏奉謁致禮，（逢）萌不答。太守懷恨而使捕之。吏叩頭曰：「子康大賢，天下共聞，所在之處，人敬如父，往必不獲，只自毀辱。」太守怒，收之繫獄，更發它吏。行至勞山，人果相率以兵弩捍禦，吏被傷流血，奔而還……（《後漢書》卷83《逸民列傳》，2760頁。）

25～219年（東漢）……遂將三弟詣南鄭獄，陳母之德，狀己之過，乞就刑辟。縣言之於郡，郡守表異其母，蠲除家徭，遣散四子，許以修革，自後訓導愈明，並為良士。（《後漢書》卷84《列女傳》，2794頁。）

27年（漢光武帝建武三年）楊音在長安時，遇趙王良有恩，賜爵關內侯，與徐宣俱歸鄉里，卒於家。劉恭為更始報殺謝祿，自繫獄，赦不誅。（《後漢書‧劉盆子傳》，486頁。）

27年（漢光武帝建武三年）……（張）步遂斬茂，使使奉其首降。步三弟各自繫所在獄，皆赦之。封步為安丘侯，後與家屬居洛陽。王閎亦詣劇降。（《後漢書》卷12《張步傳》，499頁。）

32年（漢光武帝建武八年）夏四月，司隸校尉傅抗下獄死。（《後漢書‧光武帝紀》，53頁。）

33年（漢光武帝建武九年）……（歐陽）歙在郡，教授數百人，視事九歲，徵為大司徒。坐在汝南臧罪千餘萬發覺下獄。諸生守闕為歙求哀者千餘人，至有自髡剔者。平原禮震，年十七，聞獄當斷，馳之京師，行到河內獲嘉縣，自繫，上書求代歙死。曰：「伏見臣師大司徒歐陽歙，學為儒宗，八世博士，而以臧咎當伏重辜。歙門單子幼，未能傳學，身死之後，永為廢絕，上令陛下獲殺賢之譏，下使學者喪師資之益。乞殺臣身以代歙命。」書奏，而歙已死獄中。歙掾陳元上書追訟之，言甚切至，帝乃賜棺木，贈印綬，賻縑三千匹。（《後漢書》卷79《儒林列傳》，2556頁。）

33年（漢光武帝建武九年）高獲字敬公，汝南新息人也。為人尼首方面。少遊學京師，與光武有舊。師事司徒歐陽歙。歙下獄當斷，獲冠鐵冠，帶鈇鑕，詣闕請歙。帝雖不赦，而引見之。謂曰：「敬公，朕欲用子為吏，宜改常性。」獲對曰：「臣受性於父母，不可改之於陛下。」出便辭去。（《後漢書》卷82《方術列傳》，2711頁。）

39年（漢光武帝建武十五年）冬十一月甲戌，大司徒歐陽歙下獄死。（《後漢書‧光武帝紀》，66頁。）

39 年（漢光武帝建武十五年）……後大司徒韓歆坐事，（建武十五年歆坐直言免也。）永固請之不得，以此忤帝意，出為東海相。坐度田事不實，被徵，諸郡守多下獄。永至成皋，詔書逆拜為兗州牧，便道之官。（《東觀記》詔書迎下永曰「尹晨夜冒犯霜露，精神亦已勞矣。以君帷幄近臣，其以永為兗州牧」也。）（《後漢書》卷 29《鮑永傳》，1020 頁。）

39 年（漢光武帝建武十五年）……一曰，昴星為獄事。是時大司徒歐陽歆以事繫獄，逾歲死……（《後漢書·天文志》，3222 頁。）

40 年（漢光武帝建武十六年）秋九月，河南尹張伋及諸郡守十餘人，坐度田不實，皆下獄死。（《東觀記》曰：「刺史太守多為詐巧，不務實核，苟以度田為名，聚人田中，並度廬屋裏落，聚人遮道啼呼。」）（《後漢書·光武帝紀》，66 頁。）

40 年（漢光武帝建武十六年）……帝令虎賁將詰問吏，吏乃實首服，如顯宗對。於是遣謁者考實，具知奸狀。明年，（劉）隆坐徵下獄，其疇輩十餘人皆死。帝以隆功臣，特免為庶人……隆奉法自守，視事八歲，上將軍印綬，罷，賜養牛，上樽酒十斛，以列侯奉朝請……（《後漢書》卷 22《劉隆傳》，781 頁。）

40 年（漢光武帝建武十六年）十六年三月辛丑晦，日有蝕之，《潛潭巴》曰：「辛丑蝕，主疑臣。」在昴七度。昴為獄事。時諸郡太守坐度田不實，世祖怒，殺十餘人，然後深悔之。（《後漢書·五行志》，3359 頁。）

44 年（漢光武帝建武二十年）夏四月庚辰，大司徒戴涉下獄死。（《古今注》曰：「坐入故太倉令奚涉罪。」）（《後漢書·光武帝紀》，72 頁。）

44 年（漢光武帝建武二十年）二十年，大司徒戴涉坐所舉人盜金下獄，帝以三公參職，不得已乃策免融……（《後漢書》卷 23《竇融傳》，807 頁。）

44 年（漢光武帝建武二十年）後千乘歐陽歆、清河戴涉相代為大司徒，坐事下獄死，自是大臣難居相任。（《後漢書》卷 26《侯霸傳》，903 頁。）

44 年（漢光武帝建武二十年）……後大司徒戴涉被誅，（涉字叔平，冀州清河人也，坐所舉人盜金下獄。）帝強起（張）湛以代之……（《後漢書》卷 27《張湛傳》，930 頁。）

44 年（漢光武帝建武二十年）時禁網尚疏，諸王皆在京師，競修名譽，爭禮四方賓客。壽光侯劉鯉，更始子也，得幸於（劉）輔。鯉怨劉盆子害其父，因輔結客，報殺盆子兄故式侯恭，輔坐繫詔獄，三日乃得出。自是後，

諸王賓客多坐刑罰，各循法度……（《後漢書》卷 42《光武十王列傳》，1427 頁。）

44 年（漢光武帝建武二十年）……憲險急負埶，言辭驕訐，訐謂發揚人之惡。至詆毀安，稱光武誅韓歆、戴涉故事，安終不移。（大司徒歆坐非帝讀隗囂書，自殺。大司徒涉坐殺太倉令，下獄死。）……（《後漢書》卷 45《袁安傳》，1521 頁。）

46 年（漢光武帝建武二十二年）秋七月，司隸校尉蘇鄴下獄死。（《後漢書·光武帝紀》，74 頁。）

49 年（漢光武帝建武二十五年）……二十五年，遷堂邑令。縣人防廣為父報仇，繫獄，其母病死，廣哭泣不食。意憐傷之，乃聽廣歸家，使得殯殮。丞掾皆爭，意曰：「罪自我歸，義不累下。」遂遣之。（言罪歸於我，不累於丞掾。）廣斂母訖，果還入獄。意密以狀聞，廣竟得以減死論。顯宗即位，徵為尚書。時交址太守張恢，坐臟千金，徵還伏法，以資物簿入大司農，詔班賜群臣……（《後漢書》卷 41《鍾離傳》，1407 頁。）

56 年（漢光武帝建武中元元年）……帝以（張）奮違詔，來收下獄，奮惶怖，乃襲封……（《後漢書》卷 35《張純傳》，1198 頁。）

56～75 年（漢明帝）（劉）康在國不循法度，交通賓客。其後，人上書告康招來州郡姦猾漁陽顏忠、劉子產等，又多遺其繒帛，案圖書，謀議不軌。事下考，有司舉奏之，顯宗以親親故，不忍窮竟其事，但削祝阿、隰陰、東朝陽、安德、西平昌五縣……立五十九年薨，子簡王錯嗣。錯為太子時，愛康鼓吹妓女宋閏，使醫張尊招之不得，錯怒，自以劍刺殺尊。國相舉奏，有詔勿案……（《後漢書》卷 42《光武十王列傳》，1431～1432 頁。）

58 年（漢明帝永平元年）永平初，隴西太守鄧融備禮謁范為功曹，會融為州所舉案，（舉其罪案驗之。）（廉）范知事譴難解，欲以權相濟，乃託病求去，融不達其意，大恨之。范於是東至洛陽，變名姓，求代廷尉獄卒。居無幾，融果徵下獄，范遂得衛侍左右，盡心勤勞。融怪其貌類范而殊不意，乃謂曰：「卿何似我故功曹邪？」范訶之曰：「君困厄瞀亂邪！」語遂絕。融繫出困病，范隨而養視，及死，竟不言，身自將車送喪致南陽，葬畢乃去。後辟公府，會薛漢坐楚王事誅，故人門生莫敢視，范獨往收斂之，吏以聞，顯宗大怒，召范入，詰責曰：「薛漢與楚王同謀，交亂天下，范公府掾，不與朝廷同心，而反收斂罪人，何也？」范叩頭曰：「臣無狀愚戆，以為漢等皆已伏誅，

不勝師資之情，罪當萬坐。」帝怒稍解，問範曰：「卿廉頗後邪？與右將軍褒、大司馬丹有親屬乎？」范對曰：「褒，臣之曾祖；丹，臣之祖也。」帝曰：「怪卿志膽敢爾！」因貰之。（貰，赦也。）由是顯名。（《後漢書》卷31《廉范傳》，1102頁。）

58～75年（漢明帝永平年間）……永平中，（薛漢）為千乘太守，政有異跡。後坐楚事辭相連，下獄死……（《後漢書》卷79《儒林列傳》，2573頁。）

58～75年（漢明帝永平年間）（周）澤果敢直言，數有據爭。後北地太守廖信坐貪穢下獄，沒入財產，顯宗以信贓物班諸廉吏，唯澤及光祿勳孫堪、大司農常沖特蒙賜焉。是時京師翕然，在位者咸自勉勵。（《後漢書》卷79《儒林列傳》，2578頁。）

59年（漢明帝永平二年）十二月，護羌校尉竇林下獄死。是歲，始迎氣於五郊。少府陰就子豐殺其妻酈邑公主，就坐自殺。（《後漢書·顯宗孝明帝紀》，104頁。）

59年（漢明帝永平二年）……會涼州刺史又奏林臧罪，遂下獄死。謁者郭襄代領校尉事，到隴西，聞涼州羌盛，還詣闕，抵罪，於是復省校尉官……（《後漢書》卷87《西羌傳》，2880～2881頁。）

61年（漢明帝永平四年）十二月，陵鄉侯梁松下獄死。（坐懸飛書誹謗。）（《後漢書·顯宗孝明帝紀》，108頁。）

61年（漢明帝永平四年）（梁）松數為私書請託郡縣，二年，發覺免官，遂懷怨望。四年冬，乃縣飛書誹謗，下獄死，國除。（飛書者，無根而至，若飛來也，即今匿名書也。）……後坐兄松事，與弟恭俱徙九真……（《後漢書》卷34《梁統傳》，1170頁。）

62年（漢明帝永平五年）……帝以穆不能修尚，而擁富貲，居大第，常令謁者一人監護其家。居數年，謁者奏（竇）穆父子自失埶，數出怨望語，帝令將家屬歸本郡，唯勳以沘陽主婿留京師。穆坐賂遺小吏，郡補繫，與子宣俱死平陵獄，勳亦死洛陽獄……（《後漢書》卷23《竇融傳》，808～809頁。）

62年（漢明帝永平五年）……初，永平時，謁者韓紆嘗考劾父（竇）勳獄，憲遂令客斬紆子，以首祭勳冢……（《後漢書》卷23《竇融傳》，813頁。）

62年（漢明帝永平五年）……父（班）彪卒，歸鄉里。固以彪所續前史未詳，乃潛精研思，欲就其業。既而有人上書顯宗，告固私改作國史者，有詔下郡，收固繫京兆獄，盡取其家書。先是扶風人蘇朗偽言圖讖事，下獄死。固

弟超恐固為郡所檄考，不能自明，乃馳詣闕上書，得召見，具言固所著述意，而郡亦上其書。顯宗甚奇之，召詣校書部，除蘭臺令史，與前睢陽令陳宗、長陵令尹敏、司隸從事孟異共成《世祖本紀》。遷為郎，典校秘書。固又撰功臣、平林、新市、公孫述事，作列傳、載記二十八篇，奏之。帝乃復使終成前所著書。（《後漢書》卷 40《班固傳》，1334 頁。）

62 年（漢明帝永平五年）……永平五年，坐法徵，老小攀車叩馬，號呼相隨，日裁行數里，不得前。倫乃偽止亭舍，陰乘船去。眾知，復追之。及詣廷尉，吏民上書守闕者千餘人。是時顯宗方案梁松事，亦多為松訟者。帝患之，詔公車諸為梁氏及會稽太守上書者勿復受。會帝幸廷尉錄囚徒，得免歸田里。身自耕種，不交通人物。（《後漢書》卷 41《第五倫傳》，1397 頁。）

62 年（漢明帝永平五年）……其十二月，陵鄉侯梁松坐怨望懸飛書誹謗朝廷下獄死，妻子家屬徙九真。（《後漢書·天文志》，3229 頁。）

65 年（漢明帝永平八年）……帝不聽，（鄭）眾不得已，既行，在路連上書固爭之。詔切責眾，追還繫廷尉，會赦歸家。（《後漢書》卷 36《鄭眾傳》，1225 頁。）

66 年（漢明帝永平九年）……其後荊復呼相工謂曰：「我貌類先帝。先帝三十得天下，我今亦三十，可起兵未？」相者詣吏告之，荊惶恐，自繫獄。帝復加恩，不考極其事，下詔不得臣屬吏人，唯食租如故，使相、中尉謹宿衛之。荊猶不改。其後使巫祭祀祝詛，有司舉奏，請誅之，荊自殺。（《後漢書》卷 42《光武十王列傳》，1448 頁。）

68 年（漢明帝永平十一年）秋七月，司隸校尉郭霸下獄死。（《後漢書·顯宗孝明帝紀》，114 頁。）

69 年（漢明帝永平十二年）冬十月，司隸校尉王康下獄死。（《後漢書·顯宗孝明帝紀》，115 頁。）

69 年（漢明帝永平十二年）……數月，復為太常。清潔循行，盡敬宗廟。常臥疾齋宮，其妻哀（周）澤老病，窺問所苦。澤大怒，以妻干犯齋禁，遂收送詔獄謝罪。當世疑其詭激。時人為之語曰：「生世不諧，作太常妻，一歲三百六十日，三百五十九日齋」……（《後漢書》卷 79《儒林列傳》，2579 頁。）

70 年（漢明帝永平十三年）三月，河南尹薛昭下獄死。（《後漢書·顯宗孝明帝紀》，116 頁。）

70 年（漢明帝永平十三年）……楚王英謀反發覺，以疏引覘，覘被收捕，疾病於道亡沒，妻子閉繫詔獄，掠考連年。諸生故人懼相連及，皆改變名姓，以逃其禍，弘獨髡頭負鈇鑕，詣闕上章，為覘訟罪。顯宗覺悟，即赦其家屬，弘躬送覘喪及妻子還鄉里，由是顯名。（《後漢書》卷 33《鄭弘傳》，1155 頁。）

70 年（漢明帝永平十三年）十三年，男子燕廣告英與漁陽王平、顏忠等造作圖書，有逆謀，事下案驗。有司奏英招聚姦猾，造作圖讖，擅相官秩，置諸侯王公將軍二千石，大逆不道，請誅之。帝以親親不忍，乃廢英，徙丹陽涇縣，今宣州縣也。賜湯沐邑五百戶……於是封燕廣為折奸侯。楚獄遂至累年，其辭語相連，自京師親戚諸侯州郡豪傑及考案吏，阿附相陷，坐死徙者以千數。（《後漢書》卷 42《光武十王列傳》，1429～1430 頁。）

71 年（漢明帝永平十四年）永平中，以謁者守侍御史。與三府掾屬共考案楚獄顏忠、王平等，辭連及隧鄉侯耿建、朗陵侯臧信、護澤侯鄧鯉、曲成侯劉建。建等辭未嘗與忠、平相見。是時顯宗怒甚，吏皆惶恐，諸所連及，率一切陷入，無敢以情恕者。朗心傷其冤，試以建等物色獨問忠、平，而二人錯愕不能對。朗知其詐，乃上言建等無奸，專為忠、平所誣，疑天下無辜類多如此。帝乃召朗入，問曰：「建等即如是，忠、平何故引之？」朗對曰：「忠、平自知所犯不道，故多有虛引，冀以自明。」帝曰：「即如是，四侯無事，何不早奏，獄竟而久繫至今邪？」朗對曰：「臣雖考之無事，然恐海內別有發其姦者，故未敢時上。」帝怒罵曰：「吏持兩端，促提下。」左右方引去，朗曰：「願一言而死。小臣不敢欺，欲助國耳。」帝問曰：「誰與共為章？」對曰：「臣自知當必族滅，不敢多污染人，誠冀陛下一覺悟而已。臣見考囚在事者，咸共言妖惡大故，臣子所宜同疾，今出之不如入之，可無後責。是以考一連十，考十連百。又公卿朝會，陛下問以得失，皆長跪言，舊制大罪禍及九族，陛下大恩，裁止於身，天下幸甚。及其歸舍，口雖不言，而仰屋竊歎，莫不知其多冤，無敢牾陛下者。臣今所陳，誠死無悔。」帝意解，詔遣朗出。後二日，車駕自幸洛陽獄錄囚徒，理出千餘人。後平、忠死獄中，朗乃自繫。會赦，免官。復舉孝廉……論曰：左丘明有言：「仁人之言，其利博哉！」晏子一言，齊侯省刑。（《左氏傳》曰，齊景公謂晏子曰：「子之宅近市，識貴賤乎？」於是景公繁於刑，有鬻踊者，故對曰：「踊貴而屨賤。」景公為是省於刑。君子曰：「仁人之言，其利博哉！」踊謂刖足者屨。）若鍾離意之就格請過，寒

朗之廷爭冤獄，篤矣乎，仁者之情也！夫正直本於忠誠則不詭，本於諫爭則絞切。彼二子之所本得乎天，故言信而志行也。（《後漢書》卷41《寒朗傳》，1417～1418頁。）

71年（漢明帝永平十四年）永平十三年，楚王英謀為逆，事下郡覆考。明年，三府舉（袁）安能理劇，拜楚郡太守。是時英辭所連及繫者數千人，顯宗怒甚，吏案之急，迫痛自誣，死者甚眾。安到郡，不入府，先往案獄，理其無明驗者，條上出之。府丞掾史皆叩頭爭，以為阿附反虜，法與同罪，不可。安曰：「如有不合，太守自當坐之，不以相及也。」遂分別具奏。帝感悟，即報許，得出者四百餘家。歲餘，徵為河南尹。政號嚴明，然未曾以臧罪鞠人。常稱曰：「凡學仕者，高則望宰相，下則希牧守。錮人於聖世，尹所不忍為也。」聞之者皆感激自勵。在職十年，京師肅然，名重朝廷……（《後漢書》卷45《袁安傳》，1518頁。）

71年（漢明帝永平十四年）是時楚王英謀反，陰疏天下善士，及楚事覺，顯宗得其錄，有尹興名，乃徵興詣廷尉獄。（陸）續與主簿梁宏、功曹史駟勳及掾史五百餘人詣洛陽詔獄就考，諸吏不堪痛楚，死者大半，唯續、宏、勳掠考五毒，肌肉消爛，終無異辭。續母遠至京師，覘候消息，獄事特急，無緣與續相聞，母但作饋食，付門卒以進之。續雖見考苦毒，而辭色慷慨，未嘗易容，唯對食悲泣，不能自勝。使者怪而問其故。續曰：「母來不得相見，故泣耳。」使者大怒，以為門卒通傳意氣，召將案之。續曰：「因食餉羹，識母所自調和，故知來耳，非人告也。」使者問：「何以知母所作乎？」續曰：「母嘗截肉未嘗不方，斷蔥以寸為度，是以知之。」使者問諸謁舍，續母果來，於是陰嘉之，上書說續行狀。帝即赦興等事，還鄉里，禁錮終身。續以老病卒。（《後漢書》卷81《獨行列傳》，2682～2683頁。）

閆按：乃徵尹興詣廷尉獄，陸續、主簿梁宏、功曹史駟勳及掾史五百餘人詣洛陽詔獄就考，此之間廷尉獄與洛陽詔獄的區別是什麼？值得思考。

71、73年（漢明帝永平十四年、十六年）十四年正月戊子，客星出昴，六十日，在軒轅右角稍滅。昴主邊兵。後一年，漢遣奉車都尉顯親侯竇固、駙馬都尉耿秉、騎都尉耿忠、開陽城門候秦彭、太僕祭肜，將兵擊匈奴。一曰，軒轅右角為貴相，昴為獄事，客星守之為大獄。是時考楚事未訖，司徒虞延與楚王英黨與黃初、公孫弘等交通，皆自殺，或下獄伏誅……十六年正月丁丑，歲星犯房右驂，北第一星不見，辛巳乃見。（《石氏星經》曰：「歲星守房，

良馬出廄。」《古今注》曰：「正月丁未，月犯房。」）房右驂為貴臣，歲星犯之為見誅。是後司徒邢穆，坐與阜陵王延交通知逆謀自殺。四月癸未，太白犯畢。畢為邊兵。後北匈奴寇邊，入雲中，至漁陽。使者高弘發三郡兵追討，無所得。太僕祭肜坐不進下獄。（《後漢書・天文志》，3231 頁。）

73 年（漢明帝永平十六年）……永平中，有上書告延與姬兄謝弇及姊館陶主婿駙馬都尉韓光招姦猾，作圖讖，祠祭祝詛。事下案驗，光、弇被殺，辭所連及，死徙者甚眾。有司奏請誅延。顯宗以延罪薄於楚王英，故特加恩，徙為阜陵王，食二縣。（《後漢書》卷 42《光武十王列傳》，1444 頁。）

76～84 年（漢章帝建初年間）（劉）延既徙封，數懷怨望。建初中，復有告延與子男魴造逆謀者，有司奏請檻車徵詣廷尉詔獄。肅宗下詔曰：「王前犯大逆，罪惡尤深，有同周之管、蔡，漢之淮南。經有正義，律有明刑。（《公羊傳》曰：「君親無將，將而必誅。」《前書》曰：「大逆無道，父母、妻子、同產無少長皆棄市。」）先帝不忍親親之恩，枉屈大法，為王受愆，愆，過也。反而不誅，先帝之過，故言為王受過也。群下莫不惑焉。今王曾莫悔悟，悖心不移，逆謀內潰，自子魴發，誠非本朝之所樂聞。朕惻然傷心，不忍致王於理，今貶爵為阜陵侯，食一縣。獲斯幸者，侯自取焉。於戲誡哉！」赦魴等罪勿驗，使謁者一人監護延國，不得與吏人通。（《後漢書》卷 42《光武十王列傳》，1444～1445 頁。）

76 年（漢章帝建初元年）……會（楊）終坐事繫獄，博士趙博、校書郎班固、賈逵等，以終深曉《春秋》，學多異聞，表請之，終又上書自訟，即日貰出，乃得與於白虎觀焉。後受詔刪《太史公書》為十餘萬言。（《後漢書》卷 48《楊終傳》，1599 頁。）

77 年（漢章帝建初二年）……及（耿）防還，監營謁者李譚承旨奏恭不憂軍事，被詔怨望。坐徵下獄，免官歸本郡，卒於家。（《後漢書》卷 19《耿弇傳》，724 頁。）

83 年（漢章帝建初八年）……建初八年，遂譖殺二貴人，而陷（梁）竦等以惡逆。詔使漢陽太守鄭據傳考竦罪，死獄中，家屬復徙九真。辭語連及舞陰公主，坐徙新城，使者護守。宮省事密，莫有知和帝梁氏生者。（《後漢書》卷 34《梁統傳》，1172 頁。）

84 年（漢章帝元和元年）……帝卒以林等言為然，得暉重議，因發怒，切責諸尚書。暉等皆自繫獄。三日，詔敕出之。曰：「國家樂聞駁議，黃髮無

怨，詔書過耳，何故自繫？」暉因稱病篤，不肯復署議。尚書令以下惶怖，謂暉曰：「今臨得譴讓，奈何稱病，其禍不細！」暉曰：「行年八十，蒙恩得在機密，當以死報。若心知不可而順旨雷同，負臣子之義。今耳目無所聞見，伏待死命。」遂閉口不復言。諸尚書不知所為，乃共劾奏暉。帝意解，寢其事。後數日，詔使直事郎問暉起居，直事郎謂署郎當次直者。太醫視疾，太官賜食。暉乃起謝，復賜錢十萬，布百匹，衣十領。（《後漢書》卷 43《朱暉傳》，1460～1461 頁。）

84 年（漢章帝元和元年）……（孔）僖與崔篆孫駰復相友善，同遊太學，習《春秋》。因讀吳王夫差時事，僖廢書歎曰：「若是，所謂畫龍不成反為狗者。」駰曰：「然。昔孝武皇帝始為天子，年方十八，崇信聖道，師則先王，五六年間，號勝文、景。及後恣己，忘其前之為善。」僖曰：「書傳若此多矣！」鄰房生梁郁儳和之曰：「如此，武帝亦是狗邪？」僖、駰默然不對。郁怒恨之，陰上書告駰、僖誹謗先帝，刺譏當世。事下有司，駰詣吏受訊。僖以吏捕方至，恐誅，乃上書肅宗自訟曰：「臣之愚意，以為凡言誹謗者，謂實無此事而虛加誣之也。至如孝武皇帝，政之美惡，顯在漢史，坦如日月。是為直說書傳實事，非虛謗也。夫帝者為善，則天下之善咸歸焉；其不善，則天下之惡亦萃焉。斯皆有以致之，故不可以誅於人也。且陛下即位以來，政教未過，而德澤有加，天下所具也，臣等獨何譏刺哉？假使所非實是，則固應慘改；倘其不當，亦宜含容，又何罪焉？陛下不推原大數，深自為計，徒肆私忿，以快其意。臣等受戮，死即死耳，顧天下之人，必回視易慮，以此事窺陛下心。自今以後，苟見不可之事，終莫復言者矣。臣之所以不愛其死，猶敢極言者，誠為陛下深惜此大業。陛下若不自惜，則臣何賴焉？齊桓公親揚其先君之惡，以唱管仲，然後群臣得盡其心。今陛下乃欲以十世之武帝，遠諱實事，豈不與桓公異哉？臣恐有司卒然見構，銜恨蒙枉，不得自敘，使後世論者，擅以陛下有所方比，寧可復使子孫追掩之乎？謹詣闕伏待重誅。帝始亦無罪僖等意，及書奏，立詔勿問，拜僖蘭臺令史。（《後漢書》卷 79《儒林列傳》，2560～2561 頁。）

86 年（漢章帝元和三年）……在位四年，奏尚書張林阿附侍中竇憲，而素行臧穢，又上洛陽令楊光，憲之賓客，在官貪殘，並不宜處位。書奏，吏與光故舊，因以告之。光報憲，憲奏弘大臣漏洩密事。帝詰讓弘，收上印綬。弘自詣廷尉，詔來出之，因乞骸骨歸，未許。病篤，上書陳謝，並言竇憲之短。

（《後漢書》卷 33《鄭弘傳》，1156 頁。）

86 年（漢章帝元和三年）……功曹史戴閨，故太尉掾也，權動郡內。有小譴，禹令自致徐獄，然後正其法。（《東觀記》曰「閨當從行縣，從書佐假車馬什物。禹聞知，令直符責問，閨具以實對。禹以宰士惶恐首實，令自致徐獄」也。）自長史以下，莫不震肅。（《後漢書》卷 44《張禹傳》，1498 頁。）

89～105 年（漢和帝永元年間）……永元中，鮮卑入郡界，（祭）參坐沮敗，下獄死……（《後漢書》卷 20《祭遵傳》，746 頁。）

89～105 年（漢和帝）（繆彤）仕縣為主簿。時縣令被章見考，吏皆畏懼自誣，而彤獨證據其事，掠考苦毒，至乃體生蟲蛆，因復傳換五獄，逾涉四年，令卒以自免。（《後漢書》卷 81《獨行列傳》，2686 頁。）

89～105 年（漢和帝永元年間）……和帝永元中，太守馬棱坐盜賊事被徵，當詣廷尉，吏民不寧，（李）南特通謁賀。棱意有恨，謂曰：「太守不德，今當即罪，而君反相賀邪？」南曰：「且有善風，明日中時應有吉問，故來稱慶。」旦日，棱延望景晏，以為無徵；至晡，乃有驛使齎詔書原停棱事。南問其遲留之狀。使者曰：「向度宛陵浦里阬，馬跪足，是以不得速。」棱乃服焉。後舉有道，辟公府，病不行，終於家。（《後漢書》卷 82《方術列傳》，2716～2717 頁。）

91～104 年（漢和帝永元年間）子（趙）代嗣，官至越騎校尉。永元中，副行征西將軍劉尚征羌，坐事下獄，疾病物故。（《後漢書》卷 26《趙熹傳》，915 頁。）

92 年（漢和帝永元四年）竇憲潛圖弒逆。庚申，幸北宮。詔收捕憲黨射聲校尉郭璜，郭況子也。璜子侍中舉，衛尉鄧疊，疊弟步兵校尉磊，皆下獄死。使謁者僕射收憲大將軍印綬，遣憲及弟篤、景就國，到皆自殺。（《後漢書‧孝和帝紀》，173 頁。）

92 年（漢和帝永元四年）永元初，（郭）璜為長樂少府，子舉為侍中，兼射聲校尉。及大將軍竇憲被誅，舉以憲女婿謀逆，故父子俱下獄死，家屬徙合浦，宗族為郎吏者，悉免官。（《後漢書‧皇后紀》，404 頁。）

92 年（漢和帝永元四年）……會憲及鄧疊班師還京師，詔使大鴻臚持節郊迎，賜軍吏各有差。憲等既至，帝乃幸北宮，詔執金吾、五校尉勒兵屯衛南、北宮，閉城門，收捕疊、磊、璜、舉，皆下獄誅，家屬徙合浦……（《後漢書》卷 23《竇融傳》，819～820 頁。）

92 年（漢和帝永元四年）（班）固不教學諸子，諸子多不遵法度，吏人苦之。初，洛陽令種兢嘗行，固奴干其車騎，吏箠呼之，奴醉罵，兢大怒，畏憲不敢發，心銜之。及竇氏賓客皆逮考，兢因此補繫固，遂死獄中。時年六十一。詔以譴責兢，抵主者吏罪。（《後漢書》卷 40《班固傳》，1386 頁。）

92 年（漢和帝永元四年）……自郾令擢為《尚書》令。出為潁川太守，坐法，當下獄，和帝思榮忠節，左轉共令……（《後漢書》卷 45《周榮傳》，1537 頁。）

92 年（漢和帝永元四年）……至四年六月丙辰發覺，和帝幸北宮，詔執金吾、五校勒兵屯南、北宮，閉城門，捕舉。舉父長樂少府璜及疊，疊弟步兵校尉磊，母元，皆下獄誅。憲弟篤、景等皆自殺。金犯軒轅，女主失勢。竇氏被誅，太后失勢。（《後漢書·天文志》，3234 頁。）

93 年（漢和帝永元五年）（劉）暢性聰惠，然少貴驕，頗不遵法度。歸國後，數有惡夢，從官卜忌自言能使六丁，善占夢，暢數使卜筮。又暢乳母王禮等，因此自言能見鬼神事，遂共占氣，祠祭求福。忌等諂媚，雲神言王當為天子。暢心喜，與相應答。永元五年，豫州刺史梁相舉奏暢不道，考訊，辭不服。有司請徵暢詣廷尉詔獄，和帝不許。有司重奏除暢國，徙九真，帝不忍，但削成武、單父二縣……（《後漢書》卷 50《孝明八王列傳》，1676 頁。）

93、95 年（漢和帝永元五年、七年）五年四月癸巳，太白、熒惑、辰星俱在東井。七月壬午，歲星犯軒轅大星。九月，金在南斗魁中。火犯房北第一星。東井，秦地，為法……十二月，車騎將軍鴻坐追虜失利，下獄死；度遼將軍徵、中郎將崇皆抵罪……八年四月樂成王黨，七月樂成王宗皆薨。將兵長史吳棼坐事徵下獄誅。十月，北海王威自殺。十二月，陳王羨薨。其九年閏月，皇太后竇氏崩。遼東鮮卑反，太守祭參不追虜，徵下獄誅。九月，司徒劉方坐事免官，自殺……（《後漢書·天文志》，3234～3236 頁。）

94 年（漢和帝永元六年）……後歲餘，（王）盤果與司隸校尉蘇鄴、丁鴻事相連，坐死洛陽獄。而盤子肅復出入北宮及王侯邸第。援謂司馬呂種曰：「建武之元，名為天下重開。自今以往，海內日當安耳。但憂國家諸子並壯，而舊防未立，（舊防，諸侯王子不許交通賓客。）若多通賓客，則大獄起矣。卿曹戒慎之！」及郭后薨，有上書者，以為肅等受誅之家，客因事生亂，慮致貫高、任章之變。帝怒，乃下郡縣收捕諸王賓客，更相牽引，死者以千數。呂種亦豫其禍，臨命歎曰：「馬將軍誠神人也！」（《後漢書》卷 24《馬援

傳》，851頁。）

95年（漢和帝永元七年）七年春正月，行車騎將軍鄧鴻、度遼將軍朱
徽、中郎將杜崇皆下獄死。（時南單于安國與崇不相平，乃上書告崇。崇令斷
其章，緣此驚叛，安國卒見殺。帝後知之，皆徵下獄。）（《後漢書·孝和帝
紀》，180頁。）

95年（漢和帝永元七年）永元中，（鄧鴻）與大將軍竇憲俱出擊匈奴，有
功，征行車騎將軍。出塞追畔胡逢侯，坐逗留，下獄死。（《後漢書》卷16《鄧
禹傳》，605～606頁。）

95年（漢章帝永元七年）……鄧鴻還京師，坐逗留失利，下獄死。（按軍
法，逗留畏懦者斬。）後帝知朱徽、杜崇失胡和，又禁其上書，以致反畔，皆
徵下獄死，以雁門太守龐奮行度遼將軍……（《後漢書》卷89《南匈奴列傳》，
2956頁。）

96年（漢和帝永元八年）永元二年，和帝封（劉）睦庶子斟鄉侯（劉）
威為北海王，奉睦後。立七年，威以非睦子，又坐誹謗，檻車徵詣廷尉，道自
殺。（《後漢書》卷14《宗室四王三侯傳》，558頁。）

97年（漢和帝永元九年）八月，鮮卑寇肥如，遼東太守祭參下獄死。（《東
觀記》曰：「鮮卑千餘騎攻肥如城，殺略吏人，祭參坐沮敗，下獄誅。」）（《後
漢書·孝和帝紀》，183頁。）

97年（漢和帝永元九年）己丑，復置若盧獄官。（《前書》曰，若盧獄屬少
府。《漢舊儀》曰「主鞫將相大臣」也。）（《後漢書·孝和帝紀》，184頁。）

97年（漢和帝永元九年）……九年，遼東鮮卑攻肥如縣，太守祭參坐沮
敗，下獄死……（《後漢書》卷90《烏桓鮮卑列傳》，2986頁。）

98年（漢和帝永元十年）……明年，（劉）尚、（趙）代並坐畏懦徵下獄，
免……（《後漢書》卷87《西羌傳》，2884頁。）

99年（漢和帝永元十一年）（劉）鈞立，多不法，遂行天子大射禮。（天
子將祭，擇士而祭，謂之大射。大射之禮，張三侯，虎侯、熊侯、豹侯，示服
猛也，皆以其皮方制之。樂用《騶虞》，九節。《謝承書》曰「陳國戶曹史高慎
諫國相曰：『諸侯射豕，天子射熊，八彝六樽，禮數不同。昔季氏設朱干玉戚
以舞《大夏》。《左傳》曰：「唯名與器，不可以假人。」奢僭之漸，不可聽也。』
於是諫爭不合，為王所非，坐司寇罪」也。）性隱賊，喜文法，國相二千石不
與相得者，輒陰中之。憎怨敬王夫人李儀等，永元十一年，遂使客陬久殺儀

家屬。吏捕得久，繫長平獄。鈞欲斷絕辭語，復使結客篡殺久。事發覺，有司舉奏，鈞坐削西華、項、新陽三縣……（《後漢書》卷50《孝明八王列傳》，1668頁。）

102年（漢和帝永元十四年）十四年夏，有言（和帝陰皇后）後與朱共挾巫蠱道，事發覺，帝遂使中常侍張慎與尚書陳褒於掖庭獄雜考案之。朱及二子奉、毅與後弟軼、輔、敞辭語相連及，以為祠祭祝詛，大逆無道。奉、毅、輔考死獄中。帝使司徒魯恭持節賜後策，上璽綬，遷於桐宮，以憂死。（《後漢書·皇后紀》，417頁。）

102年（漢和帝永元十四年）……躬弟子綱女為和帝皇后，封綱吳房侯，位特進，三子軼、輔、敞，皆黃門侍郎。後坐巫蠱事廢，綱自殺，輔下獄死，軼、敞徙日南……（《後漢書》卷32《陰識傳》，1130頁。）

103年（漢和帝永元十五年）……後中傅衛欣私為臧盜千餘萬，詔使案理之，並責慶不舉之狀，慶曰：「欣以師傅之尊，選自聖朝，臣愚唯知言從事聽，不甚有所惡察。」帝嘉其對，悉以欣臧財賜慶……（《後漢書》卷55《章帝八王傳》，1802頁。）

107～113年（漢安帝永初年間）廖扶字文起，汝南平輿人也。習《韓詩》、《歐陽尚書》，教授常數百人。父為北地太守，永初中，坐羌沒郡下獄死。扶感父以法喪身，憚為吏……（《後漢書》卷82《方術列傳》，2719頁。）

108年（漢安帝永初二年）五月，旱。丙寅，皇太后幸洛陽寺及若盧獄，錄囚徒，賜河南尹、廷尉、卿及官屬以下各有差，即日降雨。（《後漢書·孝安帝紀》，210頁。）

110年（漢安帝永初四年）己卯，騎都尉任仁下獄死。（《後漢書·孝安帝紀》，216頁。）

110年（漢安帝永初四年）……既還，懂以塗奴接其家屬有勞，輒授以羌侯印綬，坐專擅，徵下獄，抵罪。明年，校書郎馬融上書訟懂與護羌校尉龐參，有詔原刑。語在《龐參傳》。（《後漢書》卷47《梁懂傳》，1593頁。）

110年（漢安帝永初四年）……任仁戰累敗，而兵士放縱，檻車徵詣廷尉詔獄死……（《後漢書》卷87《西羌傳》，2889頁。）

111年（漢安帝永初五年）……昂、畢為邊兵，又為獄事。至建光元年三月癸巳，鄧太后崩；五月庚辰，太后兄車騎將軍騭等七侯皆免官，自殺，是其應也。（《後漢書·天文志》，3240頁。）

112 年（漢安帝永初六年）戊辰，皇太后幸洛陽寺，錄囚徒，理冤獄。（《後漢書・孝安帝紀》，218 頁。）

112 年（漢安帝永初六年）冬十一月辛丑，護烏桓校尉吳祉下獄死。（《後漢書・孝安帝紀》，219 頁。）

115 年（漢安帝元初二年）乙未，右扶風仲光、安定太守杜恢、京兆虎牙都尉耿溥與先零羌戰於丁奚城，光等大敗，並沒。左馮翊司馬鈞下獄，自殺。（《東觀記》曰「安定太守杜恢與鈞等並威擊羌，恢乘勝深入，為虜所害，鈞擁兵不救，收鈞下獄」也。）（《後漢書・孝安帝紀》，224 頁。）

115 年（漢安帝元初二年）元初元年，遷護羌校尉，畔羌懷其恩信。明年，燒當羌種號多等皆降，始復得還都令居，通河西路。時先零羌豪僭號北地，詔參將降羌及湟中義從胡七千人，與行征西將軍司馬鈞期會北地擊之。參於道為羌所敗。既已失期，乃稱病引兵還，坐以詐疾徵下獄，校書郎中馬融上書請之曰：「……宜遠覽二君，使參、懂得在寬宥之科，誠有益於折衝，毗佐於聖化。」書奏，赦參等……後參夫人疾前妻子，投於井而殺之。參素與洛陽令祝良不平，良聞之，率吏卒入太尉府案實其事，乃上參罪，遂因災異策免。有司以良不先聞奏，輒折辱宰相，坐繫詔獄。良能得百姓心，洛陽吏人守闕請代其罪者，日有數千萬人，詔乃原刑。（《後漢書》卷 51《龐參傳》，1689～1691 頁。）

116 年（漢安帝元初三年）元初三年，（劉）恭以事怒子酺，酺自殺。（《東觀記》曰：「恭子男丁前妻物故，酺侮慢丁小妻，恭怒，閉酺馬廄，酺亡，夜詣彭城縣欲上書，恭遣從官倉頭曉令歸，數責之，乃自殺也。」）國相趙牧以狀上，因誣奏恭祠祀惡言，大逆不道。有司奏請誅之。恭上書自訟。朝廷以其素著行義，令考實，無徵，牧坐下獄，會赦免死。（《決錄注》曰：「牧字仲師，長安人。少知名，以公正稱。修《春秋》，事樂恢。恢以直諫死，牧為陳冤得申。高第為侍御史、會稽太守，皆有稱績。及誣奏恭，安帝疑其侵，乃遣御史毋丘歆覆案其事實，下牧廷尉，會赦不誅，終於家。」）（《後漢書》卷 50《孝明八王列傳》，1671 頁。）

117 年（漢安帝元初四年）……明年，坐子與《尚書》郎張俊交通，漏泄省中語，策免。敞廉勁不阿權貴，失鄧氏旨，遂自殺。張俊者，蜀郡人，有才能，與兄龕並為《尚書》郎，年少勵鋒氣。郎朱濟、丁盛立行不修，俊欲舉奏之，二人聞，恐，因郎陳重、雷義往請俊，俊不聽，因共私賂侍史，使求俊

短，得其私書與敞子，遂封上之，皆下獄，當死。俊自獄中占獄吏上書自訟，書奏而俊獄已報。（謂奏報論死也。）廷尉將出谷門，臨行刑，鄧太后詔馳騎以減死論。俊假名上書謝曰：「臣孤恩負義，自陷重刑，情斷意訖，無所復望。廷尉鞫遣，歐刀在前，棺槥在後，魂魄飛揚，形容已枯。陛下聖澤，以臣嘗在近密，識其狀貌，傷其眼目，留心曲慮，特加遍覆。喪車復還，白骨更肉，披棺發槥，起見白日。天地父母能生臣俊，不能使臣俊當死復生。陛下德過天地，恩重父母，誠非臣俊破碎骸骨，舉宗腐爛，所報萬一。臣俊徒也，不得上書；不勝去死就生，驚喜踊躍，觸冒拜章。」當時皆哀其文。朝廷由此薄敞罪而隱其死，以三公禮葬之，復其官。子盱。盱後至光祿勳。時大將軍梁冀擅朝，內外莫不阿附，唯盱與廷尉邯鄲義正身自守。（《後漢書》卷45《袁敞傳》，1524～1525頁。）

118年（漢安帝元初五年）……又中郎將任尚嘗遺（鄧）鳳馬，後尚坐斷盜軍糧，檻車徵詣廷尉，（檻車謂以板四周為檻，無所見。）鳳懼事泄，先自首於騭。騭畏太后，遂髡妻及鳳以謝，天下稱之。（《後漢書》卷16《鄧禹傳》，616頁。）

120年（漢安帝永寧元年）……尚書陳忠劾奏禪曰：「古者合歡之樂舞於堂，四夷之樂陳於門，故《詩》云『以《雅》以《南》，《韎任朱離》』。今禪國越流沙，逾縣度。萬里貢獻，非鄭衛之聲，佞人之比，而禪廷訕朝政，請劾禪下獄。」有詔勿收，左轉為玄菟候城障尉，詔「敢不之官，上妻子從者名」。禪既行，朝廷多訟之……（《後漢書》卷51《陳禪傳》，1685頁。）

121年（漢安帝建光元年）……建光元年，太后崩，未及大斂，帝復申前命，封騭為上蔡侯，位特進。帝少號聰敏，及長多不德，而乳母王聖見太后久不歸政，慮有廢置，常與中黃門李閏候伺左右。及太后崩，宮人先有受罰者，懷怨恚，因誣告悝、弘、閶先從尚書鄧訪取廢帝故事，謀立平原王得。帝聞，追怒，令有司奏悝等大逆無道，遂廢西平侯廣德、葉侯廣宗、西華侯忠、陽安侯珍、都鄉侯甫德皆為庶人。騭以不與謀，但免特進，遣就國。宗族皆免官歸故郡，沒入騭等貲財田宅，徙鄧訪及家屬於遠郡。郡縣逼迫，廣宗及忠皆自殺。又徙封騭為羅侯，騭與子鳳並不食而死。騭從弟河南尹豹、度遼將軍舞陽侯遵、將作大匠暢皆自殺，唯廣德兄弟以母閻后戚屬得留京師。大司農朱寵痛騭無罪遇禍，乃肉袒輿櫬，上疏追訟騭曰：「伏惟和熹皇后聖善之德，為漢文母。兄弟忠孝，同心憂國，宗廟有主，王室是賴。功成身退，讓國遜位，

歷世外戚，無與為比。當享積善履謙之祐，而橫為宮人單辭所陷。利口傾險，反亂國家，罪無申證，獄不訊鞫，遂令騭等罹此酷濫。一門七人，並不以命，屍骸流離，怨魂不反，逆天感人，率土喪氣。宜收還祐次，寵樹遺孤，奉承血祀，以謝亡靈。」寵知其言切，自致廷尉，詔免官歸田里。眾庶多為騭稱枉，帝意頗悟，乃譴讓州郡，還葬洛陽北芒舊塋，公卿皆會喪，莫不悲傷之。詔遣使者祠以中牢，諸從昆弟皆歸京師。及順帝即位，追感太后恩訓，愍騭無辜，乃詔宗正復故大將軍鄧騭宗親內外，朝見皆如故事。除騭兄弟子及門從十二人悉為郎中，擢朱寵為太尉，錄尚書事。（《後漢書》卷16《鄧禹傳》，616～617頁。）

121年（漢安帝建光元年）……建光元年，怨者乃詐作璽書譴責煥、光，賜以歐刀。又下遼東都尉龐奮使速行刑，奮即斬光收煥。煥欲自殺，緄疑詔文有異，止煥曰：「大人在州，志欲去惡，實無它故，必是凶人妄詐，規肆奸毒。願以事自上，甘罪無晚。」煥從其言，上書自訟，果詐者所為，徵奮抵罪。會煥病死獄中，帝愍之，賜煥、光錢各十萬，以子為郎中。緄由是知名。（《後漢書》卷38《馮緄傳》，1280～1281頁。）

121年（漢安帝建光元年）（蔡）倫初受竇后諷旨，誣陷安帝祖母宋貴人。及太后崩，安帝始親萬機，敕使自致廷尉。倫恥受辱，乃沐浴整衣冠，飲藥而死。國除。（《後漢書》卷78《宦者列傳》，2514頁。）

122～125年（漢安帝延光年間）……延光中，中常侍樊豐、帝乳母王聖共譖皇太子，廢為濟陰王。翊世連上書訟之，又言樊豐、王聖誣罔之狀。帝既不從，而豐等陷以重罪，下獄當死，有詔免官歸本郡……（《後漢書》卷57《杜根傳》，1840頁。）

124年（漢安帝延光三年）（楊）尋有河間男子趙騰詣闕上書，指陳得失。帝發怒，遂收考詔獄，結以罔上不道。震復上疏救之曰：「臣聞堯舜之世，諫鼓謗木，立之於朝；殷周哲王，小人怨詈，則還自敬德。所以達聰明，開不諱，博採負薪，盡極下情也。今趙騰所坐激訐謗語為罪，與手刃犯法有差。乞為虧除，全騰之命，以誘蒭蕘輿人之言。」帝不省，騰竟伏屍都市。（《後漢書》卷54《楊震傳》，1766頁。）

125年（漢安帝延光四年）辛卯，大將軍耿寶、中常侍樊豐、侍中謝惲、周廣、乳母野王君王聖，坐相阿黨，豐、惲、廣下獄死，寶自殺，聖徙雁門。（《後漢書·孝安帝紀》，242頁。）

125 年（漢安帝延光四年）戊午，遣使者入省，奪得璽綬，乃幸嘉德殿，遣侍御史持節收閻顯及其弟城門校尉耀、執金吾晏，並下獄誅。（《後漢書·順帝紀》，250 頁。）

126～144 年（漢順帝）……順帝時，遷冀州刺史。故人為清河太守，章行部案其奸臧。乃請太守，為設酒肴，陳平生之好甚歡。太守喜曰：「人皆有一天，我獨有二天。」章曰：「今夕蘇孺文與故人飲者，私恩也；明日冀州刺史案事者，公法也。」遂舉正其罪。州境知章無私，望風畏肅。換為并州刺史，以摧折權豪，忤旨，坐免。隱身鄉里，不交當世。後徵為河南尹，不就。時天下日敝，民多悲苦，論者舉章有干國才，朝廷不能復用，卒於家。兄曾孫不韋。

不韋字公先。父謙，初為郡督郵。時魏郡李暠為美陽令，與中常侍具瑗交通，貪暴為民患，前後監司畏其執法援，莫敢問。及謙至，部案得其臧，論輸左校。謙累遷至金城太守，去郡歸鄉里。漢法，免罷守令，自非詔徵，不得妄到京師。而謙後私至洛陽，時暠為司隸校尉，收謙詰掠，死獄中，暠又因刑其尸，以報昔怨。（《後漢書》卷 31《蘇章傳》，1107 頁。）

126 年（漢順帝初）延從曾孫放，字子仲。少為太尉楊震門徒，及震被讒自殺，順帝初，放詣闕追訟震罪，由是知名。桓帝時為尚書，以議誅大將軍梁冀功封都亭侯，後為司空，坐水災免。性疾惡宦官，遂為所陷，靈帝初，與長樂少府李膺等俱以黨事誅。（《後漢書》卷 33《虞延傳》，1154 頁。）

126～144 年（漢順帝）……順帝即位，拜光祿大夫，遷將作大匠。損省經用，歲息四五千萬。屢因災異，多所匡正。由是權貴共誣酺及尚書令高堂芝等交通屬託，坐減死歸家。復被章雲酺前與河南張楷等謀反，逮詣廷尉。及杜真等上書訟之，事得明釋。卒於家。（《益部耆舊傳》曰：「杜真字孟宗，廣漢綿竹人也。少有孝行，習《易》、《春秋》，誦百萬言，兄事同郡翟酺。酺繫被繫獄，真上檄章救酺，繫獄笞六百，竟免酺難，京師莫不壯之。」）（《後漢書》卷 48《翟酺傳》，1605 頁。）

126～144 年（漢順帝）……因奏治罪。詔書讓政而詰責傅。景因捕諸奸人上案其罪，上，奏上也，音市丈反。殺戮尤惡者數十人，出冤獄百餘人……（《後漢書》卷 55《章帝八王傳》，1808 頁。）

126 年（漢順帝永建元年）時中常侍張防特用權執，每請託受取，詡輒案之，而屢寢不報。詡不勝其憤，乃自繫廷尉，奏言曰：「昔孝安皇帝任用樊豐，

遂交亂嫡統，幾亡社稷。今者張防復弄威柄，國家之禍將重至矣。臣不忍與防同朝，謹自繫以聞，無令臣襲楊震之跡。」書奏，防流涕訴帝，詡坐論輸左校。防必欲害之，二日之中，傳考四獄。獄吏勸詡自引，詡曰：「寧伏歐刀以示遠近。」（歐刀，刑人之刀也。）宦者孫程、張賢等知詡以忠獲罪，乃相率奏乞見。程曰：「陛下始與臣等造事之時，常疾姦臣，知其傾國。今者即位而復自為，何以非先帝乎？司隸校尉虞詡為陛下盡忠，而更被拘繫；常侍張防臧罪明正，反構忠良。今客星守羽林，其占宮中有姦臣。宜急收防送獄，以塞天變。下詔出詡，還假印綬。」時防立在帝後，程乃叱防曰：「姦臣張防，何不下殿！」防不得已，趨就東箱。程曰：「陛下急收防，無令從阿母求請。」帝問諸尚書，尚書賈朗素與防善，證詡之罪。帝疑焉，謂程曰：「且出，吾方思之。」於是詡子顗與門生百餘人，舉幡候中常侍高梵車，叩頭流血，訴言枉狀。梵乃入言之，防坐徙邊，賈朗等六人或死或黜，即日赦出詡。程復上書陳詡有大功，語甚切激。帝感悟，復徵拜議郎。數日，遷尚書僕射。是時長吏、二千石聽百姓謫罰者輸贖，號為「義錢」，託為貧人儲，而守令因以聚斂。詡上疏曰：「元年以來，貧百姓章言長吏受取百萬以上者，匈匈不絕，謫罰吏人至數千萬，而三公、刺史少所舉奏。尋永平、章和中，州郡以走卒錢給貸貧人，司空劾案，州及郡縣皆坐免黜。今宜遵前典，蠲除權制。」於是詔書下詡章，切責州郡。謫罰輸贖自此而止。先是寧陽主簿詣闕，訴其縣令之枉，積六七歲不省。主簿乃上書曰：「臣為陛下子，陛下為臣父。臣章百上，終不見省，臣豈可北詣單于以告怨乎？」帝大怒，持章示尚書，尚書遂劾以大逆。詡駁之曰：「主簿所訟，乃君父之怨；百上不達，是有司之過。愚蠢之人，不足多誅。」帝納詡言，笞之而已。詡因謂諸尚書曰：「小人有怨，不遠千里，斷髮刻肌，詣闕告訴，而不為理，豈臣下之義？君與濁長吏何親，而與怨人何仇乎？」聞者皆慚。詡又上言：「臺郎顯職，仕之通階。今或一郡七八，或一州無人。宜令均平，以厭天下之望。」及諸奏議，多見從用。（《後漢書》卷58《虞詡傳》，1870～1873頁。）

126年（漢安帝延光四年）……（郭）鎮引劍擊景墮車，左右以戟叉其匈，遂禽之，送廷尉獄，即夜死。旦日，令侍御史收（閻）顯等送獄，於是遂定……（《後漢書》卷79《宦者列傳》，2515～2516頁。）

126～144年（漢順帝）時蜀郡太守因計吏賂遺於（曹）騰，益州刺史種皓於斜谷關搜得其書，上奏太守，並以劾騰，請下廷尉案罪。帝曰：「書自外

來，非騰之過。」遂寢皓奏。騰不為纖介，常稱皓為能吏，時人嗟美之。（《後漢書》卷 79《宦者列傳》，2519 頁。）

126～144 年（漢順帝）戴就字景成，會稽上虞人也。仕郡倉曹掾，揚州刺史歐陽參奏太守成公浮臧罪，遣部從事薛安案倉庫簿領，收就於錢唐縣獄。幽囚考掠，五毒參至。就慷慨直辭，色不變容。又燒鋘斧，使就挾於肘腋。就語獄卒：「可熟燒斧，勿令冷。」每上彭考，因止飯食不肯下，肉焦毀墮地者，掇而食之。主者窮竭酷慘，無復余方，乃臥就覆船下，以馬通薰之。一夜二日，皆謂已死，發船視之，就方張眼大罵曰：「何不益火，而使滅絕！」又復燒地，以大針刺指爪中，使以把土，爪悉墮落。主者以狀白安，安呼見就，謂曰：「太守罪穢狼藉，受命考實，君何故以骨肉拒捍邪？」就據地答言：「太守剖符大臣，當以死報國。卿雖銜命，固宜申斷冤毒，奈何誣枉忠良，強相掠理，令臣謗其君，子證其父！薛安庸騃，忸行無義，就考死之日，當白之於天，與群鬼殺汝於亭中。如蒙生全，當手刃相裂！」安深奇其壯節，即解械，更與美談，表其言辭，解釋郡事。徵浮還京師，免歸鄉里。（《後漢書》卷 81《獨行列傳》，2691 頁。）

127 年（漢順帝永建二年）二年，勇上請攻元孟，於是遣敦煌太守張朗將河西四郡兵三千人配勇。因發諸國兵四萬餘人，分騎為兩道擊之。勇從南道，朗從北道，約期俱至焉耆。而朗先有罪，欲徼功自贖，遂先期至爵離關，遣司馬將兵前戰，首虜二千餘人。元孟懼誅，逆遣使乞降，張朗徑入焉耆受降而還。元孟竟不肯面縛，唯遣子詣闕貢獻。朗遂得免誅。勇以後期，徵下獄，免。後卒於家。（《後漢書》卷 47《班勇傳》，1590 頁。）

128 年（漢順帝永建三年）……（陳）龜又欲徙單于近親於內郡，而降者遂更狐疑。龜坐下獄免。（陳龜逼迫單于及弟皆令自殺，又欲徙其近親者，遂致狐疑，此則陳龜之由也。）……（《後漢書》卷 89《南匈奴列傳》，2960 頁。）

133 年（漢順帝陽嘉二年）陽嘉二年，（楊倫）徵拜太中大夫。大將軍梁商以為長史。諫諍不合，出補常山王傅，病不之官。詔書敕司隸催促發遣，倫乃留河內朝歌，以疾自上，曰：「有留死一尺，無北行一寸。刎頸不易，九裂不恨。匹夫所執，強於三軍。固敢有辭。」帝乃下詔曰：「倫出幽升高，寵以藩傅，稽留王命，擅止道路，託疾自從，苟肆猖志。」遂徵詣廷尉，有詔原罪。（《後漢書》卷 79《儒林列傳》，2565 頁。）

139 年（漢順帝永和四年）四年春正月庚辰，中常侍張逵、蘧政、楊定等有罪誅，連及弘農太守張鳳、安平相楊皓，下獄死。(《後漢書·順帝紀》，268 頁。)

141 年（漢順帝永和六年）六年春正月丙子，征西將軍馬賢與且凍羌戰於射姑山，賢軍敗沒，安定太守郭璜下獄死。(《後漢書·順帝紀》，270 頁。)

141～159 年（漢順帝～漢桓帝）……遷定襄太守，徵拜議郎，遷揚州刺史。舉奏豫章太守王永奏事中官，吳郡太守徐參在職貪穢，並徵詣廷尉。參，中常侍璜之弟也。由此威名大振。又徵拜議郎，補御史中丞。坐黨事考黃門北寺獄，以無驗見原，卒於家。(《後漢書》卷 67《黨錮列傳》，2213 頁。)

143 年（漢順帝漢安二年）……歲餘，光祿大夫杜喬為八使，徇行郡國，以臧罪奏瑗，徵詣廷尉。瑗上書自訟，得理出。會病卒，年六十六……(《後漢書》卷 52《崔駰傳》，1724 頁。)

144 年（漢順帝建康元年）己未，九江太守丘騰有罪，下獄死。(《東觀記》曰「騰知罪法深大，懷挾奸巧，稽留道路，下獄死」也。)(《後漢書·順帝紀》，275 頁。)

144 年（漢順帝建康元年）己卯，零陵太守劉康坐殺無辜，下獄死。(《後漢書·順帝紀》，276 頁。)

144 年（漢順帝建康元年）……會帝崩，營起憲陵。陵左右或有小人墳冢，主者欲有所侵毀，(樂)巴連上書苦諫。時梁太后臨朝，詔詰巴曰：「大行皇帝晏駕有日，卜擇陵園，務從省約，塋域所極，裁二十頃，而巴虛言主者壞人冢墓。事既非實，寢不報下，巴猶固遂其愚，復上誹謗。苟肆狂瞽，益不可長。」巴坐下獄，抵罪，禁錮還家。(《後漢書》卷 57《樂巴傳》，1841 頁。)

144 年（漢順帝建康元年）是時順帝崩，梁太后攝政，欲為順帝作陵，制度奢廣，多壞吏民冢。尚書欒巴諫事，太后怒，癸卯，詔書收巴下獄，欲殺之。丙午地震，於是太后乃出巴，免為庶人。(《後漢書·五行志》，3331 頁。)

145 年（漢沖帝永嘉元年）二月，豫章太守虞續坐贓，下獄死。(《後漢書·沖帝紀》，277 頁。)

145 年（漢沖帝永嘉元年）冬十一月己丑，南陽太守韓昭坐贓下獄死。(《東觀記》曰：「強賦一億五千萬，檻車徵下獄。」)(《後漢書·沖帝紀》，279 頁。)

146 年（漢質帝本初元年）壬子，廣陵太守王喜坐討賊逗留，下獄死。

（《後漢書·質帝紀》，280 頁。）

147 年（漢桓帝建和元年）前太尉李固、杜喬皆下獄死。（《後漢書·桓帝紀》，291 頁。）

147 年（漢桓帝建和元年）……桓帝即位，（裴）優遂行霧作賊，事覺被考，引楷言從學術，楷坐繫廷尉詔獄，積二年，恒諷誦經籍，作《尚書注》。後以事無驗，見原還家。建和三年，下詔安車備禮聘之，辭以篤疾不行。年七十，終於家。子陵。（《後漢書》卷 36《張楷傳》，1243 頁。）

147～166 年（漢桓帝）同郡緱氏女玉為父報仇，殺夫氏之黨，吏執玉以告外黃令梁配，（《續漢書》曰「同縣大女緱玉為從父報仇，殺夫之從母兄李士，姑執玉以告吏」也。）配欲論殺玉。（申屠）蟠時年十五，為諸生，進諫曰：「玉之節義，足以感無恥之孫，激忍辱之子。不遭明時，尚當表旌廬墓，況在清聽，而不加哀矜！」配善其言，乃為讞得減死論。（讞，請也。）鄉人稱美之。（《後漢書》卷 53《申屠蟠傳》，1751 頁。）

閆按：本案反映了《春秋》中「子不為父報仇，非子也」的經義。古代社會，在儒家綱常禮教的薰染下，人們維護倫常的意識遠甚於法律，當法律與至尊的經義發生衝突時，法律便常常處於下風。儒者引經入法，為復仇者開脫，往往能得到標榜以仁孝治天下的皇帝的支持。本案中，也可看出奏讞制度在法律儒家化中的重大意義。

147 年（漢桓帝建和元年）後歲餘，甘陵劉文、魏郡劉鮪各謀立蒜為天子，梁冀因此誣固與文、鮪共為妖言，下獄。門生勃海王調貫械上書，證固之枉，河內趙承等數十人亦要鈇鑕詣闕通訴，太后明之，乃赦焉。及出獄，京師市里皆稱萬歲。冀聞之大驚，畏固名德終為己害，乃更據奏前事，遂誅之，時年五十四……州郡收固二子基、茲於郾城，皆死獄中。（《續漢書》曰，基，偃師長。《袁宏紀》曰，基字憲公，茲字季公，並為長史，聞固策免，並棄官亡歸巴漢。南鄭趙子賤為郡功曹，詔下郡殺固二子。太守知其枉，遇之甚寬，二子託服藥夭，具棺器，欲因出逃。子賤畏法，來吏驗實，就殺之。）小子燮得脫亡命。冀乃封廣、戒而露固尸於四衢，令有敢臨者加其罪……（《後漢書》卷 63《李固傳》，2087～2088 頁。）

147 年（漢桓帝建和元年）……及清河王蒜事起，梁冀遂諷有司劾喬及李固與劉鮪等交通，請逮案罪。而梁太后素知喬忠，但策免而已。冀愈怒，使人脅喬曰：「早從宜，妻子可得全。」喬不肯。明日冀遣騎至其門，不聞哭者，

遂白執繫之，死獄中。妻子歸故郡。與李固俱暴尸於城北，家屬故人莫敢視者。（《後漢書》卷 63《杜喬傳》，2093 頁。）

147～166 年（漢桓帝）初仕州郡，舉孝廉，補新息長。小民困貧，多不養子，彪嚴為其制，與殺人同罪。城南有盜劫害人者，北有婦人殺子者，彪出案發，（就發處案驗之。）而掾吏欲引南。彪怒曰：「賊寇害人，此則常理，母子相殘，逆天違道。」遂驅車北行，案驗其罪。城南賊聞之，亦面縛自首。數年間，人養子者千數，僉曰「賈父所長」，生男名為「賈子」，生女名為「賈女」。（《後漢書》卷 67《黨錮列傳》，2216 頁。）

147～167 年（漢桓帝）舉孝廉，稍遷冀州刺史。中常侍具瑗託其弟恭舉茂才，衍不受，乃收齎書者案之。又劾奏河閒相曹鼎臧罪千萬。鼎者，中常侍騰之弟也。騰使大將軍梁冀為書請之，衍不答，鼎竟坐輸作左校。乃徵衍拜議郎、符節令。梁冀聞衍賢，請欲相見，衍辭疾不往，冀恨之。時南陽太守成瑨等以收糾宦官考廷尉，衍與議郎劉瑜表救之，言甚切厲，坐免官還家，杜門不出……（《後漢書》卷 67《黨錮列傳》，2209 頁。）

147～167 年（漢桓帝）岑晊字公孝，南陽棘陽人也。父豫，為南郡太守，以貪叨誅死……宛有富賈張汎者，桓帝美人之外親，善巧雕鏤玩好之物，頗以賂遺中官，以此並得顯位，恃其伎巧，用執縱橫。晊與牧勸瑨收捕汎等，既而遇赦，晊竟誅之，並收其宗族賓客，殺二百餘人，後乃奏聞。於是中常侍侯覽使汎妻上書訟其冤。帝大震怒，徵瑨，下獄死。晊與牧亡匿齊魯之間。會赦……（《後漢書》卷 67《黨錮列傳》，2212 頁。）

147～167 年（漢桓帝）賈淑字子厚，林宗鄉人也。雖世有冠冕，而性險害，邑里患之。（《謝承書》曰：「淑為舅宋瑗報仇於縣中，為吏所捕，繫獄當死。泰與語，淑懇惻流涕。泰詣縣令應操，陳其報怨蹈義之士。被赦，縣不宥之，郡上言，乃得原。」）……符融字偉明，陳留濬儀人也。少為都官吏，恥之，委去。（《續漢志》曰：「都官從事，主察舉百官犯法者。」）融恥為其吏而去。後遊太學，師事少府李膺……（《後漢書》卷 68《郭符許列傳》，2229、2232 頁。）

147～155 年（漢桓帝）……乃上沒（劉）敞所侵官民田地，廢其庶子，還立嫡嗣。其蒼頭兒客犯法，皆收考之……（《後漢書》卷 82《方術列傳》，2730～2731 頁。）

147 年（漢桓帝建和元年）……（李固）是日幽斃於獄，暴尸道路……

（《後漢書·五行志》，3281 頁。）

159 年（漢桓帝延熹二年）延熹二年徵，再遷河南尹。時宛陵大姓羊元群罷北海郡，臧罪狼藉，郡舍溷軒有奇巧，乃載之以歸。膺表欲按其罪，元群行賂宦豎，膺反坐輸作左校。初，膺與廷尉馮緄、大司農劉祐等共同心志，糾罰姦幸，緄、祐時亦得罪輸作……書奏，乃悉免其刑。（《後漢書》卷 67《黨錮列傳》，2192 頁。）

150 年（漢桓帝和平元年）……（梁）冀用壽言，多斥奪諸梁在位者，外以謙讓，而實崇孫氏宗親。冒名而為侍中、卿、校尉、郡守、長吏者十餘人，皆貪叨凶淫，各遣私客籍屬縣富人，被以它罪，（籍謂疏錄之也。）閉獄掠拷，使出錢自贖，貲物少者至於死徙。扶風人士孫奮居富而性吝，冀因以馬乘遺之，從貸錢五千萬，奮以三千萬與之，冀大怒，乃告郡縣，認奮母為其守臧婢，云盜白珠十斛、紫金千斤以叛，遂收考奮兄弟，死於獄中，悉沒貲財億七千餘萬……移檄所在，調發生菟，刻其毛以為識，人有犯者，罪至刑死。嘗有西域賈胡，不知禁忌，誤殺一兔，轉相告言，坐死者十餘人……（《後漢書》卷 34《梁統傳》，1181～1182、1184 頁。）

151 年（漢桓帝元嘉元年）（張）陵字處沖，官至尚書。元嘉中，歲首朝賀，大將軍梁冀帶劍入省，陵呵叱令出，來羽林、虎賁奪冀劍。冀跪謝，陵不應，即劾奏冀，請廷尉論罪，有詔以一歲俸贖，而百僚肅然。（《後漢書》卷 36《張陵傳》，1243 頁。）

152 年（漢桓帝元嘉二年）右北平太守和旻坐臧，下獄死。（《後漢書·桓帝紀》，298 頁。）

153 年（漢桓帝永興元年）永興元年，河溢，漂害人庶數十萬戶，百姓荒饉，流移道路。冀州盜賊尤多，故擢穆為冀州刺史。州人有宦者三人為中常侍，並以檄謁穆。穆疾之，辭不相見。冀部令長聞穆濟河，解印綬去者四十餘人。及到，奏劾諸郡，至有自殺者。以威略權宜，盡誅賊渠帥。舉劾權貴，或乃死獄中。有宦者趙忠喪父，歸葬安平，僭為璵璠、玉匣、偶人。穆聞之，下郡案驗。吏畏其嚴明，遂發墓剖棺，陳尸出之，而收其家屬。帝聞大怒，徵穆詣廷尉，（《謝承書》曰：「穆臨當就道，冀州從事欲為畫像置聽事上，穆留板書曰：『勿畫吾形，以為重負。忠義之未顯，何形象之足紀也！』」）輸作左校。（左校，署名，屬將作，掌左工徒。）太學書生劉陶等數千人詣闕上書訟穆曰：「伏見施刑徒朱穆，處公憂國，拜州之日，志清奸惡。誠以常侍貴寵，父

兄子弟佈在州郡，競為虎狼，噬食小人，故穆張理天網，補綴漏目，羅取殘禍，以塞天意。由是內官咸共恚疾，謗讟煩興，讒隙仍作，極其刑謫，輸作左校。天下有識，皆以穆同勤禹、稷而被共、鯀之戾，若死者有知，則唐帝怒於崇山，重華忿於蒼墓矣。當今中官近習，竊持國柄，手握王爵，口含天憲，運賞則使餓隸富於季孫，呼控則令伊、顏化為桀、跖。而穆獨亢然不顧身害。非惡榮而好辱，惡生而好死也，徒感王綱之不攝，懼天網之久失，故竭心懷憂，為上深計。臣願黥首繫趾，（黥首謂鑿額涅墨也。繫趾謂欽其足也，以鐵著足曰欽也。）代穆校作。」帝覽其奏，乃赦之。（《後漢書》卷43《朱暉傳》，1470～1471頁。）

158年（漢桓帝延熹元年）……延熹元年，太史令陳授因小黃門徐璜，陳災異日食之變，咎在大將軍，冀聞之，諷洛陽令收考授，死於獄。帝由此發怒。（《後漢書》卷34《梁統傳》，1185頁。）

159年（漢桓帝延熹二年）白馬令李雲坐直諫，下獄死。（《後漢書·桓帝紀》，307頁。）

159年（漢桓帝延熹二年）桓帝延熹二年，誅大將軍梁冀，而中常侍單超等五人皆以誅冀功並封列侯，專權選舉。又立掖庭民女亳氏為皇后，數月間，後家封者四人，賞賜鉅萬。是時地數震裂，眾災頻降。雲素剛，憂國將危，心不能忍，乃露布上書，移副三府，曰：……帝得奏震怒，下有司逮雲，詔尚書都護劍戟送黃門北寺獄，使中常侍管霸與御史、廷尉雜考之。時弘農五官掾杜眾傷雲以忠諫獲罪，上書願與雲同日死。帝愈怒，遂並下廷尉。大鴻臚陳蕃上疏救雲曰……顧使小黃門可其奏，雲、眾皆死獄中。（《後漢書》卷57《李雲傳》，1851～1852頁。）

159年（漢桓帝延熹二年）（朱）震字伯厚，初為州從事，奏濟陰太守單匡臧罪，並連匡兄中常侍車騎將軍超。桓帝收匡下廷尉，以譴超，超詣獄謝。三府謠曰：「車如雞棲馬如狗，疾惡如風朱伯厚。」（《後漢書》卷66《陳蕃傳》，2171頁。）

160年（漢桓帝延熹三年）小黃門段珪家在濟陰，與（侯）覽並立田業，近濟北界，僕從賓客侵犯百姓，劫掠行旅。濟北相滕延一切收捕，殺數十人，陳尸路衢。覽、珪大怨，以事訴帝，延坐多殺無辜，徵詣廷尉，免。延字伯行，北海人，後為京兆尹，有理名，世稱為長者。覽等得此愈放縱。覽兄參為益州刺史，民有豐富者，輒誣以大逆，皆誅滅之，沒入財物，前後累億計。太

尉楊秉奏參，檻車徵，於道自殺。京兆尹袁逢於旅舍閱參車三百餘兩，皆金銀錦帛珍玩，不可勝數。覽坐免，旋復復官。（《後漢書》卷 79《宦者列傳》，2522～2523 頁。）

161 年（漢桓帝延熹四年）四年冬，上郡沈氐、隴西牢姐、烏吾諸種羌共寇並涼二州，潁將湟中義從討之。涼州刺史郭閎貪共其功，稽固潁軍，使不得進。義從役久，戀鄉舊，皆悉反叛。郭閎歸罪於潁，潁坐徵下獄，輸作左校。羌遂陸梁，覆沒營塢，轉相招結，唐突諸郡，於是吏人守闕訟潁以千數。朝廷知潁為郭閎所誣，詔問其狀。潁但謝罪，不敢言枉，京師稱為長者。起於徒中，復拜議郎，遷并州刺史。（《後漢書》卷 65《段潁傳》，2147 頁。）

162 年（漢桓帝延熹五年）京兆虎牙都尉宗謙坐臧，下獄死。《後漢書·桓帝紀》，311 頁。）

162 年（漢桓帝延熹五年）其年冬，徵還拜議郎。論功當封。而中常侍徐璜、左悺欲從求貨，數遣賓客就問功狀，規終不答。璜等忿怒，陷以前事，下之於吏。官屬欲賦斂請謝，規誓而不聽，遂以餘寇不絕，坐繫廷尉，論輸左校。（《漢官儀》曰，左校署屬將作大匠也。）諸公及太學生張鳳等三百餘人詣闕訟之。會赦，歸家。（《後漢書》卷 65《皇甫規傳》，2135 頁。）

162 年（漢桓帝延熹五年）……帝不從。遂遣夏育出高柳，田晏出雲中，匈奴中郎將臧旻率南單于出雁門，各將萬騎，三道出塞二千餘里。檀石槐命三部大人各帥眾逆戰，育等大敗，喪其節傳輜重，各將數十騎奔還，死者十七八。三將檻車徵下獄，贖為庶人……（《後漢書》卷 90《烏桓鮮卑列傳》，2993～2994 頁。）

164 年（漢桓帝延熹七年）時中常侍侯覽弟參為益州刺史，累有臧罪，暴虐一州。明年，秉劾奏參，檻車徵詣廷尉。參惶恐，道自殺。（《謝承書》曰：「秉奏『參取受罪臧累億。牂柯男子張攸，居為富室，參橫加非罪，云造訛言，殺攸家八人，沒入盧宅。又與同郡諸生李元之官，共飲酒，醉飽之後，戲故相犯，誣言有淫慝之罪，應時捶殺。以人臣之勢，行桀紂之態，傷和逆理，痛感天地，宜當持，以謝一州』。又曰『京兆尹袁逢於長安客舍中得參重車三百餘乘，金銀珍玩，不可稱記。』」）……（《後漢書》卷 54《楊秉傳》，1773～1774 頁。）

165 年（漢桓帝延熹八年）癸亥，皇后鄧氏廢。河南尹鄧萬世、虎賁中郎將鄧會下獄死。（《後漢書·桓帝紀》，314 頁。）

165 年（漢桓帝延熹八年）……從父河南尹萬世及會皆下獄死……（《後漢書·皇后紀》，445 頁。）

165 年（漢桓帝延熹八年）……禹曾孫香之女為桓帝后，帝又紹封度遼將軍遵子萬世為南鄉侯，拜河南尹。及后廢，萬世下獄死，其餘宗親皆復歸故郡。（《後漢書》卷 16《鄧禹傳》，618 頁。）

165 年（漢桓帝延熹八年）……復以（度）尚為荊州刺史。尚見胡蘭餘黨南走蒼梧，懼為己負，乃偽上言蒼梧賊入荊州界，於是徵交址刺史張盤下廷尉。辭狀未正，會赦見原。盤不肯出獄，方更牢持械節，獄吏謂盤曰：「天恩曠然而君不出何乎？」盤因自列曰：「前長沙賊胡蘭作難荊州，餘黨散入交址。盤身嬰甲冑，涉危履險，討擊凶患，斬殄渠帥，餘盡鳥竄冒遁，還奔荊州。刺史度尚懼盤先言，怖畏罪戾，伏奏見誣。盤備位方伯，為國爪牙，而為尚所枉，受罪牢獄。夫事有虛實，法有是非。盤實不辜，赦無所除。如忍以苟免，永受侵辱之恥，生為惡吏，死為敝鬼。乞傳尚詣廷尉，面對曲直，足明真偽。尚不徵者，盤埋骨牢檻，終不虛出，望塵受枉。」廷尉以其狀上，詔書徵尚到廷尉，辭窮受罪，以先有功得原。盤字子石，丹陽人，以清白稱，終於廬江太守。（《後漢書》卷 38《度尚傳》，1286～1287 頁。）

165 年（漢桓帝延熹八年）……臨子衡，為《尚書》，以正直稱，坐訟李膺等下獄，免官，廢於家。（《後漢書》卷 47《何熙傳》，1594 頁。）

165 年（漢桓帝延熹八年）……瓚字文理，高唐人。瑶字幼平，陝人。並有經術稱，處位敢直言，多所搏擊，知名當時，皆死於獄中。（《後漢書》卷 66《陳蕃傳》，2165 頁。）

165 年（漢桓帝延熹八年）年十九，為郡吏。時小黃門晉陽趙津貪橫放恣，為一縣巨患，允討捕殺之。而津兄弟諂事宦官，因緣譖訴，桓帝震怒，徵太守劉瓆，遂下獄死……（《後漢書》卷 66《王允傳》，2172 頁。）

165 年（漢桓帝延熹八年）明年，司隸校尉韓演因奏悺罪惡，及其兄太僕南鄉侯稱請託州郡，聚斂為姦，賓客放縱，侵犯吏民。悺、稱皆自殺。演又奏瑗兄沛相恭臧罪，徵詣廷尉。瑗詣獄謝，上還東武侯印綬，詔貶為都鄉侯，卒於家……（《後漢書》卷 79《宦者列傳》，2522 頁。）

166 年（漢桓帝延熹九年）司隸校尉李膺等二百餘人受誣為黨人，並坐下獄，書名王府。（《後漢書·桓帝紀》，318 頁。）

166 年（漢桓帝延熹九年）先是京師遊士汝南范滂等非訐朝政，自公卿以

下皆折節下之。（許謂橫議是非也。許或作「評」也。）太學生爭慕其風，以為文學將興，處士復用。蟠獨歎曰：「昔戰國之世，處士橫議，列國之王，至為擁彗先驅，卒有坑儒燒書之禍，今之謂矣。」乃絕跡於梁碭之間，因樹為屋，自同傭人。居二年，滂等果罹黨錮，或死或刑者數百人，蟠確然免於疑論。後蟠友人陳郡馮雍坐事繫獄，豫州牧黃琬欲殺之。或勸蟠救雍，蟠不肯行，曰：「黃子琰為吾故邪，未必合罪。如不用吾言，雖往何益！」琬聞之，遂免雍罪。（《後漢書》卷 53《申屠蟠傳》，1752～1753 頁。）

166 年（漢桓帝延熹九年）九年，李膺等以黨事下獄考實……（《後漢書》卷 66《陳蕃傳》，2166 頁。）

166 年（漢桓帝延熹九年）再遷，復拜司隸校尉。時張讓弟朔為野王令，貪殘無道，至乃殺孕婦，聞膺厲威嚴，懼罪逃還京師，因匿兄讓弟舍，藏於合柱中。膺知其狀，率將吏卒破柱取朔，付洛陽獄。受辭畢，即殺之。讓訴冤於帝，詔膺入殿，御親臨軒，詰以不先請便加誅辟之意。膺對曰：「昔晉文公執衛成公歸於京師，《春秋》是焉。《禮》云公族有罪，雖曰宥之，有司執憲不從。昔仲尼為魯司寇，七日而誅少正卯。今臣到官已積一旬，私懼以稽留為愆，不意獲速疾之罪。誠自知釁責，死不旋踵，特乞留五日，克殄元惡，退就鼎鑊，始生之願也。」帝無復言，顧謂讓曰：「此汝弟之罪，司隸何愆？」乃遣出之。自此諸黃門常侍皆鞠躬屏氣，休沐不敢復出宮省。帝怪問其故，並叩頭泣曰：「畏李校尉。」是時朝庭日亂，綱紀頹阤，膺獨持風裁，以聲名自高。士有被其容接者，名為登龍門。及遭黨事，當考實膺等。案經三府，太尉陳蕃卻之。曰：「今所考案，皆海內人譽，憂國忠公之臣。此等猶將十世宥也，豈有罪名不章而致收掠者乎？」不肯平署。（平署猶連署也。）帝愈怒，遂下膺等於黃門北寺獄。（獄名，解見《靈紀》也。）膺等頗引宦官子弟，宦官多懼，請帝以天時宜赦，於是大赦天下。膺免歸鄉里，居陽城山中，天下士大夫皆高尚其道，而污穢朝廷。（《後漢書》卷 67《黨錮列傳》，2194～2195 頁。）

166～169 年（漢桓帝～漢靈帝）後牢修誣言鉤黨，滂坐繫黃門北寺獄。獄吏謂曰：「凡坐繫皆祭皋陶。」滂曰：「皋陶賢者，古之直臣。知滂無罪，將理之於帝；如其有罪，祭之何益！」眾人由此亦止。獄吏將加掠考，滂以同因多嬰病，乃請先就格，遂與同郡袁忠爭受楚毒。桓帝使中常侍王甫以次辨詰，滂等皆三木囊頭，暴於階下。（三木，項及手足皆有械，更以物蒙覆其頭也。

《前書》司馬遷曰「魏其，大將也，衣赭關三木」也。）餘人在前，或對或否，滂、忠於後越次而進。王甫詰曰：「君為人臣，不惟忠國，而共造部黨，自相褒舉，評論朝廷，虛構無端，諸所謀結，並欲何為？皆以情對，不得隱飾。」滂對曰：「臣聞仲尼之言，『見善如不及，見惡如探湯』。欲使善善同其清，惡惡同其污，謂王政之所願聞，不悟更以為黨。」甫曰：「卿更相拔舉，迭為唇齒，有不合者，見則排斥，其意如何？」滂乃慷慨仰天曰：「古之循善，自求多福；今之循善，身陷大戮。身死之日，願埋滂於首陽山側，上不負皇天，下不愧夷、齊。」甫愍然為之改容。乃得並解桎梏。（鄭玄注《周禮》曰：「木在足曰桎，在手曰梏。」）……初，滂等繫獄，尚書霍諝理之。及得免，到京師，往候諝而不為謝。或有讓滂者。對曰：「昔叔向嬰罪，祁奚救之，未聞羊舌有謝恩之辭，祁老有自伐之色。」竟無所言。建寧二年，遂大誅黨人，詔下急捕滂等。督郵吳導至縣，抱詔書，閉傳舍，伏床而泣。滂聞之，曰：「必為我也。」即自詣獄。縣令郭揖大驚，出解印綬，引與俱亡……（《後漢書》卷 67《黨錮列傳》，2205～2206 頁。）

167 年（漢桓帝永康元年）……帝不許，有詔原李膺、杜密等，自黃門北寺、若盧、都內諸獄，繫囚罪輕者皆出之。（都內，主藏官名。《前書》有都內令丞，屬大司農也。）（《後漢書》卷 69《竇武傳》，2240 頁。）

168～177 年（漢靈帝）……時中常侍曹節女婿馮方亦為郎，（桓）彬厲志操，與左丞劉歆、右丞杜希同好交善，未嘗與方共酒食之會，方深怨之，遂章言彬等為酒黨。事下尚書令劉猛，猛雅善彬等，不舉正其事，節大怒，劾奏猛，以為阿黨，請收下詔獄，在朝者為之寒心，猛意氣自若，旬日得出，免官禁錮。彬遂以廢。光和元年，卒於家，年四十六。諸儒莫不傷之。（《後漢書》卷 37《桓彬傳》，1261 頁。）

168～188 年（漢靈帝）……荊州刺史趙凱，誣奏（楊）琁實非身破賊，而妄有其功。琁與相章奏，凱有黨助，遂檻車徵琁。防禁嚴密，無由自訟，乃嚙臂出血，書衣為章，具陳破賊形執，及言凱所誣狀，潛令親屬詣闕通之。詔書原琁，拜議郎，凱反受誣人之罪。（《後漢書》卷 38《楊琁傳》，1288 頁。）

168 年（漢靈帝建寧元年）……靈帝即位，大將軍竇武、太傅陳蕃輔政，徵拜議郎。蕃、武被誅，巴以其黨，復謫為永昌太守。以功自劾，辭病不行，上書極諫，理陳、竇之冤。帝怒，下詔切責，收付廷尉。巴自殺……（《後漢書》卷 57《樂巴傳》，1842 頁。）

168 年（漢靈帝建寧元年）……及事泄，曹節等矯詔誅武等。蕃時年七十餘，聞難作，將官屬諸生八十餘人，並拔刃突入承明門，攘臂呼曰：「大將軍忠以衛國，黃門反逆，何云竇氏不道邪？」王甫時出，與蕃相迕，適聞其言，而讓蕃曰：「先帝新棄天下，山陵未成，竇武何功，兄弟父子，一門三侯？又多取掖庭宮人，作樂飲燕，旬月之間，貲財億計。大臣若此，是為道邪？公為棟樑，枉橈阿黨，復焉求賊！」遂令收蕃。蕃拔劍叱甫，甫兵不敢近，乃益人圍之數十重，遂執蕃送黃門北寺獄。黃門從官騶蹋跎蕃曰：「死老魅！復能損我曹員數，奪我曹稟假不？」即日害之。徙其家屬於比景，宗族、門生、故吏皆斥免禁錮。蕃友人陳留朱震，時為銍令，聞而棄官哭之，收葬蕃尸，匿其子逸於甘陵界中。事覺繫獄，合門桎梏。震受考掠，誓死不言，故逸得免。後黃巾賊起，大赦黨人，乃追還逸，官至魯相。（《後漢書》卷 66《陳蕃傳》，2170～2171 頁。）

168 年（漢靈帝建寧元年）……靈帝既位，宦官譖淑與竇武等通謀，下獄自殺。（《後漢書》卷 67《黨錮列傳》，2190 頁。）

168 年（漢靈帝建寧元年）……（劉儒）會竇武事，下獄自殺。（《後漢書》卷 67《黨錮列傳》，2215 頁。）

168 年（漢靈帝建寧元年）……使冰奏素狡猾尤無狀者長樂尚書鄭颯，送北寺獄。蕃謂武曰：「此曹子便當收殺，何復考為！」武不從，令冰與尹勳、侍御史祝瑨雜考颯，辭連及曹節、王甫。勳、冰即奏收節等，使劉瑜內奏……拜王甫為黃門令，持節至北寺獄收尹勳、山冰。冰疑，不受詔，甫格殺之。遂害勳，出鄭颯。還共劫太后，奪璽書……營府素畏服中官，於是武軍稍稍歸甫。自旦至食時，兵降略盡。武、紹走，諸軍追圍之，皆自殺，梟首洛陽都亭。收捕宗親、賓客、姻屬，悉誅之，及劉瑜、馮述，皆夷其族。徙武家屬日南，遷太后於雲臺。（《後漢書》卷 69《竇武傳》，2243～2244 頁。）

168～184 年（漢靈帝）山陽張儉為中常侍侯覽所怨，覽為刊章下州郡，以名捕儉。儉與融兄褒有舊，亡抵於褒，不遇。時融年十六，儉少之而不告。融見其有窘色，謂曰：「兄雖在外，吾獨不能為君主邪？」因留舍之。後事泄，國相以下，密就掩捕，儉得脫走，遂並收褒、融送獄。二人未知所坐。融曰：「保納舍藏者，融也，當坐之。」褒曰：「彼來求我，非弟之過，請甘其罪。」吏問其母，母曰：「家事任長，妾當其辜。」一門爭死，郡縣疑不能決，乃上讞之。詔書竟坐褒焉。融由是顯名，與平原陶丘洪、陳留邊讓齊聲稱。州郡禮

命，皆不就。（《後漢書》卷 70《孔融傳》，2262 頁。）

168～180 年（漢靈帝建寧年間～光和三年）靈帝建寧中，京都長者皆以葦方笥為妝具，下士盡然。時有識者竊言：葦方笥，郡國讞篋也；今珍用之，此天下人皆當有罪讞於理官也。到光和三年癸丑赦令詔書，吏民依黨禁錮者赦除之，有不見文，他以類比疑者讞。於是諸有黨郡皆讞廷尉，人名悉入方笥中。（《後漢書·五行志》，3271～3272 頁。）

169 年（漢靈帝建寧二年）冬十月丁亥，中常侍侯覽諷有司奏前司空虞放、太僕杜密、長樂少府李膺、司隸校尉朱㝢、潁川太守巴肅、沛相荀翌昱、河內太守魏朗、山陽太守翟超皆為鉤黨，下獄，妻子徙邊，諸附從者錮及五屬。五屬謂五服內親也。制詔州郡大舉鉤黨，於是天下豪傑及儒學行義者，一切結為黨人。（《後漢書·靈帝紀》，330～331 頁。）

169 年（漢靈帝建寧二年）轉奐太常，與尚書劉猛、刁韙、衛良同薦王暢、李膺可參三公之選，而曹節等彌疾其言，遂下詔切責之。奐等皆自囚廷尉，數日乃得出，並以三月俸贖罪。司隸校尉王寓，出於宦官，欲借寵公卿，以求薦舉，百僚畏憚，莫不許諾，唯奐獨拒之。寓怒，因此遂陷以黨罪，禁錮歸田里。（《後漢書》卷 65《張奐傳》，2141 頁。）

169 年（漢靈帝建寧二年）後張儉事起，收捕鉤黨，鄉人謂膺曰：「可去矣。」對曰：「事不辭難，罪不逃刑，臣之節也。吾年已六十，死生有命，去將安之？」乃詣詔獄。考死，妻子徙邊，門生、故吏及其父兄，並被禁錮。（《後漢書》卷 67《黨錮列傳》，2197 頁。）

169 年（漢靈帝建寧二年）是時山陽張儉殺常侍侯覽母，案其宗黨賓客，或有迸匿太山界者，康既常疾閹官，因此皆窮相收掩，無得遺脫。覽大怨之，誣康與兗州刺史第五種及都尉壺嘉詐上賊降，徵康詣廷尉獄，減死罪一等，徙日南。潁陰人及太山羊陟等詣闕為訟，乃原還本郡，卒於家。（《後漢書》卷 67《黨錮列傳》，2214 頁。）

170 年（漢靈帝建寧三年）九月，執金吾董寵下獄死。（《後漢書·靈帝紀》，332 頁。）

170 年（漢靈帝建寧三年）……及竇氏誅，明年，帝使中常侍迎貴人，並徵貴人兄寵到京師，上尊號曰孝仁皇后，居南宮嘉德殿，嘉德殿在九龍門內。宮稱永樂。拜寵執金吾。後坐矯稱永樂後屬請，下獄死。（《後漢書·皇后紀》，446 頁。）

172 年（漢靈帝熹平元年）悝後因中常侍王甫求復國，許謝錢五千萬。帝臨崩，遺詔復為勃海王。悝知非甫功，不肯還謝錢。甫怒，陰求其過。初，迎立靈帝，道路流言悝恨不得立，欲鈔徵書。而中常侍鄭颯、中黃門董騰並任俠通剽輕，數與悝交通。王甫司察，以為有姦，密告司隸校尉段熲。熹平元年，遂收颯送北寺獄。（北寺，獄名，屬黃門署。《前書音義》曰即若盧獄也。）使尚書令廉忠誣奏颯等謀迎立悝，大逆不道。遂詔冀州刺史收悝考實，又遣大鴻臚持節與宗正、廷尉之勃海，迫責悝。悝自殺。妃妾十一人，子女七十人，伎女二十四人，皆死獄中。傅、相以下，以輔導王不忠，悉伏誅。悝立二十五年國除。眾庶莫不憐之。（《後漢書》卷 55《章帝八王傳》，1798頁。）

173 年（漢靈帝熹平二年）沛相師遷坐誣罔國王，下獄死。（國王，陳愍王寵也。臣賢案：《陳敬王傳》云「國相師遷」。又《東觀記》曰「陳行相師遷奏，沛相魏愔，前為陳相，與陳王寵交通」。明魏愔為沛相，此言師遷為沛相，蓋誤也。）（《後漢書·靈帝紀》，334頁。）

173 年（漢靈帝熹平二年）……熹平二年，國相師遷追奏前相魏愔與（劉）寵共祭天神，希幸非冀，罪至不道。有司奏遣使者案驗。是時新誅勃海王悝，（靈帝熹平元年，悝被誣謀反自殺也。）靈帝不忍復加法，詔檻車傳送愔、遷詣北寺詔獄，使中常侍王醜與尚書令、侍御史雜考。愔辭與王共祭黃老君，求長生福而已，無它冀幸。醜等奏愔職在匡正，而所為不端，遷誣告其王，罔以不道，皆誅死。有詔赦寵不案。（《後漢書》卷 50《孝明八王列傳》，1669頁。）

173 年（漢靈帝熹平二年）中常侍曹節從子紹為東郡太守，忿疾於弼，遂以它罪收考掠按，死獄中，時人悼傷焉。初平二年，司隸校尉趙謙訟弼忠節，求報其怨魂，乃收紹斬之。（《後漢書》卷 57《謝弼傳》，1860頁。）

176 年（漢靈帝熹平五年）熹平五年，永昌太守曹鸞上書大訟黨人，言甚方切。帝省奏大怒，即詔司隸、益州檻車收鸞，送槐里獄掠殺之。於是又詔州郡更考黨人門生故吏父子兄弟，其在位者，免官禁錮，爰及五屬。（謂斬衰、齊衰、大功、小功、緦麻也。）（《後漢書》卷 67《黨錮列傳》，2189頁。）

177 年（漢靈帝熹平六年）永安太僕王旻下獄死。（《後漢書·靈帝紀》，340頁。）

177 年（漢靈帝熹平六年）……（酈炎）性至孝，遭母憂，病甚發動。妻

始產而驚死，妻家訟之，收繫獄。炎病不能理對，熹平六年，遂死獄中，時年二十八……（《後漢書》卷 80《文苑列傳》，2648 頁。）

178 年（漢靈帝光和元年）皇后宋氏廢，後父執金吾酆下獄死。（《後漢書·靈帝紀》，341 頁。）

178 年（漢靈帝光和元年）……後六年，司徒劉郃為中常侍曹節所譖，下獄死。（《後漢書·天文志》，3258 頁。）

179 年（漢靈帝光和二年）秋七月，使匈奴中郎將張修有罪，下獄死。（時張修擅斬單于呼徵，更立羌渠為單于，故坐死。）冬十月甲申，司徒劉郃、永樂少府陳球、衛尉陽球、步兵校尉劉納謀誅宦者，事泄，皆下獄死。（《後漢書·靈帝紀》，343 頁。）

179 年（漢靈帝光和二年）光和二年，復代橋玄為太尉。在位月餘，會日食自劾，有司舉奏，詔收印綬，詣廷尉。時司隸校尉陽球奏誅王甫，並及熲，就獄中詰責之，遂飲鴆死，家屬徙邊。後中常侍呂強上疏，追訟熲功，靈帝詔熲妻子還本郡。（《後漢書》卷 65《段熲傳》，2154 頁。）

179 年（漢靈帝光和二年）光和二年，司隸校尉陽球奏誅王甫及子長樂少府萌、沛相吉，皆死獄中……（《後漢書》卷 79《宦者列傳》，2526 頁。）

179 年（漢靈帝光和二年）……二年，中郎將張修與單于不相能，修擅斬之，更立右賢王羌渠為單于。修以不先請而擅誅殺，檻車徵詣廷尉抵罪。（《前書》注曰：「抵，至也。」殺人者死。張修擅斬單于呼徵，故至其罪也。）（《後漢書》卷 89《南匈奴列傳》，2964 頁。）

184 年（漢靈帝中平元年）侍中向栩、張鈞坐言宦者，下獄死。（時鈞上書曰：「今斬常侍，懸其首於南郊以謝天下，即兵自消也。」帝以章示常侍，故下獄也。）（《後漢書·靈帝紀》，348～349 頁。）

184 年（漢靈帝中平元年）河南尹徐灌下獄死。（《後漢書·靈帝紀》，350 頁。）

184 年（漢靈帝中平元年）中平元年，黃巾賊起，中常侍呂強言於帝曰：「黨錮久積，人情多怨。若久不赦宥，輕與張角合謀，為變滋大，悔之無救。」帝懼其言，乃大赦黨人，誅徙之家皆歸故郡。其後黃巾遂盛，朝野崩離，綱紀文章蕩然矣。（《後漢書》卷 67《黨錮列傳》，2189 頁。）

184 年（漢靈帝中平元年）是時（張）讓、忠及夏惲、郭勝、孫璋、畢嵐、栗嵩、段珪、高望、張恭、韓悝、宋典十二人，皆為中常侍，封侯貴寵，父兄

子弟布列州郡，所在貪殘，為人蠹害。黃巾既作，盜賊麋沸，郎中中山張鈞上書曰：「竊惟張角所以能興兵作亂，萬人所以樂附之者，其源皆由十常侍多放父兄、子弟、婚親、賓客典據州郡，辜榷財利，侵掠百姓，百姓之冤無所告訴，故謀議不軌，聚為盜賊。宜斬十常侍，懸頭南郊，以謝百姓，又遣使者布告天下，可不須師旅，而大寇自消。」天子以鈞章示讓等，皆免冠徒跣頓首，乞自致洛陽詔獄，並出家財以助軍費。有詔皆冠履視事如故。帝怒鈞曰：「此真狂子也。十常侍固當有一人善者不？」鈞復重上，猶如前章，輒寢不報。詔使廷尉、侍御史考為張角道者，御史承讓等旨，遂誣奏（張）鈞學黃巾道，收掠死獄中。而讓等實多與張角交通。後中常侍封諝、徐奉事獨發覺坐誅，帝因怒詰讓等曰：「汝曹常言黨人慾為不軌，皆令禁錮，或有伏誅。今黨人更為國用，汝曹反與張角通，為可斬未？」皆叩頭云：「故中常侍王甫、侯覽所為。」帝乃止。（《後漢書》卷 79《宦者列傳》，2535 頁。）

閆按：此廷尉、侍御史雜考張鈞也。

184 年（漢靈帝中平元年）……會張角作亂，（向）栩上便宜，頗譏刺左右，不欲國家興兵，但遣將於河上北向讀《孝經》，賊自當消滅。中常侍張讓讒栩不欲令國家命將出師，疑與角同心，欲為內應。收送黃門北寺獄，殺之。（《後漢書》卷 81《獨行列傳》，2694 頁。）

185 年（漢靈帝中平二年）前司徒陳耽、諫議大夫劉陶坐直言，下獄死。（《後漢書·靈帝紀》，352 頁。）

185 年（漢靈帝中平二年）……書奏，內幸因此譖康援引亡國，以譬聖明，大不敬，檻車徵詣廷尉。侍御史劉岱典考其事，岱為表陳解釋，免歸田里。復徵拜議郎。（《後漢書》卷 31《陸康傳》，1113 頁。）

185 年（漢靈帝中平二年）時司徒東海陳耽，亦以非罪與陶俱死。耽以忠正稱，歷位三司。光和五年，詔公卿以謠言舉刺史、二千石為民蠹害者。時太尉許馘、司空張濟承望內官，受取貨賂，其宦者子弟賓客，雖貪污穢濁，皆不敢問，而虛糾邊遠小郡清修有惠化者二十六人。吏人詣闕陳訴，耽與議郎曹操上言：「公卿所舉，率黨其私，所謂放鴟梟而囚鸞鳳。」其言忠切，帝以讓馘、濟，由是諸坐謠言徵者悉拜議郎。宦官怨之，遂誣陷耽死獄中。（《後漢書》卷 57《劉陶傳》，1851 頁。）

185 年（漢靈帝中平二年）……中平元年，黃巾賊起，特選拜豫州刺史。辟荀爽、孔融等為從事，上除禁黨。討擊黃巾別帥，大破之，與左中郎將皇

甫嵩、右中郎將朱俊等受降數十萬。於賊中得中常侍張讓賓客書疏，與黃巾交通，允具發其姦，以狀聞。靈帝責怒讓，讓叩頭陳謝，竟不能罪之。而讓懷協忿怨，以事中允。明年，遂傳下獄。（傳，逮也。）會赦，還復刺史。旬日間，復以它罪被捕。司徒楊賜以允素高，不欲使更楚辱，乃遣客謝之曰：「君以張讓之事，故一月再徵。凶慝難量，幸為深計。」又諸從事好氣決者，共流涕奉藥而進之。允厲聲曰：「吾為人臣，獲罪於君，當伏大辟以謝天下，豈有飲藥求死乎！」投杯而起，出就檻車。既至廷尉，左右皆促其事，朝臣莫不歎息。大將軍何進、太尉袁隗、司徒楊賜共上疏請之曰：「夫內視反聽，則忠臣竭誠；寬賢矜能，則義士厲節。是以孝文納馮唐之說，晉悼宥魏絳之罪。允以特選受命，誅逆撫順，曾未期月，州境澄清。方欲列其庸勳，請加爵賞，而以奉事不當，當肆大戮。責輕罰重，有虧眾望。臣等備位宰相，不敢寢默。誠以允宜蒙三槐之聽，以昭忠貞之心。」（《周禮》朝士職，三槐、九棘，公卿於下聽訟，故曰「三槐之聽」。）書奏，得以減死論。是冬大赦，而允獨不在宥，三公咸復為言。至明年，乃得解釋……（《後漢書》卷66《王允傳》，2172～2173頁。）

186年（漢靈帝中平三年）前太尉張延為宦人所譖，下獄死。（《後漢書·靈帝紀》，353頁。）

188年（漢靈帝中平五年）持至尸逐侯單于於扶羅，中平五年立。國人殺其父者遂畔。共立須卜骨都侯為單于，而於扶羅詣闕自訟。會靈帝崩，天下大亂，單于將數千騎與白波賊合兵寇河內諸郡……（《後漢書》卷89《南匈奴列傳》，2965頁。）

189年（漢靈帝中平六年）下軍校尉鮑鴻下獄死……上軍校尉蹇碩下獄死。五月辛巳，票騎將軍董重下獄死。（《後漢書·靈帝紀》，357～358頁。）

190～193年（漢桓帝初平年間）初平中，天下亂，避地會稽，遂浮海客交址，越人化其節，至閭里不爭訟。為凶人所誣，遂死於合浦獄。（《後漢書》卷37《桓曄傳》，1260頁。）

190年（漢獻帝初平元年）……獻帝初，（崔）鈞與袁紹俱起兵山東，董卓以是收烈付郿獄，錮之，（鋃鐺鐵鎖。《說文》曰：「鋃鐺，鎖也。」《前書》曰：「人犯鑄錢，以鐵鎖鋃鐺其頸。」）卓既誅，拜烈城門校尉。及李傕入長安，為亂兵所殺。（《後漢書》卷52《崔駰傳》，1732頁。）

190年（漢獻帝初平元年）……嵩子堅壽與卓素善，自長安亡走洛陽，歸

投於卓。卓方置酒歡會，堅壽直前質讓，責以大義，叩頭流涕。坐者感動，皆離席請之。卓乃起，牽與共坐。使免嵩囚，復拜嵩議郎，遷御史中丞……（《後漢書》卷71《皇甫嵩傳》，2307頁。）

192年（漢獻帝初平三年）……及卓被誅，邕在司徒王允坐，殊不意言之而歎，有動於色。允勃然叱之曰：「董卓國之大賊，幾傾漢室。君為王臣，所宜同忿，而懷其私遇，以忘大節！今天誅有罪，而反相傷痛，豈不共為逆哉？」即收付廷尉治罪。邕陳辭謝，乞黥首刖足，繼成漢史。士大夫多矜救之，不能得。太尉馬日磾馳往謂允曰：「伯喈曠世逸才，多識漢事，當續成後史，為一代大典。且忠孝素著，而所坐無名，誅之無乃失人望乎？」允曰：「昔武帝不殺司馬遷，使作謗書，流於後世。方今國祚中衰，神器不固，不可令佞臣執筆在幼主左右。既無益聖德，復使吾黨蒙其訕議。」日磾退而告人曰：「王公其不長世乎？善人，國之紀也；制作，國之典也。滅紀廢典，其能久乎！」邕遂死獄中。允悔，欲止而不及。時年六十一……（《後漢書》卷60《蔡邕傳》，2006頁。）

192年（漢獻帝初平三年）……琬竟坐免。卓猶敬其名德舊族，不敢害。後與楊彪同拜光祿大夫，及徙西都，轉司隸校尉，與司徒王允同謀誅卓。及卓將李傕、郭汜攻破長安，遂收琬下獄死，時年五十二。（《後漢書》卷61《黃琬傳》，2041頁。）

192年（漢獻帝初平三年）初，允以同郡宋翼為左馮翊，王宏為右扶風。是時三輔民庶熾盛，兵穀富實，李傕等欲即殺允，懼二郡為患，乃先徵翼、宏。宏遣使謂翼曰：「郭汜、李傕以我二人在外，故未危王公。今日就徵，明日俱族。計將安出？」翼曰：「雖禍福難量，然王命所不得避也。」宏曰：「義兵鼎沸，在於董卓，況其黨與乎！若舉兵共討君側惡人，山東必應之，此轉禍為福之計也。」翼不從。宏不能獨立，遂俱就徵，下廷尉。傕乃收允及翼、宏，並殺之……王宏字長文，少有氣力，不拘細行。初為弘農太守，考案郡中有事宦官買爵位者，雖位至二千石，皆掠考收捕，遂殺數十人，威動鄰界。素與司隸校尉胡種有隙，及宏下獄，種遂迫促殺之。宏臨命詬曰：「宋翼豎儒，不足議大計。胡種樂人之禍，禍將及之。」種後眠輒見宏以杖擊之，因發病，數日死。（《後漢書》卷66《王允傳》，2177頁。）

193年（漢獻帝初平四年）四年春正月甲寅朔，日有食之。（《袁宏紀》曰：「時未晡八刻。太史令王立奏曰：『晷過度，無變也。』朝臣皆賀。帝令候

焉，未晡一刻而食。賈詡奏曰：『立司候不明，疑誤上下，請付理官。』帝曰：『天道遠，事驗難明，欲歸咎史官，益重朕之不德也。』」）（《後漢書·獻帝紀》，373 頁。）

196 年（漢獻帝建安元年）建安元年，從東都許。時天子新遷，大會公卿，兗州刺史曹操上殿，見彪色不悅，恐於此圖之，未得宴設，託疾如廁，因出還營。彪以疾罷。時袁術僭亂，操託彪與術婚姻，誣以欲圖廢置，奏收下獄，劾以大逆。將作大匠孔融聞之，不及朝服，往見操曰：（《獻帝春秋》曰：「融見操曰：『刑之不濫，君之明也。楊彪獲罪，懼者甚眾。』」）「楊公四世清德，海內所瞻。《周書》父子兄弟罪不相及，（《左傳》曰：「康誥曰：『父不慈，子不祗，兄不友，弟不恭，不相及也。』」）況以袁氏歸罪楊公。《易》稱『積善餘慶』，徒欺人耳。」（《易·文言》曰：「積善之家，必有餘慶。」）操曰：「此國家之意。」融曰：「假使成王殺邵公，周公可得言不知邪？今天下纓緌搢紳，所以瞻仰明公者，以公聰明仁智，輔相漢朝，舉直厝枉，致之雍熙也。今橫殺無辜，則海內觀聽，誰不解體！孔融魯國男子，明日便當拂衣而去，不復朝矣。」若以非罪殺彪，融則還為魯國一男子，不復更來朝也。操不得已，遂理出彪。（《後漢書》卷 54《楊彪傳》，1788 頁。）

200 年（漢獻帝建安五年）……會攸家犯法，審配收繫之，攸不得志，遂奔曹操，而說使襲取淳于瓊等……（《後漢書》卷 74《袁紹傳》，2400～2401 頁。）

200 年（漢獻帝建安五年）……（劉）表妻蔡氏知嵩賢，諫止之。表猶怒，乃考殺從行者。知無它意，但囚嵩而已。（《傅子》曰：「表妻蔡氏諫之曰：『韓嵩，楚國之望，且其言直，誅之無辭。』表乃不誅而囚之。」）（《後漢書》卷 74《劉表傳》，2422 頁。）

200 年（漢獻帝建安五年）犍為盛道妻者，同郡趙氏之女也，字媛姜。建安五年，益部亂，道聚眾起兵，事敗，夫妻執繫，當死。媛姜夜中告道曰：「法有常刑，必無生望，君可速潛逃，建立門戶，妾自留獄，代君塞咎。」道依違未從。媛姜便解道桎梏，為齎糧貨。子翔時年五歲，使道攜持而走。媛姜代道持夜，應對不失。度道已遠，乃以實告吏，應時見殺。道父子會赦得歸。道感其義，終身不娶焉。（《後漢書》卷 84《列女傳》，2799 頁。）

208 年（漢獻帝建安十三年）……（曹）操累書呼之，又敕郡縣發遣，（華）佗恃能厭事，猶不肯至。操大怒，使人廉之，知妻詐疾，乃收付獄訊，考驗首

服。荀彧請曰：「佗方術實工，人命所懸，宜加全宥。」操不從，竟殺之。佗臨死，出一卷書與獄吏，曰：「此可以活人。」吏畏法不敢受，佗不強與，索火燒之。（《後漢書》卷82《方術列傳》，2739頁。）

附錄：《資治通鑑》法律資料類編（戰國秦漢卷）

一、立法概況

秦

前213年（秦始皇三十四年）丞相李斯上書曰：「異時諸侯並爭，厚招遊學。今天下已定，法令出一，百姓當家則力農工，士則學習法令。今諸生不師今而學古，以非當世，惑亂黔首，相與非法教人；聞令下，則各以其學議之，入則心非，出則巷議，誇主以為名，異趣以為高，率群下以造謗。如此弗禁，則主勢降乎上，黨與成乎下。禁之便！臣請史官非秦記皆燒之；非博士官所職，天下有藏詩、書、百家語者，皆詣守、尉雜燒之。有敢偶語詩、書棄市；以古非今者族；吏見知不舉，與同罪。令下三十日，不燒，黥為城旦。（應劭曰：城旦，旦起行治城；四歲刑也。）所不去者，醫藥、卜筮、種樹之書。若有欲學法令者，以吏為師。」制曰：「可。」（《資治通鑑》卷七，243〜244頁。）

西漢

前206年（漢高祖元年）十一月，沛公悉召諸縣父老、豪傑，謂曰：「父老苦秦苛法久矣！吾與諸侯約，先入關者王之；吾當王關中。與父老約，法三章耳：殺人者死，傷人及盜抵罪。（服虔曰：隨輕重制法也。李奇曰：傷人有曲直，盜贓有多少，罪名不可預定；凡言抵罪，未知抵何罪也。師古曰：抵，至也，當也。服、李二說並得之。）餘悉除去秦法，諸吏民皆案堵如故。凡吾所以來，為父老除害，非有所侵暴；無恐！且吾所以還軍霸上，待諸侯

－413－

至而定約束耳。」乃使人與秦吏行縣、鄉、邑，告諭之。（《資治通鑒》卷九，299頁。）

前191年（漢惠帝四年）省法令妨吏民者；除挾書律。（應劭曰：挾，藏也。張晏曰：秦律，挾書者族。今始除之。）（《資治通鑒》卷十二，415頁。）

前187年（漢呂后元年）春，正月，除三族罪、妖言令。（秦為威虐，罪之重者，戮及三族；過誤之語，以為妖言；故皆除之。）（《資治通鑒》卷十三，420頁。）

前179年（漢文帝前元年）十二月，詔曰：「法者，治之正也。今犯法已論，而使無罪之父母、妻子、同產坐之，及為收帑，朕甚不取其除收帑諸相坐律令！」（應劭曰：帑，子也。秦法：一人有罪，並坐其室家。今除此律。）（《資治通鑒》卷十三，441頁。）

前178年（漢文帝前二年）五月，詔曰：「古之治天下，朝有進善之旌，誹謗之木，所以通治道而來諫者也。今法有誹謗、妖言之罪，（師古曰：高后元年，詔除妖言令。今猶有妖言罪，則是中間重設此條。）是使眾臣不敢盡情而上無由聞過失也，將何以來遠方之賢良！其除之！」（《資治通鑒》卷十三，453～454頁。）

前167年（漢文帝前十三年）丞相張蒼、御史大夫馮敬奏請定律曰：「諸當髡者為城旦、舂；（髡，鬄也，謂去其髮及其肜鬢。應劭曰：城旦者，旦起行治城；舂者，婦人不豫外徭，但舂作米：皆四歲刑也。）當黥髡者鉗為（章：乙十一行本作「當黥者髡鉗為」。）城旦、舂；（鉗者，以鐵束其頸。）當劓者笞三百；當斬左止者笞五百；當斬右止及殺人先自告及吏坐受賕、枉法、守縣官財物而即盜之、已論而復有笞罪者皆棄市。（師古曰：止，足也；當斬右足者，以其罪次重，故從棄市也。殺人先自告，謂殺人先自首得免罪者也。吏受賕枉法，謂受略而曲公法者也。守縣官財物而即盜之，即今律所謂主守自盜者也。殺人害重、受賕、盜物贓污之身，故此三罪已被論而又犯笞，亦皆棄市。）罪人獄已決為城旦、舂者，各有歲數以免。」（城旦、舂滿三歲為鬼薪、白粲，鬼薪、白粲一歲為隸臣妾，隸臣妾一歲免為庶人；隸臣妾滿二歲為司寇，司寇一歲及作如司寇二歲皆免為庶人。）制曰：「可。」（《資治通鑒》卷十五，486頁。）

前156年（漢景帝前元年）初，文帝除肉刑，外有輕刑之名，內實殺人；斬右止者又當死；斬左止者笞五百，當劓者笞三百，率多死。是歲，下詔曰：

「加笞與重罪無異；（孟康曰：重罪，謂死刑。）幸而不死，不可為人。其定律：笞五百曰三百，笞三百曰二百。」（《資治通鑑》卷十五，511 頁。）

前 144 年（漢景帝中六年）上既減笞法，笞者猶不全；乃更減笞三百曰二百，笞二百曰一百。又定箠令：箠長五尺，其本大一寸，竹也；末薄半寸，皆平其節。當笞者笞臀；畢一罪，乃更人。自是笞者得全。然死刑既重而生刑又輕，民易犯之。（《資治通鑑》卷十六，541 頁。）

前 66 年（漢宣帝地節四年）詔：「自今子有匿父母、妻匿夫、孫匿大父母，皆勿治。」（《資治通鑑》卷二十五，816 頁。）

前 62 年（漢宣帝元康四年）春，正月，詔：「年八十以上，非誣告、殺傷人，他皆勿坐。」（師古曰：誣告人及殺傷人，皆如舊法；其餘則不論。）（《資治通鑑》卷二十五，835 頁。）

前 7 年（漢成帝綏和二年）……除任子令及誹謗詆欺法。（應劭曰：任子令者，《漢儀注》：吏二千石以上視事滿三年，得任同產若子一人為郎。不以德選，故除之。）……（《資治通鑑》卷三十三，第 1060 頁。）

4 年（漢平帝元始四年）詔：「婦女非身犯法，及男子年八十以上、七歲已下，家非坐不道、詔所名捕，（張晏曰：名捕，謂下詔所特捕也。）他皆無得繫；其當驗者即驗問。定著令！」（《資治通鑑》卷三十六，第 1144 頁。）

4 年（漢平帝元始四年）又增法五十條，犯者徙之西海。徙者以千萬數，民始怨矣。（《資治通鑑》卷三十六，第 1149 頁。）

東漢

71 年（漢明帝永平十四年）初作壽陵，制：「令流水而已，無得起墳。萬年之後，掃地而祭，杅水脯糒而已。過百日，唯四時設奠。置吏卒數人，供給灑掃。敢有所興作者，以擅議宗廟法從事。」（《前書》曰：擅議宗廟者，棄市。）（《資治通鑑》卷四十五，1457 頁。）

85 年（漢章帝元和二年）春，正月，乙酉，詔曰：「令云：『民有產子者，復勿算三歲。』今諸懷妊者，賜胎養穀人三斛，復其夫勿算一歲。著以為令！」……（《資治通鑑》卷 47，1501 頁。）

二、法律理論

戰國

前 361 年（周顯王八年）公孫鞅者，衛之庶孫也。好刑名之學。（師古曰：

劉向《別錄》云；申子學好刑名。刑名者，循名以責實，其尊君卑臣，崇上抑下，合於六經。說者曰：刑，刑家；名，名家；即太史公所論六家之二也。此說非。劉原父曰：刑名，即並學兩家術耳。公孫非姓氏，以其先出於衛，父為衛侯則稱為公子，祖為衛侯則稱為公孫。）事魏相公叔痤，（《資治通鑒》卷二，45 頁。）

　　前 359 年（周顯王十年）衛鞅欲變法，秦人不悅。衛鞅言於秦孝公曰：「夫民不可與慮始，而可與樂成。論至德者不和於俗，成大功者不謀於眾。是以聖人苟可以強國，不法其故。」甘龍曰：「不然，緣法而治者，吏習而民安之。」衛鞅曰：「常人安於故俗，學者溺於所聞。以此兩者，居官守法可也，非所與論於法之外也。智者做法，愚者制焉；賢者更禮，不肖者拘焉」，公曰：「善。」以衛鞅為左庶長。卒定變法之令。令民為什伍而相收司、連坐，（索隱曰：收司，謂相糾發也。一家有罪，則九家連舉發；若不糾舉，則九家連坐。師古曰：五人為伍，二伍為什。康曰：司，猶管也。為什伍之法，使之相司相管。秦有見知連坐法。余謂連坐者，一家有罪，什伍皆相連坐罪也；見知乃漢法。）告姦者與斬敵首同賞，（索隱曰：謂告姦一人則得爵一級，故云與斬敵首同賞。）不告姦者與降敵同罰。（索隱曰：律：降敵者誅其身，沒其家。今匿奸者，言當與之同罰。）有軍功者，各以率受上爵；為私鬥者，各以輕重被刑大小。僇力本業，耕織致粟帛多者，復其身；（……漢法，除其賦、稅、役，皆謂之復。）事末利及怠而貧者，舉以為收孥。（索隱曰：末利，謂工、商。糾舉而收錄其妻子，沒為奴婢。秦法，一人有罪，收其室家。至漢文帝元年，始除收孥相坐法。）宗室非有軍功論，不得為屬籍。明尊卑爵秩等級，各以差次名田宅、臣妾、衣服。有功者顯榮，無功者雖富無所芬華。

　　令既具未布，恐民之不信，乃立三丈之木於國都市南門，募民有能徙置北門者予十金。民怪之，莫敢徙。復曰：「能徙者予五十金。」有一人徙之，輒予五十金。乃下令。

　　令行期年，秦民之國都言新令之不便者以千數。於是太子犯法。衛鞅曰：「法之不行，自上犯之。太子，君嗣也，不可施刑，刑其傅公子虔，黥其師公孫賈。（墨涅其面曰黥。黥，音渠京翻。為後秦殺商君鞅張本。）明日，秦人皆趨令。行之十年，秦國道不拾遺，山無盜賊，民勇於公戰，怯於私鬥，鄉邑大治。（自是年至三十一年商鞅死，蓋鞅之行其法而致效在十年之間，又十年而致禍。）秦民初言令不便者，有來言令便。衛鞅曰：「此皆亂法之民也！」

盡遷之於邊。其後民莫敢議令。（《資治通鑑》卷二，46～48頁。）

前351年（周顯王十八年）韓昭侯以申不害為相。申不害者，鄭之賤臣也，學黃、老、刑名，以干昭侯。昭侯用為相，內修政教，外應諸侯，十五年，終申子之身，國治兵強。（《資治通鑑》卷二，55頁。）

前338年（周顯王三十一年）初，商君相秦，用法嚴酷，嘗臨渭論囚，渭水盡赤，為相十年，人多怨之……（《資治通鑑》卷二，62頁。）

前295年（周赧王二十年）……公子成為相，號安平君，李兌為司寇。（司寇，周六卿之一也，掌刑。）……（《資治通鑑》卷四，119頁。）

前247年（秦莊襄王三年）……安陵君曰：「吾先君成侯受詔襄王以守此城也。手授太府之憲。（太府，魏國藏圖籍之府。憲，法也。）憲之上篇曰：「臣弒君，子弒父，有常不赦。（有常，謂有常法也。）國雖大赦，降城亡子不得與焉。……」（《資治通鑑》卷六，202頁。）

秦

前237年（秦始皇十年）……王乃召李斯，復其官，除逐客之令……（《資治通鑑》卷六，217頁。）

前233年（秦始皇十四年）……韓非者，韓之諸公子也，善刑名法術之學，（班志：法家者流，蓋出於理官，信賞必罰，以輔禮制。晁錯為申、商刑名之學，言人主不可不知術數。張晏曰：術數，刑名之書也。臣瓚曰：術數，謂法制治國之術也。師古曰：瓚說是也。公孫弘曰：「擅殺生之力，通雍塞之塗，權輕重之數，論得失之道，使遠近情偽畢見於上，謂之術，」與錯所言同。）見韓之削弱，數以書干韓王，王不能用。（《資治通鑑》卷六，220頁。）

前227年（秦始皇二十年）……而秦法，群臣侍殿上者不得操尺寸之兵，左右以手共搏之……（《資治通鑑》卷七，227頁。）

前221年（秦始皇二十六年）……廷尉斯曰：（班書百官表：廷尉，秦官。應劭曰：聽獄必質諸朝廷，與眾共之；兵獄同制，故稱廷尉。師古曰：廷，平也；治獄貴平，故以為號。）……（《資治通鑑》卷七，236頁。）

前210年（秦始皇三十七年）……趙高者，生而隱宮；（康曰：餘刑顯於市朝，宮刑在於隱室，故曰隱宮。）始皇聞其強力，通於獄法，舉以為中車府令，使教胡亥決獄；胡亥幸之。趙高有罪，始皇使蒙毅治之；毅當高法應死。始皇以高敏於事，赦之，復其官……（《資治通鑑》卷七，248～249頁。）

前209年（秦二世元年）……趙高曰：「陛下嚴法而刻刑，令有罪者相坐，

誅滅大臣及宗室；然後收舉遺民，貧者富之，賤者貴之。盡除先帝之故臣，更置陛下之所親信者，此則陰德歸陛下，害除而奸謀塞，群臣莫不被潤澤，蒙厚德，陛下則高枕肆志寵樂矣。計莫出於此！」二世然之。乃更為法律，務益刻深，大臣、諸公子有罪，輒下高鞠治之。於是公子十二人僇死咸陽市，十公主矺死於杜，財物入於縣官，相連逮者不可勝數。（《資治通鑑》卷七，252～253 頁。）

前 209 年（秦二世元年）當是時，諸郡縣苦秦法，爭殺長吏以應涉。（《資治通鑑》卷七，256 頁。）

前 208 年（秦二世二年）……李斯恐懼，重爵祿，不知所出，乃阿二世意，以書對曰：「夫賢主者，必能行督責之術者也。（索隱曰：督者，察也；察其罪，責之以刑罰也。）故申子曰：『有天下而不恣睢，命之曰「以天下為桎梏」者，無他焉，不能督責，而顧以其身勞於天下之民，若堯、禹然，故謂之桎梏也。』夫不能修申、韓之明術，行督責之道，專以天下自適也；而徒務苦形勞神，以身徇百姓，則是黔首之役，非畜天下者也，何足貴哉！故明主能行督責之術以獨斷於上，則權不在臣下，然後能滅仁義之塗，絕諫說之辯，犖然行恣睢之心而莫之敢逆。如此，群臣、百姓救過不給，何變之敢圖！」二世說，於是行督責益嚴，稅民深者為明吏，殺人眾者為忠臣，刑者相半於道，而死人日成積於市；秦民益駭懼思亂。（《資治通鑑》卷八，267 頁。）

前 208 年（秦二世二年）……與臣及侍中習法者待事，事來有以揆之……（《資治通鑑》卷八，276 頁。）

西漢

前 206 年（漢高祖元年）沛公西入咸陽，諸將皆爭走金帛財物之府分之，蕭何獨先入收秦丞相府圖籍藏之，以此沛公得具知天下厄塞、戶口多少、強弱之處。（《資治通鑑》卷九，298 頁。）

前 206 年（漢高祖元年）……長史欣者，故為櫟陽獄掾，嘗有德於項梁……（《資治通鑑》卷九，305 頁。）

前 206 年（漢高祖元年）……大王之入武關，秋毫無所害；除秦苛法，與秦民約法三章……（《資治通鑑》卷九，312 頁。）

前 205 年（漢高祖二年）秋，八月，漢王如滎陽，命蕭何守關中侍太子，為法令約束，立宗廟、社稷、宮室、縣邑；事有不及奏決者，輒以便宜施行，上來，以聞。計關中戶口，轉漕、調兵以給軍，未嘗乏絕。（《資治通鑑》卷

九，323頁。）

前201年（漢高祖六年）……帝悉去秦苛儀，法為簡易……（《資治通鑑》卷十一，373頁。）

前200年（漢高祖七年）……觴九行，謁者言「罷酒」，御史執法舉不如儀者，輒引去。（執法，即御史也。杜佑曰：御史之名，周官有之，蓋掌贊書而授法令，非今任也。戰國時亦有御史，秦、趙澠池之會，各令書其事。秦、漢為糾察之任。秦以御史監郡。漢初定禮儀，「御史執法舉不如儀者輒引去」是也。）竟朝置酒，無敢讙譁失禮者……初，秦有天下，悉內六國禮儀，採擇其尊君、抑臣者存之，及通制禮，頗有所增損，大抵皆襲秦故，自天子稱號下至佐僚及宮室、官名，少所變改。其書，後與律、令同錄，藏於理官；（師古曰：理官，即法官也。）法家又復不傳，民臣莫有言者焉。（《資治通鑑》卷十一，375頁。）

前198年（漢高祖九年）荀悅論曰：貫高首為亂謀，殺主之賊；雖能證明其王，小亮不塞大逆，私行不贖公罪。《春秋》之義大居正，罪無赦可也。（《資治通鑑》卷十二，385頁。）

前195年（漢高祖十二年）……初，高祖不修文學，而性明達，好謀，能聽，自監門、戍卒，見之如舊。初順民心作三章之約。天下既定，命蕭何次律、令，（帝既滅項羽，四夷未附，兵革未息，三章之法，不足以禦姦，蕭何攈摭秦法，取其宜於時者，作律九章。）韓信申軍法，張蒼定章程，（如淳曰：章，曆數之章術也；程者，權、衡、尺、斗、斛之平法也。師古曰：程，法式也。）叔孫通制禮儀；又與功臣剖符作誓，丹書、鐵契，金匱、石室，藏之宗廟。（《資治通鑑》卷十二，407頁。）

前187年（漢呂后元年）上黨守任敖嘗為沛獄吏，有德於太后；乃以為御史大夫。（任敖，沛人，少為獄吏。高祖常避吏，吏繫呂后，遇之不謹，敖擊傷主呂后吏，故后德之。）（《資治通鑑》卷十三，420頁。）

前179年（漢文帝前元年）帝益明習國家事。朝而問右丞相勃曰：「天下一歲決獄幾何？」勃謝不知；又問：「一歲錢穀入幾何？」勃又謝不知；惶愧，汗出沾背。上問左丞相平。平曰：「有主者。」上曰：「主者謂誰？」曰：「陛下即問決獄，責廷尉；（廷尉，掌刑辟；故決獄當問之。）問錢穀，責治粟內史。」……（《資治通鑑》卷十三，444頁。）

前179年（漢文帝前元年）上聞河南守吳公治平為天下第一，召以為廷

尉。吳公薦洛陽人賈誼，帝召以為博士……賈生請改正朔，易服色，定官名，
興禮樂，以立漢制，更秦法；（正朔，謂夏建寅為人正，商建丑為地正，周建
子為天正。秦之建亥，非三統也，而漢因之，此當改也。周以火德王，色尚
赤。漢繼周者也，以土繼火，色宜尚黃，此當易也。唐、虞官百，夏、商官
倍，周官則備矣，六卿各率其屬，凡三百六十。秦立百官職名，漢因循而不
革，此當定也。高祖之時，叔孫通采秦儀以制朝廷之禮，因秦樂人以作宗廟
之樂，此當興也。誼之說雖未為盡醇，而其志則可尚矣。）（《資治通鑑》卷十
三，447 頁。）

　　前 178 年（漢文帝前二年）……陛下即位，親自勉以厚天下，節用愛
民，平獄緩刑；天下莫不說喜。臣聞山東吏布詔令，民雖老羸癃疾，扶杖而
往聽之，願少須臾毋死，思見德化之成也。（《資治通鑑》卷十三，449～450
頁。）

　　前 177 年（漢文帝前三年）……且秦以任刀筆之吏，（師古曰：刀，所以
削書也；古者用簡牒，故吏皆以刀筆自隨也。揚子曰：刀不利，筆不銛。說
文：楚謂之聿，吳謂之不律，燕謂之弗，秦謂之筆。釋名：筆，述也；述事而
書之也。）爭以亟疾苛察相高，其敝，徒文具而無實，不聞其過，陵遲至於土
崩……薄太后聞之；帝免冠，謝教兒子不謹。薄太后乃使使承詔赦太子、梁
王，然後得入。帝由是奇釋之，拜為中大夫……（《資治通鑑》卷十四，459
頁。）

　　前 176 年（漢文帝前四年）春，正月，甲午，以御史大夫陽武張蒼為丞
相。蒼好書，博聞，尤邃律曆。（《資治通鑑》卷十四，461 頁。）

　　前 175 年（漢文帝前五年）賈誼諫曰：「法使天下公得雇租鑄銅、錫為錢，
敢雜以鉛、鐵為他巧者，其罪黥。然鑄錢之情，非殽雜為巧，則不可得贏；而
殽之甚微，為利甚厚。夫事有召禍而法有起奸；今令細民人操造幣之勢，各
隱屏而鑄作，因欲禁其厚利微奸，雖黥罪日報，其勢不止。（蘇林曰：報，論。
餘據張湯傳有訊、鞫、論、報，嚴延年傳有報囚，師古注皆以為論奏獲報。原
父注則謂報者為斷決囚，若今有司書囚罪，長吏判準斷，是也。）乃者，民人
抵罪多者一縣百數，及吏之所疑榜笞奔走者甚眾。夫縣法以誘民使入陷阱，
孰多於此！又民用錢，郡縣不同：或用輕錢，百加若干；或用重錢，平稱不
受。法錢不立：吏急而壹之乎？則大為煩苛而力不能勝；縱而弗呵乎？則市
肆異用，錢文大亂；苟非其術，何鄉而可哉！今農事棄捐而采銅者日蕃，釋

其耒耨，冶鎔炊炭；奸錢日多，五穀不為多。善人怵而為姦邪，願民陷而之刑
戮；刑戮將甚不詳，奈何而忽！國知患此，吏議必曰『禁之』。禁之不得其術，
其傷必大。令禁鑄錢，則錢必重；（師古曰：令，謂法令也。）重則其利深，
盜鑄如雲而起，棄市之罪又不足以禁矣。奸數不勝而法禁數潰，銅使之然也。
銅布於天下，其為禍博矣，故不如收之。」賈山亦上書諫，以為：「錢者，亡
用器也，而可以易富貴。富貴者，人主之操柄也；令民為之，是與人主共操
柄，不可長也。」上不聽。（《資治通鑒》卷十四，463～465頁。）

　　前174年（漢文帝前六年）……夫三代之所以長久者，以其輔翼太子有
此具也。及秦而不然，使趙高傅胡亥而教之獄，所習者非斬、劓人，則夷人之
三族也。（劓，魚器翻，割鼻也。）胡亥今日即位而明日射人，忠諫者謂之誹
謗，深計者謂之妖言，其視殺人若艾草菅然。豈惟胡亥之性惡哉？彼其所以
道之者非其理故也。鄙諺曰：『前車覆，後車誡。』秦世之所以亟絕者，其轍
跡可見也；然而不避，是後車又將覆也。天下之命，縣於太子，太子之善，在
於早諭教與選左右。夫心未濫而先諭教，則化易成也；開於道術智誼之指，
則教之力也；若其服習積貫，則左右而已。夫胡、粵之人，生而同聲，嗜欲不
異；及其長而成俗，累數譯而不能相通，有雖死而不相為者，則教習然也。臣
故曰選左右、早諭教最急。夫教得而左右正，則太子正矣，太子正而天下定
矣。書曰：『一人有慶，兆民賴之。』（師古曰：《周書‧呂刑》之辭也。一人，
天子也；言天子有善，則兆庶獲其利。）此時務也。凡人之智，能見已然，不
能見將然。夫禮者禁於將然之前而法者禁於已然之後，是故法之所為用易見
而禮之所為生難知也。若夫慶賞以勸善，刑罰以懲惡，先王執此之政，堅如
金石；行此之令，信如四時；據此之公，無私如天地；豈顧不用哉？然而曰禮
云、禮云者，貴絕惡於未萌而起教於微眇，使民日遷善、遠罪而不自知也。孔
子曰：『聽訟，吾猶人也；必也使毋訟乎。』（師古曰：《論語》載孔子之言也。
言使吾聽訟與眾人齊等，然能先以德義化之使無訟。）為人主計者，莫如先
審取捨，取捨之極定於內而安危之萌應於外矣。秦王之欲尊宗廟而安子孫，
與湯、武同；然而湯、武廣大其德行，六七百歲而弗失，秦王治天下十餘歲則
大敗。此亡他故矣，湯、武之定取捨審而秦王之定取捨不審矣。夫天下，大器
也；今人之置器，置諸安處則安、置諸危處則危。天下之情，與器無以異，在
天子之所置之。湯、武置天下於仁、義、禮、樂，累子孫數十世，此天下所共
聞也；秦王置天下於法令、刑罰，禍幾及身，子孫誅絕，此天下之所共見也；

是非其明　大驗邪！人之言曰：『聽言之道，必以其事觀之，則言者莫敢妄言。』
今或言禮誼之不如法令，教化之不如刑罰，人主胡不引殷、周、秦事以觀之
也！人主之尊譬如堂，群臣如陛，眾庶如地。故陛九級上，廉遠地，則堂高；
陛無級，廉近地，則堂卑。高者難攀，卑者易陵，理勢然也。故古者聖王制為
等列，內有公、卿、大夫、士，外有公、侯、伯、子、男，然後有官師、小吏，
延及庶人，等級分明而天子加焉，故其尊不可及也。里諺曰：『欲投鼠而忌
器。』此善諭也。鼠近於器，尚憚不投，恐傷其器，況於貴臣之近主乎！廉恥
節禮以治君子，故有賜死而無戮辱。是以黥、劓之罪不及大夫，（杜佑曰：刑
不上大夫者，古之大夫有坐不廉污穢者，則曰簠簋不飾；淫亂男女無別者，
則曰帷薄不修；罔上不忠者，則曰臣節未著；罷軟不勝任者，則曰下官不職；
干國之紀，則曰行事不請。此五者，大夫定罪之名矣，不忍斥然正以呼之。其
在五刑之域者云云，如後誼所云。）以其離主上不遠也；禮：不敢齒君之路
馬，蹴其芻者有罰，所以為主上豫遠不敬也。今自王、侯、三公之貴，皆天子
之所改容而禮之也，古天子之所謂伯父、伯舅也；而令與眾庶同黥、劓、髡、
刖、笞、僇棄市之法，然則堂不無陛呼！被戮辱者不泰迫呼！廉恥不行，大
臣無乃握重權、大官而有徒隸無恥之心呼！夫望夷之事，二世見當以重法者，
（如淳曰：決罪曰當。閻樂殺二世於望夷宮，本由秦制無忌上之風也。仲馮
曰：趙高殺二世，蓋又以法定其罪。）投鼠而不忌器之習也。臣聞之：履雖鮮
不加於枕，冠雖敝不以苴履。夫嘗已在貴寵之位，天子改容而禮貌之矣，吏
民嘗俯伏敬畏之矣；今而有過，帝令廢之可也，退之可也，賜之死可也，滅之
可也；若夫束縛之。繫紲之，輸之司寇，編之徒官，（師古曰：司寇，主刑罰
之官。編，次列也。徒官，謂刑徒輸作於官者。）司寇小吏詈罵而搒笞之，殆
非所以令眾庶見也。夫卑賤者習知尊貴者之一旦吾亦乃可以加此也，非所以
尊尊、貴貴之化也。古者大臣有坐不廉而廢者，不謂不廉，曰『簠簋不飾』；
坐污穢淫亂、男女無別者，不曰污穢，曰『帷薄不修』；坐罷軟不勝任者，不
謂罷軟，曰『下官不職』。故貴大臣定有其罪矣，猶未斥然正以呼之也，尚遷
就而為之諱也。故其在大譴、大何之域者，聞譴、何則白冠氂纓，盤水加劍，
造請室而請罪耳，上不執縛係引而行也。其有中罪者，聞命而自弛，上不使
人頸盭而加也。（師古曰：中罪，非大非小也。弛，廢也；自廢而死。蘇林曰：
不戾其頸而親加刀鋸。弛，式爾翻。盭，古戾字，音盧計翻。）其有大罪者，
聞命則北面再拜，跪而自裁，上不使人捽抑而刑之也，曰：『子大夫自有過耳，

吾遇子有禮矣。』遇之有禮，故群臣自憙；嬰以廉恥，故人矜節行。上設廉恥、禮義以遇其臣，而臣不以節行報其上者，則非人類也。故化成俗定，則為人臣者皆顧行而忘利，守節而伏義，故可以託不御之權，可以寄六尺之孤，此厲廉恥、行禮義之所致也，主上何喪焉！此之不為而顧彼之久行，故曰可為長太息者此也。」誼以絳侯前逮繫獄，卒無事，故以此譏上。上深納其言，養臣下有節，是後大臣有罪，皆自殺，不受刑。（《資治通鑑》卷十四，475～480頁。）

前170年（漢文帝前十年）……臣愚以為法者天下之公器，惟善持法者，親疏如一，無所不行，則人莫敢有所恃而犯之也。（《資治通鑑》卷十四，482頁。）

前169年（漢文帝前十一年）……賈誼復上疏曰：「陛下即不定制，如今之勢，不過一傳、再傳，諸侯猶且人恣而不制，豪植而大強，漢法不得行矣……（《資治通鑑》卷十五，483頁。）

前167年（漢文帝前十三年）……罪疑者予民，是以刑罰大省，至於斷獄四百，有刑錯之風焉。（《資治通鑑》卷十五，486～487頁。）

前166年（漢文帝前十四年）……文吏以法繩之，其賞不行；而吏奉法必用。臣愚以為陛下賞太輕，罰太重。且雲中守魏尚坐上功首虜差六級，陛下下之吏，削其爵，罰作之。（蘇林曰：一歲刑為罰作。）……（《資治通鑑》卷十五，499頁。）

前165年（漢文帝前十五年）九月，詔諸侯王、公卿、郡守舉賢良、能直言極諫者，上親策之。太子家令晁錯對策高第，擢為中大夫。錯又上言宜削諸侯及法令可更定者，書凡三十篇。（《資治通鑑》卷十五，501頁。）

前157年（漢文帝後七年）初，高祖賢文王芮，制詔御史：「長沙王忠，其定著令」（《資治通鑑》卷十五，510頁。）

前156年（漢景帝前元年）以太中大夫周仁為郎中令，張歐為廷尉……張歐亦事帝於太子宮，雖治刑名家，為人長者；帝由是重之，用為九卿。歐為吏未嘗言按人，專以誠長者處官；官屬以為長者，亦不敢大欺。（《資治通鑑》卷十五，511～512頁。）

前155年（漢景帝前二年）六月，丞相申屠嘉薨。時內史晁錯數請間言事，輒聽，寵幸傾九卿，（漢正卿九，奉常、郎中令、衛尉、太僕、廷尉、典客、宗正、治粟內史、少府是也。）法令多所更定……（《資治通鑑》卷十

五，512頁。）

前154年（漢景帝前三年）初，晁錯所更令三十章，諸侯讙譁……（《資治通鑑》卷十六，521頁。）

前140年（漢武帝建元元年）……故其刑罰甚輕而禁不犯者，教化行而習俗美也……臣聞聖王之治天下也，少則習之學，長則材諸位，爵祿以養其德，刑罰以威其惡，故民曉於禮誼而恥犯其上。武王行大誼，平殘賊，周公作禮樂以文之；至於成、康之隆，囹圄空虛四十餘年：此亦教化之漸而仁誼之流，非獨傷肌膚之效也。至秦則不然。師申、商之法，行韓非之說，憎帝王之道，以貪狼為俗，誅名而不察實，為善者不必免而犯惡者未必刑也。是以百官皆飾虛辭而不顧實，外有事君之禮，內有背上之心，造偽飾詐，趨利無恥；是以刑者甚眾，死者相望，而奸不息，俗化使然也……今吏既亡教訓於下，或不承用主上之法，暴虐百姓，與奸為市，（師古曰：言小吏有為奸欺者，守令不舉，乃反與交易求利也。）貧窮孤弱，冤苦失職，甚不稱陛下之意……民日削月朘，寖以大窮。富者奢侈羨溢，貧者窮急愁苦；民不樂生，安能避罪！此刑罰之所以蕃而姦邪不可勝者也……今師異道，人異論，百家殊方，指意不同，是以上無以持一統，法制數變，下不知所守。臣愚以為諸不在六藝之科、孔子之術者，皆絕其道，勿使並進，邪辟之說滅息，然後統紀可一而法度可明，民知所從矣！」……丞相衛綰奏：「所舉賢良，或治申、韓、蘇、張之言亂國政者，請皆罷。」奏可……（《資治通鑑》卷十七，550～556頁。）

前135年（漢武帝建元六年）東海太守濮陽汲黯為主爵都尉……臣過河南，河南貧人傷水旱萬餘家，或父子相食，臣謹以便宜，持節發河南倉粟以振貧民。臣請歸節，伏矯制之罪。」（師古曰：矯，託也；託言奉制詔而行之也。漢律：矯制者，論棄市罪。）上賢而釋之……其治務在無為，引大體，不拘文法。（《資治通鑑》卷十七，575頁。）

前130年（漢武帝元光五年）上以張湯為太中大夫，與趙禹共定諸律令，務在深文。拘守職之吏，作見知法，吏傳相監司。用法益刻自此始。（《資治通鑑》卷十八，593頁。）

前130年（漢武帝元光五年）菑川人公孫弘對策曰：「臣聞上古堯、舜之時，不貴爵賞而民勸善，不重刑罰而民不犯，躬率以正而遇民信也；末世貴爵厚賞而民不勸，深刑重罰而奸不止，其上不正，遇民不信也。夫厚賞重刑，

未足以勸善而禁非，必信而已矣。是故因能任官，則分職治；去無用之言，則事情得；不作無用之器，則賦斂省；不奪民時，不妨民力，則百姓富；有德者進，無德者退，則朝廷尊；有功者上，無功者下，則群臣逡；罰當罪，則姦邪止，賞當賢，則臣下勸。凡此八者，治之本也。故民者，業之則不爭，理得則不怨，有禮則不暴，愛之則親上，此有天下之急者也。禮義者，民之所服也；而賞罰順之，則民不犯禁矣……於是上察其行慎厚，辯論有餘，習文法吏事，緣飾以儒術，大說之，一歲中遷至左內史。（《資治通鑑》卷十八，594～595頁。）

前128年（漢武帝元朔元年）臨菑人主父偃……乃西入關上書闕下，朝奏，暮召入。所言九事，其八事為律令……（《資治通鑑》卷十八，599頁。）

前127年（漢武帝元朔二年）軹人郭解，關東大俠也，亦在徙中。衛將軍為言：「郭解家貧，不中徙。」上曰：「解，布衣，權至使將軍為言，此其家不貧。」卒徙解家。解平生睚眥殺人甚眾，上聞之，下吏捕治解，所殺皆在赦前。軹有儒生侍使者坐，客譽郭解，生曰：「解專以奸犯公法，何謂賢！」解客聞，殺此生，斷其舌。吏以此責解，解實不知殺者，殺者亦絕莫知為誰。吏奏解無罪，公孫弘議曰：「解，布衣，為任俠行權，以睚眥殺人；解雖弗知，此罪甚於解殺之，當大逆無道。」（當，謂處斷其罪，蓋以大逆無道之罪坐郭解也。）遂族部解。（《資治通鑑》卷十八，605頁。）

前126年（漢武帝元朔三年）是歲，中大夫張湯為廷尉。湯為人多詐，舞智以御人。時上方鄉文學，湯陽浮慕，事董仲舒、公孫弘等；以千乘兒寬為奏讞掾，（兒，本郳姓，以國為氏，其後去「邑」。以為廷尉掾，專主奏讞也。）以古法義決疑獄。所治：即上意所欲罪，與監、史深禍者；（班表，廷尉有左、右監，秩千石。漢官曰：廷尉獄史二十七人。深禍，謂持文深刻，欲致人於禍者。）即上意所欲釋，與監、史輕平者；上由是悅之。湯於故人子弟調護之尤厚；其造請諸公，不避寒暑。是以湯雖文深、意忌、不專平，（文深，謂持文深；意忌，謂其意忌前也；不專平，謂不專於持平也。）然得此聲譽。汲黯數質責湯於上前曰：「公為正卿，上不能褒先帝之功業，下不能抑天下之邪心，安國富民，使囹圄空虛，何空取高皇帝約束紛更之為！而公以此無種矣。」黯時與湯論議，湯辯常在文深小苛；黯伉厲守高，不能屈，忿發，罵曰：「天下謂刀筆吏不可以為公卿，果然！必湯也，令天下重足而立，側目而視矣！」（《資治通鑑》卷十八，612～613頁。）

前 121 年（漢武帝元狩二年）……廷尉張湯為御史大夫……（《資治通鑑》卷十九，630～631 頁。）

前 120 年（漢武帝元狩三年）是時法既益嚴，吏多廢免。兵革數動，民多買復，及五大夫，（五大夫，舊爵二十等之第九級也。漢法，至此始免傜役。）徵發之士益鮮。於是除千夫、五大夫為吏，不欲者出馬。以故吏弄法，皆謫令伐棘上林，穿昆明池……上招延士大夫，常如不足；然性嚴峻，群臣雖素所愛信者，或小有犯法，或欺罔，輒按誅之，無所寬假……（《資治通鑑》卷十九，636 頁。）

前 119 年（漢武帝元狩四年）初，河南人卜式，數請輸財縣官以助邊，天子使使問式：「欲官乎？」式曰：「臣少田牧，不習仕宦，不願也。」使者問曰：「家豈有冤，欲言事乎？」式曰：「臣生與人無分爭，邑人貧者貸之，不善者教之，所居人皆從式，式何故見冤於人！（《資治通鑑》卷十九，639～640 頁。）

前 119 年（漢武帝元狩四年）及義縱為南陽太守，至關，寧成側行送迎；至郡，遂按甯氏，破碎其家；南陽吏民重足一跡。後徙定襄太守，初至，掩定襄獄中重罪、輕繫二百餘人，及賓客、昆弟私入視亦二百餘人，一捕，鞫曰「為死罪解脫」，（一切皆捕而鞫問之也。服虔曰：律：諸囚徒私解脫桎梏鉗赭，加罪一等；為人解脫與同罪。縱鞫相睧飾者二百人以為解脫死罪，盡殺之。）是日，皆報殺四百餘人，（師古曰：奏請得報而論殺。原父曰：縱掩定襄獄，一切捕鞫，而云是日皆報殺，則非奏請報可之報矣，然則以論決為報也。）其後郡中不寒而慄。是時，趙禹、張湯以深刻為九卿，然其治尚輔法而行；縱專以鷹擊為治。王溫舒始為廣平都尉，擇郡中豪敢往吏十餘，以為爪牙，皆把其陰重罪，而縱使督盜賊。快其意所欲得，此人雖有百罪，弗法；（師古曰：言所捕盜賊得其人而快，溫舒意則不問其先所犯罪也。弗法，謂弗行法也。）即有避，因其事夷之，亦滅宗。以其故，齊、趙之郊盜賊不敢近廣平，廣平聲為道不拾遺。遷河內太守；以九月至，令郡具馬五十疋為驛，捕郡中豪猾，相連坐千餘家。上書請，大者至族，小者乃死，家盡沒入償臧……（《資治通鑑》卷十九，646～647 頁。）

前 118 年（漢武帝元狩五年）黯既辭行，過大行李息曰：「……御史大夫湯，智足以拒諫，詐足以飾非，務巧佞之語，辯數之辭，非肯正為天下言，專阿主意。主意所不欲，因而毀之；主意所欲，因而譽之。好興事，舞文法，內

懷詐以御主心，外挾賊吏以為威重……（《資治通鑑》卷二十，649 頁。）

前 113 年（漢武帝元鼎四年）……上乃復以王溫舒為中尉，趙禹為廷尉。後四年，禹以老，貶為燕相。是時吏治皆以慘刻相尚，獨左內史兒寬，勸農業，緩刑罰，理獄訟，務在得人心；擇用仁厚士，推情與下，不求名聲，吏民大信愛之；收租稅時，裁闊狹，與民相假貸，以故租多不入。後有軍發，左內史以負租課殿，當免；民聞當免，皆恐失之，大家牛車、小家擔負輸租，繈屬不絕，課更以最。上由此愈奇寬……於是天子許之，賜其丞相呂嘉銀印及內史、中尉、太傅印，餘得自置；除其故黥、劓刑，用漢法，比內諸侯。使者皆留，填撫之……（《資治通鑑》卷二十，662～664 頁。）

前 109 年（漢武帝元封二年）是歲，以御史中丞南陽杜周為廷尉。周外寬，內深次骨，（李奇曰：其用法深刻至骨。）其治大放張湯。（言大抵依放張湯也。）時詔獄益多，二千石繫者，新故相因，不減百餘人；廷尉一歲至千餘章，（章者，諸獄告劾之書，上之廷尉者也。）章大者連逮證案數百，小者數十人，遠者數千、近者數百里會獄。廷尉及中都官詔獄逮至六七萬人，（師古曰：中都官，凡京師諸官府也；獄辭所及進考問者六七萬人也。）吏所增加，十萬餘人。（師古曰：吏又於此外以文致之更增也。）（《資治通鑑》卷二十一，686～687 頁。）

前 99 年（漢武帝天漢二年）上以法制御下，好尊用酷吏，而郡、國二千石為治者大抵多酷暴，吏民益輕犯法；東方盜賊滋起，大群至數千人，攻城邑，取庫兵，釋死罪，縛辱郡太守、都尉，殺二千石，小群以百數掠鹵鄉里者，不可勝數，道路不通。上始使御史中丞、丞相長史督之，弗能禁；乃使光祿大夫范昆及故九卿張德等衣繡衣，持節，虎符，發兵以興擊。斬首大郡或至萬餘級，及以法誅通行、飲食當連坐者，諸郡甚者數千人。數歲，乃頗得其渠率，散卒失亡復聚黨阻山川者往往而群居，無可奈何。於是作沈命法，曰：「群盜起，不發覺，發覺而捕弗滿品者，二千石以下至小吏，主者皆死。」其後小吏畏誅，雖有盜不敢發，恐不能得，坐課累府，府亦使其不言。故盜賊浸多，上下相為匿，以文辭避法焉。是時，暴勝之為直指使者，所誅殺二千石以下尤多，威震州郡。（《資治通鑑》卷二十一，717～718 頁。）

前 91 年（漢武帝征和二年）……上用法嚴，多任深刻吏；太子寬厚，多所平反，雖得百姓心，而用法大臣皆不悅。皇后恐久獲罪，每戒太子，宜留取上意，不應擅有所縱捨。上聞之，是太子而非皇后。群臣寬厚長者皆附太子，

而深酷用法者皆毀之；邪臣多黨與，故太子譽少而毀多……（《資治通鑒》卷二十二，727 頁。）

前 86 年（漢昭帝始元元年）閏月，遣故廷尉王平等五人持節行郡國，舉賢良，問民疾苦、冤、失職者。（《資治通鑒》卷二十三，752 頁。）

前 81 年（漢昭帝始元六年）……且陛下春秋高，法令無常，大臣無罪夷滅者數十家……（《資治通鑒》卷二十三，758 頁。）

前 80 年（漢昭帝元鳳元年）……光持刑罰嚴，延年常輔之以寬。吏民上書言便宜，輒下延年平處覆奏。可官試者，至為縣令；或丞相、御史除用，滿歲，以狀聞；或抵其罪法。（師古曰：抵，至也。言事之人有奸妄者，則致之於罪法。）（《資治通鑒》卷二十三，766 頁。）

前 78 年（漢昭帝元鳳三年）……燕、蓋之亂，桑弘羊子遷亡，過父故吏侯史吳後遷捕得，伏法。會赦，侯史吳自出繫獄。廷尉王平、少府徐仁雜治反事，皆以為「桑遷坐父謀反而侯史吳臧之，非匿反者，乃匿為隨者也」，即以赦令除吳罪。後侍御史治實，以「桑遷通經術，知父謀反而不諫爭，與反者身無異。侯史吳故三百石吏，首匿遷，不與庶人匿隨從者等，吳不得赦。」奏請覆治，劾廷尉、少府縱反者。少府徐仁，即丞相車千秋女婿也，故千秋數為侯史吳言；恐大將軍光不聽，千秋即召中二千石、博士會公車門，議問吳法。議者知大將軍指，皆執吳為不道。明日，千秋封上眾議。光於是以千秋擅召中二千石以下，外內異言，遂下廷尉平、少府仁獄。朝廷皆恐丞相坐之。太僕杜延年奏記光曰：「吏縱罪人，有常法。今更詆吳為不道，恐於法深。又，丞相素無所守持而為好言於下，盡其素行也。至擅召中二千石，甚無狀。延年愚以為丞相久故及先帝用事，非有大故，不可棄也。間者民頗言獄深，吏為峻詆；今丞相所議，又獄事也，如是以及丞相；恐不合眾心，群下讙嘩，庶人私議，流言四布。延年竊重將軍失此名於天下也。」光以廷尉、少府弄法輕重，卒下之獄。夏，四月，仁自殺，平與左馮翊賈勝胡皆要斬。而不以及丞相，終與相竟。延年論議持平，合和朝廷，皆此類也。（《資治通鑒》卷二十三，768～769 頁。）

前 74 年（漢昭帝元平元年）……獨皇曾孫在，亦坐收繫郡邸獄。（師古曰：《漢書儀》：郡邸獄，治天下郡國上計者，屬大鴻臚。此蓋巫蠱獄收繫者眾，故皇曾孫寄在郡邸獄。）故廷尉監魯國丙吉（班表：廷尉有左、右監，秩千石。丙，姓也。左傳齊有丙歜。功臣表有高苑侯丙倩。）受詔治巫蠱獄，吉

心知太子無事實，重哀皇曾孫無辜，擇謹厚女徒渭城胡組、淮陽郭徵卿，令乳養曾孫，置閒燥處。（李奇曰：輕罪，男子守邊一歲；女子　弱不任守，復令作於官，亦一歲；故班史謂之女徒復作。復作者，復為官作，滿其本罪月日。）吉日再省視。

巫蠱事連歲不決，武帝疾，來往長楊、五柞宮，望氣者言長安獄中有天子氣，於是武帝遣使者分條中都官詔獄繫者，無輕重，一切皆殺之。內謁者令郭穰夜到郡邸獄，吉閉門拒使者不納，曰：「皇曾孫在。他人無辜死者猶不可，況親曾孫乎！」相守至天明，不得入。穰還，以聞，因劾奏吉。武帝亦寤，曰：「天使之也。」因赦天下郡邸獄繫者，獨賴吉得生。（《資治通鑒》卷二十四，788～789頁。）

前73年（漢宣帝本始元年）初，上官桀與霍光爭權，光既誅桀，遂遵武帝法度，以刑罰痛繩群下，由是俗吏皆尚嚴酷以為能；而河南太守丞淮陽黃霸獨用寬和為名。上在民間時，知百姓苦吏急也，聞霸持法平，乃召為廷尉正；數決疑獄，庭中稱平。（廷尉正，秩千石。「庭中」，漢書作「廷中」。師古曰：此廷中，謂廷尉之中也。余謂通鑒作「庭中」，言漢庭之中也。）（《資治通鑒》卷二十四，795頁。）

前69年（漢宣帝地節元年）是歲，于定國為廷尉。定國決疑平法，務在哀鰥寡，罪疑從輕，加審慎之心。朝廷稱之曰：「張釋之為廷尉，天下無冤民。于定國為廷尉，民自以不冤。」（《資治通鑒》卷二十四，804頁。）

前67年（漢宣帝地節三年）初，孝武之世，徵發煩數，百姓貧耗，窮民犯法，姦軌不勝，於是使張湯、趙禹之屬，條定法令，作見知故縱、監臨部主之法，（師古曰：見知人犯法不舉告，為故縱；而所監臨部主有罪，併連坐之也。）緩深、故之罪，（孟康曰：孝武欲急刑，吏深害及故入人罪者，皆寬緩之也。）急縱、出之誅。（師古曰：吏釋罪人，疑以為縱，出則急誅之，亦言尚酷。）其後姦猾巧法轉相比況，禁罔寖密，律令煩苛，文書盈於几閣，典者不能徧睹。是以郡國承用者駮，或罪同而論異，姦吏因緣為市，所欲活則傅生議，所欲陷則予死比，議者咸冤傷之。廷尉史鉅鹿路溫舒上書曰：臣聞齊有無知之禍而桓公以興，晉有驪姬之難而文公用伯；近世趙王不終，諸呂作亂，而孝文為太宗。繇是觀之，禍亂之作，將以開聖人也。夫繼變亂之後，必有異舊之恩，此賢聖所以昭天命也。往者昭帝即世無嗣，昌邑淫亂，乃皇天所以開至聖也。臣聞《春秋》正即位，大一統而慎始也。陛下初登至尊，與天

合符，宜改前世之失，正始受命之統，滌煩文，除民疾，以應天意。臣聞秦有十失，其一尚存，治獄之吏是也。夫獄者，天下之大命也，死者不可復生，絕者不可復屬。《書》曰：『與其殺不辜，寧失不經。』今治獄吏則不然，上下相毆，以刻為明，深者獲公名，平者多後患。故治獄之吏皆欲人死，非憎人也，自安之道在人之死。是以死人之血，流離於市，被刑之徒，比肩而立，大辟之計，歲以萬數。此仁聖之所以傷也，太平之未洽，凡以此也。夫人情，安則樂生，痛則思死，棰楚之下，何求而不得！故囚人不勝痛，則飾辭以示之；吏治者利其然，則指導以明之；上奏畏卻，則鍛練而周內之。蓋奏當之成，雖皋陶聽之，猶以為死有餘辜。何則？成練者眾，文致之罪明也。故俗語曰：『畫地為獄，議不入；刻木為吏，期不對。』此皆疾吏之風，悲痛之辭也。唯陛下省法制，寬刑罰，則太平之風可興於世。」上善其言。十二月，詔曰：「間者吏用法巧文寖深，是朕之不德也。夫決獄不當，使有罪興邪，不辜蒙戮，（晉灼曰：當重而輕，使有罪者起邪惡之心也。師古曰：有罪者更興邪惡，無辜者反陷重刑，是決獄不平故也。）父子悲恨，朕甚傷之！今遣廷史與郡鞫獄，任輕祿薄，（如淳曰：廷史，廷尉史也。以囚辭決獄事為鞫，謂疑獄也。李奇曰：鞫，窮也。獄事窮竟也。師古曰：李說是也。）其為置廷尉平，秩六百石，員四人。其務平之，以稱朕意！」於是每季秋後請讞時，上常幸宣室，齋居而決事，獄刑號為平矣。涿郡太守鄭昌上疏言：「今明主躬垂明聽，雖不置廷平，獄將自正；若開後嗣，不若刪定律令。律令一定，愚民知所避，奸吏無所弄矣。今不正其本，而置廷平以理其末，政衰聽怠，則廷平將召權而為亂首矣。」（《資治通鑒》卷二十五，812～815頁。）

前66年（漢宣帝地節四年）……臣願丞相、御史且無拘臣以文法，得一切便宜從事……郡中皆有畜積，獄訟止息。（《資治通鑒》卷二十五，822～823頁。）

前64年（漢宣帝元康二年）五月，詔曰：「獄者，萬民之命。能使生者不怨，死者不恨，則可謂文吏矣。今則不然。用法或持巧心，析律貳端，深淺不平，奏不如實，上亦亡由知，四方黎民將何仰哉！二千石各察官屬，勿用此人。吏或擅興傜役，飾廚傳，稱過使客，（越職逾法以取名譽，譬如踐薄冰以待白日，豈不殆哉！今天頗被疾疫之災，朕甚愍之，其令郡國被災甚者，毋出今年租賦。」（《資治通鑒》卷二十五，827頁。）

前61年（漢宣帝神爵元年）……公卿幸得遭遇其時，言聽諫從，然未有

建萬世之長策，舉明主於三代之隆也。其務在於期會、簿書、斷獄、聽訟而已，此非太平之基也……周之所以能致治刑措而不用者，以其禁邪於冥冥，絕惡於未萌也……（《資治通鑑》卷二十六，843～844頁。）

前61年（漢宣帝神爵元年）……充國以為無罪，乃遣歸告種豪：「大兵誅有罪者，明白自別，毋取並滅。天子告諸羌人：犯法者能相捕斬，除罪，仍以功大小賜錢有差；（時募能斬大豪有罪者一人，賜錢四十萬；中豪十五萬；下豪二萬；女子及老、弱千錢。）又以其所捕妻子、財物盡與之……（《資治通鑑》卷二十六，846頁。）

前60年（漢宣帝神爵二年）隸校尉魏郡蓋寬饒，剛直公清，數干犯上意。時上方用刑法，任中書官，寬饒奏封事曰：「方今聖道浸微，儒術不行，以刑餘為周、召，以法律為詩、書。」（師古曰：言以刑法成教化也。）又引易傳言：「五帝官天下，三王家天下。家以傳子孫，官以傳賢聖。」書奏，上以為寬饒怨謗，下其書中二千石。時執金吾議，以為「寬饒旨意欲求禪，大逆不道！」諫大夫鄭昌愍傷寬饒忠直憂國，以言事不當意而為文吏所詆挫，上書訟寬饒曰：「臣聞山有猛獸，藜藿為之不採；國有忠臣，姦邪為之不起。司隸校尉寬饒，居不求安，食不求飽；進有憂國之心，退有死節之義；上無許、史之屬，下無金、張之託；職在司察，直道而行，多仇少與。上書陳國事，有司劾以大辟。臣幸得從大夫之後，官以諫為名，不敢不言！」上不聽。九月，下寬饒吏；寬饒引佩刀自剄北闕下，眾莫不憐之。（《資治通鑑》卷二十六，856～857頁。）

前59年（漢宣帝神爵三年）……在東郡三歲，令行禁止，斷獄大減，由是入為馮翊。延壽出行縣至高陵，民有昆弟相與訟田，自言。延壽大傷之，曰：「幸得備位，為郡表率，不能宣明教化，至令民有骨肉爭訟，既傷風化，重使賢長吏、嗇夫、三老、孝悌受其恥，咎在馮翊，當先退！」是日，移病不聽事，因入臥傳舍，閉合思過。一縣莫知所為，令、丞、嗇夫、三老亦皆自繫待罪。於是訟者宗族傳相責讓；此兩昆弟深自悔，皆自髡，肉袒謝，願以田相移，終死不敢復爭。郡中歡然，莫不傳相敕厲，不敢犯。延壽恩信周偏二十四縣，莫敢以辭訟自言者。推其至誠，吏民不忍欺紿。（《資治通鑑》卷二十六，862～863頁。）

前58年（漢宣帝神爵四年）潁川太守黃霸在郡前後八年……夏，四月，詔曰：「潁川太守霸，宣明詔令，百姓鄉化，孝子、弟弟、貞婦、順孫日以眾

多，田者讓畔，道不拾遺，養視鰥寡，贍助貧窮，獄或八年無重罪囚；其賜爵關內侯……（《資治通鑑》卷二十七，864 頁。）

前 58 年（漢宣帝神爵四年）河南太守嚴延年為治陰鷙酷烈，眾人所謂當死者一朝出之，所謂當生者詭殺之，吏民莫能測其意深淺，戰慄不敢犯禁。冬月，傳屬縣囚會論府上，流血數里，河南號曰「屠伯」……初，延年母從東海來，欲從延年臘到洛陽，適見報囚，母大驚，使止都亭，不肯入府。延年出至都亭謁母，母閉合不見。延年免冠頓首合下，良久，母乃見之，因素責延年：「幸得備郡守，專治千里，不聞仁愛教化，有以全安愚民；顧乘刑罰，多刑殺人，欲以立威，豈為民父母意哉！」延年服罪，重頓首謝，為母御歸府舍。母畢正臘，謂延年曰：「天道神明，人不可獨殺。我不意當老見壯子被刑戮也！行矣，去汝東歸，掃除墓地耳！」……（《資治通鑑》卷二十七，865～866 頁。）

前 55 年（漢宣帝五鳳三年）……而長史、守丞畏丞相指，歸舍法令，各為私教……漢家承敝通變，造起律令，所以勸善禁姦，條貫詳備，不可復加。宜令貴臣明飭長史、守丞，歸告二千石，舉三老、孝悌、力田、孝廉、廉吏，務得其人，郡事皆以法令為檢式，毋得擅為條教；敢挾詐偽以姦名譽者，必先受戮……（《資治通鑑》卷二十七，874 頁。）

前 54 年（漢宣帝五鳳四年）……臣光曰：以孝宣之明，魏相、丙吉為丞相，于定國為廷尉，而趙、蓋、韓、楊之死皆不厭眾心，其為善政之累大矣！周官司寇之法，有議賢、議能，（周官：小司寇之職，以八辟麗邦法，附刑罰，三曰議賢之辟，四曰議能之辟。鄭玄注曰：賢，謂有德行者。能，謂有道藝者。鄭眾曰：若今時廉吏有罪先請，是也。）若廣漢、延壽之治民，可不謂能乎！寬饒、惲之剛直，可不謂賢乎！然則雖有死罪，猶將宥之，況罪不足以死乎！揚子以韓馮翊之恕蕭為臣之自失。夫所以使延壽犯上者，望之激之也。上不之察，而延壽獨蒙其辜，不亦甚哉！（《資治通鑑》卷二十七，878 頁。）

前 53 年（漢宣帝甘露元年）皇太子柔仁好儒，見上所用多文法吏，以刑繩下，常侍燕從容：「陛下持刑太深，宜用儒生。」（好，呼到翻；下同。從，千容翻。）帝作色曰：「漢家自有制度，本以霸王道雜之；奈何純任德教，用周政乎！且俗儒不達時宜，好是古非今，使人眩於名實，不知所守，何足委任！」乃歎曰：「亂我家者太子也！」（《資治通鑑》卷二十七，880～881 頁。）

前53年（漢宣帝甘露元年）淮陽憲王好法律，聰達有材；王母張倢伃尤幸。上由是疏太子而愛淮陽憲王……（《資治通鑑》卷二十七，881頁。）

前52年（漢宣帝甘露二年）五月，己丑，廷尉于定國為御史大夫。（《資治通鑑》卷二十七，884頁。）

前49年（漢宣帝黃龍元年）……班固贊曰：孝宣之治，信賞必罰，（師古曰：有功必賞，有罪必罰。治，直吏翻。）綜覈名實。政事、文學、法理之士，咸精其能。至於技巧、工匠、器械，自元、成間鮮能及之……（《資治通鑑》卷二十七，892頁。）

前47年（漢元帝初元二年）中書令弘恭、僕射石顯，自宣帝時久典樞機，明習文法……武帝遊宴後庭，故用宦者，非古制也。宜罷中書宦官，應古不近刑人之義。（師古曰：禮，刑人不在君側，故曰應古。）……（《資治通鑑》卷二十八，896～897頁。）

前44年（漢元帝初元五年）……省刑罰七十餘事。（《資治通鑑》卷二十八，908頁。）

前43年（漢元帝永光元年）……後坐春夏繫治人，（春、夏，生長之時，故仲春省囹圄，去桎梏，毋肆掠，止獄訟；仲夏挺重囚，益其食。春夏而繫治人，為不順天時。）徙城門校尉。豐於是上書告堪、猛罪。上不直豐，乃制詔御史：「城門校尉豐，前與光祿勳堪、光祿大夫猛在朝之時，數稱言堪、猛之美。豐前為司隸校尉，不順四時，修法度，專作苛暴以獲虛威；朕不忍下吏，以為城門校尉。（百官表：城門校尉，掌京師十二城門屯兵。）不內省諸己，而反怨堪、猛以求報舉，（師古曰：言舉其事以報怨。）告按無證之辭，暴揚難驗之罪，毀譽恣意，不顧前言，不信之大也。朕憐豐之耆老，不忍加刑，其免為庶人！」……（《資治通鑑》卷二十八，916頁。）

前42年（漢元帝永光二年）上問給事中匡衡以地震日食之變，衡上疏曰：「陛下躬聖德，開太平之路，閔愚吏民觸法抵禁，比年大赦，使百姓得改行自新，天下幸甚！臣竊見赦之後，姦邪不為衰止，今日大赦，明日犯法，相隨入獄，此殆導之未得其務也。今天下俗，貪財賤義，好聲色，上侈靡，親戚之恩薄，婚姻之黨隆，苟合徼幸，以身設利；不改其原，雖歲赦之，刑猶難使錯而不用也，（師古曰：歲赦，謂每歲一赦也。）臣愚以為宜壹曠然大變其俗……荀悅論曰：夫赦者，權時之宜，非常典也。漢興，承秦兵革之後，大愚之世，比屋可刑，故設三章之法，大赦之令，（約法三章，事見九卷高帝元年。

赦，自古有之，至於大赦，則始於秦。高祖既併天下，即皇帝位，大赦天下，後世因之為永制。）蕩滌穢流，與民更始，時勢然也。後世承業，襲而不革，失時宜矣。若惠、文之世，無所赦之。若孝景之時，七國皆亂，異心並起，奸詐非一。及武帝末年，賦役繁興，群盜並起，加以太子之事，巫蠱之禍，天下紛然，百姓無聊。及光武之際，撥亂之後，如此之比，宜為赦矣。（《資治通鑒》卷二十八，918～920 頁。）

前 39 年（漢元帝永光五年）上好儒術、文辭，頗改宣帝之政；言事者多進見……（《資治通鑒》卷二十九，924 頁。）

閻按：此漢元帝改漢宣帝好「法律」之政。

前 28 年（漢成帝河平元年）詔曰：「今大辟之刑千有餘條，律令煩多，百有餘萬言；奇請、他比，日以益滋。（師古曰：奇請，謂常文之外，主者別有所請以定罪也。他比，謂引他類以比附之，稍增律條也。）自明習者不知所由，欲以曉喻眾庶，不亦難乎！於以羅元元之民，夭絕無辜，豈不哀哉！（羅，謂設禁網而民無所逃罪也。夭絕亡辜，謂亡罪而陷於刑辟，死於非命，至於短折也。）其議減死刑及蠲除約省者，令較然易知，條奏！」時有司不能廣宣上意，徒鉤摭微細，毛舉數事，以塞詔而已。（《資治通鑒》卷三十，970 頁。）

前 26 年（漢成帝河平三年）上以中秘書頗散亡，（《藝文志》曰：武帝建藏書之策。劉歆曰：外則有太常、太史、博士之藏，內則有延閣、廣內、秘室之府。）使謁者陳農求遺書於天下。詔光祿大夫劉向校經傳、諸子、詩賦，步兵校尉任宏校兵書，太史令尹咸校數術，侍醫李柱國校方技。每一書已，向輒條其篇目，撮其指意，錄而奏之。（《資治通鑒》卷三十，976 頁。）

閻按：此劉向校書之記錄也。為何沒有校錄法律之書也？此當為思考。可能由於法律繁雜，故沒有校錄，這只是一種猜測。

前 23 年（漢成帝陽朔二年）……杜欽奏記於鳳曰：「二千石病，賜告得歸，有故事；不得去郡，亡著令。（如淳曰：律施行，無不得去郡之文也。）《傳》曰：『賞疑從予』，所以廣恩勸功也；『罰疑從去，』所以慎刑，闕難知也。（師古曰：疑當罰、不當罰則赦之。疑輕、重則從輕。）今釋令與故事而假不敬之法，（師古曰：釋，廢去也。假，謂假法律以致其罪。）甚違『闕疑從去』之意。即以二千石守千里之地，任兵馬之重，不宜去郡，將以制刑為後法者，則野王之罪在未制令前也。刑賞大信，不可不慎！」……或問宣：「何

不教戒惠以吏職？」宣笑曰：「吏道以法令為師，可問而知；及能與不能，自有資材，何可學也！」眾人傳稱，以宣言為然……（《資治通鑑》卷三十，984～985頁。）

前16年（漢成帝永始元年）……書奏，上使侍御史收縛輔，繫掖庭秘獄，（師古曰：《漢舊儀》：掖庭詔獄，令、丞，宦者為之，主理婦人、女官也。）群臣莫知其故……「臣等愚以為輔幸得託公族之親，在諫臣之列，新從下土來，未知朝廷體，獨觸忌諱，不足深過。小罪宜隱忍而已，如有大惡，宜暴治理官，與眾共之。（理官，謂廷尉也。師古曰：令眾人知其罪狀而罰之。暴，顯示也。顯示其罪，使理官治之。）……同姓近臣，本以言顯，其於治親養忠之義，誠不宜幽囚於掖庭獄。公卿以下，見陛下進用輔亟而折傷之暴，人有懼心，精銳銷耎，莫敢盡節正言，非所以昭有虞之聽，廣德美之風！臣等竊深傷之，惟陛下留神省察！」上乃徙輔繫共工獄，（蘇林曰：考工也。師古曰：少府之屬官，亦有詔獄。）減死罪一等，論為鬼薪。（應劭曰：取薪給宗廟為鬼薪，三歲刑也。）（《資治通鑑》卷三十一，999～1000頁。）

前15年（漢成帝永始二年）……又以掖庭獄大為亂阱，榜棰撲於炮烙，（炮烙，紂所作刑也。膏塗銅柱，加之火上，令罪人行其上，輒墮炭中；笑而以為樂。）絕滅人命，主為趙、李報德復怨。反除白罪，建治正吏，多係無辜，掠立迫恐……方進以經術進，其為吏，用法刻深，好任勢立威；有所忌惡，峻文深詆，中傷甚多。有言其挾私詆欺不專平者，上以方進所舉應科，不以為非也。（科，律條也。）光，襃成君霸之少子也，領尚書，典樞機十餘年，守法度，修故事，上有所問，據經法，以心所安而對，不希指苟合……（《資治通鑑》卷三十一，1009、1014頁。）

前14年（漢成帝永始三年）……間者愚民上書，多觸不急之法，（師古曰：言以其所言為不急而罪之。）或下廷尉而死者眾。（自陽朔以來，天下以言為諱，朝廷尤甚，（懲王章之死也。師古曰：防人之口，法禁嚴切也。）群臣皆承順上指，莫有執正。何以明其然也？取民所上書，陛下之所善，試下之廷尉，廷尉必曰『非所宜言，大不敬，』以此卜之，一矣。故京尹王章，資質忠直，敢面引廷爭，孝元皇帝擢之，以厲具臣而矯曲朝；及至陛下，戮及妻子；且惡惡止其身……（《資治通鑑》卷三十一，1021頁。）

前13年（漢成帝永始四年）梁王立驕恣無度，至一日十一犯法。相禹奏「立對外家怨望，有惡言。」有司按驗，因發其與姑園子奸事，奏「立禽獸

行，請誅。」（漢法，內亂為禽獸行。）太中大夫谷永上書曰：「……宜及王辭不服，詔廷尉選上德通理之吏更審考清問，著不然之效，定失誤之法，（失誤，謂誤入人罪為失。）而反命於下史，以廣公族附疏之德，為宗室刷污亂之恥，甚得治親之誼。」天子由是寢而不治。是歲，司隸校尉蜀郡何武為京兆尹。武為吏，守法盡公，進善退惡，所居無赫赫名，去後常見思。（《資治通鑑》卷三十二，第1023～1025頁。）

前8年（漢成帝綏和元年）……戊午，孔光以議不合意，左遷廷尉；何武為御史大夫。（光左遷廷尉，而何武自廷尉為御史大夫。）……初，何武之為廷尉也，（《公卿表》，元延三年，何武自沛郡太守為廷尉；是年三月，戊午，為御史大夫。）建言……（《資治通鑑》卷三十二，第1041～1042頁。）

前8年（漢成帝綏和元年）方進智慧有餘，兼通文法吏事，以儒雅緣飾，（師古曰：緣飾，譬之於衣，加純緣者。）號為通明相，天子器重之……（《資治通鑑》卷三十二，第1047頁。）

前8年（漢成帝綏和元年）……刑罰之過或至死傷，今之刑非皋陶之法也，而有司請定法，削則削，筆則筆……夫教化之比於刑法，刑法輕，是捨所重而急所輕也。教化，所恃以為治也；刑法，所以助治也；今廢所恃而獨立其所助，非所以致太平也。自京師有悖逆不順之子孫，至於陷大辟，受刑戮者不絕，由不習五常之道也……不示以大化而獨驅以刑罰……（《資治通鑑》卷三十二，第1049～1050頁。）

前3年（漢哀帝建平四年）……又有七死：酷吏毆殺，一死也；治獄深刻，二死也；冤陷亡辜，三死也……（《資治通鑑》卷三十四，第1100頁。）

前1年（漢哀帝元壽二年）……以王舜、王邑為腹心，甄豐、甄邯主擊斷，平晏領機事，劉秀典文章，孫建為爪牙……（《資治通鑑》卷三十五，第1127頁。）

3年（漢平帝元始三年）是歲，尚書令潁川鍾元為大理。（哀帝元壽二年，復改廷尉為大理。）（《資治通鑑》卷三十六，第1143頁。）

5年（漢平帝元始五年）莽又奏為市無二賈，官無獄訟，邑無盜賊，野無饑民，道不拾遺，男女異路之制；犯者象刑。（師古曰：《白虎通》云：象者，其衣服象五刑也。犯墨者蒙。犯劓者以赭著其衣。犯髕者以墨蒙其髕，象而畫之。犯宮者扉。犯大辟者布衣無領。）（《資治通鑑》卷三十六，第1153頁。）

新莽

8年（王莽始初元年）司威陳崇奏：莽兄子衍功侯光私報執金吾竇況，令殺人；況為收繫，致其法……（《資治通鑑》卷三十六，第1165頁。）

9年（王莽始建國元年）……大理曰作士……（《資治通鑑》卷三十七，第1172頁。）

10年（王莽始建國二年）……武有衡山、淮南之謀，作左官之律，（服虔曰：仕於諸侯為左官，絕不使得仕於王侯也。應劭曰：人道尚右，今舍天子而仕諸侯，故謂之左官也。師古曰：左官，猶言左道也，蓋僻左不正，應說是也。漢時依上古法，朝廷之列，以右為尊，故謂降秩者為左遷，仕諸侯者為左官。）設附益之法；（張晏曰：《律鄭氏說》，封諸侯過限曰附益。或曰：阿媚王侯，有重法也。師古曰：附益者，蓋取孔子云「求也為之聚斂而附益之」之義也，皆背正法而厚於私家也。）諸侯惟得衣食稅租，不與政事……（《資治通鑑》卷三十七，1180頁。）

11年（王莽始建國三年）……莽居攝，欽、詡皆以病免官，歸鄉里，臥不出戶，卒於家。哀、平之際，沛國陳咸以律令為尚書。莽輔政，多改漢制，咸心非之；及何武、鮑宣死，咸歎曰：「易稱『見幾而作，不俟終日。』吾可以逝矣！」即乞骸骨去職。及莽篡位，召咸為掌寇大夫；咸謝病不肯應。時三子參、欽、豐皆在位，咸悉令解官歸鄉里，閉門不出入，猶用漢家祖臘。人問其故，咸曰：「我先人豈知王氏臘乎！」悉收斂其家律令、書文，壁藏之……

閆按：陳咸以律令之學為尚書，當為法吏之學的代表，同時家藏律令之書，當有家學之遺風頁，此於我論文甚為重要。

12年（王莽始建國四年）……莽又發高句驪兵擊匈奴；高句驪不欲行，郡強迫，皆亡出塞，因犯法為寇。遼西大尹田譚追擊之，為所殺。州郡歸咎於高句驪侯騶，嚴尤奏言：「貉人犯法，不從騶起；正有他心，宜令州郡且尉安之。今猥被以大罪……」（《資治通鑑》卷三十七，1198頁。）

15年（王莽天鳳二年）莽意以為制定則天下自平，故銳思於地理，制禮，作樂，講合六經之說。公卿旦入暮出，論議連年不決，不暇省獄訟冤結……（《資治通鑑》卷三十八，1206頁。）

17年（王莽天鳳四年）……莽大怒，免常官。法令煩苛，民搖手觸禁，不得耕桑，繇役煩劇，而枯旱、蝗蟲相因，獄訟不決。吏用苛暴立威，旁緣莽

禁，侵刻小民，富者不能自別……新市人王匡、王鳳為平理諍訟，遂推為渠帥，眾數百人。（《資治通鑒》卷三十八，1214～1215頁。）

20年（王莽地黃元年）……尊自下車，以象刑赭幡污染其衣……（《資治通鑒》卷三十八，1224頁。）

20年（王莽地黃元年）莽大怒，繫憚詔獄，踰冬，會赦得出。（《資治通鑒》卷三十八，1224頁。）

21年（王莽地黃二年）莽既輕私鑄錢之法，犯者愈眾，及伍人相坐，沒入為官奴婢；其男子檻車，女子步，以鐵瑣琅當其頸，傳詣鍾官以十萬數。到者易其夫婦。愁苦死者什六七。（《資治通鑒》卷三十八，1226頁。）

23年（漢淮陽王更始元年）……秀使王鳳與廷尉大將軍王常守昆陽，夜與五威將軍李軼等十三騎（賢曰：王莽置五威將軍，其衣服依五方之色，以威天下。李軼初起，猶假以為號。余謂如太常偏將軍、廷尉大將軍之類，亦猶莽之納言大將軍、秩宗大將軍，是即前所云九卿將軍也。）（《資治通鑒》卷三十九，1242頁。）

23年（漢淮陽王更始元年）更始將都洛陽，以劉秀行司隸校尉，使前整修宮府。（司隸校尉察三輔、三河、弘農，故使整修宮府。）秀乃置僚屬，作文移，從事司察，一如舊章……（《資治通鑒》卷三十九，1252頁。）

23年（漢淮陽王更始元年）……大司馬秀至河北，所過郡縣，考察官吏，黜陟能否，平遣囚徒，除王莽苛政……（《資治通鑒》卷三十九，1254頁。）

東漢

25年（漢光武帝建武元年）初，更始以琅邪伏湛為平原太守；時天下兵起，湛獨晏然，撫循百姓。門下督謀為湛起兵、湛收斬之；於是吏民信向，平原一境賴湛以全。帝徵湛為尚書，使典定舊制。（《資治通鑒》卷四十，1282頁。）

閏按：此「典定舊制」，當包含東漢初年，伏湛為劉秀制定法律。

25年（漢光武帝建武元年）……吏顧不當乘威力強請求耳。亭長素善吏，歲時遺之，禮也。民曰：「苟如此，律何故禁之？」茂笑曰：「律設大法，禮順人情。今我以禮教汝，汝必無怨惡；以律治汝，汝何所措其手足乎！一門之內，小者可論，大者可殺也。且歸念之！」……（《資治通鑒》卷四十，1284頁。）

26年（漢光武帝建武二年）鄧王王常降，帝見之甚歡，曰：「吾見王廷尉，

不憂南方矣！」（更始以王常為廷尉，故帝稱之，常降則得南陽一郡，故云不憂南方。）拜為左曹，封山桑侯。（《資治通鑒》卷四十，1302頁。）

28年（漢光武帝建武四年）王莽末，天下亂，臨淮大尹河南侯霸獨能保全其郡。帝徵霸會壽春，拜尚書令。時朝廷無故典，又少舊臣，霸明習故事，收錄遺文，條奏前世善政法度，施行之。（《資治通鑒》卷四十一，1319頁。）

閆按：東漢初期，侯霸定法律。

31年（漢光武帝建武七年）司空掾陳元上疏曰：「臣聞師臣者帝，賓臣者霸。故武王以太公為師，齊桓以夷吾為仲父，近則高帝憂相國之禮，太宗假宰輔之權。及亡新王莽，遭漢中衰，專操國柄以偷天下，況己自喻，不信群臣，奪公輔之任，損宰相之威，以刺舉為明，激訐為直，至乃陪僕告其君長，子弟變其父兄，罔密法峻，大臣無所措手足；然不能禁董忠之謀，身為世戮。方今四方尚擾，天下未一，百姓觀聽咸張耳目。陛下宜修文、武之聖典，襲祖宗之遺德，勞心下士，屈節待賢，誠不宜使有司察公輔之名。」帝從之。（《資治通鑒》卷四十二，1353～1354頁。）

38年（漢光武帝建武十四年）太中大夫梁統上疏曰：「臣竊見元帝初元五年，輕殊死刑三十四事，哀帝建平元年，輕殊死刑八十一事；其四十二事手殺人者，減死一等。自是之後，著為常準，故人輕犯法，吏易殺人。臣聞立君之道，仁義為主，仁者愛人，義者正理。愛人以除殘為務，正理以去亂為心；刑罰在衷，無取於輕。高帝受命，約令定律，誠得其宜，（高帝入關，約法三章，後蕭何定律九章。）文帝唯除省肉刑、相坐之法，（文帝元年，除收孥相坐法；十三年，除肉刑。）自餘皆率由舊章。至哀、平繼體，即位日淺，聽斷尚寡。丞相王嘉輕為穿鑿，虧除先帝舊約成律，（按嘉傳及《刑法志》並無其事，統與嘉時代相接，所引固不妄矣，但班固略而不載也。）數年之間百有餘事，或不便於理，或厭民心，謹表其尤害於體者，傅奏於左。願陛下宜詔有司，詳擇其善，定不易之典！」事下公卿。光祿勳杜林奏曰：「大漢初興，蠲除苛政，海內歡欣；及至其後，漸以滋章。（孝子曰：法令滋章，盜賊多有。）果桃菜茹之饋，集以成贓，小事無妨於義，以為大戮。至於法不能禁，令不能止，上下相遁，為敝彌深。（賢曰：遁，猶迴避也。前書曰：上下相匿，以文避法焉。）臣愚以為宜如舊制，不合翻移。」統復上言曰：「臣之所奏，非曰嚴刑。經曰：『妥制百姓，於刑之衷。』（尚書呂刑之言。）衷之為言，不輕不重之謂也。自高祖至於孝宣，海內稱治，至初元、建平而盜賊浸多，皆刑罰不

衷，愚人易犯之所致也。由此觀之，則刑輕之作，反生大患，惠加姦軌，而害及良善也！」事寢，不報。（《資治通鑑》卷四十三，1383～1384頁。）

39年（漢光武帝建武十五年）丁未，有星孛於昴。（昴七星，西方之宿也，主獄事；又為旄頭，胡星也。昴、畢間為天街，黃道之所經也。）（《資治通鑑》卷四十三，1385頁。）

39年（漢光武帝建武十五年）　交趾麊泠縣雒將女子徵側，甚雄勇，交趾太守蘇定以法繩之，徵側忿怨。（《資治通鑑》卷四十三，1387～1388頁。）

41年（漢光武帝建武十七年）春，正月，趙孝公良薨。初，懷縣大姓李子春二孫殺人，懷令趙憙窮治其姦，二孫自殺，收繫子春。京師貴戚為請者數十，憙終不聽。及良病，上臨視之，問所欲言，良曰：「素與李子春厚，今犯罪，懷令趙憙欲殺之，願乞其命。」帝曰：「吏奉法律，不可枉也。更道他所欲。」良無復言。既薨，上追思良，乃貰出子春。遷憙為平原太守。（《資治通鑑》卷四十三，1389頁。）

50年（漢光武帝建武二十六年）秋，南單于遣子入侍……令中郎將將弛刑五十人，隨單于所處，參辭訟，察動靜。（弛刑者，弛刑徒也。說文：弓解曰弛。此謂解其罪而輸作者。）……遣謁者分將弛刑，補治城郭……令西河長史歲將騎二千、弛刑五百人助中郎將衛護單于，冬屯夏罷，自後以為常……（《資治通鑑》卷四十四，1415～1416頁。）

60年（漢明帝永平三年）意薦全椒長劉平，詔徵拜議郎。平在全椒，政有恩惠，民或增貲就賦，或減年從役。刺史、太守行部，獄無繫囚，人自以得所，不知所問，唯班詔書而去。（《資治通鑑》卷四十四，1439頁。）

64年（漢明帝永平七年）……帝聞均名，故任以樞機。均謂人曰：「國家喜文法、廉吏，以為足以止姦也；然文吏習為欺謾，而廉吏清在一己，無益百姓流亡、盜賊為害也。均欲叩頭爭之，時未可改也，久將自苦之，乃可言耳！」未及言，會遷司隸校尉。後上聞其言，追善之。（《資治通鑑》卷四十五，1446頁。）

71年（漢明帝永平十四年）是時，窮治楚獄，遂至累年。其辭語相連，自京師親戚、諸侯、州郡豪傑及考按吏，阿附坐死、徙者以千數，而繫獄者尚數千人。（《資治通鑑》卷四十五，1454頁。）

71年（漢明帝永平十四年）後二日，車駕自幸洛陽獄錄囚徒，（師古曰：省錄之，知其情狀為冤滯為不也。今之慮囚，本錄聲之去者耳，音力具翻；而

近俗不曉其意，訛其文，遂為思慮之慮，失其源矣。）理出千餘人。時天旱，即大雨。馬後亦以楚獄多濫，乘間為帝言之，帝惻然感悟，夜起彷徨，由是多所降宥。（《資治通鑑》卷四十五，1456～1457頁。）

71年（漢明帝永平十四年）任城令汝南袁安遷楚郡太守，到郡不入府，先往按楚王英獄事，理其無明驗者，條上出之。府丞、掾史皆叩頭爭，以為「阿附反虜，法與同罪，不可。」安曰：「如有不合，太守自當坐之，不以相及也。」遂分別具奏。帝感悟，即報許，得出者四百餘家。（《資治通鑑》卷四十五，1457頁。）

76年（漢章帝建初元年）春，正月，詔兗、豫、徐三州稟贍饑民。上問司徒鮑昱：「何以消復旱災？」對曰：「陛下始踐天位，雖有失得，未能致異。臣前為汝南太守，典治楚事，（賢曰：永平十三年，楚王英謀反，連坐者在汝南，昱時主劾之也。）繫者千餘人，死未能盡當其罪。夫大獄一起，冤者過半。又，諸徙者骨肉離分，孤魂不祀。宜一切還諸徙家，蠲除禁錮，使死生獲所，則和氣可致。」帝納其言……丙寅，詔：「二千石勉勸農桑；罪非殊死，須秋按驗。有司明慎選舉，進柔良，退貪猾，順時令，理冤獄。」是時承永平故事，吏政尚嚴切，尚書決事，率近於重。尚書沛國陳寵以帝新即位，宜改前世苛俗，乃上疏曰：「臣聞先王之政，賞不僭，刑不濫；與其不得已，寧僭無濫。往者斷獄嚴明，所以威懲奸慝；奸慝既平，必宜濟之以寬。陛下即位，率由此義，數詔群僚，弘崇晏晏，而有司未悉奉承，猶尚深刻；斷獄者急於篣格酷烈之痛，執憲者煩於詆欺放濫之文，或因公行私，逞縱威福。夫為政猶張琴瑟，大絃急者小絃絕。陛下宜隆先王之道，蕩滌煩苛之法，輕薄垂楚以濟群生，全廣至德以奉天心！」帝深納寵言，每事務於寬厚。（《資治通鑑》卷46，1472～1474頁。）

80年（漢章帝建初五年）……平陵徐幹上疏，願奮身佐（班）超，帝以幹為假司馬，將弛刑及義從千人就超。（《資治通鑑》卷46，1488頁。）

84年（漢章帝永和元年）……（韋）彪又上疏曰：「天下樞要，在於尚書，尚書之選，豈可不重！而間者多從郎官超昇此位，雖曉習文法，長於應對，然察察小慧，類無大能。宜鑒嗇夫捷急之對，深思絳侯木訥之功也。」帝皆納之。彪，賢之玄孫也。秋，七月，丁未，詔曰：「律云『掠者唯得榜、笞、立』；（《蒼頡篇》曰：掠，問也。《廣雅》曰：榜，擊也，音彭。《說文》曰：笞，擊也。立，謂立而考訊之。掠，音亮。榜，音彭。）又《令丙》，棰長短

有數。（賢曰：令丙為篇之次也，《前書音義》曰：令有先後，有《令甲》、《令乙》、《令丙》。又景帝定箠令，箠長五尺，本大一寸；其竹也末薄半寸，其平去節。故云長短有數。）自往者大獄以來，掠者多酷，鑽鑽之屬，慘苦無極。念其痛毒，愴然動心！宜及秋冬治獄，明為其禁。」（《資治通鑒》卷46，1496～1497頁。）

85年（漢章帝元和二年）秋，七月，庚子，詔曰：「《春秋》重三正，慎三微。（賢曰：三正，謂天、地、人之正。所以有三者，由有三微之月，王者所當奉而成之。《禮記》曰：正朔三而改，文質再而復。三微者，三正之始；萬物皆微，物色不同，故王者取法焉。十一月時，陽氣始施於黃泉之下，色皆赤；赤者陽氣，故周為天正，色尚赤。十二月，萬物始牙而色白，白者陰氣，故殷為地正，色尚白。十三月，萬物莩甲而出，其色皆黑，人得加功展業；故夏為人正，色尚黑。《尚書大傳》曰：夏以十三月為正，平旦為朔；殷以十二月為正，雞鳴為朔；周以十一月為正，夜半為朔。必以三微之月為正者，當爾之時，物皆尚微，王者受命，當扶微理弱，奉承之義也。）其定律無以十一月、十二月報囚，止用冬初十月而已。」（《資治通鑒》卷47，1504頁。）

86年（漢章帝元和三年）帝以潁川郭躬為廷尉。決獄斷刑，多依矜恕，條諸重文可從輕者四十一，奏之，事皆施行。（《資治通鑒》卷47，1507～1508頁。）

88年（漢章帝章和二年）壬辰，帝崩於章德前殿，年三十一。遺詔：「無起寢廟，一如先帝法制。」（《資治通鑒》卷47，1513頁。）

89年（漢和帝永元元年）……唯置弛刑徒二千餘人，分以屯田、修理塢壁而已。（《資治通鑒》卷47，1519頁。）

92年（漢和帝永元四年）初，河南尹張酺，數以正法繩治竇景，（酺先為魏郡太守，郡人鄭據奏竇景罪，景遣掾夏猛私謝酺，使罪據子；酺收猛繫獄。及入為河南尹，景家人擊傷市卒，吏捕得之，景怒，遣緹騎侯海毆傷市丞。酺部吏楊章窮究，正海罪，徙朔方。）及竇氏敗，酺上疏曰：「方憲等寵貴，群臣阿附唯恐不及，皆言憲受顧命之託，懷伊、呂之忠，至乃復比鄧夫人於文母，今嚴威既行，皆言當死，不顧其前後，考折厥衷。臣伏見夏陽侯環每存忠善，前與臣言，常有盡節之心，檢敕賓客，未嘗犯法。臣聞王政骨肉之刑，有三宥之義，（《禮記》：公族有罪，獄成，有司讞於公曰：『某之罪在大辟。』公曰：『宥之。』有司又曰：『在大辟。』公又曰：『宥之。』有司又曰：『在辟。』

公又曰：『宥之。』及三宥不對，走出，致刑於甸人。公又使人追之曰：『必宥之。』有司對曰：『無及之。』反命於公，公素服，如其倫之喪。）過厚不過薄。今議者郤為環選嚴能相，恐其迫切，必不完免，宜裁加貸宥，以崇厚德。」帝感其言，由是環獨得全。竇氏宗族賓客以憲為官者，皆免歸故郡。（《資治通鑑》卷48，1534頁。）

94年（漢和帝永元六年）以大司農陳寵為廷尉。寵性仁矜，數議疑獄，每附經典，務從寬恕，刻敝之風，於此少衰。（《資治通鑑》卷48，1543頁。）

103年（漢和帝永元十五年）是歲，初令郡國以日北至按薄刑。（時有司奏以為夏至則微陰起，靡草死，可以決小事，遂令以日北至按薄刑。賢曰：《禮記月令》曰：孟夏之月，靡草死，麥秋至，斷薄刑，決小罪。按五月一陰交生，可以言微陰。今月令云孟夏，乃是純陽之月。此言夏至者，與月令不同。余按安帝永初元年，魯恭言自永元十五年，按薄刑改用孟夏，則夏至乃謂夏之初至。范史以日北至書之，其誤後人甚矣。）（《資治通鑑》卷48，1560頁。）

105年（漢和帝元興元年）是時新遭大憂，法禁未設，宮中亡大珠一篋；太后令欲考問，必有不辜，（考問則下之獄，辭所連及，必有無辜而被逮者。）乃親閱宮人，觀察顏色，實時首服。又，和帝幸人吉成御者共枉吉成以巫蠱事，下掖庭考訊，辭證明白。太后以吉成先帝左右，待之有恩，平日尚無惡言，今反若此，不合人情；更自呼見實核，果御者所為，莫不歎服以為聖明。（《資治通鑑》卷48，1561頁。）

105年（漢和帝元興元年）洛陽令廣漢王渙，居身平正，能以明察發擿姦伏，外行猛政，內懷慈仁。凡所平斷，人莫不悅服，京師以為有神，是歲卒官，百姓市道，莫不諮嗟流涕。（《資治通鑑》卷48，1562頁。）

106年（漢殤帝延平元年）詔告司隸校尉、河南尹、南陽太守曰：「每覽前代，外戚賓客濁亂奉公，為民患苦，咎在執法怠懈，不輒行其罰故也。今車騎將軍騭等雖懷敬順之志，而宗門廣大，姻戚不少，賓客姦猾，多干禁憲，其明加檢敕，勿相容護。」自是親屬犯罪，無所假貸。（《資治通鑑》卷49，1566頁。）

107年（漢安帝永初元年）五月，甲戌，以長樂衛尉魯恭為司徒。恭上言：「舊制立秋乃行薄刑，自永元十五年以來，改用孟夏。而刺史、太守因以盛夏徵召農民，拘對考驗，連滯無已；（連，謂獄辭相連及也。滯，謂留滯不決

也。）上逆時氣，下傷農業。按《月令》『孟夏斷薄刑』者，謂其輕罪已正，（謂已結正也。）不欲令久繫，故時斷之也。臣愚以為今孟夏之制，可從此令；其決獄案考，皆以立秋為斷。」又奏：「孝章皇帝欲助三正之微，定律著令，斷獄皆以冬至之前。小吏不與國同心者，率十一月得死罪賊，不問曲直，便即格殺，雖有疑罪，不復讞正。可令大辟之科，盡冬月乃斷。」朝廷皆從之。（《資治通鑒》卷49，1569～1570頁。）

108 年（漢安帝永初二年）夏，旱。丙寅，皇太后幸洛陽寺及若盧獄（前漢有若盧獄，屬少府。《漢舊儀》曰：主鞠將相大臣，東都初省，和帝永元九年復置。）錄囚徒。洛陽有囚，實不殺人而被考自誣，羸困輿見，（獄囚被掠委困者，以筱輿處之。）畏吏不敢言，將去，舉頭若欲自訴。太后察視覺之，即呼還問狀，具得枉實。即時收洛陽令下獄抵罪。行未還宮，澍雨大降。（《資治通鑒》卷49，1575頁。）

110 年（漢安帝永初四年）……及到官，設三科以募求壯士，自掾史以下各舉所知，其攻劫者為上，傷人偷盜者次之，不事家業者為下，收得百餘人。詡為饗會，悉貰其罪，（此三等人皆惡少年負宿罪者也，悉貰之，使入賊為間。）使入賊中誘令劫掠，乃伏兵以待之，遂殺賊數百人。（《資治通鑒》卷49，1584頁。）

122 年（漢安帝延光元年）時三府任輕，機事專委尚書，而災眚變咎，輒切免三公，陳忠上疏曰：「……又尚書決事，多違故典，罪法無例，詆欺為先，文慘言醜，有乖章憲。宜責求其意，割而勿聽，上順國典，下防威福，置方員於規矩，審輕重於衡石，誠國家之典，萬世之法也！」（《資治通鑒》卷50，1623頁。）

126 年（漢順帝永建元年）以廷尉張晧為司空。（《資治通鑒》卷51，1645頁。）

131 年（漢順帝永建六年）春，二月，庚午，河間孝王開薨；子政嗣。政倨很不奉法，帝以侍御史吳郡沈景有強能，擢為河間相。景到國，謁王，王不正服，箕踞殿上；侍郎贊拜，景崎不為禮，問王所在。虎賁曰：「是非王邪！」景曰：「王不正服，常人何別！今相謁王，豈謁無禮者邪！」王慚而更服，景然後拜；出，住宮門外，請王傅責之曰：「前發京師，陛見受詔，以王不恭，相使檢督。諸君空受爵祿，曾無訓導之義！」因奏治其罪，詔書讓政而詰責傅。景因捕諸奸人，奏案其罪，殺戮尤惡者數十人，出冤獄百餘。政遂為改

節，悔過自修。（《資治通鑒》卷 51，1655 頁。）

133 年（漢順帝陽嘉二年）春，正月，詔公交車徵顗，問以災異。顗上章曰：「……六，今月十四日乙卯，白虹貫日，宜令中外官司，並須立秋然後考事。七，漢興以來三百三十九歲，於時三朞，宜大蠲法令，有所變更。王者隨天，譬猶自春徂夏，改青服絳也。自文帝省刑，適三百年，（賢曰：自文帝十三年除肉刑，至順帝陽嘉二年，合三百年也。）而輕微之禁，漸已殷積。王者之法，譬猶江、河，當使易避而難犯也。」（《資治通鑒》卷 51，1663頁。）

133 年（漢順帝陽嘉二年）扶風功曹馬融對曰：「今科修品制，四時禁令，所以承天順民者，備矣，悉矣，不可加矣。然而天猶有不平之效，民猶有諮嗟之怨者，百姓屢聞恩澤之聲而未見惠和之實也。古之足民者，非能家贍而人足之，量其財用，為之制度。故嫁娶之禮儉，則婚者以時矣；喪祭之禮約，則終者掩藏矣；不奪其時，則農夫利矣。夫妻子以累其心，產業以重其志，捨此而為非者，有必不多矣！」太史令南陽張衡對曰：「自初舉孝廉，迄今二百歲矣，皆先孝行；行有餘力，始學文法。辛卯詔書，以能章句、奏案為限；雖有至孝，猶不應科，此棄本而取末……」（《資治通鑒》卷 51，1669 頁。）

136 年（漢順帝永和元年）是歲，以執金吾梁冀為河南尹。冀性嗜酒，逸遊自恣，居職多縱暴非法。父商所親客洛陽令呂放以告商，商以讓冀。冀遣人於道刺殺放，而恐商知之，乃推疑放之怨仇，請以放弟禹為洛陽令，使捕之；盡滅其宗、親、賓客百餘人。（《資治通鑒》卷 52，1679 頁。）

139 年（漢順帝永和四年）春，正月，庚辰，（張）逵等伏誅；事連弘農太守張鳳、安平相楊皓，皆坐死；辭所連染，延及在位大臣。商懼多侵枉，乃上疏曰：「春秋之義，功在元帥，罪止首惡。大獄一起，無辜者眾，死囚久繫，纖微成大，非所以順迎和氣，平政成化也。宜早訖竟，以止逮捕之煩。」（謂孟春之月，當行慶施惠，順天地生物之心，以迎和氣，不宜使獄事枝蔓。賢曰：逮，及也；辭所連及，即追捕之也。）帝納之，罪止坐者。（《資治通鑒》卷 52，1684～1685 頁。）

142 年（漢順帝漢安元年）……杜喬至兗州，表奏泰山太守李固政為天下第一，上徵固為將作大匠。八使所劾奏，多梁冀及宦者親黨；互為請救，事皆寢遏。侍御史河南種暠疾之，復行案舉。廷尉吳雄、將作大匠李固亦上言：「八使所糾，宜急誅罰。」帝乃更下八使奏章，令考正其罪。（《資治通鑒》卷

52，1693 頁。）

142 年（漢順帝漢安元年）……（蘇）章為冀州刺史；有故人為清河太守，章行部，欲案其奸臧，乃請太守為設酒肴，陳平生之好甚歡。太守喜曰：「人皆有一天，我獨有二天！」章曰：「今夕蘇孺文與故人飲者，私恩也；明日冀州刺史案事者，公法也。」遂舉正其罪；州境肅然。後以摧折權豪忤旨，坐免。（《資治通鑑》卷 52，1695 頁。）

145 年（漢沖帝永嘉元年）永昌太守劉君世，鑄黃金為文蛇，以獻大將軍冀；益州刺史種暠糾發逮捕，馳傳上言。冀由是恨暠。會巴郡人服直聚黨數百人，自稱天王，暠與太守應承討捕，不克，吏民多被傷害；冀因此陷之，傳逮暠、承。李固上疏曰：「臣伏聞討捕所傷，本非暠、承之意，實由縣吏懼法畏罪，迫逐深苦，致此不詳。比盜賊群起，處處未絕。暠、承以首舉大奸而相隨受罪，臣恐沮傷州縣糾發之意，更共飾匿，莫復盡心！」太后省奏，乃赦暠、承罪，免官而已。金蛇輸司農，冀從大司農杜喬借觀之，喬不肯與；冀小女死，令公卿會喪，喬獨不往；冀由是銜之。（《資治通鑑》卷 52，1704 頁。）

149 年（漢桓帝建和三年）……司官行部，吏慮民有訟者，白欲禁之；寔曰：「訟以求直，禁之，理將何申！其勿其所拘。」司官聞而歎息曰：「陳君所言若是，豈有冤於人乎！」亦竟無訟者。以沛相賦斂違法，解印綬去；吏民追思之。（《資治通鑑》卷 53，1716～1717 頁。）

150 年（漢桓帝和平元年）……又多拓林苑，周遍近縣，起兔苑於河南城西，經亙數十里，移檄所在調發生兔，刻其毛以為識，人有犯者，罪至死刑。嘗有西域賈胡不知禁忌，誤殺一兔，轉相告言，坐死者十餘人。又起別第於城西，以納姦亡；（謂奸民及亡命者。）或取良人悉為奴婢，至數千口，名曰自賣人。冀用壽言，多斥奪諸梁在位者，外以示謙讓，而實崇孫氏。孫氏宗親冒名為侍中、卿、校、郡守、長吏者十餘人，皆貪饕凶淫，各使私客籍屬縣富人，被以他罪，閉獄掠拷，使出錢自贖，貨物少者至於死。又扶風人士孫奮，居富而性吝，冀以馬乘遺之，從貸錢五千萬，奮以三千萬與之。冀大怒，乃告郡縣，認奮母為其守藏婢，云盜白珠十斛、紫金千斤以叛，遂收考奮，兄弟死於獄中，悉沒其貲財億七千餘萬。冀又遣客周流四方，遠至塞外，廣求異物，而使人復乘勢橫暴，妻略婦女，毆擊吏卒；所在怨毒。（《資治通鑑》卷 53，1718～1719 頁。）

151 年（漢桓帝元嘉元年）春，正月朔，群臣朝會，大將軍冀帶劍入省。尚書蜀郡張陵呵叱令出，敕虎賁、羽林奪劍。冀跪謝，陵不應，即劾奏冀，請廷尉論罪。有詔，以一歲俸贖；百僚肅然。（《資治通鑒》卷 53，1721 頁。）

151 年（漢桓帝元嘉元年）十一月，辛巳，京師地震。詔百官舉獨行之士。涿郡舉崔寔，詣公交車，稱病，不對策；退而論世事，名曰《政論》。其辭曰：「凡天下所以不治者，常由人主承平日久，俗漸敝而不悟，政寖衰而不改，習亂安危，怢不自睹。或荒耽耆欲，不恤萬機；或耳蔽箴誨，厭偽忽真；或猶豫岐路，莫適所從；或見信之佐，括囊守祿；或疏遠之臣，言以賤廢；是以王綱縱弛於上，智士鬱伊於下。悲夫！自漢興以來，三百五十餘歲矣，政令垢翫，上下怠懈，百姓囂然，咸復思中興之救矣！且濟時拯世之術，在於補決壞，枝拄邪傾，隨形裁割，要措斯世於安寧之域而已。故聖人執權，遭時定制，（賢曰：權，謂變也。遭遇其時而定法制，不循於舊也。體謂權，秤錘也。執權者，隨物之輕重，為權之進退以取平也。）步驟之差，各有云設，不強人以不能，背急切而慕所聞也。蓋孔子對葉公以來遠，哀公以臨人，景公以節禮，非其不同，所急異務也。俗人拘文牽古，不達權制，奇偉所聞，簡忽所見，烏可與論國家之大事哉！故言事者雖合聖聽，輒見捨奪。何者？其頑士闇於時權，安習所見，不知樂成，況可慮始，苟云率由舊章而已；其達者或矜名妒能，恥策非己，舞筆奮辭以破其義，寡不勝眾，遂見擯棄。雖稷、契復存，猶將困焉，斯賢智之論所以常憤鬱而不伸者也。

凡為天下者，自非上德，嚴之則治，寬之則亂。何以明其然也？近孝宣皇帝明於君人之道，審於為政之理，故嚴刑峻法，破姦軌之膽，海內清肅，天下密如，算計見效，優於孝文。及元帝即位，多行寬政，卒以墮損，威權始奪，遂為漢室基禍之主。政道得失，於斯可鑒。昔孔子作《春秋》，褒齊桓，懿晉文，歎管仲之功；夫豈不美文、武之道哉？誠達權救敝之理也。聖秋，褒齊桓，懿晉文，歎管仲之功；（懿，美也。）夫豈不美文、武之道哉？誠達權救敝之理也。聖人能與世推移，而俗士苦不知變，以為結繩之約，可復治亂秦之緒，干戚之舞，足以解平城之圍。夫熊經鳥伸，雖延曆之術，非傷塞之理；呼吸吐納，雖度紀之度，非續骨之膏。蓋為國之法，有似理身，平則致養，疾則攻焉。夫刑罰者，治亂之藥石也；德教者，興平之粱肉也。夫以德教除殘，是以粱肉養疾也；以刑罰治平，是以藥石供養也。方乞承百王之敝，值戶運之會，自數世以來，政多恩貸，馭委其轡，馬駘其銜，四牡橫奔，皇路險

傾，方將拑勒鞬輈以救之，豈暇鳴和鑾，調節奏哉！昔文帝雖除肉刑，當斬右趾者棄市，笞者往往至死。是文帝以嚴致平，非以寬致平也。」寔，瑗之子也。山陽仲長統嘗見其書，歎曰：「凡為人主，宜寫一通，置之坐側。」

臣光曰：漢家之法已嚴矣，而崔寔猶病其寬，何哉？蓋衰世之君，率多柔懦，凡愚之佐，唯知姑息，是以權倖之臣有罪不坐，豪猾之民犯法不誅；仁恩所施，止於目前；奸宄得志，紀綱不立。故崔寔之論，以矯一時之枉，非百世之通義也。孔子曰：「政寬則民慢，慢則糾之以猛；猛則民殘，殘則施之以寬。寬以濟猛，猛以濟寬，政是以和。」（斯不易之常道矣。（《資治通鑒》卷53，1722～1726頁。）

161年（漢桓帝延熹四年）初，（劉）矩為雍丘令，以禮讓化民；有訟者，常引之於前，提耳訓告，以為忿恚可忍，縣官不可入，使歸更思。訟者感之，輒各罷去。（《資治通鑒》卷54，1758頁。）

165年（漢桓帝延熹八年）秋，七月，以太中大夫陳蕃為太尉。蕃讓於太常胡廣、議郎王暢、弛刑徒李膺，帝不許。（《資治通鑒》卷55，1782頁。）

172年（漢靈帝建熙平元年）（曹）節等欲別葬太后，而以馮貴人配祔。詔公卿大會朝堂，令中常侍趙忠監議。太尉李咸時病，扶輿而起，搗椒自隨，謂妻子曰：「若皇太后不得配食桓帝，吾不生還矣！」既議，坐者數百人，各瞻望良久，莫肯先言。趙忠曰：「議當時定！」廷尉陳球曰：「皇太后以盛德良家，母臨天下，宜配先帝，是無所疑，」忠笑而言曰：「陳廷尉宜便操筆。」球即下議曰：「皇太后自在椒房，有聰明母儀之德；遭時不造，援立聖明承繼宗廟，功烈至重。先帝晏駕，因遇大獄，遷居空宮，不幸早世，家雖獲罪，事非太后，今若別葬，誠失天下之望。且馮貴人冢嘗被發掘，骸骨暴露，與賊並尸，魂靈污染，且無功於國，何宜上配至尊！」忠省球議，作色俛仰，蚩球曰：「陳廷尉建此議甚健！」球曰：「陳、竇既冤，皇太后無故幽閉，臣常痛心，天下憤歎！今日言之，退而受罪，宿昔之願也！」李咸曰：「臣本謂宜爾，誠與意合。」於是公卿以下皆從球議。（《資治通鑒》卷57，1829頁。）

181年（漢靈帝光和四年）……中常侍呂強上述諫曰「……又，阿媚之臣，好獻其私，容謅姑息，自此而進。舊典：選舉委任三府，尚書受奏御而已；受試任用，責以成功，功無可察，然後付之尚書舉劾，請下廷尉覆按虛實，行其罪罰；於是三公每有所選，參議掾屬，諮其行狀，度其器能；然猶有曠職廢官，荒穢不治。今但任尚書，或有詔用，如是，三公得免選舉之負，尚

書亦復不坐，責賞無歸，豈肯空自勞苦乎！」（《資治通鑑》卷 58，1861 頁。）

185 年（漢靈帝中平二年）三月，以廷尉崔烈為司徒。烈，寔之從兄也……烈因傅母入錢五百萬，故得為司徒……（《資治通鑑》卷 58，1878 頁。）

187 年（漢靈帝中平四年）前太丘長陳寔卒，海內赴弔者三萬餘人。寔在鄉閭，平心率物，其有爭訟，輒求判正，曉譬曲直，退無怨者；至乃歎曰：「寧為刑罰所加，不為陳所短！」楊賜、陳耽，每拜公卿，群僚畢賀，輒歎寔大位未登，愧於先之。（《資治通鑑》卷 58，1886 頁。）

191 年（漢獻帝初平二年）（董）卓使司隸校尉劉囂籍吏民有為子不孝、為臣不忠、為吏不清、為弟不順者，皆身誅，財物沒官。於是更相誣引，冤死者以千數。百姓囂囂，道路以目。（《資治通鑑》卷 60，1921 頁。）

193 年（漢獻帝初平四年）……（田）疇謂其父老曰：「今眾成都邑，而莫相統一，又無法制以治之，恐非久安之道。疇有愚計，願與諸君共施之，可乎？」皆曰：「可！」疇乃為約束，相殺傷、犯盜、諍訟者，隨輕重抵罪，重者至死，凡一十餘條。又制為婚姻嫁娶之禮，與學校講授之業，班行於眾，眾皆便之，至道不拾遺。（《資治通鑑》卷 60，1947～1948 頁。）

196 年（漢獻帝建安元年）（曹）操以山陽滿寵為許令，操從弟洪，有賓客在許界數犯法，寵收治之，洪書報寵，寵不聽。洪以白操，操召許主者，寵知將欲原客，乃速殺之。操喜曰：「當事不當爾邪！」（《資治通鑑》卷 62，1989 頁。）

200 年（漢獻帝建安五年）時操制新科，下州郡，頗增嚴峻，而調帛絹方急。長廣太守何夔言於操曰：「先王辨九服之賦以殊遠近；制三典之刑以平治亂。（《周官大司寇》：掌建邦之三典，以佐王刑邦國：一曰刑新國用輕典，二曰刑平國用中典，三曰刑亂國用重典。）愚以為此郡宜依遠域新邦之典，其民間小事，使長吏臨時隨宜，上不背正法，下以順百姓之心。比及三年，民安其業，然後乃可齊之以法也。」操從之。（《資治通鑑》卷 63，2030～2031 頁。）

201 年（漢獻帝建安六年）……犯法者，三原，然後乃行刑……（《資治通鑑》卷 64，2043 頁。）

205 年（漢獻帝建安十年）……於是杜畿治河東，務崇寬惠。民有辭訟，畿為陳義理，遣歸諦思之，父老皆自相責怒，不敢訟……（《資治通鑑》卷 64，2064 頁。）

　　208 年（漢獻帝建安十三年）……癸巳，以曹操為丞相。操以冀州別駕從事崔琰為丞相西曹掾，司空東曹掾陳留毛玠為丞相東曹掾，元城令河內司馬朗為主簿，弟懿為文學掾，冀州主簿盧毓為法曹議令史。（《資治通鑑》卷 65，2079 頁。）

　　212 年（漢獻帝建安十七年）（曹）操之西征也，河間民田銀、蘇伯反，扇動幽、冀。五官將丕欲自討之，功曹常林曰：「北方吏民，樂安厭亂，服化已久，守善者多；銀、伯犬羊相聚，不能為害。方今大軍在遠，外有強敵，將軍為天下之鎮，輕動遠舉，雖克不武。」乃遣將軍賈信討之，應時克滅。餘賊千餘人請降，議者皆曰：「公有舊法，圍而後降者不赦。」程昱曰：「此乃擾攘之際，權時之宜。今天下略定，不可誅之；縱誅之，宜先啟聞。」議者皆曰：「軍事有專無請。」昱曰：「凡專命者，謂有臨時之急耳。今此賊制在賈信之手，故老臣不願將軍行之也。」丕曰：「善。」即白操，操果不誅。既而聞昱之謀，甚悅，曰：「君非徒明於軍計，又善處人父子之間。」（《資治通鑑》卷 66，2112 頁。）

　　213 年（漢獻帝建安十八年）冬，十一月……鍾繇為大理（大理，漢廷尉之職。）……魏公操欲復肉刑，令曰：「昔陳鴻臚以為死刑有可加於仁恩者，御史中丞能申其父之論乎？」陳群對曰：「臣父紀以為漢除肉刑而增加於笞，本興仁而死者更眾，所謂名輕而實重者也。名輕則易犯，實重則傷民。且殺人償死，合於古制；至於傷人，或殘毀其體，而裁剪毛髮，非其理也。若用古刑，使淫者下蠶室，盜者刖其足，則永無淫放穿踰之奸矣。夫三千之屬，（周穆王作甫刑，墨罰之屬千，劓罰之屬五百，宮罰之屬三百，大辟之罰其屬二百，五刑之屬三千。）雖未可悉復，若斯數者，時之所患，宜先施用。漢律所殺殊死之罪，仁所不及也，其餘逮死者，可易以肉刑。如此，則所刑之與所生足以相貿矣。今以笞死之法易不殺之刑，是重人支體而輕人軀命也。」當時議者，唯鍾繇與群議同，餘皆以未可行。操以軍事未罷，顧眾議而止。（《資治通鑑》卷 66，2124 頁。）

　　214 年（漢獻帝建安十九年）諸葛亮佐備治蜀，頗尚嚴峻，人多怨歎者。法正謂亮曰：「昔高祖入關，約法三章，秦民知德。今君假借威力，跨據一州，初有其國，未垂惠撫；且客主之義，宜相降下，願緩刑弛禁以慰其望。」亮曰：「君知其一，未知其二。秦以無道，政苛民怨，匹夫大呼，天下土崩；高祖因之，可以弘濟。劉璋暗弱，自焉以來，有累世之恩，文法羈縻，互相承

奉，德政不舉，威刑不肅。蜀土人士，專權自恣，君臣之道，漸以陵替。寵之以位，位極則賤；順之以恩，恩竭則慢。所以致獘，實由於此。吾今威之以法，法行則知恩；限之以爵，爵加則知榮。榮恩並濟，上下有節。為治之要，於斯而著矣。」（《資治通鑑》卷 67，2131～2132 頁。）

214 年（漢獻帝建安十九年）操以尚書郎高柔為理曹掾。舊法：軍徵士亡，考竟其妻子。而亡者猶不息。操欲更重其刑，並及父母、兄弟，柔啟曰：「士卒亡軍，誠在可疾，然竊聞其中時有悔者。愚謂乃宜貸其妻子，一可使誘其還心。正如前科，固已絕其意望；而猥復重之，柔恐自今在軍之士，見一人亡逃，誅將及己，亦且相隨而走，不可復得殺也。此重刑非所以止亡，乃所以益走耳！」操曰：「善！」即止不殺。（《資治通鑑》卷 67，2134 頁。）

216 年（漢獻帝建安二十一年）八月，魏以大理鍾繇為相國。（《資治通鑑》卷 67，2147 頁。）

三、行政法律

戰國

前 351 年（周顯王十九年）……並諸小鄉聚，集為一縣，縣置令、丞，凡三十一縣。廢井田，開阡陌。（周禮，六鄉，鄉萬二千五百家。又百家之內曰鄉，五鄙為縣，縣二千五百家，此六遂之縣也。四甸為縣，此州里之縣也。周制：天子地方千里，分為百縣，縣有四郡。左傳趙鞅所謂「上大夫受縣，下大夫受郡」者也。秦併天下，置三十六郡，以監天下之縣，自是始統於郡矣。釋名曰：縣，懸也，懸於郡也。《漢書音義》所謂「大曰鄉，小曰聚」，亦秦制也。廣雅曰：聚，聚居也，音慈諭翻。縣令、丞之官始此。……令，命也，告也，律也，法也，長也；使為一縣之長，以行誥命法律也。丞，翊也，副貳也。成周之制，田方里為井，井九百畝，八家各耕百畝；其中百畝，八十畝為公田，二十畝為廬舍。史記正義曰：南北曰阡，東西曰陌。劉伯莊曰：開田界道，使不相干。）平斗、桶、權、衡、丈、尺。（……沈括曰：予受詔考鍾律及鑄渾儀，求秦、漢以來度、量、斗、升，計六斗當今之一斗七升九合，秤三斤當今十三兩，一斤當今四兩三分兩之一，一兩當今六銖半。為升中方，古尺二寸五分十分分之三，今尺一寸八分百分分之四十五強。）（《資治通鑑》卷二，56～57 頁。）

前 309 年（周赧王六年）秦初置丞相，以樗里疾為右丞相。（《資治通鑑》

卷三，101頁。）

前 298 年（周赧王十七年）孟嘗君至關，關法，雞鳴而出客，時尚蚤，追者將至，客有善為雞鳴者，野雞聞之皆鳴，孟嘗君乃得脫歸。（《資治通鑒》卷三，113頁。）

秦

前 221 年（秦始皇二十六年）王初併天下，自以為德兼三皇，功過五帝，乃更號曰「皇帝」，命為「制」，令為「詔」，自稱曰「朕」。追尊莊襄王為太上皇。制曰：「死而以行為謚，則是子議父，臣議君也，甚無謂。自今以來，除謚法……分天下為三十六郡，郡置守、尉、監……一法度、衡、石、丈尺……」（《資治通鑒》卷七，234～237頁。）

前 213 年（秦始皇三十四年）讁治獄吏不直及覆獄故、失者，（覆獄者，奏當已成而覆按之也。故者，知其當罪與不當罪而故出入之；失者，誤出入也。）築長城及處南越地。（《資治通鑒》卷七，243頁。）

西漢

前 188 年（漢惠帝七年）初，呂太后命張皇后取他人子養之，而殺其母，以為太子。既葬，太子即皇帝位，年幼；太后臨朝稱制。（師古曰：天子之言，一曰制書，二曰詔書。制書者，謂制度之命也，非皇后所得稱。今太后臨朝，行天子事，故稱制。）（《資治通鑒》卷十二，418頁。）

前 184 年（漢呂后四年）五月，丙辰，立恒山王義為帝，更名曰弘；不稱元年，以太后制天下事故也。以軹侯朝為恒山王。（《資治通鑒》卷十三，424頁。）

前 177 年（漢文帝前三年）頃之，太子與梁王共車入朝，不下司馬門。於是釋之追止太子、梁王，無得入殿門，遂劾「不下公門，不敬，」奏之。（《資治通鑒》卷十四，459頁。）

前 174 年（漢文帝前六年）淮南厲王長自做法令行於其國，逐漢所置吏，請自置相、二千石；（王國自相至內史、中尉皆吏二千石，漢為置之，餘得自置。今長驕橫，逐漢所置吏而請自置之。）（《資治通鑒》卷十四，466頁。）

前 173 年（漢文帝前七年）冬，十月，令列侯太夫人、夫人、諸侯王子及吏二千石無得擅徵捕。（《資治通鑒》卷十四，480頁。）

前 168 年（漢文帝前十二年）春，三月，除關，無用傳。（張晏曰：傳，信也；若今過所也。如淳曰：兩行書繒帛，分持其一，出入關，合之乃得過，謂之傳也。李奇曰：傳，棨也。師古曰：張說是也。古者或用棨，或用繒帛；棨者，刻木為合符也。康曰：傳以木為之，長尺五，書符於上為信。）（《資治通鑑》卷十五，491 頁。）

前 167 年（漢文帝前十三年）初，秦時祝官有秘祝，（應劭曰：秘祝之官，移過於下，國家諱之，故曰秘也。）即有災祥，輒移過於下。夏，詔曰：「蓋聞天道，禍自怨起而福繇德興，百官之非，宜由朕躬。今秘祝之官移過於下，以彰吾之不德，朕甚弗取。其除之！」（《資治通鑑》卷十五，495 頁。）

前 158 年（漢文帝後六年）……民得賣爵。（《資治通鑑》卷十五，507 頁。）

前 153 年（漢景帝前四年）春，復置關，用傳出入。（應劭曰：文帝十三年，除關，無用傳。至此復用傳，以七國新反，備非常。）（《資治通鑑》卷十六，530 頁。）

前 144 年（漢景帝中六年）十一月，改諸廷尉、將作等官名。（時改廷尉為大理，將作少府為大匠，奉常為太常，典客為大行令，長信詹事為長信少府，將行為大長秋，主爵中尉為都尉。）（《資治通鑑》卷十六，540 頁。）

前 142 年（漢景帝後二年）五月，詔算貲四得官。（服虔曰：貲萬錢，算百二十七也。應劭曰：古者疾吏之貪，衣食足知榮辱，限貲十算乃得為吏；十算，十萬也。賈人有財不得為吏，廉士無貲又不得官，故減貲四算得官矣。）（《資治通鑑》卷十六，545 頁。）

前 135 年（漢武帝建元五年）置五經博士。（《資治通鑑》卷十七，567 頁。）

前 127 年（漢武帝元朔二年）春，正月，詔曰：「諸侯王或欲推私恩分子弟邑者，令各條上，朕且臨定其號名。」於是藩國始分，而子弟畢侯矣。（《資治通鑑》卷十八，604 頁。）

前 123 年（漢武帝元朔六年）……斬首數千級而還，（賢曰：秦法，斬首一，賜爵一級，故因謂斬首為級。）（《資治通鑑》卷十九，619 頁。）

前 123 年（漢武帝元朔六年）六月，詔令民得買爵及贖禁錮，免臧罪。置賞官，名曰武功爵，級十七萬，凡直三十餘萬金。諸買武功爵至千夫者，得先除為吏……（《資治通鑑》卷十九，622 頁。）

前 119 年（漢武帝元狩四年）乃益置大司馬位，大將軍、票騎將軍皆為

大司馬，定令，令票騎將軍秩祿與大將軍等。（《資治通鑑》卷十九，644頁。）

前117年（漢武帝元狩六年）六月，詔遣博士褚大、徐偃等六人（分循郡國，舉兼併之徒及守、相、為吏有罪者。（《資治通鑑》卷二十，652頁。）

前106年（漢武帝元封五年）上既攘卻胡、越，開地斥境，乃置交阯、朔方之州，及冀、幽、并、兗、徐、青、揚、荊、豫、益、涼等州，凡十三部，皆置刺史焉。（《續漢志》：秦有監郡御史，監諸郡；漢興省之，但遣丞相史分刺諸州，無常官。孝武帝初置刺史十三人，秩六百石。《古今注》曰：常以春分行部，郡、國各遣一吏迎界上。漢舊儀曰：詔書舊典，刺史班宣，周行郡國，省察治政，黜陟能否，斷理冤獄，以六條問事，非條所問，即不省。一條，強宗豪右田宅逾制，以強陵弱，以眾暴寡。二條，二千石不奉詔書、遵承典制，倍公向私，旁詔牟利，侵漁百姓，聚斂為奸。三條，二千石不恤疑獄，風厲殺人，怒則任刑，喜則任賞，煩擾苛暴，剝戮黎元，為百姓所疾；山崩石裂，妖祥訛言。四條，二千石選置不平，苟阿所愛，蔽賢寵頑。五條，二千石子弟怙恃榮勢，請託所監。六條，二千石違公下比，阿附豪強，通行貨賂，割損政令。續漢志又曰：諸州常以八月巡行郡國，錄囚徒，考殿最。初，歲盡詣京都奏事，中興，但因計吏。與古今注異。（《資治通鑑》卷二十一，693頁。）

前59年（漢宣帝神爵三年）八月，詔曰：「吏不廉平，則治道衰。今小吏皆勤事而俸祿薄，欲無侵漁百姓，難矣！其益吏百石已下俸十五。」（如淳曰：律：百石，奉月六百。韋昭曰：若食一石，則益五斗。考異曰：宣紀云：「益吏百石以下俸十五」。韋昭曰：若食一石，則益五斗。荀紀云：「益吏百石以下俸五十斛。」蓋以十五難曉，故改之。然詔云以下，恐難指五十斛也。）（《資治通鑑》卷二十六，861頁。）

前37年（漢元帝建昭二年）……詔使房作其事，房奏考功課吏法。（晉灼曰：令、丞、尉治一縣，崇教化，亡犯法者，輒遷。有盜賊，滿三日不覺者，則尉事也；令覺之，自除，丞、尉負其罪。率相準，如此法。）上令公卿朝臣與房會議溫室，皆以房言煩碎，令上下相司，不可許；上意鄉之。時部刺史奏事京師，上召見諸刺史，令房曉以課事；刺史復以為不可行。唯御史大夫鄭弘、光祿大夫周堪初言不可，後善之……上令房上弟子曉知考功、課吏事者，欲試用之。房上「中郎任良、姚平，願以為刺史，試考功法；臣得通籍

殿中，為奏事，以防壅塞。」石顯、五鹿充宗皆疾房，欲遠之，建言，宜試房為郡守。帝於是以房為魏太守，得以考功法治郡。（《資治通鑒》卷二十九，928、930頁。）

閏按：此當為考課法，即古代官吏官員管理的相關法律規定，推之於地方，現行成為改革試驗區。

前8年（漢成帝綏和元年）十二月，罷刺史，更置州牧，秩二千石。（《資治通鑒》卷三十二，第1049頁。）

新莽

9年（王莽始建國元年）以統睦侯陳崇為司命，主司察上公以下……（《資治通鑒》卷三十七，第1177頁。）

14年（王莽天鳳元年）莽以周官、王制之文，置卒正、連率、大尹，職如太守；又置州牧、部監二十五人。分長安城旁六鄉，置帥各一人。分三輔為六尉郡；河內、河東、弘農、河南、潁川、南陽為六隊郡。更名河南大尹曰保忠信卿。益河南屬縣滿三十，置六郊州長各一人，人主五縣。及他官名悉改。大郡至分為五，合百二十有五郡。九州島之內，縣二千二百有三。又仿古六服為惟城、惟寧、惟翰、惟屏、惟垣、惟藩，各以其方為稱，總為萬國焉。其後，歲復變更，一郡至五易名，而還復其故。吏民不能紀，每下詔書，輒繫其故名云。（《資治通鑒》卷三十七，1202～1203頁。）

16年（王莽天鳳三年）先是，莽以制作未定，上自公侯，下至小吏，皆不得俸祿。夏，五月，莽下書曰：「予遭陽九之阨，（傳曰：三統之元，有陰陽之九焉，天地之常數也。）百六之會，國用不足，民人騷動，自公卿以下，一月之祿十緵布二匹，（孟康曰：緵，八十緵也。師古曰：）或帛一匹。予每念之，未嘗不戚焉。今阨會已度，府帑雖未能充，略頗稍給。其以六月朔庚寅始，賦吏祿皆如制度。」四輔、公卿、大夫、士下至輿、僚，凡十五等。（《左傳》曰：人有十等：王臣公，公臣大夫，大夫臣士，士臣皁，皁臣輿，輿臣隸，隸臣僚，僚臣僕，僕臣臺。今莽自四輔以下分為十五等。僚祿一歲六十六斛，稍以差稱。稱，尺證翻。）上至四輔而為萬斛云。莽又曰：「古者歲豐穰則充其禮，有災害則有所損，與百姓同憂喜也。其用上計時通計，天下幸無災害者，太官膳羞備其品矣；即有災害，以什率多少而損膳焉。自十一公、六司、六卿以下，各分州郡、國邑保其災害，亦以十率多少而損其祿。郎、從官、中都官吏食祿都內之委者，以太官膳羞備損而為節。冀上下同心，勸進

農業，安元元焉。」莽之制度煩碎如此，課計不可理，吏終不得祿，各因官職為姦，受取賕賂以自共給焉。（《資治通鑑》卷三十八，1207～1208頁。）

東漢

26年（漢光武帝建武二年）……博士丁恭議曰：「古者封諸侯不過百里，強幹弱枝，所以為治也。今封四縣，不合法制。」……（漢法，大縣侯位視三公，小縣侯位視上卿，鄉亭侯位視中二千石。）……（《資治通鑑》卷四十，1294頁。）

35年（漢光武帝建武十一年）趙王良從帝送歙喪還，入夏城門，與中郎將張邯爭道，叱邯旋車；又詰責門候，使前走數十步。司隸校尉鮑永劾奏「良無藩臣禮，大不敬。」良尊戚貴重，而永劾之，朝廷肅然。永辟扶風鮑恢為都官從事，（《百官志》：司隸校尉從事史十二人，都官從事，主察舉百官犯法者。蔡質漢儀曰：都官主洛陽朝會，與三府掾同。）恢亦抗直，不避強禦。帝常曰：「貴戚且斂手以避二鮑。」（《資治通鑑》卷四十二，1368頁。）

36年（漢光武帝建武十二年）……援輒曰：「此丞、掾之任，何足相煩！（《百官志》：郡守有丞一人，有諸曹掾、史。有功曹史，主選署功勞；有五官掾，署功曹及諸曹事；其餘有議曹、法曹、賊曹、決曹、金曹、倉曹等。）頗哀老子，使得遨遊，若大姓侵小民，點吏不從令，此乃太守事耳。」（《資治通鑑》卷四十二，1377頁。）

110年（漢安帝永初四年）鄧騭由是惡（虞）詡，欲以吏法中傷之……（《資治通鑑》卷49，1583頁。）

217年（漢獻帝建安二十二年）久之，臨菑侯植乘車行馳道中，開司馬門出。（漢《令乙》：騎乘車馬行馳道中，已論者沒入車馬改具。又《宮衛令》：出入司馬門者皆下。是司馬門猶可得而出入也。若魏制，則司馬門惟車駕出乃開耳。）操大怒，公交車令坐死。由是重諸侯科禁，而植寵日衰。植妻衣繡，操登臺見之，以違制命，還家賜死。（以違制命罪植妻，則當時蓋禁衣錦繡也。）（《資治通鑑》卷68，2152頁。）

四、刑事法律

戰國

前381年（周安王二十一年）楚悼王薨。貴戚大臣作亂，攻吳起；起走之王尸而伏之。擊起之徒因射刺起，並中王尸。既葬，肅王即位，使令尹盡誅

為亂者；坐起夷宗者七十餘家。（夷，殺也；夷宗者，殺其同宗也。）（《資治通鑒》卷一，32頁。）

前353年（周顯王十六年）龐涓仕魏為將軍，自以能不及孫臏，乃召之；至，則以法斷其兩足而黥之，欲使終身廢棄。齊使者至魏，孫臏以刑徒陰見，說齊使者，齊使者竊載與之齊。田忌善而客待之，進於威王。威王問兵法，遂以為師。於是威王謀救趙，以孫臏為將；辭以刑餘之人不可……（《資治通鑒》卷二，51～52頁。）

前338年（周顯王三十一年）秦孝公薨，子惠文王立。公子虔之徒告商君欲反，發吏捕之。商君亡之魏；魏人不受，復內之秦。商君乃與其徒之商於，發兵北擊鄭，秦人攻商君，殺之，車裂以徇，盡滅其家。（車裂，古之轘刑。）（《資治通鑒》卷二，61頁。）

前314年（周赧王元年）齊人取子之，醢之……（《資治通鑒》卷三，88頁。）

前307年（周赧王八年）八月，王與孟說舉鼎，絕脈而薨；族孟說。（族者，誅夷其族。）……（《資治通鑒》卷三，103頁。）

前295年（周赧王二十年）趙主父與齊、燕共滅中山，遷其王於膚施。歸，行賞，大赦，置酒，酺五日。（……《說文》曰：王德布大飲酒也。師古曰：酺之為言布也。王德布於天下而合聚飲食為酺。師古注所云，漢法也。此言趙國內酺耳。赦者，宥有罪也。）（《資治通鑒》卷四，117頁。）

前260年（周赧王五十五年）……母因曰：「即如有不稱，妾請無隨坐！」（……隨坐，相隨而坐罪也。觀此，則知古者敗軍之將，罪並及其家。）……（《資治通鑒》卷五，169頁。）

前255年（秦昭襄王五十二年）河東守王稽坐與諸侯通。棄市。（刑人於市，與眾棄之。秦法論死於市，謂之棄市。）……（《資治通鑒》卷六，186頁。）

前247年（秦莊襄王三年）……誡門下曰：「有敢為魏使通者死！」……（《資治通鑒》卷六，200頁。）

秦

前238年（秦始皇九年）……秋，九月，夷毒三族，（秦有夷三族之罪。張晏曰：三族，父母、兄弟、妻子也。如淳曰：父族、母族、妻族也。師古曰：如說是，所謂參夷之誅也。）黨與皆車裂滅宗，舍人罪輕者徙蜀，凡四千餘

家。遷太后於雍萯陽宮，殺其二子。下令曰：「敢以太后事諫者，戮而殺之，斷其四支，積於闕下！」死者二十七人……車裂假父……春申君入，死士俠刺之，投其首於棘門之外；於是使吏盡捕誅春申君之家……（《資治通鑑》卷六，213～214、216頁。）

前235年（秦始皇十二年）文信侯飲鴆死，竊葬。其舍人臨者，皆逐遷之。且曰：「自今以來，操國事不道如嫪毐、不韋者，籍其門，視此！」（《資治通鑑》卷六，219頁。）

前233年（秦始皇十四年）……李斯嫉之，曰：「韓非，韓之諸公子也。今欲並諸侯，非終為韓不為秦，此人情也。今王不用，久留而歸之，此自遺患也，不如以法誅之。」王以為然，下吏治非。李斯使人遺非藥，令早自殺。韓非欲自陳，不得見。王後悔，使人赦之，非已死矣。（《資治通鑑》卷六，221頁。）

前227年（秦始皇二十年）……遂體解荊軻以徇……（《資治通鑑》卷七，228頁。）

前219年（秦始皇二十八年）……始皇大怒，使刑徒三千人皆伐湘山樹，赭其山……（《資治通鑑》卷七，240～241頁。）

前218年（秦始皇二十九年）……始皇驚，求，弗得；令天下大索十日。（《資治通鑑》卷七，241頁。）

前212年（秦始皇三十五年）……隱宮、徒刑者七十萬人，（《史記正義》曰：餘刑見於市朝；宮刑，一百日隱於蔭室養之乃可，故曰隱宮，下蠶室是也。徒刑者，有罪既加刑，復罰作之也。）乃分作阿房宮或作驪山……行所幸，有言其處者，罪死……從山上見丞相車騎眾，弗善也。中人或告丞相，丞相後損車騎。始皇怒曰：「此中人泄吾語！」案問，莫服，捕時在旁者，盡殺之……於是使御史悉案問諸生。（秦置御史，掌討姦猾，治大獄，御史大夫統之。）諸生傳相告引，乃自除犯禁者四百六十餘人，皆坑之咸陽，使天下知之，以懲後；益發謫徙邊……（《資治通鑑》卷七，245～246頁。）

前211年（秦始皇三十六年）有隕石於東郡。或刻其石曰：「始皇死而地分。」始皇使御史逐問，莫服；盡取石旁居人誅之，燔其石。（《資治通鑑》卷七，246頁。）

前209年（秦二世元年）冬，十月，戊寅，大赦。（《資治通鑑》卷七，252頁。）

前 209 年（秦二世元年）公子將閭昆弟三人囚於內宮，議其罪獨後。二世使使令將閭曰：「公子不臣，罪當死！吏致法焉。」……（《資治通鑒》卷七，253 頁。）

前 209 年（秦二世元年）……會天大雨，道不通，度已失期；失期，法皆斬……（《資治通鑒》卷七，254 頁。）

前 209 年（秦二世元年）……二世乃大赦天下，使章邯免驪山徒、人奴產子，悉發以擊楚軍，大敗之。（《資治通鑒》卷七，258 頁。）

前 208 年（秦二世二年）……宋留以軍降，二世車裂留以徇……黥布者，六人也，坐法黥，以刑徒論輸驪山……（《資治通鑒》卷八，270～271 頁。）

前 207 年（秦二世三年）……楊熊走之榮陽，二世使使者斬之以徇。（《資治通鑒》卷八，288 頁。）

前 207 年（秦二世三年）……子嬰遂刺殺高於齋宮，三族高家以徇。（《資治通鑒》卷八，295 頁。）

西漢

前 206 年（漢高祖元年）……沛公至軍，立誅殺曹無傷……韓生退曰：「人言楚人沐猴而冠耳，果然！」項羽聞之，烹韓生。（《資治通鑒》卷九，304 頁。）

前 206 年（漢高祖元年）……漢王之入蜀，信亡楚歸漢，未知名。為連敖，坐當斬，其輩十三人皆已斬，次至信，信乃仰視，適見滕公，曰：「上不欲就天下乎，何為斬壯士？」滕公奇其言，壯其貌，釋而不斬……（《資治通鑒》卷九，310 頁。）

前 205 年（漢高祖二年）壬午，立子盈為太子；赦罪人。（《資治通鑒》卷九，322 頁。）

前 204 年（漢高祖三年）……羽烹周苛，並殺樅公而虜韓王信，遂圍成皋……（《資治通鑒》卷十，337 頁。）

前 203 年（漢高祖四年）冬，十月，信襲破齊歷下軍，遂至臨淄。齊王以酈生為賣己，乃烹之……（《資治通鑒》卷十，341 頁。）

前 203 年（漢高祖四年）漢王疾愈，西入關。至櫟陽，梟故塞王欣頭櫟陽市。（師古曰：縣首於木上曰梟。《索隱》曰：欣自剄於汜水上，今梟之櫟陽者，以其故都，故梟以示之也。）（《資治通鑒》卷十，345 頁。）

前 202 年（漢高祖五年）楚地悉定，獨魯不下；漢王引天下兵欲屠之。

至其城下，猶聞弦誦之聲；為其守禮義之國，為主死節，乃持項王頭以示魯父兄，魯乃降。（《資治通鑑》卷十一，354頁。）

前202年（漢高祖五年）令曰：「兵不得休八年，萬民與苦甚；今天下事畢，其赦天下殊死以下。」（如淳曰：殊死，死罪之明白也；《左傳》曰：斬其木而弗殊。韋昭曰：殊死，斬刑也。師古曰：殊，絕也，異也；言其身首離絕而異處。貢父曰：予按說文：漢蠻夷殊。然則殊自死刑之名。）（《資治通鑑》卷十一，355頁。）

前202年（漢高祖五年）……上乃赦布，召拜郎中，朱家遂不復見之……帝以丁公徇軍中，曰：「丁公為項王臣不忠，使項王失天下者也。」遂斬之，曰：「使後為人臣無效丁公也！」（《資治通鑑》卷十一，360頁。）

前202年（漢高祖五年）六月，壬辰，大赦天下。（《資治通鑑》卷十一，363頁。）

前201年（漢高祖六年）……遂械繫信以歸，因赦天下。（《資治通鑑》卷十一，365頁。）

前201年（漢高祖六年）……諸言予之者，皆斬之。冒頓上馬，令：「國中有後出者斬！」……（《資治通鑑》卷十一，373頁。）

前200年（漢高祖七年）上至廣武，赦劉敬……事成歸王，事敗獨身坐耳。（言獨以身坐弒帝之罪。）（《資治通鑑》卷十一，378～379頁。）

前198年（漢高祖九年）……高對獄曰：「獨吾屬為之，王實不知。」吏治，搒笞數千，刺剟，身無可擊者；終不復言。呂后數言：「張王以公主故，不宜有此。」上怒曰：「使張敖據天下，豈少而女乎！」不聽。廷尉以貫高事辭聞。上曰：「壯士！誰知者？以私問之。」（蓋欲求貫高平日相知昵者，以其私問之。）中大夫泄公曰：「臣之邑子，素知之，此固趙國立義不侵、為然諾者也。」上使泄公持節往問之篋輿前。泄公與相勞苦，如生平歡，因問：「張王果有計謀不？」高曰：「人情寧不各愛其父母、妻子乎？今吾三族皆以論死，（謂以罪論抵死。）豈愛王過於吾親哉？顧為王實不反，獨吾等為之。」具道本指所以為者、王不知狀。於是泄公入，具以報上。春，正月，上赦趙王敖。廢為宣平侯，徙代王如意為趙王……詔：「丙寅前有罪，殊死已下，皆赦之。」（《資治通鑑》卷十二，384～385頁。）

前198年（漢高祖九年）初，上詔：「趙群臣賓客敢從張王者，皆族。」（《資治通鑑》卷十二，386頁。）

前197年（漢高祖十年）秋，七月，癸卯，葬太上皇於萬年，楚王、梁王皆來送葬。赦櫟陽囚。（臣瓚曰：萬年陵在櫟陽縣，故特赦之。）（《資治通鑑》卷十二，386頁。）

前197年（漢高祖十年）……上令人覆案豨客居代者諸不法事，多連引豨。（《資治通鑑》卷十二，388頁。）

前196年（漢高祖十一年）……信入，呂后使武士縛信，斬之長樂鍾室。信方斬，曰：「吾悔不用蒯徹之計，乃為兒女子所詐，豈非天哉！」遂夷信三族。（《資治通鑑》卷十二，390頁。）

前196年（漢高祖十一年）大赦天下……梁太僕得罪，亡走漢，告梁王與扈輒謀反。於是上使使掩梁王，梁王不覺，遂囚之洛陽。有司治：「反形已具，請論如法。」上赦以為庶人，傳處蜀青衣。西至鄭，逢呂后從長安來。彭王為呂后泣涕，自言無罪，願處故昌邑。呂后許諾，與俱東。至洛陽，呂后白上曰：「彭王壯士，今徙之蜀，此自遺患；不如遂誅之。妾謹與俱來。」於是呂后乃令其舍人告彭越復謀反。廷尉王恬開奏請族之，上可其奏。三月，夷越三族。（此以《漢書》本紀為據；史記高祖紀作「夏，夷彭越三族」，年表書「越反，誅」，又在十年夏誅彭越，蓋以盧綰言為據。）梟越首洛陽，下詔：「有收視者，輒捕之。」（《資治通鑑》卷十二，392～393頁。）

前196年（漢高祖十一年）……及彭越誅，醢其肉以賜諸侯。（師古曰：反者被誅，皆以醢，即刑法志所謂「菹其骨肉」是也。）……淮南王見赫以罪亡上變，固已疑其言國陰事；漢使又來，頗有所驗；遂族赫家，發兵反。反書聞，上乃赦賁赫，以為將軍。（《資治通鑑》卷十二，397頁。）

前195年（漢高祖十二年）……丁未，發喪，大赦天下。（《資治通鑑》卷十二，406頁。）

前191年（漢惠帝四年）三月，甲子，皇帝冠，赦天下。（《資治通鑑》卷十二，415頁。）

前188年（漢惠帝七年）秋，八月，戊寅，帝崩於未央宮。大赦天下。（《資治通鑑》卷十二，417頁。）

前187年（漢呂后元年）太后怨趙堯為趙隱王謀，乃抵堯罪。（《資治通鑑》卷十三，420頁。）

前182年（漢呂后六年）夏，四月，丁酉，赦天下。（《資治通鑑》卷十三，425頁。）

前 181 年（漢呂后七年）春，正月，太后召趙幽王友……令衛圍守之，弗與食；其群臣或竊饋，輒捕論之。（捕其饋者，以罪論之。）……（《資治通鑑》卷十三，426 頁。）

前 180 年（漢呂后八年）……辛巳，太后崩，遺詔：大赦天……遂遣人分部悉捕諸呂男女，無少長皆斬之。辛酉，捕斬呂祿而笞殺呂嬃，使人誅燕王呂通而廢魯王張偃……文帝還坐前殿，夜，下詔書赦天下。（《資治通鑑》卷十三，430、434～435、440 頁。）

前 177 年（漢文帝前三年）及帝即位，淮南王自以最親，驕蹇，數不奉法；上常寬假之……帝傷其志為親，故赦弗治……（《資治通鑑》卷十四，456 頁。）

前 177 年（漢文帝前三年）……秋，七月，上自太原至長安。詔：「濟北吏民，兵未至先自定及以軍城邑降者，皆赦之，復官爵；與王興居去來者，赦之。」（《資治通鑑》卷十四，458 頁。）

前 174 年（漢文帝前六年）……王至長安，丞相張蒼、典客馮敬行御史大夫事，與宗正、廷尉奏：「長罪當棄市。」制曰：「其赦長死罪，廢，勿王；徙處蜀郡嚴道邛郵。」盡誅所與謀者……盎曰：「獨斬丞相、御史以謝天下乃可。」上即令丞相、御史逮考諸縣傳送淮南王不發封饋侍者，皆棄市……（《資治通鑑》卷十四，466～467 頁。）

前 173 年（漢文帝前七年）夏，四月，赦天下。（《資治通鑑》卷十四，480 頁。）

前 165 年（漢文帝前十五年）夏，四月，上始幸雍，郊見五帝，赦天下。（《資治通鑑》卷十五，500～501 頁。）

前 163 年（漢文帝後元年）冬，十月，人有上書告新垣平「所言皆詐也」；下吏治，誅夷平。（師古曰：夷者，平也；謂盡平除其家室、宗族。）（《資治通鑑》卷十五，503 頁。）

前 162 年（漢文帝後二年）……嘉為檄召通詣丞相府，不來，且斬通。通恐，入言上；上曰：「汝第往，吾令使人召若。」通詣丞相府，免冠、徒跣，頓首謝嘉。嘉坐自如，弗為禮，責曰：「夫朝廷者，高帝之朝廷也。通小臣，戲殿上，大不敬，當斬。吏！今行斬之！」……（《資治通鑑》卷十五，505 頁。）

前 160 年（漢文帝後四年）五月，赦天下。（《資治通鑑》卷十五，505 頁。）

前 156 年（漢景帝前元年）夏，四月，乙卯，赦天下。（《資治通鑑》卷十五，511 頁。）

前 154 年（漢景帝前三年）春，正月，乙巳，赦。（《資治通鑑》卷十六，515 頁。）

前 154 年（漢景帝前三年）……及楚王戊來朝，錯因言：「戊往年為薄太后服，私姦服舍，請誅之。」詔赦，削東海郡。（《資治通鑑》卷十六，517 頁。）

前 154 年（漢景帝前三年）……及錯為御史大夫，使吏按盎受吳王財物，抵罪；詔赦以為庶人……（《資治通鑑》卷十六，521 頁。）

前 154 年（漢景帝前三年）……後十餘日，上令丞相青、中尉嘉、廷尉歐劾奏錯：「不稱主上德信，欲疏群臣、百姓，又欲以城邑予吳，無臣子禮，大逆無道。錯當要斬，父母、妻子、同產無少長皆棄市。」制曰：「可。」錯殊不知。壬子，上使中尉召錯，紿載行市，錯衣朝衣斬東市……（《資治通鑑》卷十六，522～523 頁。）

前 154 年（漢景帝前三年）……王肉袒叩頭，詣漢軍壁謁曰：「臣昂奉法不謹，驚駭百姓，乃苦將軍遠道至于窮國，敢請菹醢之罪！」弓高侯執金鼓見之曰：「王苦軍事，願聞王發兵狀。」王頓首郤行，對曰：「今者晁錯天子用事臣，變更高皇帝法令，侵奪諸侯地。昂等以為不義，恐其敗亂天下，七國發兵且誅錯。今聞錯已誅，昂等謹已罷兵歸。」將軍曰：「王苟以錯為不善，何不以聞？及未有詔、虎符，擅發兵擊義國？以此觀之，意非徒欲誅錯也。」乃出詔書，為王讀之，曰：「王其自圖！」王曰：「如昂等死有餘罪！」遂自殺，太后、太子皆死。膠東王、菑川王、濟南王皆伏誅。（《資治通鑑》卷十六，528 頁。）

前 154 年（漢景帝前三年）夏，六月，乙亥，詔：「吏民為吳王濞等所誑誤當坐及逋逃亡軍者，皆赦之。」（《資治通鑑》卷十六，530 頁。）

前 153 年（漢景帝前四年）六月，赦天下。（《資治通鑑》卷十六，530 頁。）

前 151 年（漢景帝前六年）……遂按誅大行。（《資治通鑑》卷十六，533 頁。）

前 149 年（漢景帝中元年）夏，四月，乙巳，赦天下。（《資治通鑑》卷十六，534 頁。）

前 145 年（漢景帝中五年）六月，丁巳，赦天下。（《資治通鑑》卷十六，

539 頁。）

　　前 144 年（漢景帝中六年）自郅都之死，長安左右宗室多暴犯法。上乃召濟南都尉南陽寧成為中尉。其治效郅都，其廉弗如；然宗室、豪傑皆人人慴恐。（《資治通鑒》卷十六，542 頁。）

　　前 143 年（漢景帝後元年）三月，赦天下。（《資治通鑒》卷十六，542 頁。）

　　前 140 年（漢武帝建元元年）春，二月，赦。（《資治通鑒》卷十七，556 頁。）

　　前 140 年（漢武帝建元元年）是歲，內史寧成抵罪髡鉗。（《資治通鑒》卷十七，557 頁。）

　　前 138 年（漢武帝建元三年）濟川王明坐殺中傅，廢遷房陵。（《資治通鑒》卷十七，561 頁。）

　　前 134 年（漢武帝元光元年）夏，四月，赦天下。（《資治通鑒》卷十七，578 頁。）

　　前 133 年（漢武帝元光二年）……於是下恢廷尉，廷尉當，「恢逗橈，當斬。」恢行千金丞相蚡，蚡不敢言上，而言於太后曰：「王恢首為馬邑事，今不成而誅恢，是為匈奴報仇也。」上朝太后，太后以蚡言告上。上曰：「首為馬邑事者恢，故發天下兵數十萬，從其言為此。且縱單于不可得，恢所部擊其輜重，猶頗可得以尉士大夫心。今不誅恢，無以謝天下。」於是恢聞，乃自殺。（《資治通鑒》卷十八，583 頁。）

　　前 132 年（漢武帝元光三年）……丞相乃奏案：「灌夫家屬橫潁川，民苦之。收繫夫及支屬，皆得棄市罪。（刑人於市，與眾棄之，故殺之於市者謂之棄市。景帝中元年，改磔曰棄市。應劭曰：先諸死刑皆磔於市，今改曰棄市，自非妖逆，不復磔也。師古曰：磔，謂張其尸也。棄市，殺之於市也。）……上不得已，遂族灌夫；使有司案治魏其，得棄市罪。（《資治通鑒》卷十八，585 頁。）

　　前 131 年（漢武帝元光四年）冬，十二月晦，論殺魏其於渭城。（漢法，以冬月行重刑，遇春則赦若贖，故以十二月晦論殺魏其侯。）……（《資治通鑒》卷十八，585 頁。）

　　前 131 年（漢武帝元光四年）地震；赦天下。（《資治通鑒》卷十八，586 頁。）

前 130 年（漢武帝元光五年）女巫楚服等教陳皇后祠祭厭勝，挾婦人媚道；事覺，（按《漢書》：婦人蠱惑媚道，更相祝詛，作木偶人埋之於地。漢法又有官禁敢行媚道者。）上使御史張湯窮治之。湯深竟黨與，相連及誅者三百餘人，楚服梟首於市。（《資治通鑒》卷十八，591 頁。）

前 129 年（漢武帝元光六年）……漢下敖、廣吏，當斬，贖為庶人……（《資治通鑒》卷十八，597 頁。）

前 128 年（漢武帝元朔元年）冬，十一月，詔曰：「……其議二千石不舉罪！」有司奏：「不舉孝，不奉詔，當以不敬論；不察廉，不勝任也，當免。」奏可。（《資治通鑒》卷十八，597～598 頁。）

前 128 年（漢武帝元朔元年）三月，甲子，立衛夫人為皇后，赦天下。（《資治通鑒》卷十八，598 頁。）

前 127 年（漢武帝元朔二年）……趙王彭祖懼，上書告主父偃受諸侯金，以故諸侯子弟多以得封者。及齊王自殺，上聞，大怒，以為偃劫其王令自殺，乃徵下吏。偃服受諸侯金，實不劫王令自殺。上欲勿誅，公孫弘曰：「齊王自殺，無後，國除為郡入漢，主父偃本首惡。陛下不誅偃，無以謝天下。」乃遂族主父偃。（《資治通鑒》卷十八，609 頁。）

前 126 年（漢武帝元朔三年）三月，赦天下。（《資治通鑒》卷十八，610頁。）

前 124 年（漢武帝元朔五年）郎中雷被獲罪於太子遷……是歲，被亡之長安，上書自明。事下廷尉治，蹤跡連王，公卿請逮捕治王。太子遷謀令人衣衛士衣，持戟居王旁，漢使有非是者，即刺殺之，因發兵反。天子使中尉宏即訊王，王視中尉顏色和，遂不發。公卿奏：「安壅閼奮擊匈奴者，格明詔，當棄市。」詔削二縣。既而安自傷曰：「吾行仁義，反見削地。」恥之，於是為反謀益甚。（《資治通鑒》卷十九，618～619 頁。）

前 123 年（漢武帝元朔六年）赦天下。（《資治通鑒》卷十九，619 頁。）

前 123 年（漢武帝元朔六年）……右將軍建至，天子不誅，贖為庶人。（《資治通鑒》卷十九，621 頁。）

前 122 年（漢武帝元狩元年）……會廷尉逮捕淮南太子，淮南王聞之，與太子謀……下公卿治其黨與，使宗正以符節治王。未至；淮南王安自剄。殺王后荼、太子遷，諸所與謀反者皆族。天子以伍被雅辭多引漢之美，欲勿誅。廷尉湯曰：「被首為王畫反計，罪不可赦。」乃誅被。侍中莊助素與淮南

王相結交，私論議，王厚賂遺助；上薄其罪，欲勿誅。張湯爭，以為：「助出入禁門，腹心之臣，而外與諸侯交私如此；不誅，後不可治。」助竟棄市……孝聞「律：先自告，除其罪」，即先自告所與謀反者枚赫、陳喜等。公卿請逮捕衡山王治之，王自剄死。王后徐來、太子爽及孝皆棄市，所與謀反者皆族。凡淮南、衡山二獄，所連引列侯、二千石、豪傑等，死者數萬人。夏，四月，赦天下。（《資治通鑒》卷十九，625～626頁。）

前121年（漢武帝元狩二年）……漢法：博望侯留遲後期，當死，贖為庶人……合騎侯敖坐行留不與票騎會，當斬，贖為庶人。（《資治通鑒》卷十九，631頁。）

前121年（漢武帝元狩二年）……又聞淮南、衡山陰謀，建亦作兵器，刻皇帝璽，為反具。事發覺，有司請捕誅；建自殺，後成光等皆棄市，國除。（《資治通鑒》卷十九，632頁。）

前120年（漢武帝元狩三年）夏，五月，赦天下。（《資治通鑒》卷十九，635頁。）

前119年（漢武帝元狩四年）……大將軍使長史責問廣、食其失道狀，急責廣之幕府對簿。廣曰：諸校尉無罪，乃我自失道，吾今自上簿至莫府。」廣謂其麾下曰：「廣結髮與匈奴大小七十餘戰，今幸從大將軍出接單于兵，而大將軍徙廣部，行回遠而又迷失道，豈非天哉！且廣年六十餘矣，終不能復對刀筆之吏！」遂引刀自剄……而右將軍獨下吏，當死，贖為庶人。（《資治通鑒》卷十九，642～643頁。）

前119年（漢武帝元狩四年）是歲，汲黯坐法免……（《資治通鑒》卷十九，645頁。）

前119年（漢武帝元狩四年）……於是誅文成將軍而隱之。（《資治通鑒》卷十九，647頁。）

前118年（漢武帝元狩五年）春，三月，甲午，丞相李蔡坐盜孝景園壖地，葬其中，當下吏，自殺。（《資治通鑒》卷二十，648頁。）

前117年（漢武帝元狩六年）上既下緡錢令而尊卜式，百姓終莫分財佐縣官，於是楊可告緡錢縱矣。義縱以為此亂民，部吏捕其為可使者。天子以縱為廢格沮事，棄縱市。（《資治通鑒》卷二十，650～651頁。）

前117年（漢武帝元狩六年）是歲，大農令顏異誅。（景帝後元年，更治粟內史為大農令。考異曰：徐廣注史記平準書云，異誅在元狩四年壬戌歲。

廣見漢書百官公卿表，其年注云：「大農令顏異，二年坐腹非誅。」不思有二年字，致此誤也。）……湯奏當：「異九卿，見令不便，不入言而腹誹，論死。」自是之後，有腹誹之法比，而公卿大夫多諂諛取容矣。（《資治通鑑》卷二十，652 頁。）

前 116 年（漢武帝元鼎元年）夏，五月，赦天下。（《資治通鑑》卷二十，653 頁。）

前 115 年（漢武帝元鼎二年）冬，十一月，張湯有罪自殺。初，御史中丞李文，與湯有郤，湯所厚吏魯謁居陰使人上變告文奸事，事下湯治，論殺之。湯心知謁居為之，上問：「變事蹤跡安起？」湯佯驚曰：「此殆文故人怨之。」謁居病，湯親為之摩足。趙王素怨湯，上書告：「湯大臣，乃與吏摩足，疑與為大奸。」事下廷尉。謁居病死，事連其弟。弟繫導官。（蘇林曰：《漢儀》注：獄二十六所，導官無獄也。師古曰：蘇說非也。導，擇也。以主擇米，故曰導官。時或以諸獄皆滿，故權寄此署繫之，非本獄所也。班表，導官屬少府。）湯亦治他囚導官，見謁居弟，欲陰為之，而佯不省。謁居弟弗知，怨湯，使人上書，告湯與謁居謀共變告李文。事下減宣，宣嘗與湯有郤，及得此事，窮竟其事，未奏也。會人有盜發孝文園瘞錢，丞相青翟朝，與湯約俱謝，至前，湯獨不謝。上使御史按丞相，湯欲致其文「丞相見知」，丞相患之。丞相長史朱買臣、王朝、邊通，皆故九卿、二千石，仕宦絕在湯前。湯數行丞相事，知三長史素貴，故陵折，丞史遇之，三長史皆怨恨，欲死之。乃與丞相謀，使吏捕案賈人田信等，曰：「湯且欲奏請，信輒先知之，居物致富，與湯分之。」事辭頗聞，上問湯曰：「吾所為，賈人輒先知之，益居其物，是類有以吾謀告之者。」湯不謝，又佯驚曰：「固宜有。」減宣亦奏謁居等事。天子以湯懷詐面欺，使趙禹切責湯，湯乃為書謝，因曰：「陷臣者，三長史也。」遂自殺。湯既死，家產直不過五百金。昆弟諸子欲厚葬湯，湯母曰：「湯為天子大臣，被污惡言而死，何厚葬乎！」載以牛車，有棺無槨。天子聞之，乃盡按誅三長史。十二月，壬辰，丞相青翟下獄，自殺。（《資治通鑑》卷二十，653～655 頁。）

前 113 年（漢武帝元鼎四年）是歲，齊坐不勝任抵罪。（《資治通鑑》卷二十，662 頁。）

前 112 年（漢武帝元鼎五年）……於是誅北地太守以下。（《資治通鑑》卷二十，665 頁。）

前 112 年（漢武帝元鼎五年）夏，四月，赦天下。（《資治通鑒》卷二十，668 頁。）

前 112 年（漢武帝元鼎五年）……辛巳，丞相趙周坐知列侯酎金輕，下獄，自殺……五利妄言見其師，其方盡多不售，坐誣罔，腰斬；樂成侯亦棄市。（《資治通鑒》卷二十，669 頁。）

前 111 年（漢武帝元鼎六年）……是時，漢使大農張成、故山州侯齒將屯，弗敢擊，卻就便處，皆坐畏懦誅……（《資治通鑒》卷二十，673 頁。）

前 109 年（漢武帝元封二年）六月，甘泉房中產芝九莖，上為之赦天下。（《資治通鑒》卷二十一，685 頁。）

前 108 年（漢武帝元封三年）……山還報天子，天子誅山……以報天子，天子誅遂……左將軍徵至，坐爭功相嫉乖計，棄市……當待左將軍，擅先縱，失亡多，當誅，贖為庶人。（《資治通鑒》卷二十一，688～690 頁。）

前 107 年（漢武帝元封四年）……春，三月，祠后土，赦汾陰、夏陽、中都死罪以下。（《資治通鑒》卷二十一，691 頁。）

前 106 年（漢武帝元封五年）夏，四月，赦天下。（《資治通鑒》卷二十一，693 頁。）

前 105 年（漢武帝元封六年）三月，行幸河東，祠后土，赦汾陰殊死以下。（《資治通鑒》卷二十一，695 頁。）

前 104 年（漢武帝太初元年）中尉王溫舒坐為奸利，罪當族，自殺；時兩弟及兩婚家亦各自坐他罪而族。光祿勳徐自為曰：「悲夫！古有三族，而王溫舒罪至同時而五族乎！」（師古曰：溫舒與兄弟同三族，而兩妻各一，故曰五族也。）（《資治通鑒》卷二十一，701 頁。）

前 103 年（漢武帝太初二年）……時朝廷多事，督責大臣，自公孫弘後，丞相比坐事死。（元狩五年，丞相李蔡有罪自殺。元鼎二年，丞相莊青翟自殺。五年，丞相趙周下獄死。）（《資治通鑒》卷二十一，701 頁。）

前 100 年（漢武帝天漢元年）五月，赦天下。（《資治通鑒》卷二十一，711 頁。）

前 99 年（漢武帝天漢二年）……上以遷為誣罔，欲沮貳師，為陵游說，下遷腐刑。（如淳曰：腐，宮刑也。丈夫割勢不復能生子，如腐木不生實。）（《資治通鑒》卷二十一，717 頁。）

前 98 年（漢武帝天漢三年）春，二月，王卿有罪自殺，以執金吾杜周為

御史大夫。（《資治通鑑》卷二十二，719 頁。）

前 98 年（漢武帝天漢三年）夏，四月，大旱。赦天下。秋，匈奴入雁門。太守坐畏懦棄市。（如淳曰：軍法，行逗留畏懦者要斬。）（《資治通鑑》卷二十二，720 頁。）

前 97 年（漢武帝天漢四年）……上於是族陵家……（《資治通鑑》卷二十二，721 頁。）

前 96 年（漢武帝泰始元年）春，正月，公孫敖坐妻為巫蠱要斬。夏，六月，赦天下。（《資治通鑑》卷二十二，721 頁。）

前 93 年（漢武帝泰始四年）五月，還，幸建章宮，赦天下。（《資治通鑑》卷二十二，724 頁。）

前 92 年（漢武帝徵和元年）上居建章宮，見一男子帶劍入中龍華門，疑其異人，命收之。男子捐劍走，逐之弗獲。上怒，斬門候。冬，十一月，發三輔騎士大搜上林，閉長安城門索；十一日乃解……（《資治通鑑》卷二十二，725 頁。）

前 91 年（漢武帝徵和二年）春，正月，下賀獄，案驗；父子死獄中，家族。（其家皆族誅也。）……閏月，諸邑公主、陽石公主及皇后弟子長平侯伉皆坐巫蠱誅……更微問，知其情，乃誅融……（《資治通鑑》卷二十二，726～727 頁。）

前 91 年（漢武帝徵和二年）……丞相欲斬仁，御史大夫暴勝之謂丞相曰：「司直，吏二千石，當先請，奈何擅斬之！」丞相釋仁。上聞而大怒，下吏責問御史大夫曰：「司直縱反者，丞相斬之，法也；大夫何以擅止之？」勝之惶恐，自殺……有兩心，與田仁皆要斬……諸太子賓客嘗出入宮門，皆坐誅；其隨太子發兵，以反法族；吏士劫略者皆徙敦煌郡……（《資治通鑑》卷二十二，731～732 頁。）

前 90 年（漢武帝徵和三年）夏，五月，赦天下。（《資治通鑑》卷二十二，734 頁。）

前 90 年（漢武帝徵和三年）……會內者令郭穰告「丞相夫人祝詛上及與貳師共禱祠，欲令昌邑王為帝」，按驗，罪至大逆不道。六月，詔載屈氂廚車以徇，要斬東市，妻子梟首華陽街……宗族遂滅……九月，故城父令公孫勇與客胡倩等謀反，倩詐稱光祿大夫，言使督盜賊；淮陽太守田廣明覺知，發兵捕斬焉。公孫勇衣繡衣、乘駟馬車至圉；圉守尉魏不害等誅之……吏民以

巫蠱相告言者，案驗多不實。上頗知太子惶恐無他意，會高寢郎田千秋上急變，訟太子冤……而族滅江充家，焚蘇文於橫橋上；及泉鳩里加兵刃於太子者，初為北地太守，後族。（《資治通鑑》卷二十二，735～737頁。）

前88年（漢武帝後元元年）二月，赦天下。夏，六月，商丘成坐祝詛自殺。（《資治通鑑》卷二十二，743頁。）

前88年（漢武帝後元元年）……日磾投何羅殿下，得禽縛之。窮治，皆伏辜……後數日，帝譴責鉤弋夫人；夫人脫簪珥，叩頭。帝曰：「引持去，遂掖庭獄！」（掖庭屬少府，有秘獄，凡宮人有罪者下之。）夫人還顧，帝曰：「趣行，汝不得活！卒賜死……（《資治通鑑》卷二十二，744～745頁。）

前87年（漢武帝後元二年）……隆慮主病困，以金千斤、錢千萬為昭平君豫贖死罪，上許之。（為，於偽翻；下同。）隆慮主卒，昭平君日驕，醉殺主傅，繫獄；廷尉以公主子上請。左右人人為言：「前又入贖，陛下許之。」上曰：「吾弟老有是一子，死，以屬我。」於是為之垂涕，歎息良久，曰：「法令者，先帝所造也，用弟故而誣先帝之法，吾何面目入高廟乎！又下負萬民。」乃可其奏，哀不能自止，左右盡悲……（《資治通鑑》卷二十二，746～747頁。）

前87年（漢武帝後元二年）夏，六月，赦天下……濟北王寬坐禽獸行自殺。（《資治通鑑》卷二十二，748頁。）

前86年（漢昭帝始元元年）秋，七月，赦天下。（《資治通鑑》卷二十三，749頁。）

前83年（漢昭帝始元四年）春，三月，甲寅，立皇后上官氏，赦天下……廷尉李種坐故縱死罪，棄市。（《資治通鑑》卷二十三，754～755頁。）

前82年（漢昭帝始元五年）……遂送詔獄。天子與大將軍霍光聞而嘉之曰：「公卿大臣當用有經術、明於大誼者。」繇是不疑名聲重於朝廷，在位者皆自以不及也。廷尉驗治何人，竟得奸詐，本夏陽人，姓成，名方遂，居湖，以卜筮為事。有故太子舍人嘗從方遂卜，謂曰：「子狀貌甚似衛太子。」方遂心利其言，冀得以富貴。坐誣罔不道，要斬。（《資治通鑑》卷二十三，756頁。）

前80年（漢昭帝元鳳元年）夏，六月，赦天下。（《資治通鑑》卷二十三，760頁。）

前80年（漢昭帝元鳳元年）……又桀妻父所幸充國為太醫監，闌入殿中，

（漢制：諸入宮殿門皆著籍；無籍而妄入，謂之闌入。）下獄當死；冬月且盡，（漢論死囚不過冬月。）蓋主為充國入馬二十匹贖罪，乃得減死論……（《資治通鑑》卷二十三，761 頁。）

前 80 年（漢昭帝元鳳元年）……九月，詔丞相部中二千石逐捕孫縱之及桀、安、弘羊、外人等，並宗族悉誅之；蓋主自殺。燕王旦聞之，召相平曰：「事敗，遂發兵乎？」平曰：「左將軍已死，百姓皆知之，不可發也！」王憂懣，置酒與群臣、妃妾別。會天子以璽書讓旦，旦以綬自絞死，后、夫人隨旦自殺者二十餘人。天子加恩，赦王太子建為庶人，賜旦諡曰刺王。皇后以年少，不與謀，亦霍光外孫，故得不廢。（《資治通鑑》卷二十三，764～765 頁。）

前 79 年（漢昭帝元鳳二年）六月，赦天下。（《資治通鑑》卷二十三，766 頁。）

前 78 年（漢昭帝元鳳三年）……弘坐設妖言惑眾伏誅。（《資治通鑑》卷二十三，767 頁。）

前 77 年（漢昭帝元鳳四年）夏，五月，丁丑，孝文廟正殿火。上及群臣皆素服，發中二千石將五校作治，六日，成。太常及廟令丞、郎、吏，皆劾大不敬；會赦，太常轑陽侯德免為庶人。六月，赦天下。（《資治通鑑》卷二十三，771 頁。）

前 75 年（漢昭帝元鳳六年）夏，赦天下。（《資治通鑑》卷二十三，774 頁。）

前 74 年（漢昭帝元平元年）……與孝昭皇帝宮人蒙等淫亂，詔掖庭令：『敢泄言，要斬！』……（《資治通鑑》卷二十四，785 頁。）

前 74 年（漢昭帝元平元年）昌邑群臣坐在國時不舉奏王罪過，令漢朝不聞知，又不能輔道，陷王大惡，皆下獄，誅殺二百餘人；唯中尉吉、郎中令遂以忠直數諫正，得減死，髡為城旦。師王式繫獄當死，治事使者責問曰：「師何以無諫書？」式對曰：「臣以詩三百五篇朝夕授王，至於忠臣、孝子之篇，未嘗不為王反覆誦之也；至於危亡失道之君，未嘗不流涕為王深陳之也。臣以三百五篇諫，是以無諫書。」使者以聞，亦得減死論。（《資治通鑑》卷二十四，787 頁。）

前 74 年（漢昭帝元平元年）九月，大赦天下。（《資治通鑑》卷二十四，792 頁。）

前 73 年（漢宣帝本始元年）五月，鳳皇集膠東、千乘。赦天下……（《資治通鑑》卷二十四，794 頁。）

前 72 年（漢宣帝本始二年）春，大司農田延年有罪自殺。（《資治通鑑》卷二十四，795 頁。）

前 72 年（漢宣帝本始二年）數日，使者召延年詣廷尉。聞鼓聲，自刎死。（《資治通鑑》卷二十四，796 頁。）

前 70 年（漢宣帝本始四年）春，三月，乙卯，立霍光女為皇后；赦天下……夏，四月，壬寅，郡國四十九同日地震……大赦天下……（《資治通鑑》卷二十四，802～803 頁。）

前 68 年（漢宣帝地節二年）鳳皇集魯，群鳥從之。大赦天下。（《資治通鑑》卷二十四，805 頁。）

前 66 年（漢宣帝地節四年）會李竟坐與諸侯王交通……七月，雲、山、明友自殺。顯、禹、廣漢等捕得；禹要斬，顯及諸女昆弟皆棄市；與霍氏相連坐誅滅者數十家。太僕杜延年以霍氏舊人，亦坐免官……（《資治通鑑》卷二十五，817、819 頁。）

前 65 年（漢宣帝元康元年）三月，詔以鳳皇集泰山、陳留，甘露降未央宮，赦天下。（《資治通鑑》卷二十五，823 頁。）

前 65 年（漢宣帝元康元年）……丞相上書自陳，事下廷尉治，實丞相自以過譴笞傅婢，出至外第乃死，不如廣漢言。帝惡之，下廣漢廷尉獄。吏民守闕號泣者數萬人：「臣生無益縣官，願代趙京兆死，使牧養小民！」廣漢竟坐要斬。（《資治通鑑》卷二十五，824 頁。）

前 64 年（漢宣帝元康二年）春，正月，赦天下。（《資治通鑑》卷二十五，827 頁。）

前 63 年（漢宣帝元康三年）……徵守京兆尹。頃之，坐法，連貶秩……（《資治通鑑》卷二十五，835 頁。）

前 60 年（漢宣帝神爵二年）春，正月，以鳳皇、甘露降集京師，赦天下。（《資治通鑑》卷二十六，855 頁。）

前 60 年（漢宣帝神爵二年）……上書告中郎，昂泄省中語，（辛武賢在軍中時，與昂宴語。昂言，張安世始不快上，上欲誅之；昂家將軍以為安世宜全度之，由此安世得免。武賢恨充國，告昂以此罪。）不吏，自殺。（《資治通鑑》卷二十六，856 頁。）

前 58 年（漢宣帝神爵四年）春，二月，以鳳皇、甘露降集京師，赦天下。（《資治通鑑》卷二十七，864 頁。）

前 58 年（漢宣帝神爵四年）……上書言延年罪名十事；已拜奏，因飲藥自殺，以明不欺。事下御史丞按驗，得其語言怨望、誹謗政治數事。十一月，延年坐不道，棄市。（《資治通鑑》卷二十七，865 頁。）

前 57 年（漢宣帝五鳳元年）……延壽竟坐狡猾不道，棄市……（《資治通鑑》卷二十七，870 頁。）

前 56 年（漢宣帝五鳳二年）……事下廷尉。廷尉定國奏惲怨望，為訞惡言，大逆不道。上不忍加誅，有詔皆免惲、長樂為庶人……（《資治通鑑》卷二十七，872 頁。）

前 55 年（漢宣帝五鳳三年）三月，上幸河東，祠后土。減天下口錢；赦天下，殊死以下……廣陵厲王胥使巫李女須祝詛上，求為天子。事覺，藥殺巫及宮人二十餘人以絕口。公卿請誅胥。（《資治通鑑》卷二十七，875 頁。）

前 54 年（漢宣帝五鳳四年）……章下廷尉，按驗，得所多會宗書，帝見而惡之。廷尉當惲大逆無道，要斬；妻子徙酒泉郡；譚坐免為庶人，諸在位與惲厚善者，未央衛尉韋玄成及孫會宗等，皆免官。（《資治通鑑》卷二十七，878 頁。）

前 53 年（漢宣帝甘露元年）……敞使掾絮舜有所案驗，舜私歸其家曰：「五日京兆耳，安能復案事！」敞聞舜語，即部吏收舜繫獄，晝夜驗治，竟致其死事。舜當出死，敞使主簿持教告舜曰：「五日京兆竟何如？冬月已盡，延命乎？」乃棄舜市。會立春，行冤獄使者出，下舜家載尸並編敞教，自信使者。使者奏敞賊殺不辜。上欲令敞得自便，即先下敞前坐楊惲奏，免為庶人。（《資治通鑑》卷二十七，879 頁。）

前 48 年（漢元帝初元元年）春，正月，辛丑，葬孝宣皇帝於杜陵；赦天下。（《資治通鑑》卷二十八，893 頁。）

前 47 年（漢元帝初元二年）……又詔赦天下，舉茂材異等、直言極諫之士。（《資治通鑑》卷二十八，899～900 頁。）

前 47 年（漢元帝初元二年）……遂逮更生繫獄，免為庶人。（《資治通鑑》卷二十八，901 頁。）

前 46 年（漢元帝初元三年）夏，四月，乙未晦，茂陵白鶴館災；赦天下。（《資治通鑑》卷二十八，906 頁。）

前 45 年（漢元帝初元四年）……三月，行幸河東，祠后土；赦汾陰徒。（徒，有罪居作者。）（《資治通鑑》卷二十八，907 頁。）

前 43 年（漢元帝永光元年）三月，赦天下。（《資治通鑑》卷二十八，910 頁。）

前 43 年（漢元帝永光元年）……石顯聞知，白之上，乃下興、捐之獄，令顯治之，奏「興，捐之懷詐偽，更相薦譽，欲得大位，罔上不道！」捐之竟坐棄市；興髡鉗為城旦。（《資治通鑑》卷二十八，917 頁。）

前 42 年（漢元帝永光二年）春，二月，赦天下……夏，六月，赦天下。（《資治通鑑》卷二十八，918 頁。）

前 40 年（漢元帝永光四年）春，二月，赦天下。（《資治通鑑》卷二十九，923 頁。）

前 37 年（漢元帝建昭二年）夏，四月，赦天下。（《資治通鑑》卷二十九，927 頁。）

前 37 年（漢元帝建昭二年）房去月餘，竟徵下獄……房每朝見，退輒為博道其語。博因記房所說密語，令房為王作求朝奏草，皆持束與王，以為信驗。石顯知之，告「房與張博通謀，非謗政治，歸惡天子，注誤諸侯王。」皆下獄，棄市，妻子徙邊。鄭弘坐與房善，免為庶人。御史大丞陳咸數毀石顯，久之，坐與槐里令朱雲善，漏泄省中語，（時丞相韋玄成言雲虐無狀，陳咸在前聞之，以語雲；雲上書自訟。顯以此奏咸漏泄省中語。）石顯微伺知之，與雲皆下獄，髡為城旦。（《資治通鑑》卷二十九，932～933 頁。）

閆按：此罪名「漏泄省中語」，當為中國古代的保密法。

前 35 年（漢元帝建昭四年）……仍告祠郊廟，赦天下。（《資治通鑑》卷二十九，940 頁。）

前 34 年（漢元帝建昭五年）春，三月，赦天下。（《資治通鑑》卷二十九，941 頁。）

前 33 年（漢元帝竟寧元年）大赦天下。（《資治通鑑》卷二十九，952 頁。）

前 32 年（漢成帝建始元年）赦天下。（《資治通鑑》卷三十，955 頁。）

前 31 年（漢成帝建始二年）……辛巳，上始郊祀長安南郊。赦奉郊縣及中都官耐罪徒；（師古曰：中都官，京師諸官府。應劭曰：輕罪不至於髡，完其彩鬢，故曰耐。古耐字從「彡」，髮膚之意也。杜林以為法度之字皆從「寸」，

後改如是。……而《功臣表》，宣曲侯通耐為鬼薪。則應氏之說斯為長矣。）……（《資治通鑒》卷三十，957～958 頁。）

前 30 年（漢成帝建始三年）春，三月，赦天下徒。（《資治通鑒》卷三十，960 頁。）

前 30 年（漢成帝建始三年）丁丑，匡衡坐多取封邑四百頃，監臨盜所主守直十金以上，免為庶人。（衡本封臨淮郡僮縣之樂安鄉，鄉本田提封三千一百頃，南以閩陌為界。後誤封平陵陌為界，多四百頃。師古曰：十金以上，當時律定罪之次；若今律條一尺以上、一匹以上。）（《資治通鑒》卷三十，961 頁。）

前 28 年（漢成帝河平元年）夏，四月，己亥晦，日有食之。詔公卿百僚陳過失，無有所諱；大赦天下……（《資治通鑒》卷三十，968 頁。）

前 25 年（漢成帝河平四年）赦天下徒。（《資治通鑒》卷三十，977 頁。）

前 24 年（漢成帝陽朔元年）三月，赦天下徒。冬，京兆尹泰山王章下獄，死。（《資治通鑒》卷三十，980 頁。）

前 24 年（漢成帝陽朔元年）下章吏。廷尉致其大逆罪，以為「比上夷狄，欲絕繼嗣之端；背畔天子，私為定陶王。」章竟死獄中，妻子徙合浦。（《資治通鑒》卷三十，983 頁。）

前 23 年（漢成帝陽朔二年）春，三月，大赦天下。（《資治通鑒》卷三十，985 頁。）

前 21 年（漢成帝陽朔四年）春，二月，赦天下。（《資治通鑒》卷三十一，990 頁。）

前 20 年（漢成帝鴻嘉元年）二月，壬午，上行幸初陵，赦作徒；（師古曰：徒人之在陵役作者。）……（《資治通鑒》卷三十一，991 頁。）

前 18 年（漢成帝鴻嘉三年）夏，四月，赦天下。（《資治通鑒》卷三十一，994 頁。）

前 18 年（漢成帝鴻嘉三年）冬，十一月，甲寅，許后廢處昭臺宮，后姊謁皆誅死，親屬歸故郡。（《資治通鑒》卷三十一，996 頁。）

前 16 年（漢成帝永始元年）六月，丙寅，立皇后趙氏，大赦天下。（《資治通鑒》卷三十一，1002 頁。）

前 16 年（漢成帝永始元年）是歲，何七世孫酇侯獲坐使奴殺人，減死，完為城旦。（《資治通鑒》卷三十一，1006 頁。）

前 15 年（漢成帝永始二年）……廷尉奏「湯非所宜言，大不敬。」詔以湯有功，免為庶人，徙邊……將作大匠萬年佞邪不忠，毒瘤眾庶，與陳湯俱徙敦煌。（《資治通鑒》卷三十一，1015 頁。）

前 14 年（漢成帝永始三年）十一月，尉氏男子樊並等十三人謀反，（地理志，尉氏縣屬陳留郡。應劭曰：古獄官曰尉氏，鄭之別獄也。臣瓚曰：鄭大夫尉氏之邑，故遂以為邑名。師古曰：鄭大夫尉氏，亦以掌獄之官故為族耳；應說是也。）殺陳留太守，劫略吏民，自稱將軍；徒李譚、稱忠、鍾祖、訾順共殺並，以聞，皆封為侯。十二月，山陽鐵官徒蘇令等二百二十八人攻殺長吏，盜庫兵，自稱將軍；經郡國十九，殺東郡太守及汝南都尉。汝南太守嚴欣捕斬令等……（《資治通鑒》卷三十一，1018 頁。）

前 13 年（漢成帝永始四年）春，正月，上行幸甘泉，郊泰畤；大赦天下。（《資治通鑒》卷三十二，第 1023 頁。）

前 12 年（漢成帝元延元年）赦天下。（《資治通鑒》卷三十二，第 1025 頁。）

前 8 年（漢成帝綏和元年）春，正月，大赦天下。（《資治通鑒》卷三十二，第 1040 頁。）

前 7 年（漢成帝綏和二年）夏，四月，丙午，太子即皇帝位，謁高廟；尊皇太后曰太皇太后，皇后曰皇太后。大赦天下。（《資治通鑒》卷三十三，第 1055 頁。）

前 6 年（漢哀帝建平元年）春，正月，隕石於北地十六。赦天下。（《資治通鑒》卷三十三，第 1071 頁。）

前 6 年（漢哀帝建平元年）……宜鄉侯參、君之、習及夫、子當相坐者，或自殺，或伏法，（伏法，謂受刑而死。）凡死者十七人。眾莫不憐之。（《資治通鑒》卷三十三，第 1080 頁。）

前 5 年（漢哀帝建平二年）……上久寢疾，冀其有益，遂從賀良等議，詔大赦天下，以建平二年為太初元年……（《資治通鑒》卷三十四，第 1087 頁。）

前 5 年（漢哀帝建平二年）「……賀良等反道惑眾，奸態當窮竟。」皆下獄，伏誅。尋及解光減死一等，徙敦煌郡。（此漢法所謂減死徙邊也。減死者，罪至死而特為末減也。減死罪一等，為城旦、舂。）（《資治通鑒》卷三十四，第 1088 頁。）

前 5 年（漢哀帝建平二年）……宣等奏劾「博、玄、晏皆不道，不敬，請召詣廷尉詔獄」。上減玄死罪三等，削晏戶四分之一；（減死罪三等，為隸臣妾。晏封五千戶，削其千二百五十。）假謁者節召丞相詣廷尉，博自殺，國除。（《資治通鑑》卷三十四，第 1089 頁。）

前 2 年（漢哀帝元壽元年）是日，日有食之。上詔公卿大夫悉心陳過失；又令舉賢良、方正、能直言者各一人。大赦天下。（《資治通鑑》卷三十五，第 1109 頁。）

前 2 年（漢哀帝元壽元年）司隸鮑宣坐摧辱丞相，拒閉使者，無人臣禮，減死髡鉗。（丞相孔光四時行園陵，官屬行馳道中。宣使吏鉤止丞相掾。史，沒入其車馬，摧辱丞相。事下御史中丞。侍御史至司隸官，欲捕從事，閉門不肯內，坐以拒閉使者罪。）（《資治通鑑》卷三十五，第 1119～1120 頁。）

前 1 年（漢哀帝元壽二年）……又奏南郡太守毋將隆前為冀州牧，治中山馮太后獄，冤陷無辜，關內侯張由誣告骨肉，中太僕史立、泰山太守丁玄陷人入大辟……（《資治通鑑》卷三十五，第 1126 頁。）

前 1 年（漢哀帝元壽二年）九月，辛酉，中山王即皇帝位，大赦天下。（《資治通鑑》卷三十五，第 1128 頁。）

1 年（漢平帝元始元年）夏，五月，丁巳朔，日有食之。大赦天下。（《資治通鑑》卷三十五，第 1132 頁。）

1 年（漢平帝元始元年）詔「天下女徒已論，歸家，出雇山錢，月三百。（如淳曰：已論，罪已定也。令甲，女子犯罪，作女徒六月，雇山遣歸。說以為當於山伐木，聽使入錢雇功直，故謂之雇山。應劭曰：舊刑：鬼薪，取薪於山，以給宗廟。今使女徒出錢雇薪，故曰雇山也。師古曰：如說近之。謂女徒論罪已定，並於歸家，不親役之，但令出錢月三百以雇人也。為此恩者，所以行太皇太后之德，施惠於婦人。）……（《資治通鑑》卷三十五，第 1133 頁。）

1 年（漢平帝元始元年）秋，九月，赦天下徒。（《資治通鑑》卷三十五，第 1134 頁。）

2 年（漢平帝元始二年）秋，九月，戊申晦，日有食之，赦天下徒。（《資治通鑑》卷三十五，第 1136 頁。）

3 年（漢平帝元始三年）……宇即使寬夜持血灑莽第，門吏發覺之；莽執宇送獄，飲藥死。宇妻焉懷子，繫獄，須產子已，殺之。甄邯等白太后，下詔曰：「公居周公之位，輔成王之主，而行管、蔡之誅，不以親親害尊尊，朕甚

嘉之！」莽盡滅衛氏支屬，唯衛后在。吳章要斬，磔尸東市門。(《資治通鑒》卷三十六，第1141頁。)

3年（漢平帝元始三年）……郡國豪傑及漢忠直臣不附莽，皆誣以罪法而殺之。何武、鮑宣及王商子樂昌侯安、辛慶忌三子護羌校尉通、函谷都尉遵、水衡都尉茂、南郡太守辛伯皆坐死……(《資治通鑒》卷三十六，第1142頁。)

4年（漢平帝元始四年）二月，丁未，遣大司徒宮、大司空豐等奉乘輿法駕迎皇后於安漢公第，授皇后璽紱，入未央宮。大赦天下。(《資治通鑒》卷三十六，第1144頁。)

5年（漢平帝元始五年）……丙午，帝崩於未央宮。大赦天下……(《資治通鑒》卷三十六，第1156頁。)

新莽

7年（王莽居攝二年）……義與劉信棄軍亡，至固始界中，捕得義，尸磔陳都市；卒不得信。(《資治通鑒》卷三十六，第1163頁。)

8年（王莽始初元年）春，地震。大赦天下。(《資治通鑒》卷三十六，第1163頁。)

8年（王莽始初元年）……莽發翟義父方進及先祖糖在汝南者，燒其棺柩；夷滅三族，誅及種嗣，至皆同坑，以棘五毒並葬之……(《資治通鑒》卷三十六，第1164頁。)

8年（王莽始初元年）期門郎張充等六人謀共劫莽，立楚王。發覺，誅死。(《資治通鑒》卷三十六，第1167頁。)

9年（王莽始建國元年）初，莽娶故丞相王欣孫宜春侯咸女為妻，立以為皇后；生四男，宇、獲前誅死，安頗荒忽，乃以臨為皇太子，安為新嘉辟。封宇子六人皆為公。大赦天下。(《資治通鑒》卷三十七，第1170頁。)

9年（王莽始建國元年）……五威將奉符命，齎印綬，王侯以下及吏官名更者，外及匈奴、西域、徼外蠻夷，皆即授新室印綬，因收故漢印綬。大赦天下。(《資治通鑒》卷三十七，第1176頁。)

10年（王莽始建國二年）春，二月，赦天下。(《資治通鑒》卷三十七，第1178頁。)

12年（王莽始建國四年）春，二月，赦天下。厭難將軍陳欽、震狄將軍王巡上言：「捕得虜生口驗問，言虜犯邊者皆孝單于咸子角所為。」莽乃會諸

夷，斬咸子登於長安市。(《資治通鑒》卷三十七，1197 頁。)

14 年（王莽天鳳元年）春，正月，赦天下……三月，壬申晦，日有食之。大赦天下。(《資治通鑒》卷三十七，1201 頁。)

15 年（王莽天鳳二年）春，二月，大赦天下。(《資治通鑒》卷三十八，1205 頁。)

16 年（王莽天鳳三年）戊子晦，日有食之。大赦天下。(《資治通鑒》卷三十八，1209 頁。)

16 年（王莽天鳳三年）翟義黨王孫慶捕得，莽使太醫、尚方與巧屠共刳剝之，量度五臟，以竹筳導其脈，知所終始，云可以治病。(《資治通鑒》卷三十八，1210 頁。)

19 年（王莽天鳳六年）……徵博，下獄，以非所宜言，棄市。(《資治通鑒》卷三十八，1221 頁。)

20 年（王莽地黃元年）春，正月，乙未，赦天下；改元曰地皇，從三萬六千歲曆號也。(《資治通鑒》卷三十八，1221 頁。)

20 年（王莽地黃元年）……莽遣三公大夫逮治黨與，連及郡國豪傑數千人，皆誅死……(《資治通鑒》卷三十八，1221 頁。)

21 年（王莽地黃二年）卜者王況謂魏成大尹李焉曰：「漢家當復興，李氏為輔。」因為焉作讖書，合十餘萬言。事發，莽皆殺之。(《資治通鑒》卷三十八，1225 頁。)

21 年（王莽地黃二年）閏月，丙辰，大赦。(《資治通鑒》卷三十八，1226 頁。)

22 年（王莽地黃三年）……李通未發，事覺，亡走；父守及家屬坐死者六十四人。(《資治通鑒》卷三十八，1235 頁。)

23 年（漢淮陽王更始元年）……於是大赦，改元，以族父良為國三老……莽赦天下……(《資治通鑒》卷三十九，1240～1241 頁。)

23 年（漢淮陽王更始元年）……秋，七月，伋以其謀告莽，莽召忠詰責，因格殺之，使虎賁以斬馬劍剉忠，收其宗族，以醇醯、毒藥、白刃、叢棘並一坎而埋之；秀、涉皆自殺。莽以其骨肉、舊臣，惡其內潰，故隱其誅……(《資治通鑒》卷三十九，1245～1246 頁。)

24 年（漢淮陽王更始二年）……更始至長安，乃下詔大赦，非王莽子，他皆除其罪，於是三輔悉平。(《資治通鑒》卷三十九，1256 頁。)

24 年（漢淮陽王更始二年）　隗崔、隗義謀叛歸天水；隗囂恐並及禍，乃告之。更始誅崔、義，以囂為御史大夫。（《資治通鑒》卷三十九，1272 頁。）

東漢

25 年（漢光武帝建武元年）改元，大赦。（《資治通鑒》卷四十，1279頁。）

25 年（漢光武帝建武元年）辛未，詔封更始為淮陽王；吏民敢有賊害者，罪同大逆；其送詣吏者封列侯。（《資治通鑒》卷四十，1284 頁。）

26 年（漢光武帝建武二年）大司空王梁屢違詔命，（梁與吳漢俱擊檀鄉，詔軍事一屬漢，而梁輒發野王兵。帝以其不奉詔，敕令止在所縣，而梁復以便宜進軍，是屢違詔命也。）帝怒，遣尚書宗廣持節即軍中斬梁；廣檻車送京師。既至，赦之，以為中郎將，北守箕關。（《資治通鑒》卷四十，1296頁。）

26 年（漢光武帝建武二年）六月，戊戌，立貴人郭氏為皇后，以其子強為皇太子；大赦。（《資治通鑒》卷四十，1302 頁。）

27 年（漢光武帝建武三年）壬午，大赦。（《資治通鑒》卷四十一，1309頁。）

27 年（漢光武帝建武三年）其後樊崇、逢安反，誅……（《資治通鑒》卷四十一，1310 頁。）

27 年（漢光武帝建武三年）六月，壬戌，大赦。（《資治通鑒》卷四十一，1314 頁。）

28 年（漢光武帝建武四年）正月，甲申，大赦。（《資治通鑒》卷四十一，1316 頁。）

29 年（漢光武帝建武五年）二月，丙午，大赦。（《資治通鑒》卷四十一，1322 頁。）

29 年（漢光武帝建武五年）朱祜急攻黎丘，六月，秦豐窮困出降；檻車送洛陽。吳漢劾祜廢詔命，受豐降，上誅豐，不罪祜。（《資治通鑒》卷四十一，1330 頁。）

31 年（漢光武帝建武七年）夏，四月，壬午，大赦。（《資治通鑒》卷四十二，1353 頁。）

48 年（漢光武帝建武二十四年）春，正月，乙亥，赦天下。（《資治通鑒》卷四十四，1407 頁。）

56 年（漢光武帝建武中元元年）夏，四月，癸酉，車駕還宮；己卯，赦天下，改元。（《資治通鑑》卷四十四，1425 頁。）

59 年（漢明帝永平二年）春，正月，辛未，宗祀光武皇帝於明堂，帝及公卿列侯，始服冠冕、玉佩以行事。禮畢，登靈臺，望雲物。赦天下。（《資治通鑑》卷四十四，1433 頁。）

59 年（漢明帝永平二年）新陽侯陰就子豐尚酈邑公主。公主驕妒，豐殺之，被誅，父母皆自殺。（《資治通鑑》卷四十四，1437 頁。）

65 年（漢明帝永平八年）丙子，募死罪繫囚詣度遼營；有罪亡命者，令贖罪各有差。（《資治通鑑》卷四十五，1447 頁。）

67 年（漢明帝永平十年）夏，四月，戊子，赦天下。（《資治通鑑》卷四十五，1450 頁。）

72 年（漢明帝永平十五年）乙巳，赦天下。（《資治通鑑》卷四十五，1458 頁。）

73 年（漢明帝永平十六年）淮陽王延，性驕奢，而遇下嚴烈。有上書告「延與姬兄謝弇及姊婿韓光招姦猾，作圖讖，祠祭祝詛。」事下按驗。五月，癸丑，弇、光及司徒邢穆皆坐死，所連及死徙者甚眾。（《資治通鑑》卷四十五，1462 頁。）

75 年（漢明帝永平十八年）冬，十月，丁未，赦天下。（《資治通鑑》卷四十五，1468 頁。）

78 年（漢章帝建初三年）春，正月，己酉，宗祀明堂，登靈臺，赦天下。（《資治通鑑》卷 46，1483 頁。）

85 年（漢章帝元和二年）丙子，赦天下。（《資治通鑑》卷 47，1503 頁。）

89 年（漢和帝永元元年）……唯置弛刑徒二千餘人，分以屯田、修理塢壁而已。（《資治通鑑》卷 47，1519 頁。）竇憲嘗使門生齎書詣尚書僕射郅壽，有所請託，壽即送詔獄，前後上書，陳憲驕恣，引王莽以誡國家；又因朝會，刺譏憲等以伐匈奴、起第宅事，屬音正色，辭旨甚切。憲怒，陷壽以買公田、誹謗，下吏，當誅，何敞上疏曰：「壽機密近臣，匡救為職，若懷默不言，其罪當誅。今壽違眾正議以安宗廟，豈其私邪！臣所以觸死瞽言，非為壽也。忠臣盡節，以死為歸；臣雖不知壽，度其甘心安之。誠不欲聖朝行誹謗之誅，以傷晏晏之化，杜塞忠直，垂譏無窮。臣敢謬與機密，言所不宜，罪名明白，當填牢獄，先壽僵仆，萬死有餘。」書奏，壽得減死論，徙合浦，未行，自

殺。壽，憚之子也。（《資治通鑒》卷 47，1521 頁。）

90 年（漢和帝永元二年）春，正月，丁丑，赦天下。（《資治通鑒》卷 47，1524 頁。）

93 年（漢和帝永元五年）春，正月，乙亥，宗祀明堂，登靈臺，赦天下。（《資治通鑒》卷 48，1537 頁。）

96 年（漢和帝永元八年）冬，十月，乙丑，北海王威以非敬王子，又坐誹謗，自殺。（《資治通鑒》卷 48，1545 頁。）

99 年（漢和帝永元十一年）夏，四月，丙寅，赦天下。（《資治通鑒》卷 48，1550 頁。）

102 年（漢和帝永元十四年）三月，戊辰，臨辟雍饗射，赦天下。（《資治通鑒》卷 48，1553 頁。）

105 年（漢和帝元興元年）夏，四月，庚午，赦天下，改元。（《資治通鑒》卷 48，1561 頁。）

106 年（漢殤帝延平元年）五月，辛卯，赦天下。（《資治通鑒》卷 49，1564 頁。）

107 年（漢安帝永初元年）春，正月，癸酉朔，赦天下。（《資治通鑒》卷 49，1568 頁。）

107 年（漢安帝永初元年）丁卯，赦除諸羌相連結謀叛逆者罪。（《資治通鑒》卷 49，1570 頁。）

109 年（漢安帝永初三年）春，正月，庚子，皇帝加元服，赦天下。（《資治通鑒》卷 49，1577 頁。）

110 年（漢安帝永初四年）……單于脫帽徒跣，對龐雄等拜陳，道死罪，於是赦之，遇待如初，乃還所鈔漢民男女及羌所略轉賣入匈奴中者合萬餘人。（《資治通鑒》卷 49，1584 頁。）

110 年（漢安帝永初四年）丁丑，赦天下。（《資治通鑒》卷 49，1585 頁。）

111 年（漢安帝永初五年）夏，閏四月，丁酉，赦涼州、河西四郡。（《資治通鑒》卷 49，1588 頁。）

112 年（漢安帝永初六年）辛巳，赦天下。（《資治通鑒》卷 49，1589 頁。）

114 年（漢安帝元初元年）夏，四月，丁酉，赦天下。（《資治通鑒》卷 49，

1590 頁。）

117 年（漢安帝元初四年）乙卯，赦天下。（《資治通鑑》卷 50，1597 頁。）

117 年（漢安帝元初四年）司空袁敞，廉勁不阿權貴，失鄧氏旨。尚書郎張俊有私書與敞子俊，怨家封上之。夏，四月，戊申，敞坐策免，自殺；俊等下獄當死。俊上書自訟；臨刑，太后詔以減死論。（《資治通鑑》卷 50，1598 頁。）

117 年（漢安帝元初四年）尹就坐不能定益州，徵抵罪……（《資治通鑑》卷 50，1598 頁。）

118 年（漢安帝元初五年）……任尚與遵爭功，又坐詐增首級、受賕枉法贓千萬已上，十二月，檻車徵尚，棄市，沒入財物。鄧騭子侍中鳳嘗受尚馬，騭髡妻及鳳以謝罪。（《資治通鑑》卷 50，1600 頁。）

119 年（漢安帝元初六年）……（楊）竦因奏長吏姦猾，侵犯蠻夷者九十人，皆減死論。（《資治通鑑》卷 50，1602 頁。）

120 年（漢安帝永寧元年）夏，四月，丙寅，立皇子保為太子，改元，赦天下。（《資治通鑑》卷 50，1606 頁。）

121 年（漢安帝建光元年）二月，皇太后寢疾，癸亥，赦天下。（《資治通鑑》卷 50，1608 頁。）

121 年（漢安帝建光元年）……成翊世以郡吏亦坐諫太后不歸政抵罪……（《資治通鑑》卷 50，1609 頁。）

121 年（漢安帝建光元年）……帝聞，追怒，令有司奏悝等大逆無道，遂廢西平侯廣宗、葉侯廣德、西華侯忠、陽安侯珍、都鄉侯甫德皆為庶人……（《資治通鑑》卷 50，1612 頁。）

121 年（漢安帝建光元年）秋，七月，己卯，改元，赦天下。（《資治通鑑》卷 50，1616 頁。）

121 年（漢安帝建光元年）甲子，以前司徒劉愷為太尉。初，清河相叔孫光坐贓抵罪，遂增禁錮二世。至是，居延都尉范邠復犯贓罪，朝廷欲依光比；劉愷獨以「《春秋》之義，善善及子孫，惡惡止其身，所以進人於善也。如今使贓吏禁錮子孫，以輕從重，懼及善人，非先王詳刑之意也。」（《左傳》曰：刑濫則懼及善人。鄭玄曰：詳，審察也。）忠亦以為然。有詔：「太尉議是。」（《資治通鑑》卷 50，1617 頁。）

閆按：這是東漢時非常重要的關於判刑的討論，同時又包含「判例法」「比」的內容。

122 年（漢安帝延光元年）春，三月，丙午，改元，赦天下。（《資治通鑒》卷 50，1619 頁。）

122 年（漢安帝延光元年）幽州刺史馮煥、玄菟太守姚光數糾發姦惡，怨者詐作璽書，譴責煥、光，賜以歐刀，（賢曰：歐刀，刑人之刀也。）又下遼東部尉龐奮，使速行刑；奮即斬光；收煥，煥欲自殺；其子緄疑詔文有異，止煥曰：「大人在州，志欲去惡，實無他故。必是凶人妄詐，規肆姦毒。願以事自上，甘罪無晚。」煥從其言，上書自訟，果詐者所為，徵奮，抵罪。（《資治通鑒》卷 50，1620 頁。）

125 年（漢安帝延光四年）九（六）月，乙巳，赦天下。（《資治通鑒》卷 51，1636 頁。）

126 年（漢順帝永建元年）甲寅，赦天下。（《資治通鑒》卷 51，1641 頁。）

129 年（漢順帝永建四年）春，正月，丙寅，赦天下。（《資治通鑒》卷 51，1652 頁。）

130 年（漢順帝永建五年）定遠侯班超之孫始尚帝姑陰城公主。主驕淫無道；始積忿怒，伏刃殺主。冬，十月，乙亥，始坐腰斬，同產皆棄市。（《資治通鑒》卷 51，1655 頁。）

132 年（漢順帝陽嘉元年）庚寅，赦天下，改元。（《資治通鑒》卷 51，1657 頁。）

133 年（漢順帝陽嘉二年）……後（龐）參夫人疾前妻子，投於井而殺之；洛陽令祝良奏參罪。（《資治通鑒》卷 51，1672 頁。）

134 年（漢順帝陽嘉三年）五月，戊戌，詔以春夏連旱，赦天下。（《資治通鑒》卷 52，1673 頁。）

136 年（漢順帝永和元年）春，正月，己巳，改元，赦天下。（《資治通鑒》卷 52，1678 頁。）

139 年（漢順帝永和四年）戊午，赦天下。（《資治通鑒》卷 52，1685 頁。）

142 年（漢順帝漢安元年）春，正月，癸巳，赦天下，改元。（《資治通鑒》卷 52，1693 頁。）

144 年（漢順帝建康元年）辛巳，立皇子炳為太子，改元，赦天下。（《資治通鑑》卷 52，1698 頁。）

145 年（漢沖帝永嘉元年）二月，乙酉，赦天下。（《資治通鑑》卷 52，1702 頁。）

145 年（漢沖帝永嘉元年）滕撫進擊張嬰，冬，十一月，丙午，破嬰，斬獲千餘人。丁未，中郎將趙序坐畏懦、詐增首級，棄市。（《資治通鑑》卷 52，1703 頁。）

146 年（漢質帝本初元年）六月，丁巳，赦天下。（《資治通鑑》卷 53，1706 頁。）

147 年（漢桓帝建和元年）戊午，赦天下。（《資治通鑑》卷 53，1709 頁。）

147 年（漢桓帝建和元年）十一月，清河劉文與南郡妖賊劉鮪交通，妄言「清河王當統天下」，欲共立蒜。事覺，文等遂劫清河相謝暠曰：「當立王為天子，以暠為公。」暠罵之，文刺殺暠。於是捕文、鮪，誅之。有司劾奏蒜；坐貶爵為尉氏侯，徙桂陽，自殺。（《資治通鑑》卷 53，1712 頁。）

147 年（漢桓帝建和元年）（梁）冀暴固、喬尸於城北四衢，令：「有敢臨者加其罪。」固弟子汝南郭亮尚未冠，左提章、鉞，右秉鈇鑕，詣闕上書，乞收固尸，不報；與南陽董班俱往臨哭，守喪不去。夏門亭長呵之曰：「卿曹何等腐生！公犯詔書，欲干試有司乎！」亮曰：「義之所動，豈知性命！何為以死相懼邪！」太后聞之，皆赦不誅。杜喬故掾陳留楊匡，號泣星行，到洛陽，著故赤幘，託為夏門亭吏，守護尸喪，積十二日；都官從事執之以聞，（都官從事，司隸校尉之屬官也，掌舉中都官非法者。）太后赦之。匡因詣闕上書，並乞李、杜二公骸骨，使得歸葬，太后許之。匡送喬喪還家，葬訖，行服，遂與郭亮、董班皆隱匿，終身不仕。（《資治通鑑》卷 53，1713 頁。）

148 年（漢桓帝建和二年）春，正月，甲子，帝加元服。庚午，赦天下。（《資治通鑑》卷 53，1714 頁。）

150 年（漢桓帝和平元年）春，正月，甲子，赦天下，改元。（《資治通鑑》卷 53，1717 頁。）

151 年（漢桓帝元嘉元年）癸酉，赦天下，改元。（《資治通鑑》卷 53，1721 頁。）

153 年（漢桓帝永興元年）夏，四月，丙申，赦天下，改元……秋，七月，

郡、國三十二蝗，河水溢。百姓饑窮流贖者數十萬戶，冀州尤甚。詔以侍御史朱穆為冀州刺史。冀部令長聞穆濟河，解印綬去者四十餘人。及到，奏劾諸郡貪污者，有至自殺，或死獄中。宦者趙忠喪父，歸葬安平，僭為玉匣；穆下郡案驗，吏畏其嚴，遂發墓剖棺，陳尸出之。帝聞，大怒，徵穆詣廷尉，輸作左校。（不以趙忠玉匣為僭，而以朱穆發墓為罪，昏暗之君豈有真是非哉！賢曰：左校，署名，屬將作，掌左工徒。）太學書生潁川劉陶等數千闕上書訟穆曰：「伏見弛刑徒朱穆，處公憂國，拜州之日，志清奸惡。誠以常侍貴寵，父子兄弟佈在州郡，競為虎狼，噬食小民，故穆張理天綱，補綴漏目，羅取殘禍，以塞天意。由是內官咸共恚疾，謗讟煩興，讒隙仍作，極其刑瑀，輸作左校。天下有識，皆以穆同勤禹、稷而被共、鯀之戾，若死者有知，則唐帝怒於崇山，重華忿於蒼墓矣！當今中官近習，竊持國柄，手握王爵，口銜天憲，（天憲，王法也；謂刑戮出於其口也。）運賞則使餓隸富於季孫，呼吸則令伊、顏化為桀、跖；而穆獨亢然不顧身害，非惡榮而好辱，惡生而好死也，徒感王綱之不攝，懼天綱之久失，故竭心懷憂，為上深計。臣願黥首繫趾，（賢曰：黥首，謂鑿額涅墨也。繫趾，謂鈦其足也。以鐵著足曰鈦。）代穆輸作。」帝覽其奏，乃赦之。（《資治通鑒》卷53，1728～1729頁。）

154年（漢桓帝永興二年）春，正月，甲午，赦天下。（《資治通鑒》卷53，1730頁。）

155年（漢桓帝永壽元年）春，正月，戊申，赦天下，改元。（《資治通鑒》卷53，1731頁。）

156年（漢桓帝永壽二年）初，鮮卑寇遼東，屬國都尉段熲率所領馳赴之。既而恐賊驚去，乃使驛騎詐齎璽書召熲，熲於道偽退，潛於還路設伏；虜以為信然，乃入追熲，熲因大縱兵，悉斬獲之。坐訪為璽書，當伏重刑；以有功，論司寇；刑竟，拜議郎。（司寇，二歲刑。）（《資治通鑒》卷53，1734～1735頁。）

157年（漢桓帝永壽三年）春，正月，已未，赦天下。（《資治通鑒》卷54，1736頁。）

158年（漢桓帝延熹元年）六月，戊寅，赦天下，改元。（《資治通鑒》卷54，1739頁。）

159年（漢桓帝延熹二年）……遼東太守侯猛初拜，不謁冀，冀託以他事腰斬之……（《資治通鑒》卷54，1743頁。）

159 年（漢桓帝延熹二年）……（梁）不疑、蒙先卒。悉收梁氏、孫氏中外宗親送詔獄，無少長皆棄市；他所連及公卿、列校、刺史、二千石，死者數十人。太尉胡廣、司徒韓演、司空孫朗皆坐阿附梁冀，不衛宮，止長壽亭，減死一等，免為庶人。（《資治通鑑》卷 54，1746 頁。）

159 年（漢桓帝延熹二年）詔復以陳蕃為光祿勳，楊秉為河南尹。單超兄子匡為濟陰太守，負勢貪放。兗州刺史第五種使從事衛羽案之，（《百官志》：十二州刺史皆有從事史，員職略與司隸同，無都官從事；其功曹從事為治中從事；其部郡國從事，每郡國各一人，主督促文書，察舉非法：皆州自辟除，通為百石。）得臧五六千萬，種即奏匡，並以劾超。匡窘迫，略客任方刺羽。羽覺其姦，捕方，囚繫洛陽。匡慮楊秉窮竟其事，密令方等突獄亡走。尚書召秉詰責，秉對曰：「方等無狀，釁由單匡，乞檻車徵匡，考覈其事，則奸慝蹤緒，必可立得。」秉竟坐論作左校。（《資治通鑑》卷 54，1752～1753 頁。）

160 年（漢桓帝延熹三年）春，正月，丙申，赦天下，詔求李固後嗣。（《資治通鑑》卷 54，1755 頁。）

161 年（漢桓帝延熹四年）己酉，赦天下。（《資治通鑑》卷 54，1758 頁。）

162 年（漢桓帝延熹五年）冬十月，武陵蠻反，寇江陵，南郡太守李肅奔走，主簿胡爽扣馬首諫曰：「蠻夷見郡無儆備，故敢乘間而進。明府為國大臣，連城千里，舉旗鳴鼓，應聲十萬，奈何委符守之重，而為逋逃之人乎！」肅拔刃向爽曰：「掾促去！太守今急，何暇此計！」爽抱馬固諫，肅遂殺爽而走。帝聞之，徵肅，棄市；度、暧減死一等；復爽門閭，拜家一人為郎。（《資治通鑑》卷 54，1762 頁。）

163 年（漢桓帝延熹六年）三月，戊戌，赦天下。（《資治通鑑》卷 54，1765 頁。）

165 年（漢桓帝延熹八年）三月，辛巳，赦天下。（《資治通鑑》卷 55，1780 頁。）

166 年（漢桓帝延熹九年）山陽太守翟超以郡人張儉為東部督郵。侯覽家在防東，殘暴百姓；覽喪母還家，大起塋冢。儉舉奏覽罪，而覽伺候遮截。章竟不上。儉，遂破覽冢宅，藉沒資財，具奏其狀，復不得御。（《考異》曰：袁紀：「儉行部下平陵，逢覽母。儉按劍怒曰：『何等女子干督郵，此非賊邪！』」

使吏卒收覽母，殺之，追擒覽家屬、賓客，死者百餘人，皆僵屍道路，伐其園宅，井堙木刊，雞犬器物，悉無（餘）類。」《苑康傳》亦云：「覽喪母還家。」陳蕃傳云：「翟超沒入侯覽財產、坐髡鉗。」皆不云儉殺其母。若果殺之，則苑康不止徙日南也。《侯覽傳》又云：「建寧二年喪母，蓋以誅黨人在其年，致此誤耳。」）徐璜兄子宣為下邳令，暴虐尤甚。嘗求故汝南太守李暠女不能得，遂將吏卒至暠家，載其女歸，戲射殺之。東海相汝南黃浮聞之，收宣家屬，無少長，悉考之。掾史以下固爭，浮曰：「徐宣國賊，今日殺之，明日坐死，足以瞑目矣！」即案宣罪棄市，暴其尸。於是宦官訴冤於帝，帝大怒，超、浮並坐髡鉗，輸作左校。（《資治通鑒》卷 55，1789 頁。）

166 年（漢桓帝延熹九年）……尚書承旨，奏：「楷不正辭理，而違背經藝，假借星宿，造合私意，誣上罔事，請下司隸正楷罪法，收送洛陽獄。」帝以楷言雖激切，然皆天下文恒象之數，故不誅；猶司寇論刑。（《資治通鑒》卷 55，1793 頁。）

167 年（漢桓帝永康元年）……李膺等又多引宦官子弟，宦官懼，請帝以天時宜赦。六月，庚申，赦天下，改元；黨人二百餘人皆歸田里，書名三府，禁錮終身。（《資治通鑒》卷 56，1799 頁。）

168 年（漢靈帝建寧元年）辛未，赦天下。（《資治通鑒》卷 56，1803 頁。）

168 年（漢靈帝建寧元年）……於是（竇）武軍稍稍歸甫，自旦至食時，兵降略盡。武、紹走，諸軍追圍之，皆自殺，梟首洛陽都亭；收捕宗親賓客姻屬，悉誅之，及侍中劉瑜、屯騎校尉馮述，皆夷其族。宦官又譖虎賁中郎將河間劉淑、故尚書會稽魏朗，云與武等通謀，皆自殺。遷皇太后於南宮，徙武家屬於日南；自公節以下嘗為蕃、武所舉者及門生故吏，皆免官禁錮。議郎勃海巴肅，始與武等同謀，曹節等不知，但坐禁錮，後乃知而收之。肅自載詣縣，縣令見肅，入合，解印綬，欲與俱去。肅曰：「為人臣者，有謀不敢隱，有罪不逃刑，既不隱其謀矣，又敢逃其刑乎！」遂被誅。（《資治通鑒》卷 56，1812 頁。）

169 年（漢靈帝建寧二年）春，正月，丁丑，赦天下。（《資治通鑒》卷 56，1813 頁。）

171 年（漢靈帝建寧四年）春，正月，甲子，帝加元服，赦天下，唯黨人不赦。（《資治通鑒》卷 56，1825 頁。）

172 年（漢靈帝建熙平元年）五月，己巳，赦天下，改元。長樂太僕侯覽坐專權驕奢，策收印綬，自殺。（《資治通鑒》卷 57，1828 頁。）

172 年（漢靈帝建熙平元年）有人書朱雀闕，言：「天下大亂，曹節、王甫幽殺太后，公卿皆尸祿，無忠言者。」詔司隸校尉劉猛逐捕，十日一會。猛以誹書言直，不肯急捕。月餘，主名不意；猛坐左轉諫議大夫，以御史中丞段潁代之。潁乃四出逐捕，及太學遊生繫者千餘人。節等又使潁以他事奏猛，論輸左校。（《資治通鑒》卷 57，1830 頁。）

173 年（漢靈帝建熙平二年）二月，壬午，赦天下。（《資治通鑒》卷 57，1832 頁。）

174 年（漢靈帝建熙平三年）春，二月，己巳，赦天下。（《資治通鑒》卷 57，1833 頁。）

175 年（漢靈帝建熙平四年）五月，丁卯，赦天下。（《資治通鑒》卷 57，1837 頁。）

176 年（漢靈帝建熙平五年）夏，四月，癸亥，赦天下。（《資治通鑒》卷 57，1838 頁。）

177 年（漢靈帝建熙平六年）春，正月，辛丑，赦天下。（《資治通鑒》卷 57，1839 頁。）

177 年（漢靈帝建熙平六年）……先是護羌校尉田晏坐事論刑，被原，欲立功自效，乃請中常侍王甫求得為將……（《資治通鑒》卷 57，1842 頁。）

178 年（漢靈帝光和元年）三月，辛丑，赦天下，改元。（《資治通鑒》卷 57，1845 頁。）

179 年（漢靈帝光和二年）丁酉，赦天下。（《資治通鑒》卷 57，1855 頁。）

180 年（漢靈帝光和三年）春，正月，癸酉，赦天下。（《資治通鑒》卷 57，1856 頁。）

181 年（漢靈帝光和四年）夏，四月，庚子，赦天下。（《資治通鑒》卷 58，1859 頁。）

182 年（漢靈帝光和五年）春，正月，辛未，赦天下。（《資治通鑒》卷 58，1862 頁。）

183 年（漢靈帝光和六年）春，三月，辛木，赦天下。（《資治通鑒》卷 58，1864 頁。）

184 年（漢靈帝中平元年）春，（張）角子濟南唐周上書告之。於是收馬元義，車裂於洛陽。詔三公、司隸按驗宮省直衛及百姓有事角道者，誅殺千餘人；下冀州逐捕角等……（《資治通鑒》卷 58，1865 頁。）

184 年（漢靈帝中平元年）……壬子，赦天下黨人，還諸徙者；（謂黨人妻子徙邊者也。）唯張角不赦。（《資治通鑒》卷 58，1866 頁。）

184 年（漢靈帝中平元年）……豐，還言於帝曰：「廣宗賊易破耳，盧中郎固壘息軍，以待天誅。」帝怒，檻車徵植，減死一等；遣東中郎將隴西董卓代之。（《資治通鑒》卷 58，1871～1872 頁。）

184 年（漢靈帝中平元年）九月，安平王續坐不道，誅，國除。初，續為黃巾所虜，國人贖之得還，朝廷議覆其國。議郎李燮曰：「續守藩不稱，損辱聖朝，不宜復國。」朝廷不從。燮坐謗毀宗室，輸作左校……（《資治通鑒》卷 58，1872 頁。）

184 年（漢靈帝中平元年）十二月，己巳，赦天下，改元。（《資治通鑒》卷 58，1875 頁。）

184 年（漢靈帝中平元年）豫州刺史太原王允破黃巾，得張讓賓客書，與黃巾交通，上之。上責怒讓；讓叩頭陳謝，竟亦不能罪也。讓由是以事中允，遂傳下獄，會赦，還為刺史；旬日間，復以他罪被捕。楊賜不欲使更楚辱，遣客謝之曰：「君以張讓之事，故一月再徵，凶慝難量，幸為深計！」諸從事好氣決者，共流涕奉藥而進之。允厲聲曰：「吾為人臣，獲罪於君，當伏大辟以謝天下，豈有乳藥求死乎！」投杯而起，出就檻車。既至，大將軍進與楊賜、袁隗共上疏請之，得減死論。（《資治通鑒》卷 58，1876 頁。）

186 年（漢靈帝中平三年）庚戌，赦天下。（《資治通鑒》卷 58，1882 頁。）

187 年（漢靈帝中平四年）春，正月，己卯，赦天下。（《資治通鑒》卷 58，1884 頁。）

188 年（漢靈帝中平五年）春，正月，丁酉，赦天下。（《資治通鑒》卷 59，1887 頁。）

189 年（漢靈帝中平六年）戊午，皇子辯即皇帝位，年十四。尊皇后曰皇太后。太后臨朝。赦天下，改元為光熹。（《資治通鑒》卷 59，1894 頁。）

189 年（漢靈帝中平六年）是日，帝還宮，赦天下，改光熹為昭寧。（《資治通鑒》卷 59，1902 頁。）

189 年（漢靈帝中平六年）……乃遷太后於永安宮。赦天下，改昭寧為永漢。（《資治通鑑》卷 59，1904 頁。）

190 年（漢獻帝初平元年）辛亥，赦天下。（《資治通鑑》卷 59，1909 頁。）

191 年（漢獻帝初平二年）春，正月，辛丑，赦天下。（《資治通鑑》卷 60，1918 頁。）

191 年（漢獻帝初平二年）太史望氣，言當有大臣戮死者；董卓使人誣衛尉張溫與袁術交通，冬，十月，壬戌，笞殺溫於市以應之。（《資治通鑑》卷 60，1925 頁。）

192 年（漢獻帝初平三年）春，正月，丁丑，赦天下。（《資治通鑑》卷 60，1931 頁。）

192 年（漢獻帝初平三年）……王允扶帝上宣平門避兵，傕等於城門下伏地叩頭，帝謂傕等曰：「卿等放兵縱橫，欲何為乎？」傕等曰：「董卓忠於陛下，而無故為呂布所殺，臣等為卓報仇，非敢為逆也。請事畢詣廷尉受罪。」傕等圍門樓，共青請司徒王允出，問「太師何罪？」允窮蹙，乃下見之。己未，赦天下，以李傕為揚武將軍，郭汜為揚烈將軍，樊稠等皆為中郎將。傕等收司隸校尉黃琬，殺之。（《資治通鑑》卷 60，1938 頁。）

193 年（漢獻帝初平四年）丁卯，赦天下。（《資治通鑑》卷 60，1942 頁。）

194 年（漢獻帝興平元年）春，正月，辛酉，赦天下。（《資治通鑑》卷 61，1949 頁。）

195 年（漢獻帝興平二年）春，正月，癸丑，赦天下。（《資治通鑑》卷 61，1959 頁。）

195 年（漢獻帝興平二年）……張超自殺，操夷其三族。（《資治通鑑》卷 61，1975 頁。）

196 年（漢獻帝建安元年）春，正月，癸酉，大赦，改元。（《資治通鑑》卷 62，1979 頁。）

196 年（漢獻帝建安元年）丁丑，大赦。（《資治通鑑》卷 62，1981 頁。）

197 年（漢獻帝建安二年）……（呂）布亦怨術初不已受也，女已在塗，乃追還絕昏，械送韓胤，梟首許布。（《資治通鑑》卷 62，1997 頁。）

197 年（漢獻帝建安二年）陽安都尉江夏李通妻伯父犯法，儼收治，致

之大辟。時殺生之柄，決於牧守，通妻子號泣以請其命。通曰：「方與曹公戮力，義不以私廢公！」嘉儼執憲不阿，與為親交。（《資治通鑑》卷 62，2002頁。）

200 年（漢獻帝建安五年）春，正月，董承謀泄，壬子，曹操殺承及王服、種輯，皆夷三族。（《資治通鑑》卷 63，2024 頁。）

200 年（漢獻帝建安五年）……（袁）術求救於操，操不救。遂屠其城，梟術首，徙其部曲二萬餘人。（《資治通鑑》卷 63，2039 頁。）

207 年（漢獻帝建安十二年）……（曹）操梟（袁）尚首，令三軍：「敢有哭之者斬！」……（《資治通鑑》卷 65，2073 頁。）

208 年（漢獻帝建安十三年）……平北都尉呂蒙勒前鋒，親梟（陳）就首……（《資治通鑑》卷 65，2078 頁。）

208 年（漢獻帝建安十三年）壬子，太中大夫孔融棄市。（《資治通鑑》卷65，2081 頁。）

212 年（漢獻帝建安十七年）夏，五月，癸未，誅衛尉馬騰，夷三族。（《資治通鑑》卷 66，2113 頁。）

219 年（漢獻帝建安二十四年）……九月，（魏）諷潛結徒黨，與長樂衛尉陳禕謀襲鄴；未及期，禕懼而告之。太子丕誅諷，連坐死者數千人，鍾繇坐免官。（《資治通鑑》卷 68，2162 頁。）

219 年（漢獻帝建安二十四年）……（楊）脩豫作答教十餘條，敕門下，於是教裁出，答已入；操怪其捷，惟問，始泄。操亦以脩袁術之甥，惡之，乃發脩前後漏泄言教，交關諸侯，（以脩豫作答教，謂之漏泄；與植往來，謂之交關諸侯。）收殺之。（《資治通鑑》卷 68，2162 頁。）

五、軍事法律

戰國

前 317 年（周慎靚王四年）秦敗韓師於修魚，斬首八萬級……（《資治通鑑》卷三，82 頁。）

前 312 年（周赧王三年）楚師大敗，斬甲士八萬，虜屈匄及列侯、執圭七十餘人……（《資治通鑑》卷三，92 頁。）

前 307 年（周赧王八年）因大悉起兵以佐甘茂，斬首六萬……（《資治通鑑》卷三，103 頁。）

前 300 年（周赧王十五年）秦華陽君伐楚，大破楚師，斬首三萬……（《資治通鑑》卷三，110 頁。）

前 298 年（周赧王十七年）秦王怒，發兵出武關擊楚，斬首五萬……（《資治通鑑》卷三，113 頁。）

前 293 年（周赧王二十二年）韓公孫喜、魏人伐秦。穰侯薦左更白起於秦王以代向壽將兵，敗魏師、韓師於伊闕，斬首二十四萬級……（《資治通鑑》卷四，120 頁。）

前 280 年（周赧王三十五年）秦白起敗趙軍，斬首二萬……（《資治通鑑》卷四，134 頁。）

前 275 年（周赧王四十年）……穰侯大破之，斬首四萬……（《資治通鑑》卷四，147 頁。）

前 274 年（周赧王四十一年）……秦穰侯伐魏，拔四城，斬首四萬。（《資治通鑑》卷四，147 頁。）

前 270 年（周赧王四十五年）……令軍中曰：「有以軍事諫者死！」……趙軍中候有一人言急救武安，趙奢立斬……（《資治通鑑》卷五，156 頁。）

前 264 年（周赧王五十一年）秦武安君伐韓，拔九城，斬首五萬。（《資治通鑑》卷五，165 頁。）

前 260 年（周赧王五十五年）……前後斬首虜四十五萬人；趙人大震……（《資治通鑑》卷五，170 頁。）

前 256 年（周赧王五十九年）秦將軍摎伐韓，取陽城、負黍，斬首四萬。伐趙，取二十餘縣，斬首虜九萬……（《資治通鑑》卷五，185 頁。）

秦

前 245 年（秦始皇二年）麃公將卒攻卷，斬首三萬。（《資治通鑑》卷六，204 頁。）

前 244 年（秦始皇三年）……為約曰：「匈奴即入盜，急入收保。有敢捕虜者斬！」……（《資治通鑑》卷六，206 頁。）

前 234 年（秦始皇十三年）桓齮伐趙，敗趙將扈輒於平陽，斬首十萬……（《資治通鑑》卷六，219 頁。）

前 214 年（秦始皇三十三年）發諸嘗逋亡人、贅婿、賈人為兵，（賈誼曰：秦人家貧子壯則出贅。師古曰：謂之贅婿，言其不當出在妻家，猶人身之有肬贅也。轉貨販易者為商，坐市販賣者為賈。）……（《資治通鑑》卷

七，242頁。）

西漢

前 206 年（漢高祖元年）……於是楚軍夜擊坑秦卒二十餘萬人新安城南。（《資治通鑒》卷九，300頁。）

前 201 年（漢高祖六年）冒頓乃作鳴鏑，習勒其騎射。令曰：「鳴鏑所射而不悉射者，斬之！」冒頓乃以鳴鏑自射其善馬，既又射其愛妻；左右或不敢射者，皆斬之。最後以鳴鏑射單于善馬。左右皆射之……（《資治通鑒》卷十一，372頁。）

前 181 年（漢呂后七年）是時，諸呂擅權用事；朱虛侯章，年二十，有氣力，忿劉氏不得職。嘗入侍太后燕飲，太后令章為酒吏。章自請曰：「臣將種也，請得以軍法行酒。」太后曰：「可」酒酣，章請為耕田歌；太后許之。章曰：「深耕概種，立苗欲疏；非其種者，鋤而去之！」太后默然。頃之，諸呂有一人醉，亡酒，章追，拔劍斬之而還，報曰：「有亡酒一人，臣謹行法斬之！」（師古曰：亡酒，避酒而逃亡也。）太后左右皆大驚，業已許其軍法，無以罪也；因罷。（《資治通鑒》卷十三，427頁。）

前 158 年（漢文帝後六年）……上自勞軍，至霸上及棘門軍，直馳入，將以下騎送迎^已而之細柳軍，軍士吏被甲，銳兵刃，彀弓弩持滿，天子先驅至，不得入。先驅曰：「天子且至！」軍門都尉曰：「將軍令曰：『軍中聞將軍令，不聞天子之詔。』」居無何，上至，又不得入。於是上乃使使持節詔將軍：「吾欲入營勞軍。」亞夫乃傳言「開壁門。」壁門士請車騎曰：「將軍約：軍中不得馳驅。」於是天子乃按轡徐行。至營，將軍亞夫持兵揖曰：「介冑之士不拜，請以軍禮見。」天子為動，改容，式車，使人稱謝：「皇帝敬勞將軍。」成禮而去……（《資治通鑒》卷十五，507頁。）

前 130 年（漢武帝元光五年）……作者數萬人，士卒多物故，有逃亡者；用軍興法誅其渠率……（《資治通鑒》卷十八，589頁。）

前 123 年（漢武帝元朔六年）議郎周霸曰：「自大將軍出，未嘗斬裨將。今建棄軍，可斬，以明將軍之威。」軍正閎、長史安曰：「不然。（凡軍行置軍正，掌舉軍法以正軍中。軍法曰：正無屬將軍，將軍有罪以聞。劉昭志：大將軍長史秩千石。如淳曰：律：都軍官長史一人。）……（《資治通鑒》卷十九，620頁。）

前 112 年（漢武帝元鼎五年）……皆將罪人，江、淮以南樓船十萬人。

越馳義侯遣別將巴、蜀罪人，發夜郎兵，下牂柯江，咸會番禺。（《資治通鑑》卷二十，669 頁。）

前 111 年（漢武帝元鼎六年）……漢乃發巴、蜀罪人當擊南越者八校尉……（《資治通鑑》卷二十，672 頁。）

前 109 年（漢武帝元封二年）上募天下死罪為兵，遣樓船將軍楊僕從齊浮渤海……（《資治通鑑》卷二十一，685 頁。）

前 105 年（漢武帝元封六年）……為所殺，奪幣物。於是天子赦京師亡命，令從軍，遣拔胡將軍郭昌將以擊之，斬首數十萬……（《資治通鑑》卷二十一，695 頁。）

前 102 年（漢武帝太初三年）……赦囚徒，發惡少年及邊騎，歲餘而出敦煌者六萬人……而發天下吏有罪者、亡命者及贅婿、賈人、故有市籍、父母大父母有市籍者凡七科，適為兵……（《資治通鑑》卷二十一，704～705頁。）

前 97 年（漢武帝天漢四年）發天下七科謫（張晏曰：吏有罪，一；亡命，二；贅婿，三；賈人，四；故有市籍，五；父母有市籍，六；大父母有市籍，七；凡七科也。）及勇敢士……（《資治通鑑》卷二十二，721 頁。）

前 91 年（漢武帝徵和二年）……太子亦遣使者矯制赦長安中都官囚徒，命少傅石德及賓客張光等分將；使長安囚如侯持節發長水及宣曲胡騎，皆以裝會。侍郎馬通使長安，因追捕如侯，告胡人曰：「節有詐，勿聽也！」遂斬如侯，引騎入長安……（《資治通鑑》卷二十二，730 頁。）

前 80 年（漢昭帝元鳳元年）春，武都氐人反，遣執金吾馬適建、龍頟侯韓增、大鴻臚田廣明將三輔、太常徒，皆免刑，擊之。（《資治通鑑》卷二十三，760 頁。）

前 67 年（漢宣帝地節三年）是歲，侍郎會稽鄭吉與校尉司馬憙，將免刑罪人田渠犁，積穀，（罪人免其刑，使屯田。）發城郭諸國兵萬餘人……（《資治通鑑》卷二十五，815 頁。）

前 33 年（漢元帝竟寧元年）……陳湯素貪，所鹵獲財物入塞，多不法。（師古曰：不法者，私自取之，不依軍法。余謂不法者，以外國財物闌入邊關也。）司隸校尉移書道上，（移書所過道上郡縣也。）繫吏士，按驗之……於是天子下詔赦延壽、湯罪勿治，令公卿議封焉。議者以為宜如軍法捕斬單于令……（《資治通鑑》卷二十九，946、949 頁。）

閆按：此中較為關注於漢代軍隊中的犯法行為，司隸校尉是移交軍隊所過地方政府，這是個值得關注的問題，非常的有意思，探討古代軍事法律是否獨立問題？有助於對當今的軍事法庭、軍隊腐敗問題提供歷史借鑒。

前 22 年（漢成帝陽朔三年）夏，六月，潁川鐵官徒申屠聖等百八十人殺長吏，盜庫兵，自稱將軍，經歷九郡。遣丞相長史、御史中丞逐捕，以軍興從事，（師古曰：逐捕之事，須有發興，皆依軍法。）皆伏辜。（《資治通鑒》卷三十一，989 頁。）

前 17 年（漢成帝鴻嘉四年）冬，以河東都尉趙護為廣漢太守，發郡中及蜀郡合三萬人擊之，或相捕斬除罪；（師古曰：賊黨相捕斬，赦其本罪。）旬月平。（《資治通鑒》卷三十一，997 頁。）

新莽

10 年（王莽始建國二年）……使者馳傳督趣，以軍興法從事……（《資治通鑒》卷三十七，1187 頁。）

19 年（王莽天鳳六年）……莽乃大募天下丁男及死罪囚、吏民奴，名曰豬突、豨勇，以為銳卒……（《資治通鑒》卷三十八，1219 頁。）

20 年（王莽地黃元年）莽下書曰：「方出軍行師，敢有趨讙犯法者輒論斬，毋須時！」於是春、夏斬人都市，百姓震懼，道路以目。（《資治通鑒》卷三十八，1221 頁。）

23 年（漢淮陽王更始元年）……莽赦城中囚徒，皆授兵，殺豨，飲其血，與誓曰：「有不為新室者，社鬼記之！」……（《資治通鑒》卷三十九，1249 頁。）

23 年（漢淮陽王更始元年）……商人杜吳殺莽，校尉東海公賓就斬莽首；軍人分莽身，節解臠分，爭相殺者數十人……（《資治通鑒》卷三十九，1250 頁。）

23 年（漢淮陽王更始元年）定國上公王匡拔洛陽，生縛莽太師王匡、哀章，皆斬之。冬，十月，奮威大將軍劉信擊殺劉望於汝南，並誅嚴尤、陳茂，郡縣皆降。（《資治通鑒》卷三十九，1252 頁。）

24 年（漢淮陽王更始二年）……秀舍中兒犯法，軍市令潁川祭遵格殺之，（從軍者非一處人，故於軍中立市，使相貿易，置令以治之。）秀怒，命收遵。主簿陳副諫曰：「明公常欲眾軍整齊，今遵奉法不避，是教令所行也。」乃貰之，以為刺姦將軍，謂諸將曰：「當備祭遵！吾舍中兒犯法尚殺之，必不

私諸卿也。」（《資治通鑒》卷三十九，1263～1264頁。）

東漢

36年（漢光武帝建武十二年）詔：「邊吏力不足戰則守，追虜料敵，不拘以逗留法。」（賢曰：漢法，軍行逗留畏懦者斬。追虜或近或遠，量敵進退，不拘以軍法，直取勝敵為務。）（《資治通鑒》卷四十二，1378頁。）

185年（漢靈帝中平二年）張溫以詔書召卓，卓良久乃詣溫；溫責讓卓，卓應對不順。孫堅前耳語謂溫曰：「卓不怖罪，而鴟張大語，宜以召不時至，陳軍法斬之。」……（《資治通鑒》卷58，1882頁。）

219年（漢獻帝建安二十四年）……（呂）蒙麾下士，與蒙同郡人，取民家一笠以覆官鎧；官鎧雖公，蒙猶以為犯軍令，不可以鄉里故而廢法，遂垂涕斬之……（《資治通鑒》卷68，2168頁。）

六、民事、經濟法律

戰國

前351年（周顯王十九年）秦商鞅築冀闕宮庭於咸陽，徙都之。令民父子、兄弟同室內息者為禁。（……秦俗，父子、兄弟同室居止，商君始更制，禁同室內息者。堯教民以人倫，教之有序有別。秦用西戎之俗，至於男女無別，長幼無序。商君今為之禁，古道也，烏可例言之！《白虎通》曰：父，矩也，以法度教子也。子，孳也，孳孳無已也。兄，況也，況父法也。）（《資治通鑒》卷二，56頁。）

前348年（周顯王二十一年）秦商鞅更為賦稅法，行之。（井田既廢，則周什一之法不復用，蓋計畝而為賦稅之法。）（《資治通鑒》卷二，57頁。）

前271年（周赧王四十四年）趙田部吏趙奢收租稅，平原君家不肯出；趙奢以法治之，殺平原君用事者九人。平原君怒，將殺之。趙奢曰：「君於趙為貴公子，今縱君家而不奉公則法削，法削則國弱，國弱則諸侯加兵，是無趙也。（君安得有此富乎！以君之貴，奉公如法則上下平，上下平則國強，國強則趙固，而君為貴戚，豈輕於天下邪！」平原君以為賢，言之於王。王使治國賦，國賦太平，民富而府庫實。（《資治通鑒》卷五，155頁。）

前262年（周赧王五十三年）王乃使平原君往受地，以萬戶都三封其太守為華陽君，以千戶都三封其縣令為侯，吏民皆益爵三級。（《資治通鑒》卷五，167頁。）

秦

前 244 年（秦始皇三年）……以便宜置吏，市租皆輸入莫府，為士卒費……（《資治通鑑》卷六，206 頁。）

前 243 年（秦始皇四年）……令百姓納粟千石，拜爵一級。（《資治通鑑》卷六，210 頁。）

前 222 年（秦始皇二十五年）五月，天下大酺。（《資治通鑑》卷七，232 頁。）

前 212 年（秦始皇三十五年）……因徙三萬家驪邑，五萬家雲陽，皆復不事十歲。（不事者，不供征役之事。）……（《資治通鑑》卷七，245 頁。）

前 211 年（秦始皇三十六年）遷河北榆中三萬家；賜爵一級。（《資治通鑑》卷七，246 頁。）

西漢

前 202 年（漢高祖五年）詔：「民前或相聚保山澤，不書名數。今天下已定，令各歸其縣，復故爵、田宅；吏以文法教訓辨告，勿笞辱軍吏卒；爵及七大夫以上，皆令食邑，非七大夫已下，皆復其身及戶，勿事。」（應劭曰：不輸戶賦也。如淳曰：事，謂役使也。師古曰：復其身及一戶之內皆不傜賦也。）（《資治通鑑》卷十一，356～357 頁。）

前 199 年（漢高祖八年）令賈人毋得衣錦、繡、綺、縠、絺、紵、罽，操兵、乘、騎馬。（《資治通鑑》卷十二，381 頁。）

前 186 年（漢呂后二年）行八銖錢。（應劭曰：本秦錢，質如周錢，文曰半兩，重如其文，即八銖也。漢以其太重，更鑄莢錢，今民間名榆莢錢是也。民患其太輕，至是復行八銖錢。）（《資治通鑑》卷十三，422 頁。）

前 183 年（漢呂后五年）初令戍卒歲更。（秦虐用其民，南戍五嶺，北築長城，戍卒連年不歸而死者多矣。至此，始令一歲而更。）（《資治通鑑》卷十三，425 頁。）

前 182 年（漢呂后六年）行五分錢。（應劭曰：所謂莢錢者。）（《資治通鑑》卷十三，425 頁。）

前 179 年（漢文帝前元年）……有弟廣國，字少君，幼為人所略賣，傳十餘家……振貸鰥、寡、孤、獨、窮困之人。又令：「八十已上，月賜米、肉、酒；九十已上，加賜帛、絮。賜物當稟鬻米者，長吏閱視，丞若尉致；不滿九十，嗇夫、令史致；（漢制：十里一亭，十亭一鄉。鄉有嗇夫，職聽訟、收賦

稅。風俗通曰：嗇者，省也；夫，賦也；言消息百姓，均其賦役。又漢制：縣長吏百石以下有所謂斗食佐史。漢官云：斗食佐史，即斗食令史。）二千石遣都使循行，不稱者督之。」（蘇林曰：取其都吏有德也。如淳曰：律說：都吏，今督郵是也。閒惠曉事，即為文無害都吏。師古曰：如說是。其循行有不如詔意者，二千石察視責罰之。）（《資治通鑑》卷十三，442～443 頁。）

前 178 年（漢文帝前二年）九月，詔曰：「農，天下之大本也，民所恃以生也；而民或不務本而事末，故生不遂。朕憂其然，故今茲親率群臣農以勸之；其賜天下民今年田租之半。」（《資治通鑑》卷十三，454 頁。）

前 177 年（漢文帝前三年）……（蔡邕曰：天子車駕所至，臣民以為僥倖，故曰幸。見令、長、三老、官屬，親臨軒作樂，賜以酒、食、帛、葛、越巾、佩帶之屬；民爵有級數；或賜田租之半；故因謂之幸也。）……上自甘泉之高奴，因幸太原，見故群臣，皆賜之；復晉陽、中都民三歲租。（《資治通鑑》卷十四，456～457 頁。）

前 175 年（漢文帝前五年）初，秦用半兩錢，高祖嫌其重，難用，更鑄莢錢。於是物價騰踊，米至石萬錢。夏，四月，更造四銖錢；（應劭曰：文帝以五分錢太輕小，更作四銖錢，文亦曰「半兩」，今民間半兩錢最輕小者是也。）除盜鑄錢令，使民得自鑄。（《資治通鑑》卷十四，463 頁。）

前 168 年（漢文帝前十二年）……其賜農民今年租稅之半。（《資治通鑑》卷十五，495 頁。）

前 167 年（漢文帝前十三年）六月，詔曰：「……其除田之租稅！」（《資治通鑑》卷十五，497 頁。）

前 166 年（漢文帝前十四年）……今臣竊聞魏尚為雲中守，其軍市租盡以饗士卒，私養錢（服虔曰：私廩假錢。《索隱》曰：按漢市肆租稅之入為私奉養。服虔曰：私廩假錢是也。或云：官所別給也。余謂當從漢書以私養錢屬下句。）……（《資治通鑑》卷十五，499 頁。）

前 164 年（漢文帝前十六年）秋，九月……令天下大酺。（漢律：三人無故群飲，罰金四兩。今詔橫賜得會聚飲食。師古曰：酺，布也；言王德布於天下而合聚飲食為酺。周禮族師：春秋祭酺。注：酺者，為人裁害之神也。有馬酺，有螟螽之酺與人鬼之酺，亦為壇位如雲祭。族長無飲酒之禮，因祭酺而與其民以長幼相獻酬焉。《正義》曰：古者祭酺，聚錢飲酒，故後世聽民聚飲，皆謂之酺。漢書，每有嘉慶，令民大酺，是其事也。彼注云因祭酺而與其民長

幼相酬，鄭注所謂祭醋，合醵也。）（《資治通鑑》卷十五，502 頁。）

前 157 年（漢文帝後七年）……其令天下吏民：令到，出臨三日，皆釋服；毋禁取婦、嫁女、祠祀、飲酒、食肉；自當給喪事服臨者，皆無跣；絰帶毋過三寸；毋布車及兵器；毋發民哭臨宮殿中；殿中當臨者，皆以旦夕各十五舉音，禮畢罷；非旦夕臨時，禁毋得擅哭臨；已下棺，服大功十五日，小功十四者，纖七日，釋服。（喪禮：大功之服，七升、八升、九升；小功，十升、十一升、十二升。再期而大祥，逾月而禫；禫而纖，無所不佩。鄭注云：大祥，除衰杖。黑經白緯曰纖。舊說：纖，冠者采縷也。無所不佩者，紛帨之屬如平常也。孔氏正義曰：禫而纖者，禫祭之時，玄冠朝服；禫祭既訖，而首著纖冠，身著素端黃裳；以至吉祭，無所不佩者，吉祭之時，身尋常吉服，平常所服之物無不佩也。服虔曰：大功、小功，布也；纖，細布衣也。應劭曰：凡三十六日而釋服矣，此以日易月也。師古曰：此喪制者，文帝自率己意創而為之，非有取於周禮也。何為以日易月乎！三年之喪，其實二十七月，豈有三十六月之文！禫又無七月也。應氏既失之於前，近代學者因循繆說，未之思也。貢父曰：文帝制此喪服，斷自己葬之後；其未葬之前，則服斬衰。漢諸帝自崩至葬有百餘日者，未葬則服不除矣。翟方進傳：「後母終，既葬，三十六日起視事」，其證也。說者遂以日易月，又不通計葬之日，皆大謬也。考之文帝意，既葬除重服，制大功、小功，所以漸即吉耳。賈公彥曰：布之精粗，斬衰三升；齊衰有三等：或四升，或五升，或六升；小功、大功如前說；緦麻十五升，抽去半；朝服十五升。）他不在令中者，皆以此令比類從事。（師古曰：言此詔中無文者，皆以類比而行事。）布告天下，使明知朕意。（《資治通鑑》卷十五，508～509 頁。）

前 156 年（漢景帝前元年）五月，復收民田半租，（文帝十二年，賜民田租之半；次年，盡除田之租稅；今復收半租。）三十而稅一。（《資治通鑑》卷十五，511 頁。）

前 155 年（漢景帝前二年）令天下男子年二十始傅。（師古曰：舊制二十三而傅；今此二十，更為異制也。）（《資治通鑑》卷十五，512 頁。）

前 152 年（漢景帝前五年）夏，募民徙陽陵，賜錢二十萬。（《資治通鑑》卷十六，531 頁。）

前 147 年（漢景帝中三年）旱，禁酤酒。（《資治通鑑》卷十六，538 頁。）

前 143 年（漢景帝後元年）夏，大酺五日，民得酤酒。（中三年禁民酤

酒，今弛此禁。）（《資治通鑑》卷十六，542 頁。）

前 141 年（漢景帝後三年）春，正月，詔曰：「農，天下之本也。黃金、珠、玉，饑不可食，寒不可衣，以為幣用，不識其終始。間歲或不登，意為末者眾，農民寡也。其令郡國務勸農桑，益種樹，可得衣食物。吏發民若取庸（韋昭曰：發民，用其民也；取庸，取其資以顧庸也。）采黃金、珠、玉者，坐贓為盜。二千石聽者，與同罪。」（《資治通鑑》卷十六，546 頁。）

前 141 年（漢景帝後三年）天下已平，高祖乃令賈人不得衣絲、乘車，重租稅以困辱之。孝惠、高后時，為天下初定，復弛商賈之律；然市井之子孫，亦不得仕宦為吏。量吏祿，度官用，以賦於民。而山川、園池、市井租稅之入，自天子以至於封君湯沐邑，皆各為私奉養焉，不領於天子之經費……（《資治通鑑》卷十六，547 頁。）

前 140 年（漢武帝建元元年）行三銖錢。（師古曰：新壞四銖錢，造此錢也，重如其文。）（《資治通鑑》卷十七，556 頁。）

前 136 年（漢武帝建元五年）春，罷三銖錢，行半兩錢。（建元元年，行三銖錢，至是而罷，又新鑄半兩錢。）（《資治通鑑》卷十七，567 頁。）

前 129 年（漢武帝元光六年）冬，初算商車。（李奇曰：始稅商賈車船，令出算。）（《資治通鑑》卷十八，596 頁。）

前 119 年（漢武帝元狩四年）冬，有司言：「……今縣官銷半兩錢，更鑄三銖錢，盜鑄諸金錢罪皆死；而吏民之盜鑄白金者不可勝數……詔禁民敢私鑄鐵器、煮鹽者鈦左趾，（張斐《漢晉律序》：狀如跟衣，著足下，重六斤，以代刖，至魏武改以減代鈦也。晉律：鉗重二斤，長翹一尺五寸。）沒入其器物。公卿又請令諸賈人末作各以其物自占，率緡錢二千而一算；及民有軺車若船五丈以上者，皆有算。匿不自占，占不悉，戍邊一歲，沒入緡錢。有能告者，以其半畀之。其法大抵出張湯。（《資治通鑑》卷十九，639 頁。）

前 118 年（漢武帝元狩五年）罷三銖錢，更鑄五銖錢。（去年廢半兩錢，行三銖錢。更，工衡翻。考異曰：漢書食貨志：「前以銷半兩錢，鑄三銖錢；明年以三銖錢輕，更鑄五銖錢。」武帝元狩五年，乃云「罷半兩錢，行五銖錢」，誤也。）於是民多盜鑄錢，楚地尤甚。（《資治通鑑》卷二十，648 頁。）

前 117 年（漢武帝元狩六年）自造白金、五銖錢後，吏民之坐盜鑄金錢死者數十萬人，其不發覺者不可勝計，天下大抵無慮皆鑄金錢矣。犯者眾，吏不能盡誅。（《資治通鑑》卷二十，651 頁。）

前 115 年（漢武帝元鼎二年）白金稍賤，民不寶用，竟廢之。於是悉禁郡、國無鑄錢，專令上林三官鑄錢，令天下非三官錢不得行……（《資治通鑒》卷二十，656 頁。）

前 110 年（漢武帝元封元年）……其以十月為元封元年。行所巡至，博、奉高、蛇丘、歷城、梁父，民田租逋賦，皆貸除之，無出今年算。賜天下民爵一級……先是，桑弘羊為治粟都尉，領大農，儘管天下鹽鐵。弘羊作平準之法，令遠方各以其物如異時商賈所轉販者為賦而相灌輸。置平準於京師，都受天下委輸……吏得入粟補官及罪人贖罪。山東漕粟益歲六百萬石，一歲之中，太倉、甘泉倉滿，邊餘穀，諸物均輸，帛五百萬匹，民不益賦而天下用饒。於是弘羊賜爵左庶長，黃金再百斤焉。是時小旱，上令官求雨。卜式言曰：「縣官當食租衣稅而已，今弘羊令吏坐市列肆，販物求利，烹弘羊，天乃雨。」（《資治通鑒》卷二十，679～681 頁。）

前 109 年（漢武帝元封二年）……然兵所過，縣為以訾給毋乏而已，不敢言擅賦法矣。（帝初擊胡，大司農賦稅專以奉戰士，故有擅賦之法。）（《資治通鑒》卷二十一，686 頁。）

前 106 年（漢武帝元封五年）……所幸縣毋出今年租賦。（《資治通鑒》卷二十一，693 頁。）

前 98 年（漢武帝天漢三年）初榷酒酤。（《資治通鑒》卷二十二，719 頁。）

前 85 年（漢昭帝始元二年）秋，八月，詔曰：「往年災害多，今年蠶、麥傷，所振貸種、食勿收責，毋令民出今年田租！」（《資治通鑒》卷二十三，753 頁。）

前 74 年（漢昭帝元平元年）春，二月，詔減口賦錢什三。（如淳曰：《漢儀注》：民年七歲至十四，出口賦錢人二十三：二十錢以食天子，其三錢者武帝加口錢以補車騎馬。）（《資治通鑒》卷二十四，775 頁。）

前 73 年（漢宣帝本始元年）五月，鳳皇集膠東、禾乘。赦天下，勿收田租賦。（《資治通鑒》卷二十四，794 頁。）

前 66 年（漢宣帝地節四年）九月，詔減天下鹽賈。又令郡國歲上繫囚以掠笞若瘐死者，（如淳曰：律，囚以飢寒而死曰瘐。師古曰：瘐，病，是也；此言囚或以掠笞及飢寒及疾病而死，如說非也。）所坐縣、名、爵、裏，丞相、御史課殿最以聞。（《資治通鑒》卷二十五，821～822 頁。）

前 55 年（漢宣帝五鳳三年）三月，上幸河東，祠后土。減天下口錢；（如淳曰：漢儀注：民年七歲至十四出口賦錢，人二十三：二十錢以食天子；其三錢者，武帝加口錢以補車騎馬。）……（《資治通鑑》卷二十七，875 頁。）

前 52 年（漢宣帝甘露二年）詔赦天下，減民算三十。（師古曰：一算減錢三十也。漢律，人出一算，算百二十錢。）（《資治通鑑》卷二十七，884頁。）

前 31 年（漢成帝建始二年）……減天下賦錢，算四十。（孟康曰：本算百二十，今減四十為八十。）（《資治通鑑》卷三十，958 頁。）

新莽

10 年（王莽始建國二年）……遂於長安及洛陽、邯鄲、臨菑、宛、成都立五均司市、錢府官。司市常以四時仲月定物上中下之賈，各為其市平……（《資治通鑑》卷三十七，1181～1182 頁。）

10 年（王莽始建國二年）羲和魯匡覆奏請榷酒酤，莽從之。又禁民不得挾弩、鎧，犯者徙西海。（《資治通鑑》卷三十七，1182 頁。）

10 年（王莽始建國二年）莽以錢幣訖不行，復下書曰：「寶貨皆重則小用不給，皆輕則僦載煩費；輕重大小各有差品，則用便而民樂。」於是更作金、銀、龜、貝、錢，布之品，名曰寶貨。錢貨六品，（小錢徑六分，重一銖，名曰小錢直一；次七分，三銖，曰幺錢一十；次八分，五銖，曰幼錢二十；次九分，七銖，曰中錢三十；次一寸，九銖，曰壯錢四十；因前大錢五十，為六品。）金貨一品，（黃金一斤，值錢萬，是為一品。）銀貨二品，（朱提銀重八兩，為一流，直一千五百八十；他銀一流，直千：是為二品。師古曰：）龜貨四品，（元龜，岠冄長尺二寸，直二千六百一十；公龜九寸，直五百；侯龜七寸以上，直三百；子龜五寸以上，直百：是為四品。孟康曰：冄，龜甲緣也。岠，至也。度背兩邊緣，尺二寸也。元者，大也。）貝貨五品，（大貝，四寸八分以上，二枚為一朋，直二百一十六；壯貝，三寸六分以上，一朋直五十；幺貝，二寸四分以上，一朋直三十；小貝，寸二分以上，一朋直十；不盈寸二分漏度，不得為朋，率枚值錢三，是為五品。貝，紫貝也。）布貨十品，（大布、次布、弟布、壯布、中布、差布、厚布、幼布、幺布、小布。小布長寸五分，重十五銖，文曰小布一百。自小布以上各相長一分，相重一銖，文各為其布名，直各加一百。上至大布，長二寸四分，重一兩，而直千錢矣。師古曰：布亦錢耳；謂之布者，言其分布流行也。）凡寶貨五物、六名、二十八品。鑄

作錢布，皆用銅，殽以連、錫。百姓潰亂，其貨不行。莽知民愁，乃但行小錢直一與大錢五十，二品並行；龜、貝、布屬且寢。盜鑄錢者不可禁，乃重其法，一家鑄錢，五家坐之，沒入為奴婢。吏民出入持錢，以副符傳，不持者廚傳勿舍，關津苛留。（師古曰：舊法，行者持符傳，即不稽留。今更令持錢，與符相副，乃得過也。廚，行道飲食處。傳，置驛之舍也。苛，問也。）公卿皆持以入宮殿門，欲以重而行之。是時百姓便安漢五銖錢，以莽錢大小兩行，難知，又數變改，不信，皆私以五銖錢市買；訛言大錢當罷，莫肯挾。莽患之，復下書：「諸挾五銖錢、言大錢當罷者，比非井田制，投四裔！」及坐賣買田宅、奴婢、鑄錢，自諸侯、卿大夫至於庶民，抵罪者不可勝數。於是農商失業，食貨俱廢，民人至涕泣於市道。（《資治通鑑》卷三十七，1187～1189頁。）

12年（王莽始建國四年）……莽知民愁怨，乃下詔：「諸食王田，皆得賣之，勿拘以法。犯私買賣庶人者，且一切勿治。」然他政悖亂，刑罰深刻，賦斂重數，猶如故焉。（《資治通鑑》卷三十七，1198頁。）

13年（王莽始建國五年）是歲，挾銅炭者多，除其法。（《資治通鑑》卷三十七，1200頁。）

14年（王莽天鳳元年）莽復申下金、銀、龜、貝之貨，頗增減其賈直，而罷大、小錢，改作貨布、貨泉二品並行。（貨布，長三寸五分，廣一寸；首長八分有奇，廣八分；其圜好，徑二分半；足枝長八分，閒廣二分；其文右曰：「貨」，左曰「布」，重二十五銖，直貨泉二十五。貨泉，徑一寸，重五銖；文右曰「貨」，左曰「泉」；文直一。孔穎達曰：案食貨志，今世謂之「鎦錢」，是也；邊猶為貨泉之字。大泉，即今四文錢也，四邊並有文也。貨布之形，今世難識；世人耕地猶有得者，古時一個準二十五錢也。余按古所謂泉布者，其藏曰泉，其行曰布，取名於水泉，其流行無不匝；無不匝則布之義也。王莽以為貨二品，非古義。考異曰：《食貨志》，改作貨佈在天鳳元年。莽傳在地皇元年，蓋以大錢盡之年；至地皇元年乃絕不行耳，非其年始作貨布也。）又以大錢行久，罷之恐民挾不止，乃令民且獨行大錢；盡六年，毋得復挾大錢矣。每一易錢，民用破業而大陷刑。（《資治通鑑》卷三十七，1204頁。）

16年（王莽天鳳三年）平蠻將軍馮茂擊句町，士卒疾疫死者什六七，賦斂民財什取五，益州虛耗而不克；徵還，下獄死。（《資治通鑑》卷三十八，1209頁。）

19 年（王莽天鳳六年）……一切稅天下吏民，訾三十取一，縑帛皆輸長安。令公卿以下至郡縣黃綬皆保養軍馬，多少各以秩為差；吏盡復以與民……（《資治通鑒》卷三十八，1219 頁。）

20 年（王莽地黃元年）莽以私鑄錢死及非沮寶貨投四裔，犯法者多，不可勝行；乃更輕其法，私鑄作泉布者與妻子沒入為官奴婢，吏及比伍知而不舉告，與同罪；非沮寶貨，民罰作一歲，吏免官。（《資治通鑒》卷三十八，1223 頁。）

東漢

30 年（漢光武帝建武六年）癸巳，詔曰：「頃者師旅未解，用度不足，故行十一之稅。今糧儲差積，其令郡國收見田租，三十稅一，如舊制。」（《資治通鑒》卷四十二，1347 頁。）

164 年（漢桓帝延熹七年）陳留仇香，至行純嘿，鄉黨無知者。年四十，為蒲亭長。民有陳元，獨與母居，母詣香告元不孝，香驚曰：「吾近日過元舍，廬落整頓，耕耘以時，此非惡人，當是教化未至耳。母守寡養孤，苦身投老，奈何以一日之忿，棄歷年之勤乎！且母養人遺孤，不能成濟，若死者有知，百歲之後，當何以見亡者！」母涕泣而起……（《資治通鑒》卷 55，1772～1773 頁。）

179 年（漢靈帝光和二年）上祿長和海上言：「禮，從姐兄弟別居異財，恩義已輕，服屬捐末。而今黨人錮及五族，既乖典訓之文，有謬經常之法。」帝覽之而悟，於是黨錮自從祖以下皆得解釋。（《資治通鑒》卷 57，1855 頁。）

七、婚姻家庭與繼承法律

西漢

前 206 年（漢高祖元年）……項伯即入見沛公。沛公奉卮酒為壽，約為婚姻……（《資治通鑒》卷九，301 頁。）

前 27 年（漢成帝河平二年）……太后母李氏更嫁為河內苟賓妻，生子參……（《資治通鑒》卷三十，972 頁。）

前 8 年（漢成帝綏和元年）……許后姊蠲為龍洛思侯夫人，寡居；長與蠲私通，因取為小妻。（蠲雖皇后之姊，列侯之夫人，淫放失身於長，而長自有正室，故為小妻。《記》曰：聘則為妻，奔則為妾。婦人女子之持身，不可

不慎也。）……（《資治通鑒》卷三十二，第 1045～1046 頁。）

前 7 年（漢成帝綏和二年）……後月餘，司隸校尉解光奏：「曲陽侯，先帝山陵未成，公聘取掖庭女樂五官殷嚴、王飛君等置酒歌舞，及根兄子成都侯況，亦聘取故掖庭貴人以為妻，皆無人臣禮，大不敬，不道！」於是天子曰：「先帝遇根、況父子，至厚也，今乃背恩忘義！」以根嘗建社稷之策，遣歸國；免況為庶人，歸故郡。根及況父商所薦舉為官者皆罷。（《資治通鑒》卷三十三，第 1062～1063 頁。）

新莽

7 年（王莽居攝二年）五月，更造貨：錯刀，一直五千；契刀，一直五百；大錢，一直五十；（《食貨志》：錯刀，以黃金錯，其文曰「一刀直五千」。契刀，其環如大錢，身形如刀，長二寸，文曰「契刀五百」。大錢徑寸二分，重十二銖，文曰「大錢五十」張晏曰：案今所見契刀、錯刀，形質如大錢，而肉好輪厚，異於此。大錢形如大刀環矣。契刀，身形圓，不長二寸也；其文左曰「契」，右曰「刀」，無「五百」字也。錯刀，則刻之作字也；以黃金填其文，上曰「一」，下曰「刀」。二刀泉，甚不與志相應也。似札單差錯、文字磨滅故耳。師古曰：張說非也。王莽錢刀，今並尚在，形質及文與志相合，無差錯也。索隱曰：錢，本名泉，以貨之流佈如泉。布者，言貨流佈。刀，以其利於人也。）與五銖錢並行，民多盜鑄者……（《資治通鑒》卷三十六，第 1160 頁。）

9 年（王莽始建國元年）莽以劉之為字「卯、金、刀」也，詔正月剛卯、金刀之利皆不得行，乃罷錯刀，契刀。及五銖錢，更作小錢，徑六分，重一銖，文曰「小錢直一」，與前「大錢五十」者為二品，並行。欲防民盜鑄，乃禁不得挾銅、炭。（《資治通鑒》卷三十七，第 1174～1175 頁。）

9 年（王莽始建國元年）莽曰：「古者一夫田百畝，什一而稅，則國給民富而頌聲作。秦壞聖製，廢井田，是以兼併起，貪鄙生，強者規田以千數，弱者曾無立錐之居。又置奴婢之市，與牛馬同闌，制於民臣，顓斷其命，繆於『天地之性人為貴』之義。減輕田租，三十而稅一，常有更賦，罷癃咸出；而豪民侵陵，分田劫假。厥名三十稅一，實什稅五也。故富者犬馬餘菽粟，驕而為邪；貧者不厭糟糠，窮而為姦；俱陷於辜，刑用不錯。今更名天下田曰『王田』，奴婢曰『私屬』，皆不得賣買。其男口不盈八而田過一井者，分餘田予九族、鄰里、鄉黨。故無田、今當受田者，如制度。敢有非井田聖製、無法惑眾

者，投諸四裔，以禦魑魅，如皇始祖考虞帝故事！」（《資治通鑑》卷三十七，第1175～1176頁。）

東漢

142年（漢順帝漢安元年）丁卯，遣侍中河內杜喬、周舉、守光祿大夫周栩、馮羨、魏郡欒巴、張綱、郭遵、劉班分行州郡，表賢良，顯忠勤；其貪污有罪者，刺史、二千石驛馬上之，墨綬以下便輒收舉。（刺史、二千石，大吏，驛馬上奏其罪，取旨黜免。驛馬，欲速達京闕也。墨綬，縣令、長也；令、長以下，便收案舉劾其罪。）……（《資治通鑑》卷52，1693頁。）

八、獄訟法律

秦

前210年（秦始皇三十七年）……蒙恬不肯死，使者以屬吏，繫諸陽周……乃繫諸代。（《資治通鑑》卷七，249～250頁。）

前209年（秦二世元年）……謁者從東方來，以反者聞。二世怒，下之吏。後使者至，上問之，對曰：「群盜鼠竊狗偷，郡守、尉方逐捕，今盡得，不足憂也。」（《資治通鑑》卷七，256頁。）

前208年（秦二世二年）……下去疾、斯、劫吏，案責他罪。去疾、劫自殺，獨李斯就獄。二世以屬趙高治之，責斯與子由謀反狀，皆收捕宗族、賓客。趙高治斯，榜掠千餘，不勝痛，自誣服。（自誣以反而服其罪也。）斯所以不死者，自負其辯，有功，實無反心，欲上書自陳，幸二世寤而赦之。乃從獄中上書曰：「臣為丞相治民，三十餘年矣。逮秦地之陿隘，不過千里，兵數十萬。臣盡薄材，陰行謀臣，資之金玉，使遊諸侯；陰修甲兵，飭政教，官鬥士，尊功臣；故終以脅韓，弱魏，破燕、趙，夷齊、楚，卒兼六國，虜其王，立秦為天子。又北逐胡、貉，南定百越，以見秦之強。更克畫平斗斛、度量、文章，布之天下，以樹秦之名。此皆臣之罪也，臣當死久矣！上幸盡其能力，乃得至今。願陛下察之！」書上，趙高使吏棄去不奏，曰：「囚安得上書！」趙高使其客十餘輩詐為御史、謁者、侍中，更往復訊斯，斯更以其實對，輒使人復榜之。後二世使人驗斯，斯以為如前，終不敢更言。辭服，奏當上。（奏當者，獄具而奏當處其罪也。漢路溫舒曰：奏當之成，雖咎繇聽之，猶以為死有餘辜。上，時掌翻。）二世喜曰：「微趙君，幾為丞相所賣！」及二世所使案三川守由者至，則楚兵已擊殺之。使者來，會丞相下吏，高皆妄為反辭以

相傅會，遂其斯五刑論，（班志：秦法：當三族者，皆先黥、劓、斬左右止，笞殺之，梟其首，葅具骨肉於市；其誹謗、詈詛者，又先斷舌：謂之具五刑。）腰斬咸陽市。斯出獄，與其中子俱執。顧謂其中子曰：「吾欲與若復牽黃犬，俱出上蔡東門逐狡兔，豈可得乎！」遂父子相哭而夷三族。二世乃以趙高為丞相，事無大小皆決焉……（《資治通鑑》卷八，278～280頁。）

西漢

前195年（漢高祖十二年）……上大怒曰：「相國多受賈人財物，乃為請吾苑！」下相國廷尉，械擊之……（《資治通鑑》卷十二，404頁。）

前177年（漢文帝前三年）是歲，釋之為廷尉。上行出中渭橋，有一人從橋下走，乘輿馬驚；於是使騎捕之，屬廷尉。釋之奏當：「此人犯蹕，當罰金。」（崔浩曰：奏當，謂處其罪也。索隱曰：按百官志云：廷尉掌平刑罰、奏當，一應郡國讞疑罪，皆處當以報之也。如淳曰：蹕，止行人。乙令：蹕先至而犯者，罰金四兩。）上怒曰：「此人親驚吾馬；馬賴和柔，令他馬，固不敗傷我乎！而廷尉乃當之罰金！」釋之曰：「法者，天下公共也。今法如是；更重之，是法不信於民也。且方其時，上使使誅之則已。今已下廷尉；廷尉，天下之平也，壹傾，天下用法皆為之輕重，民安所錯其手足！唯陛下察之！」上良久曰：「廷尉當是也。」其後人有盜高廟坐前玉環，得；帝怒，下廷尉治。釋之按「盜宗廟服御物者」為奏當棄市。上大怒曰：「人無道，乃盜先帝器！吾屬廷尉者，欲致之族；而君以法奏之，（索隱曰：謂依律而斷也。）非吾所以共承宗廟意也。」釋之免冠頓首謝曰：「法如是，足也。且罪等，然以逆順為差。（如淳曰：罪等，俱死罪也。盜玉環不若長陵土之逆。仲馮曰：此等，讀如等級之等，言凡罪之等差。）今盜宗廟器而族之，有如萬分一，假令愚民取長陵一抔土，陛下且何以加其法乎？」帝乃白太后許之。（《資治通鑑》卷十四，460～461頁。）

前176年（漢文帝前四年）絳侯周勃既就國，每河東守、尉行縣至絳，勃自畏恐誅，常被甲，令家人持兵以見之。其後人有上書告勃欲反，下廷尉；廷尉逮捕勃，治之。勃恐，不知置辭；（師古曰：置，立也。辭，對獄之辭。）吏稍侵辱之。勃以千金與獄吏，吏乃書牘背示之曰：（牘，木簡也，以書獄辭。李奇曰：牘，吏所執簿。韋昭曰：牘，版也。索隱曰：簿，即牘也；故魏志「秦宓以簿擊頰」，即亦簡牘之類也。）「以公主為證。」公主者，帝女也，勃太子勝之尚之。薄太后亦以為勃無反事。帝朝太后，太后以冒絮提帝曰：「絳侯始

誅諸呂，綰皇帝璽，將兵於北軍；不以此時反，今居一小縣，顧欲反邪！」帝既見絳侯獄辭，乃謝曰：「吏方驗而出之。」於是使使持節赦絳侯，復爵邑。絳侯既出，曰：「吾嘗將百萬軍，然安知獄吏之貴乎！」（《資治通鑒》卷十四，462～463頁。）

前167年（漢文帝前十三年）齊太倉令淳于意有罪，當刑，詔獄逮繫長安。（師古曰：逮，及也；辭之所及，則追捕之，故謂之逮。一曰：逮者，在道將送，防禦不絕，若今之傳送囚。）其少女緹縈上書曰：「妾父為吏，齊中皆稱其廉平；今坐法當刑。妾傷夫死者不可復生，刑者不可復屬，雖後欲改過自新，其道無繇也。妾願沒入為官婢，以贖父刑罪，使得自新。」

天子憐悲其意，五月，詔曰：「詩曰：『愷弟君子，民之父母。』今人有過，教未施而刑已加焉，或欲改行為善而道無繇至，朕甚憐之！夫刑至斷支體，刻肌膚，終身不息，何其刑之痛而不德也！豈為民父母之意哉！其除肉刑，有以易之；及令罪人各以輕重，不亡逃，有年而免。具為令！」（師古曰：使更為條例。）（《資治通鑒》卷十五，495～496頁。）

前148年（漢景帝中二年）三月，臨江王榮坐侵太廟壖垣為宮，徵詣中尉府對簿。（師古曰：簿者，獄辭之文書。）臨江王欲得刀筆，為書謝上，而中尉郅都禁吏不予；魏其侯使人間與臨江王。臨江王既為書謝上，因自殺。竇太后聞之，怒；後道以危法中都而殺之。（師古曰：謂構成其罪。《考異》曰：史記本紀：「後二年正月，郅將軍擊匈奴。」酷吏傳：「郅都死後，宗室多犯法，上乃召寧成為中尉。」成為中尉在中六年，則後二年所謂郅將軍者，非都也，疑別一人。漢書紀無郅將軍事。）（《資治通鑒》卷十六，534～535頁。）

前148年（漢景帝中二年）是時，太后憂梁事不食，日夜泣不止，帝亦患之。會田叔等按梁事來還，至霸昌廄取火悉燒梁之獄辭，空手來見帝。帝曰：「梁有之乎？」叔對曰：「死罪！有之。」上曰：「其事安在？」田叔曰：「上毋以梁事為問也！」上曰：「何也？」曰：「今梁王不伏誅，是漢法不行也；伏法而太后食不甘味，臥不安席，此憂在陛下也。」上大然之，使叔等謁太后，且曰：「梁王不知也；造為之者，獨在幸臣羊勝、公孫詭之屬為之耳，謹已伏誅死，梁王無恙也。」太后聞之，立起坐餐，氣平復。（《資治通鑒》卷十六，537頁。）

前145年（漢景帝中五年）九月，詔：「諸獄疑，若雖文致於法（謂原情

定罪，本不至於死，而以律文傅致之。）而於人心不厭者，輒讞之。」（《資治通鑒》卷十六，540頁。）

前143年（漢景帝後元年）春，正月，詔曰：「獄，重事也。人有智愚，官有上下。獄疑者讞有司；有司所不能決，移廷尉，讞而後不當，讞者不為失。（師古曰：假令讞訖，其理不當，所讞之人不為罪失。）欲令治獄者務先寬。」（《資治通鑒》卷十六，542頁。）

前143年（漢景帝後元年）居無何，亞夫子為父買工官尚方甲楯五百被，可以葬者。取庸苦之，不與錢。庸知其盜買縣官器，怨而上變，告子，事連污亞夫。書既聞，上下吏。吏簿責亞夫。亞夫不對。上罵之曰：「吾不用也！」召詣廷尉。廷尉責問曰：「君侯欲反何？」亞夫曰：「臣所買器，乃葬器也，何謂反乎？」吏曰：「君縱不欲反地上，即欲反地下耳！」吏侵之益急。初，吏捕亞夫，亞夫欲自殺，其夫人止之，以故不得死，遂入廷尉，因不食五日，歐血而死。（《資治通鑒》卷十六，543～544頁。）

前122年（漢武帝元狩元年）王有孽子不害，最長……不害有子建，材高有氣，常怨望太子，陰使人告太子謀殺漢中尉事，下廷尉治……被曰：必不得已，被有愚計。當今諸侯無異心，百姓無怨氣，可偽為丞相、御史請書，徙郡國豪傑高貲於朔方，益發甲卒，急其會日；又偽為詔獄書，（漢時左右都司空、上林、中都官皆有詔獄，蓋奉詔以鞫囚，因以為名。）逮諸侯太子、幸臣；如此，則民怨，諸侯懼，即使辯士隨而說之，倘可徼幸什得一乎！」王曰：「此可也。雖然，吾以為不至若此。」（《資治通鑒》卷十九，624～625頁。）

前92年（漢武帝徵和元年）丞相公孫賀夫人君孺，衛皇后姊也，賀由是有寵。賀子敬聲代父為太僕，驕奢不奉法，擅用北軍錢千九百萬；發覺，下獄。是時詔捕陽陵大俠朱安世甚急，賀自請逐捕安世以贖敬聲罪，上許之。後果得安世。安世笑曰：「丞相禍及宗矣！」遂從獄中上書，告「敬聲與陽石公主私通；上且上甘泉，使巫當馳道埋偶人，祝詛上，有惡言。」（《資治通鑒》卷二十二，725頁。）

前91年（漢武帝徵和二年）……（鄭玄曰：詛，謂祝之使沮敗也。漢法有大逆無道之科。）……於是上以充為使者，治巫蠱獄。充將胡巫掘地求偶人，捕蠱及夜祠、視鬼，染污令有處，輒收捕驗治，燒鐵鉗灼，強服之。民轉相誣以巫蠱，吏輒劾以為大逆無道；自京師、三輔連及郡、國，坐而死者前後

數萬人。是時，上春秋高，疑左右皆為蠱祝詛；有與無，莫敢訟其冤者。充既知上意，因胡巫檀何言：「宮中有蠱氣；不除之，上終不差。」上乃使充入宮，至省中，壞御座，掘地求蠱；又使按道侯韓說、御史章贛、黃門蘇文等助充。充先治後宮希幸夫人，以次及皇后、太子宮，掘地縱橫，太子、皇后無復施床處。充云：「於太子宮得木人尤多，又有帛書，所言不道；當奏聞。」太子懼，問少傅石德。德懼為師傅並誅，因謂太子曰：「前丞相父子、兩公主及衛氏皆坐此，今巫與使者掘地得徵驗，不知巫置之邪，將實有也，無以自明。可矯以節收捕充等繫獄，窮治其奸詐。且上疾在甘泉，皇后及家吏請問皆不報；上存亡未可知，而奸臣如此，太子將不念秦扶蘇事邪！」太子曰：「吾人子，安得擅誅！不如歸謝，幸得無罪。」太子將往之甘泉，而江充持太子甚急；太子計不知所出，遂從石德計。秋，七月，壬午，太子使客詐為使者，收捕充等；按道侯說疑使者有詐，不肯受詔，客格殺說。太子自臨斬充，罵曰：「趙虜！前亂乃國王父子不足邪！乃復亂吾父子也！」又炙胡巫上林中。（《資治通鑑》卷二十二，728～729頁。）

前86年（漢昭帝始元元年）……旦即與澤謀，為奸書，言：「少帝非武帝子，大臣所共立；天下宜共伐之！」使人傳行郡國以搖動百姓。澤謀歸發兵臨菑，殺青州刺史雋不疑。旦招來郡國奸人，賦斂銅鐵作甲兵，數閱其車騎、材官卒，發民大獵以講士馬，須期日。郎中韓義等數諫旦，旦殺義等凡十五人。會瓶侯成知澤等謀，以告雋不疑。八月，不疑收捕澤等以聞。天子遣大鴻臚丞治，連引燕王。有詔，以燕王至親，勿治；而澤等皆伏誅。遷雋不疑為京兆尹。不疑為京兆尹，吏民敬其威信。每行縣、錄囚徒還，（師古曰：省錄之，知其情狀有冤滯與否也。）其母輒問不疑：「有所平反？活幾何人？」即不疑多有所平反，母喜笑異於他時；或無所出，母怒，為不食。故不疑為吏，嚴而不殘。（《資治通鑑》卷二十三，750～751頁。）

前74年（漢昭帝元平元年）王出遊，光祿大夫魯國夏侯勝當乘輿前諫曰：「天久陰而不雨，臣下有謀上者。陛下出，欲何之？」王怒，謂勝為祅言，縛以屬吏。吏白霍光，光不舉法。光讓安世，以為泄語。安世實不言：乃召問勝。勝對言：「在鴻範傳曰：『皇之不極，厥罰常陰，時則有下人伐上者。』惡察察言，故云『臣下有謀』。光、安世大驚，以此益重經術士。侍中傅嘉數進諫，王亦縛嘉繫獄。（《資治通鑑》卷二十四，782頁。）

前74年（漢昭帝元平元年）……光使盡驅出昌邑群臣，置金馬門外。車

騎將軍安世將羽林騎收縛二百餘人，皆送廷尉詔獄……（《資治通鑑》卷二十四，784 頁。）

前 72 年（漢宣帝本始二年）……於是丞相、御史劾奏勝非議詔書，毀先帝，不道；及丞相長史黃霸阿縱勝，不舉劾；俱下獄……（《資治通鑑》卷二十四，797 頁。）

前 71 年（漢宣帝本始三年）……後人有上書告諸醫侍疾無狀者，皆收繫詔獄，劾不道……（《資治通鑑》卷二十四，798 頁。）

前 71 年（漢宣帝本始三年）是歲，潁川太守趙廣漢為京兆尹。潁川俗，豪傑相朋黨。廣漢為鉤鉅，受吏民投書，使相告訐，於是更相怨咎，奸黨散落，盜賊不敢發。匈奴降者言匈奴中皆聞廣漢名，由是入為京兆尹。廣漢遇吏，殷勤甚備，事推功善，歸之於下，行之發於至誠，吏咸願為用，僵仆無所避。廣漢聰明，皆知其能之所宜，盡力與否；其或負者，輒收捕之，無所逃；案之，罪立具，即時伏辜。尤善為鉤距以得事情，閭里銖兩之姦皆知之。長安少年數人會窮里空舍，謀共劫人；坐語未訖，廣漢使吏捕治，具服。其發姦擿伏如神。京兆政清，吏民稱之不容口。長老傳以為自漢興，治京兆者莫能及。（《資治通鑑》卷二十四，802 頁。）

前 66 年（漢宣帝地節四年）……長安男子張章告之，事下廷尉、執金吾，捕張赦等。（《資治通鑑》卷二十五，817 頁。）

前 62 年（漢宣帝元康四年）初，扶陽節侯韋賢薨，長子弘有罪繫獄，家人矯賢令，以次子大河都尉玄成為後。（《資治通鑑》卷二十五，835 頁。）

前 47 年（漢元帝初元二年）……恭、顯令二人告望之等謀欲罷車騎將軍，疏退許、史狀，侯望之出休日，（漢制：自三署郎以上入直禁中者，十日一出休沐。）令朋、龍上之。事下弘恭問狀，望之對曰：「外戚在位多奢淫，欲以匡正國家，非為邪也。」恭、顯奏：「望之、堪、更生朋黨相稱舉，數譖訴大臣，毀離親戚，欲以專擅權勢。為臣不忠，誣上不道，請謁者召致廷尉。」時上初即位，不省召致廷尉為下獄也，可其奏。後上召堪、更生，曰：「繫獄。」上大驚曰：「非但廷尉問邪！」以責恭、顯，皆叩頭謝。上曰：「令出視事。」恭、顯因使史高言：「上新即位，未以德化聞天下，而先驗師傅。既下九卿、大夫獄，宜因決免。」於是制詔丞相、御史：「前將軍望之，傅朕八年，無他罪過，今事久遠，識忘難明，其赦望之罪，收前將軍、光祿勳印綬；及堪、更生皆免為庶人。」（《資治通鑑》卷二十八，898～899 頁。）

前 29 年（漢成帝建始四年）後湯上言：「康居王侍子，非王子。」按驗，實王子也。湯下獄當死⋯⋯書奏，天子出湯，奪爵為士伍。（《資治通鑒》卷三十，966～967 頁。）

前 8 年（漢成帝綏和元年）⋯⋯於是天子疑焉，下有司按驗。吏捕融，立令融自殺以滅口。上愈疑其有大奸，遂逮長繫洛陽詔獄，（凡詔所繫治皆為詔獄，非必洛陽先有詔獄也。）窮治。長具服戲侮長定宮，謀立左皇后，罪至大逆，死獄中。妻子當坐者徙合浦；母若歸故郡。上使廷尉孔光持節賜廢后藥，自殺。丞相方進復劾奏「紅陽侯立，狡猾不道，請下獄。」上曰：「紅陽侯，朕之舅，不忍致法；遣就國。」於是方進覆奏立黨友後將軍朱博、鉅鹿太守孫閎，皆免官，與故光祿大夫陳咸皆歸故郡。咸自知廢錮，以憂死。（《資治通鑒》卷三十二，第 1047 頁。）

前 7 年（漢成帝綏和二年）⋯⋯皇太后詔大司馬莽雜與御史、丞相、廷尉治，問皇帝起居發病狀；趙昭儀自殺⋯⋯（《資治通鑒》卷三十三，第 1053 頁。）

前 6 年（漢哀帝建平元年）司隸孫寶奏請覆治馮氏獄，傅太后大怒曰：「帝置司隸，主使察我！馮氏反事明白，故欲擿抉以揚我惡，我當坐之！」上乃順指，下寶獄。尚書僕射唐林爭之，上以林朋黨比周，左遷敦煌魚澤障候。（《資治通鑒》卷三十三，第 1081 頁。）

前 5 年（漢哀帝建平二年）初，成帝時，齊人甘忠可詐造《天官曆》、《包元太平經》十二卷，言漢家逢天地之大終，當更受命於天；以教渤海夏賀良等。中壘校尉劉向奏忠可假鬼神，罔上惑眾；下獄，治服；未斷，病死。（《資治通鑒》卷三十四，第 1087 頁。）

前 4 年（漢哀帝建平三年）⋯⋯是時上被疾，多所惡，事下有司，逮王後謁下獄驗治；服「祠祭詛祝上，為雲求為天子，以為石立，宣帝起之表也。」有司請誅王，有詔，廢徙房陵。雲自殺，謁及舅伍宏及成帝舅安成共侯夫人放，皆棄市。（《資治通鑒》卷三十四，第 1094 頁。）

前 3 年（漢哀帝建平四年）⋯⋯上怒，下崇獄。司隸孫寶上書曰：「按尚書令昌奏僕射崇獄，覆治，榜掠將死，卒無一辭；道路稱冤。疑昌與崇內有纖介，浸潤相陷。自禁門樞機近臣，蒙受冤譖，虧損國家，為謗不小。臣請治昌以解眾心。」書奏，上下詔曰：「司隸寶附下罔上，以春月作詆欺，遂其奸心，蓋國之賊也。免寶為庶人。」崇竟死獄中。（《資治通鑒》卷三十四，第 1096

～1097 頁。）

前 2 年（漢哀帝元壽元年）初，廷尉梁相治東平王雲獄時，冬月未盡二旬，而相心疑雲冤獄，有飾辭，奏欲傳之長安，更下公卿覆治……（《資治通鑒》卷三十五，第 1117 頁。）

前 2 年（漢哀帝元壽元年）事下將軍朝者，光祿大夫孔光等劾「嘉迷國罔上，不道，請謁者召嘉詣廷尉詔獄。」議郎龔等以為「嘉言事前後相違，宜奪爵土，免為庶人。」永信少府猛等以為「嘉罪名雖應法，大臣括發關械，裸躬就笞，非所以重國，褒宗廟也。」上不聽，詔「假謁者節，召丞相詣廷尉詔獄。」……乘吏小車，去蓋，不冠，隨使者詣廷尉。廷尉收嘉丞相、新甫侯印綬，縛嘉載致都船詔獄。（如淳曰：漢儀注有寺互、都船獄。）上聞嘉生自詣吏，大怒，使將軍以下與五二千石雜治。（漢治大臣獄，率使五二千石，今又使將軍同治之，怒之甚也。晉灼曰：大臣獄重，故使秩二千石者五人雜治之。）吏詰問嘉，嘉對曰：「案事者思得實。竊見相等前治東平王獄，不以雲為不當死，欲關公卿，示重慎，（古者獄成命三公、六卿參聽之，示明謹於用刑也。）誠不見其外内顧望、阿附為雲驗，復幸得蒙大赦。相等皆良善吏，臣竊為國惜賢，不私此人。」獄吏曰：「苟如此，則君何以為罪猶當，有以負國，不空入獄矣？」吏稍侵嘉，嘉喟然仰天歎曰：「幸得充備宰相，不能進賢、退不肖，以是負國，死有餘責。」吏問賢、不肖主名。嘉曰：「賢，故丞相孔光、故大司空何武，不能進；惡，高安侯董賢父、子亂朝，而不能退。罪當死，死無所恨！」嘉繫獄二十餘日，不食，歐血而死。（《資治通鑒》卷三十五，第 1118～1119 頁。）

前 1 年（漢哀帝元壽二年）……有司奏請發賢棺，至獄診視，因埋獄中……（《資治通鑒》卷三十五，第 1124～1125 頁。）

3 年（漢平帝元始三年）……甄邯時在旁，廷叱欽，因劾奏「欽誣祖不孝，大不敬；」下獄，自殺。（《資治通鑒》卷三十六，第 1143 頁。）

新莽

9 年（王莽始建國元年）……殷閉城門，自繫獄。吏民距快；快敗走，至長廣死。莽赦殷，益其國滿萬戶，地方百里。（《資治通鑒》卷三十七，第 1175 頁。）

10 年（王莽始建國二年）……遂使尚書大夫趙並驗治，非五威將帥所班，皆下獄。（《資治通鑒》卷三十七，1189 頁。）

21 年（王莽地黃二年）……莽欲秘之，使殺案事使者司命從事，埋獄中……（《資治通鑒》卷三十八，1225 頁。）

東漢

25 年（漢光武帝建武元年）……式侯恭以赤眉立其弟，自繫詔獄。（《資治通鑒》卷四十，1283 頁。）

26 年（漢光武帝建武二年）秋，賈復南擊召陵、新息，平之。復部將殺人於潁川，潁川太守寇恂捕得，繫獄。時尚草創，軍營犯法，率多相容，恂戮之於市……（《資治通鑒》卷四十，1302 頁。）

27 年（漢光武帝建武三年）劉恭為更始報仇，殺謝祿，自繫獄；帝赦不誅。（《資治通鑒》卷四十一，1311 頁。）

39 年（漢光武帝建武十五年）冬，十一月，甲戌，大司徒歐坐前為汝南太守，度田不實，贓罪千餘萬，下獄。歐世授尚書，八世為博士，諸生守闕為歐求哀者千餘人，至有自髡剔者。平原禮震，年十七，求代歐死；帝竟不赦，歐死獄中。（《資治通鑒》卷四十三，1387 頁。）

40 年（漢光武帝建武十六年）秋，九月，河南尹張伋及諸郡守十餘人皆坐度田不實，下獄死。（《資治通鑒》卷四十三，1388 頁。）

44 年（漢光武帝建武二十年）夏，四月，庚辰，大司徒戴涉坐入故太倉令奚涉罪，下獄死。（無罪加之以罪曰入。）（《資治通鑒》卷四十三，1398 頁。）

49 年（漢光武帝建武二十五年）……會保仇人上書，訟「保為行浮薄，亂群惑眾，伏波將軍萬里還書以誡兄子，而梁松、竇固與之交結，將扇其輕偽，敗亂諸夏。」書奏，帝召責松、固，以訟書及援誡書示之，松、固叩頭流血，而得不罪。詔免保官，擢拜龍述為零陵太守……（《資治通鑒》卷四十四，1410 頁。）

52 年（漢光武帝建武二十八年）初，馬援兄子伅王盤，平阿候仁之子也。王莽敗，盤擁富貲為遊俠，有名江、淮間。後遊京師，與諸貴戚友善，援謂姊子曹訓曰：「王氏，廢姓也，子石當屏居自守，而反遊京師長者，用氣自行，多所陵折，其敗必也。」後歲餘，盤坐事死；盤子肅復出入王侯邸第。時禁罔尚疏，諸王皆在京師，競修名譽，招遊士馬。援謂司馬呂種曰：「建武之元，名為天下重開，自今以往，海內日當安耳。但憂國家諸子並壯而舊防未立，若多通賓客，則大獄起矣。（賢曰：舊防，諸侯王子不許交通賓

客。）卿曹戒慎之！」至是，有上書告肅等受誅之家，為諸王賓客，慮因事生亂。會更始之子壽光侯鯉得幸於沛王，怨劉盆子，結客殺故式侯恭。帝怒，沛王坐繫詔獄，三日乃得出。因詔郡縣收捕諸王賓客，更相牽引，死者以千數；呂種亦與其禍，臨命歎曰：「馬將軍誠神人也！」（《資治通鑒》卷四十四，1419 頁。）

59 年（漢明帝永平二年）十二月，護羌校尉竇林坐欺罔及臧罪，下獄死。（時羌滇吾叛，滇岸來降，林奏以滇岸為大豪。後滇吾復降，林又奏其為第一豪。帝怪其一種兩豪，以詰林，窮驗，知之，怒而免林官。涼州刺史又奏林臧罪，遂下獄死。）林者，融之從兄子也。（《資治通鑒》卷四十四，1436 頁。）

61 年（漢明帝永平四年）陵鄉侯梁松坐怨望、縣飛書誹謗，下獄死。（《資治通鑒》卷四十五，1442 頁。）

62 年（漢明帝永平五年）安豐戴侯竇融年老，子孫縱誕，多不法。長子穆尚內黃公主，矯稱陰太后詔，令六安侯劉盱去婦，以女妻之。盱婦家上書言狀，帝大怒，盡免穆等官。諸竇為郎吏者，皆將家屬歸故郡，獨留融京師；融尋薨。後數歲，穆等復坐事與子勳、宣皆下獄死。久之，詔還融夫人與小孫一人居洛陽。（《資治通鑒》卷四十五，1444 頁。）

65 年（漢明帝永平八年）……帝不聽。（鄭）眾不得已，既行，在路連上書固爭之；詔切責眾，追還，系廷尉，會赦，歸家。（《資治通鑒》卷四十五，1449 頁。）

66 年（漢明帝永平九年）廣陵王荊復呼相工謂曰：「我貌類先帝，先帝三十得天下，我今亦三十，可起兵未？」相者詣吏告之，荊惶恐，自繫獄，帝加恩，不考極其事，詔不得臣屬吏民，唯食租如故，使相、中尉謹宿衛之。荊又使巫祭祀、祝詛。詔長水校尉樊鯈等雜治其獄，事竟，奏請誅荊。帝怒曰：「諸卿以我弟故，欲誅之；即我子，卿等敢爾邪？」鯈對曰：「天下者高帝天下，非陛下之天下也。《春秋》之義，君親無將，將而必誅。臣等以荊屬託母弟，陛下留聖心，加惻隱，故敢請耳；如今陛下子，臣等專誅而已。」帝歎息善之。鯈，宏之子也。（《資治通鑒》卷四十五，1450 頁。）

70 年（漢明帝永平十三年）楚王英與方士作金龜、玉鶴，刻文字為符瑞。男子燕廣告英與漁陽王平、顏忠等造作圖書，有逆謀；事下案驗。有司奏「英大逆不道，請誅之。」帝以親親不忍。十一月，廢英，徙丹陽涇縣，賜湯沐邑

五百戶；男女為侯、主者，食邑如故；許太后勿上璽綬，留住楚宮。先是有私以英謀告司徒虞延者，延以英藩戚至親，不然其言。及英事覺，詔書切讓延。（《資治通鑑》卷四十五，1454 頁。）

71 年（漢明帝永平十四年）（楚王）英陰疏天下名士，上得其錄，有吳郡太守尹興名，乃徵興及掾史五百餘人詣廷尉就考。諸吏不勝掠治，死者大半；惟門卜掾陸續、主簿梁宏、功曹史駟勳，備受五毒，（門下掾，在郡門下總錄眾事。功曹史，主選署功榮。五毒，四肢乃身備受楚毒也；或云，鞭、棰、及灼及徽、纆為五毒。）冗肉消爛，終無異辭。續母自吳來洛陽，作食以饋續。續雖見考，辭色未嘗變，而對食悲泣不自勝。治獄使者問其故，續曰：「母來不得見，故悲耳。」問：「何以知之？」續曰：「母截肉未嘗不方，斷蔥以寸為度，故知之。」使者以狀聞，上乃赦興等，禁錮終身。（《資治通鑑》卷四十五，1455 頁。）

73 年（漢明帝永平十六年）……（祭）肜與吳棠坐逗留畏懦，下獄，免。（《資治通鑑》卷四十五，1460 頁。）

78 年（漢章帝建初三年）……監營謁者承旨，奏（耿）恭不憂軍事，坐徵下獄，免官。（《資治通鑑》卷 46，1483 頁。）

83 年（漢章帝建初八年）是歲，竇氏作飛書，陷梁竦以惡逆，竦遂死獄中，家屬徙九真，貴人姊妹以憂死。辭語連及梁松妻舞陰公主，坐徙新城。（《資治通鑑》卷 46，1491～1492 頁。）

83 年（漢章帝建初八年）下邳周紆為洛陽令，下車，先問大姓主名；吏數閭里豪強以對數。紆厲聲怒曰：「本問貴戚若馬、竇等輩，豈能知此賣菜傭乎！」於是部吏望風旨，爭以激切為事，貴戚跼蹐，京師肅清。竇篤夜至止奸亭，亭長霍延拔劍擬篤，肆罵恣口。篤以表聞，詔召司隸校尉、河南尹詣尚書譴問；遣劍戟士收紆，送廷尉詔獄，數日，貰出之。（賢曰：貰，赦也。）（《資治通鑑》卷 46，1494 頁。）

84 年（漢章帝元和元年）……帝因發怒切責諸尚書，（朱）暉等皆自繫獄。三日，詔敕出之……魯國孔僖、涿郡崔駰同遊太學，相與論「孝武皇帝，始為天子，崇信聖道，五六年間，號勝文、景；及後恣己，忘其前善。」鄰房生梁郁上書，告「駰、僖誹謗先帝，刺譏當世」，事下有司。駰詣吏受訊。（受訊，謂受鞠問也。）僖以書自訟曰：「凡言誹謗者，謂實無此事而虛加誣之也。至如孝武皇帝，政之美惡，顯在漢史，坦如日月，是為宜說書傳實事，非虛謗

也。夫帝者，為善為惡，天下莫不知，斯皆有以致之，故不可以誅於人也。且陛下即位以來，政教未過而德澤有加，天下所具也，臣等獨何譏刺哉！假使所非實是，則固應悛改，倘其不當，亦宜含容，又何罪焉！陛下不推原大數，深目為計，徒肆私忌以快其意，臣等受戮，死即死耳；顧天下之人，必回視易慮，以此事窺陛下心，自今以後，苟見不可之事，終莫復言者矣。齊桓公親揚其先君之惡以唱管仲，然後群臣得盡其心。今陛下乃欲為十世之武帝遠諱實事，豈不與桓公異哉！臣恐有司卒然見構，銜恨蒙枉，不得自敘，使後世論者擅以陛下有所比方，寧可復使子孫追掩之乎！謹詣闕伏待重誅。」書奏，帝立詔勿問，拜僖蘭臺令吏。（《資治通鑒》卷 46，1498～1499 頁。）

62 年（漢明帝永平五年）永平時，謁者韓紆考劾（竇）憲父勳獄，（勳下獄死，事見四十五卷明帝永平五年。）憲遂令客斬紆子，以首祭勳冢。（《資治通鑒》卷 47，1514 頁。）

86 年（漢章帝元和三年）太尉鄭弘數陳侍中竇憲權勢太盛，言甚苦切，憲疾之。會弘奏憲黨尚書張林、洛陽令楊光在官貪殘。書奏，吏與光故舊，因以告之，光報憲。憲奏弘大臣，漏洩密事，帝詰讓弘。夏，四月，丙寅，收弘印綬。弘自詣廷尉，詔敕出之，因乞骸骨歸，未許……（《資治通鑒》卷 47，1505 頁。）

92 年（漢和帝永元四年）庚申，帝幸北宮，詔執金吾、五校尉勒兵屯衛南、北宮，閉城門，收捕郭璜、郭舉、鄧疊、鄧磊，皆下獄死。（《資治通鑒》卷 48，1533 頁。）

92 年（漢和帝永元四年）初，班固奴嘗醉罵洛陽令秉兢，兢因逮考竇氏賓客，收捕固，死獄中。（《資治通鑒》卷 48，1534～1535 頁。）

93 年（漢和帝永元五年）梁王暢與從官卜忌祠祭求福，忌等諂媚云：「神言王當為天子。」暢與相應答，為有司所奏，請徵詣詔獄。帝不許，但削成武、單父二縣……（《資治通鑒》卷 48，1538 頁。）

95 年（漢和帝永元七年）春，正月，鄧鴻等軍還，馮柱將虎牙營留屯五原；鴻坐逗留失利，下獄死。後帝知朱徽、杜崇失胡和，又禁其上書，以致胡反，皆徵，下獄死。（《資治通鑒》卷 48，1543 頁。）

97 年（漢和帝永元九年）秋，八月，鮮卑寇肥如，遼東太守祭參沮敗，下獄死。（賢曰：肥如縣，屬遼西郡。《前書音義》曰：肥子奔燕，封於此，今平州也。按《祭肜傳》：參守遼東，鮮卑入郡界，參坐沮敗，下獄死。蓋寇遼

西之肥如，遂入遼東郡界也。）（《資治通鑑》卷48，1545～1546頁。）

98年（漢和帝永元十年）行征西將軍劉尚、越騎校尉趙世坐畏懦徵，下獄，免。（《資治通鑑》卷48，1549頁。）

102年（漢和帝永元十四年）陰皇后多妬忌，寵遇浸衰，數懷恚恨。后外祖母鄧朱，出入宮掖，有言后與朱共挾巫蠱道者；帝使中常侍張慎與尚書陳褒案之，劾以大逆無道，朱二子奉、毅，后弟輔皆考死獄中。六月，辛卯，后坐廢，於遷桐宮，以憂死。父特進綱自殺，后弟軼、敞及朱家屬徙日南北景。（《資治通鑑》卷48，1553頁。）

108年（漢安帝永初二年）……故左校令河南龐參先坐法輸作若盧……（《資治通鑑》卷49，1576頁。）

110年（漢安帝永初四年）騎都尉任仁與羌戰累敗，而兵士放縱，檻車徵詣廷尉，死。（《資治通鑑》卷49，1585頁。）

115年（漢安帝元初二年）冬十月，乙未，（仲）光等兵敗，並沒，死者三千餘人，（司馬）鈞乃遁還。龐參既失期，稱病引還，皆坐徵，下獄，鈞自殺。時度遼將軍梁慬亦坐事抵罪。校書郎中扶風馬融上書稱參、慬智慧，宜宥過責效，詔赦參等。（《考異》曰：《慬傳》曰：「慬為度遼將軍。明年，安定、北地、上郡皆被羌寇，不能自立，詔慬發邊兵迎三郡吏民，徙扶風界。慬即遣南單于兄子憂孤塗奴將兵迎之。既還，慬以塗奴接其家屬有勞，輒授以羌侯印綬，坐專擅，徵下獄抵罪。明年，校書郎馬融上書訟慬與參。」按慬為度遼將軍在永初四年，徙三郡民在五年，參下獄在今年，不得云明年融訟之也。疑傳誤。）（《資治通鑑》卷49，1593頁。）

121年（漢安帝建光元年）初，長樂太僕蔡倫受竇后諷旨誣陷宋貴人，帝敕使自致廷尉，倫飲藥死。（自致廷尉者，使其自詣獄。）（《資治通鑑》卷50，1610頁。）

121年（漢安帝建光元年）大司農京兆朱寵痛驚無罪遇禍，乃肉袒輿櫬上疏曰：「伏惟和熹皇后聖善之德，為漢文母。兄弟忠孝，同心憂國，社稷是賴；功成身退，讓國遜位，歷世貴戚，無與為比，當享積善履謙之祐。而橫為宮人單辭所陷，利口傾險，反亂國家，罪無申證，獄不訊鞫，遂令驚等罹此酷陷，一門七人，並不以命，屍骸流離，冤魂不反，逆天感人，率土喪氣。宜收還冢次，寵樹遺孤，奉承血祀，以謝亡靈。」寵知其言切，自致廷尉；陳忠復劾奏寵，詔免官歸田里。（《資治通鑑》卷50，1613頁。）

　　124 年（漢安帝延光三年）……會河間男子趙騰上書指陳得失，帝發怒，遂收考詔獄，結以罔上不道，（楊）震上疏救之……帝不聽，騰竟伏屍都市。（《資治通鑒》卷 50，1629 頁。）

　　125 年（漢安帝延光四年）閻顯忌大將軍耿寶位尊權重，威行前朝，乃風有司奏「寶及其黨與中常侍樊豐、虎賁中郎將謝惲、侍中周廣、野王君王聖、聖女永等更相阿黨，互作威福，皆大不道。」辛卯，豐、惲、廣皆下獄，死。（《資治通鑒》卷 51，1635 頁。）

　　125 年（漢安帝延光四年）（閻）顯弟衛尉景遽從省中還外府，收兵至盛德門。孫程傳召諸尚書使收景。尚書郭鎮時臥病，聞之，即率直宿羽林出南止車門，逢景從吏士拔白刃呼曰：「無干兵！」鎮即下車持節詔之，景曰：「何等詔！」因斫鎮，不中。鎮引劍擊景墮車，左右以戟叉其胸，遂禽之，送廷尉獄，即夜死。戊午，遣使者入省，奪得璽綬，帝乃幸嘉德殿，遣侍御史持簡收閻顯及其弟城門校尉耀、執金吾晏，並下獄，誅；家屬皆徙比景。（《資治通鑒》卷 51，1637〜1638 頁。）

　　126 年（漢順帝永建元年）中常侍張防賣弄權勢，請託受取；（虞）詡案之，屢寢不報。詡不勝其憤，乃自繫廷尉，奏言：「昔孝安皇帝任用樊豐，交亂嫡統，幾亡社稷。今者張防復弄威柄，國家之禍將重至矣。臣不忍與防同朝，謹自繫以聞，無令臣襲楊震之跡！」書奏，防流涕訴帝，詡坐論輸左校；（將作大匠有左校令，掌左工徒。輸左校者，免官為徒，輸作左校也。）防必欲害之，二日之中，傳考四獄。獄吏勸詡自引，（自引，謂引分自裁也。）詡曰：「寧伏歐刀以示遠近！（謂寧受刑而死於市也。）暗嗚自殺，是非孰辨邪！」浮陽侯孫程、祝阿侯張賢相率乞見，程曰：「陛下始與臣等造事之時，常疾姦臣，知其傾國。今者即位而復自為，何以非先帝乎！司隸校尉虞詡為陛下盡忠，而更被拘繫；常侍張防臧罪明正，反構忠良。今客星守羽林，其占宮中有姦臣；宜急收防送獄，以塞天變。」時防立在帝後，程叱防曰：「姦臣張防，何不下殿！」防不得已，趨就東箱。程曰：「陛下急收防，無令從阿母求請！」帝問諸尚書，尚書賈朗素與防善，證詡之罪；帝疑焉，謂程曰：「且出，吾方思之！」於是詡子顗與門生百餘人，舉幡候中常侍高梵車，叩頭流血，訴言枉狀。梵入言之，防坐徙邊，賈朗等六人或死或黜；即日赦出詡。程復上書陳詡有大功，語甚切激。帝感悟，復徵拜議郎；數日，遷尚書僕射。（《資治通鑒》卷 51，1643〜1644 頁。）

127 年（漢順帝永建二年）……張朗徑入焉耆，受降而還。朗得免誅，（班）勇以後期徵，下獄，免。（夏之政典曰：先時者殺無赦，不及時者殺無赦。張朗先期以徼功，法所必誅，則班勇非後期也。漢之用刑，不審厥衷，勇免之後，西域事去矣。）（《資治通鑑》卷 51，1647 頁。）

138 年（漢順帝永和三年）大將軍（梁）商以小黃門南陽曹節等用事於中，遣子冀、不疑與為交友；而宦官忌其寵，反欲陷之。中常侍張逵、蘧政、楊定等與左右連謀，共譖商及中常侍曹騰、孟賁，云「欲征諸王子，圖議廢立，請收商等案罪。」帝曰：「大將軍父子，我所親，騰、賁；我所愛，必無是，但汝曹共妒之耳。」逵等知言不用，懼迫，遂出，矯詔收縛騰、賁於省中。帝聞，震怒，敕宦者李歙急呼騰、賁釋之；收逵等下獄。（《資治通鑑》卷 52，1684 頁。）

140 年（漢順帝永和五年）……（陳）龜又欲徙單于近親於內郡，而降者遂更狐疑。龜坐下獄，免。（《資治通鑑》卷 52，1686 頁。）

147 年（漢桓帝建和元年）梁冀因誣李固、杜喬，云與文、鮪等交通，請逮按罪；太后素知喬忠，不許。冀遂收固下獄；門生渤海王調貫械上書，證固之枉，河內趙承等數十人亦要鈇鑕詣闕通訴；太后詔赦之。及出獄，京師市里皆稱萬歲……冀使人脅杜喬曰：「早從宜，妻子可得全。」喬不肯。明日，冀遣騎至其門，不聞哭者，遂白太后收繫之；亦死獄中。（《資治通鑑》卷 53，1712～1713 頁。）

158 年（漢桓帝延熹元年）夏，五月，甲戌晦，日有食之。太史令陳授因小黃門徐璜陳「日食之變咎在大將軍冀」。冀聞之，諷洛陽收考授，（諷洛陽令收考之也。）死於獄。帝由是怒冀。（《資治通鑑》卷 54，1738 頁。）

159 年（漢桓帝延熹二年）……帝得奏震怒，下有司逮（李）雲，詔尚書都護劍戟送黃門北寺獄，（賢曰：前書音義曰：北寺獄，即若盧獄。）使中常侍管霸與御史、廷尉雜考之。時弘農五官掾杜眾傷雲以忠諫獲罪，上書「願與雲同日死」，帝愈怒，遂並下廷尉。大鴻臚陳蕃上疏曰：「李雲所言，雖不識禁忌，干上逆旨，其意歸於忠國而已。昔高祖忍周昌不諱之諫，成帝赦朱雲腰領之誅，今日殺雲，臣恐剖心之譏，覆議於世矣！」太常楊秉、洛陽市長沐茂、郎中上官資並上疏請雲。帝恚甚，有司奏以為大不敬；詔切責蕃、秉，免歸田里，茂、資貶秩二等。時帝在濯龍池，管霸奏雲等事，霸跪言曰：「李雲草澤愚儒，杜眾郡中小吏，出於狂戇，不足加罪。」帝謂霸曰：「『帝欲不諦』，

是何等語，而常侍欲原之邪！」顧使小黃門可其奏，雲、眾皆死獄中，於是嬖寵益橫……（《資治通鑑》卷54，1750～1751頁。）

160年（漢桓帝延熹三年）中常侍侯覽，小黃門段珪，皆有田業近濟北界，僕從賓客，劫掠行旅。濟北相滕延，一切收捕，殺數十人，陳尸路衢。覽、珪以事訴帝，延坐徵詣廷尉，免。（《資治通鑑》卷54，1756頁。）

161年（漢桓帝延熹四年）冬，先零、沈氐羌與諸種羌寇并、涼二州，校尉段熲將湟中義從討之。涼州刺史郭閎貪共其功，稽固熲軍，使不得進；義從役久戀鄉舊，皆悉叛歸。郭閎歸罪於熲，熲坐徵下獄，輸作左校，以濟南相胡閎代為校尉。（《資治通鑑》卷54，1760頁。）

162年（漢桓帝延熹五年）帝乃徵（皇甫）規還，拜議郎，論功當封；而中常侍徐璜、左悺欲從求貨，數遣賓客就問功狀，規終不答。璜等忿怒，陷以前事，下之於吏。官屬欲賦斂請謝，規誓而不聽，遂以餘寇不絕，坐繫廷尉，論輸左校。諸公及太學生張鳳等三百餘人詣闕訟之，會赦，歸家。（《資治通鑑》卷54，1764頁。）

165年（漢桓帝延熹八年）司隸校尉韓演因奏左悺罪惡，及其兄太僕南鄉侯請託州郡，聚斂為姦，賓客放縱，侵犯吏民。悺、稱皆自殺。演又奏中常侍具瑗兄沛相恭臧罪，徵詣廷尉。瑗詣獄謝，上還東武侯印綬，詔貶為都鄉侯。超及璜、衡襲封者，並降為鄉侯，子弟分封者，悉奪爵土。劉普等貶為關內侯，尹勳等亦皆奪爵。（《資治通鑑》卷55，1779頁。）

165年（漢桓帝延熹八年）癸亥，廢皇后鄧氏，送暴室，以憂死。（《漢官儀》曰：暴室，在掖庭內，丞一人，主宮中婦人疾病者；其皇后、貴人有罪者，亦就此室。）河南尹鄧萬世、虎賁中郎將鄧會皆下獄誅。（《資治通鑑》卷55，1780頁。）

165年（漢桓帝延熹八年）宛陵大姓羊元群罷北海郡，臧污狼籍；郡舍溷軒有奇巧，亦載之以歸。河南尹李膺表按其罪；元群行賂宦官，膺竟反坐。（反坐，按其罪而不得行，反自而罪。）單超弟遷為山陽太守，以罪繫獄，廷尉馮緄考致其死；（考鞠而致其死罪也。）中官相黨，共飛章誣緄以罪。中常侍蘇康、管霸，固天下良田美業，州郡不敢詰，大司農劉祐移書所在，依科品沒入之；帝大怒，與膺、緄俱輸作左校。（《資治通鑑》卷55，1780頁。）

165年（漢桓帝延熹八年）蒼梧太守張敘為賊所執，及任胤皆徵棄市。胡蘭餘黨南走蒼梧，交趾刺史張盤擊破之，賊復還入荊州界。度尚懼為已負，

（負，罪負也，懼以不能盡滅群賊為罪。）乃偽上言蒼梧賊入荊州界，於是徵盤下廷尉。辭狀未正，會赦見原，盤不肯出獄，戶更牢持械節。獄吏謂盤曰：「天恩曠然，而君不出，可乎？」盤曰：「盤備位方伯，為尚所枉，受罪牢獄。夫事有虛實，法有是非，盤實不辜，赦無所除；如忍以苟免，永受侵辱之恥，生為惡吏，死為獄鬼。乞傳尚詣廷尉，（以傳車召致廷尉也。）面對曲直，足明真偽。尚不徵者，盤埋骨牢檻，終不虛出，望塵受枉！」廷尉以其狀上，詔書徵尚，到廷尉，辭窮，受罪，以先有功得原。（《資治通鑑》卷55，1781～1782頁。）

165年（漢桓帝延熹八年）陳蕃數言李膺、馮緄、劉祐之枉，請加原宥，升之爵任，言及反覆，誠辭懇切，以至流涕；帝不聽。應奉上疏……書奏，乃悉免其刑。久之，李膺復拜司隸校尉。時小黃門張讓弟朔為野王令，貪殘無道，畏膺威嚴，逃還京師，（野王縣屬河內郡，而河內郡屬司部，畏膺察舉其罪，故逃還京師也。）匿於兄家合柱中。膺知其狀，率吏卒破柱取朔，付洛陽獄，受辭畢，即殺之。讓訴冤於帝，帝召膺，詰以不先請便加誅之意。對曰：「昔仲尼為魯司寇，七日而誅少正卯。今臣到官已積一旬，私懼以稽留為愆，不意獲速疾之罪。誠自知釁責，死不旋踵，特乞留五日，潛珍元惡，退就鼎鑊，始生之願也。」帝無復言，顧謂讓曰：「此汝弟之罪，司隸何愆！」乃遣出。（《資治通鑑》卷55，1784～1785頁。）

166年（漢桓帝延熹九年）宛有富賈張泛者，與後宮有親，又善雕鏤玩好之物，頗以賂遺中官，以此得顯位，用勢縱橫。岑晊與賊曹史張牧（賊曹，主盜賊事。）勸成瑨收捕泛等；既而遇赦，瑨竟誅之，並收其宗族賓客，殺二百餘人，後乃奏聞。小黃門晉陽趙津，貪暴放恣，為一縣巨患。太原太守原劉瓆使郡吏王允討捕，亦於赦後殺之。於是中常侍侯覽使張泛妻上書訟冤，宦者因緣譖訴瑨、瓆。帝大怒，徵瑨、瓆，皆下獄。有司承旨，奏瑨、瓆罪當棄市。（《資治通鑑》卷55，1788～1789頁。）

166年（漢桓帝延熹九年）符節令汝南蔡衍、議郎劉瑜表救成瑨、劉瓆，言甚切厲，亦坐免官。瑨、瓆竟死獄中。（《資治通鑑》卷55，1793頁。）

166年（漢桓帝延熹九年）河南張成，善風角，（賢曰：風角，謂候四方四隅之風，以占吉凶也。）推占當赦，教子殺人。司隸李膺督促收捕，既而逢宥獲免；膺愈懷憤疾，竟按殺之。成素以方伎交通宦官，帝亦頗訊其占；宦官教成弟子牢修上書，告「膺等養太學遊士，交結諸郡生徒，更相驅馳，共為部

黨，誹訕朝廷，疑亂風俗。」於是天子震怒，班下郡國，逮捕黨人，布告天下，使同忿疾。案經三府，（案，文案也，以考驗為義。）太尉陳蕃卻之曰：「今所按者，皆海內人譽，憂國忠公之臣，此等猶將十世宥也，豈有罪名不章而致收掠者乎！」不肯平署。帝愈怒，遂下膺等於黃門北寺獄，（時宦官專權，置黃門北寺獄，自武帝以來，中都官詔獄所未有也。）其辭所連及，太僕潁川杜密、御史中丞陳翔陳寔、范滂之徒二百餘人。或逃遁不獲，皆懸金購募，使者四出相望。陳寔曰：「吾不就獄，眾無所恃。」乃自往請囚。范滂至獄，獄吏謂曰：「凡坐繫者，皆祭皋陶。」滂曰：「皋陶，古之直臣，知滂無罪，將理之於常；如有其罪，祭之何益！」眾人由此亦止。陳蕃復上書極諫，帝諱其言切，託以蕃辟召非其人，策免之。時黨人獄所染逮者，皆天下名賢，度遼將軍皇甫規，自以西州豪傑，恥不得與，乃自上言：「臣前薦故大司農張奐，是附黨也。又，臣昔論輸左校時，太學生張鳳等上書訟臣，是為黨人所附也，臣宜坐之。」朝廷知而不問。（《資治通鑑》卷55，1794～1795頁。）

167年（漢桓帝永康元年）初，詔書下舉鉤黨，郡國所奏相連及者，多至百數，唯平原相史弼獨無所上。詔書前後迫切，州郡髡笞掾史。從事坐傳舍責曰：「詔書疾惡黨人，旨意懇惻。青州六郡，其五有黨，平原何治而得獨無？」弼曰：「先王疆理天下，畫界分境，水土異齊，風俗不同。他郡自有，平原自無，胡可相比！若承望上司，誣陷良善，淫刑濫罰，以逞非理，則平原之人，戶可為黨。相有死而已，所不能也！」從事大怒，即收郡僚職送獄，遂舉奏弼。會黨禁中解，弼以俸贖罪，所脫者甚眾。（《資治通鑑》卷56，1800頁。）

168年（漢靈帝建寧元年）……（竇）武奏免黃門令魏彪，以所親小黃門山冰代之，使冰奏收長樂尚書鄭颯，送北寺獄。蕃謂武曰：「此曹子便當收殺，何復考為！」武不從，令冰與尹勳、侍御史祝瑨雜考颯，辭連及曹節、王甫。勳、冰即奏收節等，使劉瑜內奏。（《資治通鑑》卷56，1809～1810頁。）

168年（漢靈帝建寧元年）……召尚書官屬，脅以白刃，使作詔板，拜王甫為黃門令，持節至北寺獄，收尹勳、山冰。冰疑，不受詔，甫格殺之，並殺勳；出鄭颯，還兵劫太后，奪璽綬。（《資治通鑑》卷56，1810頁。）

168年（漢靈帝建寧元年）（陳）蕃友人陳留朱震收葬蕃尸，匿其子逸，事覺，繫獄，合門桎梏。震受考掠，誓死不言，逸由是得免。武府掾桂陽胡騰

殯殮武尸，行喪，坐以禁錮。武孫輔，年二歲，騰詐以為己子，與令史南陽張敞共匿之於零陵界中，亦得免。（《資治通鑑》卷 56，1812 頁。）

169 年（漢靈帝建寧二年）（張）奐又與尚書劉猛等共薦王暢、李膺可參三公之選，曹節等彌疾其言，遂下詔切責之。奐等皆自囚廷尉，數日，乃得出，並以三月俸贖罪。（《資治通鑑》卷 56，1814 頁。）

169 年（漢靈帝建寧二年）……曹節從子紹為東郡太守，以他罪收弼，掠死於獄。（《資治通鑑》卷 56，1815 頁。）

169 年（漢靈帝建寧二年）汝南督郵吳導受詔捕范滂，至征羌，抱詔書閉傳舍，伏休而泣，一縣不知所為。滂聞之曰：「必為我也。」即自詣獄。縣令郭揖大驚，出，解印綬，引與俱亡……（《資治通鑑》卷 56，1819 頁。）

170 年（漢靈帝建寧三年）九月，執金吾董寵坐矯永樂太后屬請，下獄死。（《資治通鑑》卷 56，1824 頁。）

171 年（漢靈帝建寧四年）帝以竇太后有援立之功，冬，十月，戊子朔，率群臣朝太后於南宮，親饋上壽。黃門令董萌因此數為太后訴冤，帝深納之，供養資奉，有加於前。曹節、王甫疾之，誣萌以謗訕永樂宮，下獄死。（《資治通鑑》卷 56，1826 頁。）

172 年（漢靈帝建熙平元年）勃海王悝之貶癭陶也，因中常侍王甫求復國，許謝錢五千萬；既而桓帝遺詔復悝國，悝知非甫功，不肯還謝錢。中常侍鄭颯、中黃門董騰數與悝交通，甫密司察以告段潁。冬，十月，收颯送北寺獄，使尚書令廉忠誣奏「颯等謀迎立悝，大逆不道」，遂詔冀州刺史數悝考實，迫責悝，令自殺；妃妾十一人、子女七十人、伎女二十四人皆死獄中，傅、相以悉伏誅。甫等十二人皆以功封列侯。（《資治通鑑》卷 57，1831 頁。）

176 年（漢靈帝建熙平五年）閏月，永昌太守曹鸞上書曰：「夫黨人者，或耆年淵德，或衣冠英賢，皆宜股肱王室，左右大猷者也；而久被禁錮，辱在塗泥。謀反大逆尚蒙赦宥，黨人何罪，獨不開恕乎！所以災異屢見，水旱薦臻，皆由於斯。宜加沛然，以副天也。」帝省奏，大怒，即詔司隸、益州檻車收鸞，送槐里獄，掠殺之。（蓋詔益州收鸞，而司隸送槐里獄。）於是詔州郡更考黨人門生、故吏、父子、兄弟在位者，悉免官禁錮，爰及五屬。（賢曰：謂斬衰、齊衰、小功、大功、緦麻也。）（《資治通鑑》卷 57，1838 頁。）

177 年（漢靈帝建熙平六年）令三公條奏長吏苛酷貪污者，罷免之。平原相漁陽陽球坐嚴酷，徵詣廷尉。帝以球前為九江太守討賊有功，特赦之，拜

議郎。（《資治通鑑》卷 57，1839 頁。）

178 年（漢靈帝光和元年）……於是下（蔡）邕、質於洛陽獄，劾以「仇怨奉公，議害大臣，大不敬，棄市。」事奏，中常侍河南呂強愍邕無罪，力為伸請，帝亦更思其章，有詔：「減死一等，與家屬髡鉗徙朔方，不得以赦令除。」（《資治通鑑》卷 57，1847～1848 頁。）

179 年（漢靈帝光和二年）……（陳）球詣闕謝恩，因奏甫、潁及中常侍淳于登、袁赦、封拈等罪惡，辛巳，悉收甫、潁等送洛陽獄，及甫子永樂少府萌、沛相吉。球自臨考，甫等五毒備極；萌先嘗為司隸，乃謂球曰：「父子既當伏誅，亦以先後之義，少以楚毒假借老父。」球曰：「爾罪惡無狀，死不滅責，乃欲論先後求假借邪！」萌乃罵曰：「爾前奉事吾父子如奴，奴敢反汝主乎！今日臨危相擠，行自及也！」球使以土窒萌口，垂扑交至，父子悉死於杖下；潁亦自殺。乃僵磔甫尸於夏城門，大署榜曰：「賊臣王甫。」盡沒入其財產，妻子皆徙比景。

球既誅甫，欲以次表曹節等，乃敕中都官從事曰：（中都官從事，即都官從事，主察舉百官犯法者。中興以後，專令捕擊貴戚。）……（《資治通鑑》卷 57，1851～1852 頁。）

179 年（漢靈帝光和二年）護匈奴中郎將張修與南單于呼徵不相能，修擅斬之，更立右賢王羌渠為單于。秋，七月，修坐不先請而擅誅殺，檻車徵詣廷尉，死。（《資治通鑑》卷 57，1855 頁。）

179 年（漢靈帝光和二年）冬，十月，甲申，劉郃、陳球、劉納、陽球皆下獄，死。（《資治通鑑》卷 57，1856 頁。）

184 年（漢靈帝中平元年）侍中河內向栩上便宜，譏刺左右。張讓誣栩與張角同心，欲為內應，收送黃門北寺獄，殺之。（《資治通鑑》卷 58，1867 頁。）

184 年（漢靈帝中平元年）……帝以（張）鈞章示諸常侍，皆免冠徒跣頓首，乞自致洛陽詔獄，並出家財以助軍費。有詔，皆冠履視事如故。帝怒鈞曰：「此真狂子也！十常侍固當有一人善者不！」御史承旨，遂誣奏鈞學黃巾道，收掠，死獄中。（《資治通鑑》卷 58，1868 頁。）

185 年（漢靈帝中平二年）中常侍張讓、趙忠說帝斂天下田，畝十錢，以修宮室，鑄銅人。樂安太守陸康上疏諫曰：「昔魯宣稅畝而蝝災自生，哀公增賦而孔子非之，豈有聚奪民物以營無用之銅人，捐舍聖戒，自蹈亡王之法哉！」

內幸諝康援引亡國以譬聖明，大不敬，檻車徵詣廷尉。侍御史劉岱表陳解釋，得免歸田里。康，續之孫也。（《資治通鑒》卷58，1877頁。）

185年（漢靈帝中平二年）……於是收陶下黃門北寺獄，掠按日急。陶謂使者曰：「臣恨不與伊、呂同疇，而以三仁為輩。今上殺忠謇之臣，下有憔悴之民，亦在不久，後悔何及！」遂閉氣而死。前司徒陳耽為人忠正，宦官怨之，亦誣陷，死獄中。（《資治通鑒》卷58，1880～1881頁。）

186年（漢靈帝中平三年）前太尉張延為宦官所譖，下獄死。（《資治通鑒》卷58，1883頁。）

189年（漢靈帝中平六年）九月，癸酉，卓大會百僚，奮首而言曰：「皇帝闇弱，不可以奉宗廟，為天下主。今欲依伊尹、霍光故事，更立陳留王，如何？」公卿以下皆惶恐，莫敢對。卓又抗言曰：「昔霍光定策，延年按劍。有敢沮大議，皆以軍法從事！」坐者震動……（《資治通鑒》卷59，1904頁。）

192年（漢獻帝初平三年）（董）卓之死也，左中郎將高陽侯蔡邕在王允坐，聞之驚歎。允勃然，叱之曰：「董卓國之大賊，幾亡漢室，君為王臣，所宜同疾，而懷其私遇，反相傷痛，豈不共為逆哉！」即收付廷尉。邕謝曰：「身雖不忠，古今大義，耳所厭聞，口所常玩，豈當背國而向卓也！願黥首刖足，繼成漢史。」士大夫多矜救之，不能得。太尉馬日磾謂允曰：「伯喈曠世逸才，多識漢事，當續成後史，為一代大典；而所坐至微，誅之，無乃失人望乎！」允曰：「昔武帝不殺司馬遷，使作謗書流於後世。方今國祚中衰，戎馬在郊，不可令佞臣執筆在幼主左右，既無益聖德，復使吾黨蒙其訕議。」日磾退而告人曰：「王公其無後乎！善人，國之紀也；制作，國之典也；滅紀廢典，其能久乎！」邕遂死獄中。初，黃門侍郎荀攸與尚書鄭泰、侍中種輯等謀曰：「董卓驕忍無親，雖資強兵，實一匹夫耳，可直刺殺也。」事垂就而覺，收攸繫獄，泰逃奔袁術。攸言語飲食自若，會卓死，得免。（《資治通鑒》卷60，1934～1935頁。）

197年（漢獻帝建安二年）故太尉楊彪與袁術昏姻，曹操惡之，誣云欲圖廢立，奏收下獄，劾以大逆。將作大匠孔融聞之，不及朝服，往見操曰：「楊公四世清德，海內所瞻。《周書》，父子兄弟，罪不相及，況以袁氏歸罪楊公乎！」操曰：「此國家之意。」融曰：「假使成王殺召公，周公可得言不知邪！」操使許令滿寵按彪獄，融與尚書令荀彧皆屬寵曰：「但當受辭，必加考掠。」

寵一無所報，考訊如法。數日，求見操，言之曰：「楊彪考訊，無他辭語。此人有名海內，若罪不明白，必大失民望；竊為明公惜之。」操即日赦出彪。初，彧、融聞寵考掠彪，皆怒；及因此得出，乃更善寵。彪見漢室衰微，政在曹氏，遂稱腳攣，積十餘年不行，由是得免於禍。（《資治通鑑》卷 62，2000～2001 頁。）

　　200 年（漢獻帝建安五年）……會（許）攸家犯法，審配收繫之，攸怒，遂奔操。（《資治通鑑》卷 63，2033 頁。）

　　216 年（漢獻帝建安二十一年）……（曹）操怒，收琰付獄，髡為徒隸。前白琰者復白之云：「琰為徒，對賓客虯鬚直視，若有所瞋。」遂賜琰死。尚書僕射毛玠傷琰無辜，心不悅。人復白玠怨謗，操收玠付獄，侍中桓階、和洽皆為陳理，操不聽。階求按實其事……（《資治通鑑》卷 67，2145 頁。）

參考資料

1. （漢）司馬遷：《史記》，北京：中華書局，1959 年。

2. （漢）班固：《漢書》，北京：中華書局，1962 年。

3. （南朝宋）范曄：《後漢書》，北京：中華書局，1965 年。

4. （宋）司馬光編著：《資治通鑒》，北京：中華書局，1956 年。

後　記

　　《正史法律資料類編（先秦秦漢卷）》的編撰，是筆者碩博士階段系統閱讀二十四史的學術積累。自本科四年級開始以中國法律史研究為志業，得到了博士導師中國政法大學朱勇教授、碩士導師蘭州大學喬健教授的指導與幫助，兩位老師謙謙君子，治學嚴謹，給與了我充分而又自由的學習時間，使自己可以心無旁騖的閱讀經典。感謝蘭州大學杜斗城教授，本科階段的學術啟發，讓自己在之後的學習研究中獲益匪淺。感謝父母多年以來的教誨恩情，感謝妻子梁曉燕博士的理解包容。

　　《正史法律資料類編》其餘四卷，亦在有條不紊的不斷推進，希望此本著作的出版，對自己的學術研究增加更多的自我勉勵，也為之後的工作開個好頭。

閻強樂

2020 年 8 月 31 日

於北京薊門橋